经以济世
建德商基
贺教育部
新文科项目
心系七彩梦

李晓林

教育部哲学社會科学研究重大課題攻関項目

中国民营经济制度创新与发展

INSTITUTION INNOVATIONS AND DEVELOPMENT OF CHINA'S PRIVATE ECONOMY

李维安 等著

经济科学出版社
Economic Science Press

图书在版编目（CIP）数据

中国民营经济制度创新与发展／李维安等著．—北京：
经济科学出版社，2009.9
（教育部哲学社会科学研究重大课题攻关项目）
ISBN 978 - 7 - 5058 - 7749 - 8

Ⅰ．中…　Ⅱ．李…　Ⅲ．私营经济 - 经济制度 - 研究 -
中国　Ⅳ．F121.23

中国版本图书馆 CIP 数据核字（2009）第 002243 号

责任编辑：纪晓津
责任校对：徐领弟　杨晓莹
版式设计：代小卫
技术编辑：潘泽新　邱　天

中国民营经济制度创新与发展

李维安　等著
经济科学出版社出版、发行　新华书店经销
社址：北京市海淀区阜成路甲 28 号　邮编：100142
总编部电话：88191217　发行部电话：88191540
网址：www.esp.com.cn
电子邮件：esp@esp.com.cn
北京中科印刷有限公司印装
787×1092　16 开　29 印张　550000 字
2009 年 9 月第 1 版　2009 年 9 月第 1 次印刷
印数：0001—8000 册
ISBN 978 - 7 - 5058 - 7749 - 8　定价：63.00 元

课题组主要成员

（按姓氏笔画为序）

邓宏图　朱希伟　杨　斌　李　亚　张玉利
张耀伟　武立东　金祥荣　袁庆宏　程秀生

编审委员会成员

总　序

哲学社会科学是人们认识世界、改造世界的重要工具，是推动历史发展和社会进步的重要力量。哲学社会科学的研究能力和成果，是综合国力的重要组成部分，哲学社会科学的发展水平，体现着一个国家和民族的思维能力、精神状态和文明素质。一个民族要屹立于世界民族之林，不能没有哲学社会科学的熏陶和滋养；一个国家要在国际综合国力竞争中赢得优势，不能没有包括哲学社会科学在内的"软实力"的强大和支撑。

近年来，党和国家高度重视哲学社会科学的繁荣发展。江泽民同志多次强调哲学社会科学在建设中国特色社会主义事业中的重要作用，提出哲学社会科学与自然科学"四个同样重要"、"五个高度重视"、"两个不可替代"等重要思想论断。党的十六大以来，以胡锦涛同志为总书记的党中央始终坚持把哲学社会科学放在十分重要的战略位置，就繁荣发展哲学社会科学做出了一系列重大部署，采取了一系列重大举措。2004 年，中共中央下发《关于进一步繁荣发展哲学社会科学的意见》，明确了新世纪繁荣发展哲学社会科学的指导方针、总体目标和主要任务。党的十七大报告明确指出："繁荣发展哲学社会科学，推进学科体系、学术观点、科研方法创新，鼓励哲学社会科学界为党和人民事业发挥思想库作用，推动我国哲学社会科学优秀成果和优秀人才走向世界。"这是党中央在新的历史时期、新的历史阶段为全面建设小康社会，加快推进社会主义现代化建设，实现中华民族伟大复兴提出的重大战略目标和任务，为进一步繁荣发展哲学社会科学指明了方向，提供了根本保证和强大动力。

高校是我国哲学社会科学事业的主力军。改革开放以来，在党中央的坚强领导下，高校哲学社会科学抓住前所未有的发展机遇，紧紧围绕党和国家工作大局，坚持正确的政治方向，贯彻"双百"方针，以发展为主题，以改革为动力，以理论创新为主导，以方法创新为突破口，发扬理论联系实际学风，弘扬求真务实精神，立足创新、提高质量，高校哲学社会科学事业实现了跨越式发展，呈现空前繁荣的发展局面。广大高校哲学社会科学工作者以饱满的热情积极参与马克思主义理论研究和建设工程，大力推进具有中国特色、中国风格、中国气派的哲学社会科学学科体系和教材体系建设，为推进马克思主义中国化，推动理论创新，服务党和国家的政策决策，为弘扬优秀传统文化，培育民族精神，为培养社会主义合格建设者和可靠接班人，做出了不可磨灭的重要贡献。

自 2003 年始，教育部正式启动了哲学社会科学研究重大课题攻关项目计划。这是教育部促进高校哲学社会科学繁荣发展的一项重大举措，也是教育部实施"高校哲学社会科学繁荣计划"的一项重要内容。重大攻关项目采取招投标的组织方式，按照"公平竞争，择优立项，严格管理，铸造精品"的要求进行，每年评审立项约 40 个项目，每个项目资助 30 万～80 万元。项目研究实行首席专家负责制，鼓励跨学科、跨学校、跨地区的联合研究，鼓励吸收国内外专家共同参加课题组研究工作。几年来，重大攻关项目以解决国家经济建设和社会发展过程中具有前瞻性、战略性、全局性的重大理论和实际问题为主攻方向，以提升为党和政府咨询决策服务能力和推动哲学社会科学发展为战略目标，集合高校优秀研究团队和顶尖人才，团结协作，联合攻关，产出了一批标志性研究成果，壮大了科研人才队伍，有效提升了高校哲学社会科学整体实力。国务委员刘延东同志为此做出重要批示，指出重大攻关项目有效调动各方面的积极性，产生了一批重要成果，影响广泛，成效显著；要总结经验，再接再厉，紧密服务国家需求，更好地优化资源，突出重点，多出精品，多出人才，为经济社会发展做出新的贡献。这个重要批示，既充分肯定了重大攻关项目取得的优异成绩，又对重大攻关项目提出了明确的指导意见和殷切希望。

作为教育部社科研究项目的重中之重，我们始终秉持以管理创新服务学术创新的理念，坚持科学管理、民主管理、依法管理，切实增强服务意识，不断创新管理模式，健全管理制度，加强对重大攻关项目的选题遴选、评审立项、组织开题、中期检查到最终成果鉴定的全过程管理，逐渐探索并形成一套成熟的、符合学术研究规律的管理办法，努力将重大攻关项目打造成学术精品工程。我们将项目最终成果汇编成"教育部哲学社会科学研究重大课题攻关项目成果文库"统一组织出版。经济科学出版社倾全社之力，精心组织编辑力量，努力铸造出版精品。国学大师季羡林先生欣然题词："经时济世　继往开来——贺教育部重大攻关项目成果出版"；欧阳中石先生题写了"教育部哲学社会科学研究重大课题攻关项目"的书名，充分体现了他们对繁荣发展高校哲学社会科学的深切勉励和由衷期望。

创新是哲学社会科学研究的灵魂，是推动高校哲学社会科学研究不断深化的不竭动力。我们正处在一个伟大的时代，建设有中国特色的哲学社会科学是历史的呼唤，时代的强音，是推进中国特色社会主义事业的迫切要求。我们要不断增强使命感和责任感，立足新实践，适应新要求，始终坚持以马克思主义为指导，深入贯彻落实科学发展观，以构建具有中国特色社会主义哲学社会科学为己任，振奋精神，开拓进取，以改革创新精神，大力推进高校哲学社会科学繁荣发展，为全面建设小康社会，构建社会主义和谐社会，促进社会主义文化大发展大繁荣贡献更大的力量。

教育部社会科学司

3

前　言

中国民营经济发展的历程实质上是一种持续的制度创新的过程，是与中国经济的市场化和国际化进程高度一致的。民营经济作为20年来推动中国经济发展的先导力量，在国有经济改制和外资企业大举参入的形势下，已到了实现整体突破的重要关口。

在中国经济持续30年的高速增长过程中，如何评价民营经济的贡献；迄今的民营经济及其各种组织形态是在怎样的一种制度变迁的环境下实现逐步演进的；在新的政治、经济、法律和社会变化中又会提出怎样的制度变化需求；在信息不对称和技术变革日趋迅速的状况下民营企业如何通过制度创新实现动态发展；如何对作为迄今推动民营经济迅速发展重要源泉的企业家精神和创业行为及特征进行准确把握，以提出改善民营企业创业环境的政策建议；在一直困扰民营经济迅速发展的融资瓶颈方面，民间金融究竟起着何种作用？在企业规模和经营范围日趋扩大的形势下，民营企业传统的家族式治理会遇到哪些发展障碍；如何实现在治理结构与机制上的突破；在经济全球化冲击下民营企业如何推进经营的国际化进程；针对民营经济发展中存在的问题如何提出相应的政策建议，使其步入持续健康发展的轨道？

针对以上问题，本书首先以制度经济学、演化经济学、比较制度分析、管理学等为理论基础，以民营经济发展中的制度创新为主线，在构建分析民营经济制度创新与发展研究的整体框架的基础上，通过对民营经济制度演进的历史过程和机制的分析，总结出一种超越地域模式局限性的、更具普遍意义的"多元互动、上下推进"的民营经济演进模式。其次，通过对民营经济发展中所面临关键问题的剖析，探

1

索民营企业在企业家精神与创业行为、融资渠道与方式的选择、所有权安排与治理机制的优化设计、国际化发展的途径等方面制度创新的机制。最后，通过对民营经济与民营企业发展状况的评价分析，提出完善民营经济制度创新与发展的政策建议，力图为以科学发展观与构建和谐社会为导向的新时期民营经济制度创新与发展提供参考与借鉴。

本书由三篇共八章所构成。第一篇为"民营经济演进与制度创新的理论分析"，由"民营经济发展中的制度变迁与组织演进"和"民营经济制度创新的动态过程"两章构成。第二篇为"民营企业的发展障碍与制度创新"，由"民营企业创业行为与企业家环境"、"民营企业融资障碍分析"、"民营企业成长中的治理问题"，以及"民营企业国际化发展过程中的制度环境"四章构成。第三篇为"民营经济与企业发展状况评价与对策"，由"民营上市公司治理状况评价"和"民营经济制度创新与发展的政策建议"两章所构成。

本书的编著是在教育部有关领导的高度关注和大力支持下，在教育部首批哲学社会科学研究重大攻关项目"中国民营经济制度创新与发展问题研究"（项目批准号：03JZD0018）的资助下，整合了南开大学商学院、南开大学公司治理研究中心、浙江大学经济学院、浙江大学民营经济研究中心、国务院发展研究中心信息中心等多家单位的精干科研力量通力合作而共同完成的。全书由课题组首席专家李维安提出编写提纲和框架并负责内容的总体审核，参加各章内容编著的主要人员有李维安、金祥荣、程秀生、张玉利、杨斌、邓宏图、武立东、潘士远、朱希伟、袁庆宏、李亚、张耀伟、安翔、王辉、王世权、吴德胜、张凤香等。此外，以上各单位众多的研究工作者和博士硕士研究生，以及国内外相关领域的专家学者也在不同的方面为本书的出版做出了重要贡献，在此对他们所付出的辛勤劳动表示衷心的感谢。

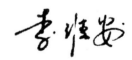

摘　要

　　本书以制度经济学、演化经济学、比较制度分析、管理学等为理论基础，以民营经济发展中的制度创新为主线，在构建分析民营经济制度创新与发展研究的整体框架的基础上，首先，通过对民营经济制度演进的历史过程和机制的分析，总结出一种超越地域模式局限性的、更具普遍意义的"多元互动、上下推进"的民营经济演进模式。其次，通过对民营经济发展中所面临关键问题的剖析，探索民营企业在企业家精神与创业行为、融资渠道与方式的选择、所有权安排与治理机制的优化设计、国际化发展的途径等方面制度创新的机制。最后，通过对民营经济与民营企业发展状况的评价分析，提出了完善民营经济制度创新与发展的政策建议。

　　全书由三篇共八章内容所构成。第一篇为"民营经济演进与制度创新的理论分析"，由"民营经济发展中的制度变迁与组织演进"和"民营经济制度创新的动态过程"两章构成。第二篇为"民营企业的发展障碍与制度创新"，由"民营企业创业行为与企业家环境"、"民营企业融资障碍分析"、"民营企业成长中的治理问题"，以及"民营企业国际化发展过程中的制度环境"四章的内容。第三篇为"民营经济与企业发展状况评价与对策"，由"民营上市公司治理状况评价"和"民营经济制度创新与发展的政策建议"两章构成。各章基本内容如下：

　　第一章：民营经济发展中的制度变迁与组织演进。该章基于对20余年民营经济发展状况和组织演进历史的回顾，从意识形态偏好、地方政府行为、历史路径依赖、制度互补、经济组织间的生产率竞赛等角度，对民营经济发展中的制度变迁与组织演进机理进行了分析，在比较不同地域典型发展模式特征基础上，归纳出一个具有普遍意义的民营经济与国企改革、外资参入之间彼此互动、渗透、竞争和替代的演进模式，即"多元互动，上下推进"的民营经济演进模式。

第二章：民营经济制度创新的动态过程。该章运用经济学动态模型的方法，从制约民营企业发展的两个关键要素——技术进步和信息不对称的角度，对民营经济制度创新的演化进行了分析，得出一些具启发性的结论。第一，从研究最优技术进步率的角度，发现当发明成本较高时，加强专利保护对提高社会福利的作用越弱。第二，通过对最优专利制度与民营经济动态效率之间关系的分析，发现最优的专利长度和宽度都是有限的。第三，通过基于一个内生经济增长模型的分析，发现质量信息的不对称不但导致最终民营经济产品市场萎缩，而且会降低知识产品定价，减少研究与开发（R&D）的投入，从而阻碍一国知识增长。

第三章：民营企业创业行为与企业家环境。首先，该章围绕创业行为理性进行调查研究，揭示了创业活动过程及其关键要素，改变了"创业成功主要受创业者禀赋决定"的长期认识。其次，提出创业环境不同于投资环境，创业政策也不等同于中小企业政策，应从重视投资环境向重视创业环境转变的观点。最后，基于创业者与机会匹配的本质，提出创业者与机会互动的观点，克服以往只强调创业者识别和把握机会的研究思路，从互动关系中剖析了我国创业者队伍的演变。

第四章：民营企业融资障碍分析。该章将制度性因素归结为国有经济影响力、地方政府权力和市场化水平三个方面，进而构建了一个新的解释各地区民营经济发展模式差异化的理论框架，系统分析了禀赋差异和制度租金变化对民营企业融资选择的作用机理，实证研究了民营企业融资总量和结构问题，得出如下结论：第一，制度演进方式决定民营经济发展模式。"历史起点＋动态演进路径"的不同组合，使各地区呈现出丰富多样的民营经济发展模式，并内生出相应的融资模式。第二，制度租金决定民营企业融资选择。第三，民营企业融资面临总量和结构双重矛盾，结构性矛盾大于总量矛盾。

第五章：民营企业成长中的治理问题。该章对民营企业成长的治理"拐点"、家族企业内部委托代理关系及控制权转移、人力资本在治理中的作用等问题进行研究，得到如下结论：第一，家族治理在一定发展阶段具有其合理性，但对企业进一步做大做强形成障碍，应向开放式家族企业发展。第二，为充分利用现代企业两权分离的优势，应从法律上加强私有产权的保护，家族企业内部也应完善审计和控制机制，防止职业经理人的机会主义行为；同时也应建立有效的激励机制，确保职业经理人与家族企业利益一致。第三，处于发展成熟期的民营企业，其股权分散和控制权转移的程度都高于发展早期的民营企业。

第六章：民营企业国际化发展过程中的制度环境。该章首先遵循产业组织理论中经典的"结构—行为—绩效"范式，分析了民营企业出口行为特征与其绩效的关系。其次，从国际分工和价值链的角度，分析民营企业出口中典型的市场"隔层"问题。最后，以浙江省为例，对民营企业外贸出口发展中的制度障碍和供给问题展开研究，得出如下结论：第一，民营企业出口产品水平差异化程度低。第二，产品垂直差异化水平不高。第三，低度集中的市场结构导致我国民营企业出口缺乏市场势力。第四，一国或地区从国际分工与贸易中获取的比较利益，不仅决定于技术层面的出口商品结构的优化，而且依赖于组织层面的外贸经营主体的制度创新。

第七章：民营上市公司治理状况评价。该章通过构建民营上市公司治理的评价指数，从董事会、股权结构、高管激励与约束以及信息披露四个维度，测度发现民营上市公司治理中存在如下问题：第一，集团控制是诱发终极控制人采取侵占效应行为的症结所在。第二，董事会呈现"大股东控制"的特征。第三，高管报酬水平偏低、高管持股比例与公司绩效呈非线性相关关系。第四，监事会治理机制有待于进一步完善。第五，信息披露的积极性和审计意见的独立性正在逐步改善，而独立董事制度对于改善上市公司信息披露状况起到了重要作用。

第八章：民营经济制度创新与发展的政策建议。该章主要是对以上7章的主要研究结论及相应提出的促进民营经济制度创新与发展政策建议的归纳总结。

Abstract

Based on Institutional Economics, Evolutional Economics, Comparative Institutional Analysis and Management Theory, tracking the institutional innovation during the development of private economy, the book constructs a common analytical framework for studies on institutional innovation and development of private economy. Firstly, the book analyses the process and mechanism of private economy's evolution, and abstracts a more common pattern of private economy's evolution that is featured by interaction between multiple forces and push of both government and the private and breaks the limitation of regional pattern. Secondly, the book makes a deep analysis of some key problems faced by private economy, explores the innovational mechanism in entrepreneurial behavior, financing choice, equity arrangement and governance optimization, and internationalization of private firms. Lastly, the book evaluates the developing status of private economy and private firms, and gives some advice on institutional innovation and development of private economy.

The book consists of three parts and eight chapters. The first part is "Theoretical Analysis on Private Economy Evolution and Institutional Innovation". It consists of two chapters: "Institution Transition and Organization Evolution during the Development of Private Economy", and "Dynamic Process of Private Economy's Institutional Innovation". The second part is "Developing Obstruction of Private Economy and Institution Innovation". It consists of four chapters: "Private Firm's Entrepreneurial Behavior and Entrepreneur Environment", "Financing Obstruction of Private Firms", "Governance Issues during the Development of Private Firms" and "Institution Environment in the Internationally-oriented Development of Private Firms". The third part is "Evaluation on Developing Status of Private Economy and Private Firms and the Countermeasures". It consists of two chapters: "Governance Evaluation on Private Listed Firms" and "Policy Suggestions on Institution Innovation and Development of Private Economy". The basic content of each chapter is as follows:

Chapter 1: Institution Transition and Organization Evolution during the Development of Private Economy. Based on a review over twenty years' development of private economy and organization evolution, from the prospective of ideology preference, local government behavior, historical path dependence, institution complementation and productivity competition between economic organizations, this chapter analyzes the mechanism of institution transition and organization evolution during the development of private economy. After comparing different regional developing patterns of private economy, the book abstracts a common evolution model of mutual interaction, infiltration, competition and substitution among private economy, State-owned Enterprise reform and foreign capital infiltration.

Chapter 2: Dynamic Process of Private Economy's Institutional Innovation. Using the dynamic model in economics, starting with two key factors: technology progress and information asymmetry that restrict the development of private economy, this chapter analyze the evolving mechanism of institution innovation of private economy, and gets some important conclusions. 1. From the prospective of optimal technology progress rate, this chapter finds that strengthening patent protection has less effect on social welfare when invention cost is higher. 2. Through analyzing the relationship between optimal patent system and the dynamic efficiency of private economy, this chapter finds that both the optimal patent length and width are limited. 3. Through an endogenous economic growth model, this chapter finds that the asymmetry of quality information will not only cause the market of private economy to shrink, but also depress the pricing of knowledge product, decrease R&D investment, and eventually block a country's knowledge growth.

Chapter 3: Private Firm's Entrepreneurial Behavior and Entrepreneur Environment. Firstly, this chapter makes a deep investigation on entrepreneurial rationality, exposits the process and key factors of entrepreneurial activities, changes the traditional cognition that the success of starting an undertaking is decided by entrepreneur's gift. Secondly, this chapter points out that start-up environment is different from investment environment, and start-up policy is also different from policy for small and medium sized firms, suggesting that what the government should emphasize is not investment environment, but start-up environment. Finally, based on the essence of matching entrepreneurs with opportunities, this chapter proposes to build mutual interaction between entrepreneurs and opportunities, which overcomes research lines that used to emphasize only on the identifying and grasping of opportunities by entrepreneurs and analyses the evolution of China's entrepreneurs from an interactive relationship.

Chapter 4: Financing Obstruction of Private Firms. This chapter first sums up the institutional factors into three aspects: national economy influence, local government power and marketization level, and then constructs a new theoretical framework explaining the difference of private economic development patterns in different regions, makes a systematical analysis on how endowment difference and institution rent change affect the financing choice of private firms, makes an empirical research on financing amount and structure of private firms, and concludes: 1. Institution evolution pattern determines the developing pattern of private economy. Different combinations of historical starting and dynamic evolving path lead to various developing patterns in different regions, and thus result in corresponding finance patterns. 2. Institution rent decides the financing choice of private firms. 3. Private firms face both aggregate and structural contradiction, and the latter is greater than the former.

Chapter 5: Governance Issues during the Development of Private Firms. This chapter studies the inflexion point of governance during the development of private firms, the principal-agent relationship and transfer of control rights inside family firms, the influence of human resource on governance etc.. Conclusions are: 1. Family governance has some rationality at certain stage, but will become obstruction with further development of private firms and thus should develop towards open family firms. 2. To make the best use of the separation of two rights, government should strengthen legal protection of private property, and family firms should consummate internal audit and control mechanism, prevent the opportunism of managers, and establish effective incentive mechanism so as to make the interest of managers is in line with that of family firms. 3. The level of diversification of ownership equity and control right transfer is higher for private firms at a mature stage than for those at an earlier stage of development.

Chapter 6: Institution Environment in the Internationally-oriented Development of Private Firms. Following the classical paradigm of "Structure-Behavior-Performance" in industrial organization theory, this chapter first analyzes the relationship between export behavioral characteristics and performance. Then, from the prospective of international division of labor and value chain, this chapter analyzes the typical market dislocation problem in the export of private firms. Conclusions are: 1. The horizontal difference between export products of private firms is low. 2. The products' vertical difference is not high. 3. Market structure of low centralization leads to private firms' lack of market power in export market. 4. The comparative benefit derived from international division of labor and trade is not only decided by the optimization of export product structure at technology level, but also decided by the institution innovation of export firms at organization level.

Chapter 7: Governance Evaluation on Private Listed Firms. This chapter constructs a governance index of private listed firms from four dimensions-board of directors, ownership equity structure, incentive and restriction for the management and information disclosure, and finds there exist the following governance problems in private listed firms: 1. Group control is the crux that leads ultimate controlling shareholder to take encroachment behavior. 2. Board of directors is characterized by large shareholder control. 3. Compensation for the management is low, and the management's share holding is non-linearly related with firm performance. 4. The governance of board of supervisors needs to improve. 5. The zeal for information disclosure and the independence of audit opinion are improving, and the independent director system plays an important role on improving the information disclosure of listed firms.

Chapter 8: Policy Suggestions on Institution Innovation and Development of Private Economy. This chapter is mainly a summary of the above seven chapters' conclusions and policy suggestions on prompting the institution innovation and development of private economy.

目 录

Contents

2

Contents

第一篇

民营经济演进
与制度创新的
理论分析

第一章

民营经济发展中的制度变迁与组织演进

中国民营经济发展的历程实质上是一种持续的制度创新的过程。迄今的民营经济及其各种组织形态是在怎样的一种制度变迁的环境下实现逐步演进的？在新的政治、经济、法律和社会变化中又会提出怎样的制度变化需求？为此，本章基于对20余年民营经济发展状况和组织演进历史的回顾，以地方政府意识形态偏好、生产率竞赛、制度互补和企业治理等为核心概念，在比较不同地域典型发展模式特征和民营经济与国有、外资经济间互动、渗透、竞争和替代关系的基础上，归纳出一个具有普遍意义的"多元互动，上下推进"的民营经济演进模式。这一研究力图解明民营经济发展中的制度变迁与组织演进机理，为研究民营经济发展的地域特殊性及其收敛趋势提供了分析的理论基础，并进而揭示出地方政府为民营经济的发展创造激励相容的制度安排的可能途径。

第一节　民营经济产生及演进的机制

1.1.1　民营经济的基本内涵

民营经济是市场经济下企业形态的一般形式，也是西方发达国家的主流经济形态。随着中国经济的快速增长和市场化进程的不断深入，民营经济在国民经济中的作用也越来越突出。"民营经济"一词的使用频率很高，但截至目前对民营

3

经济的定义并没有权威的解释，人们对民营经济的理解也存在差异，由此导致了政策制定、行政管理和统计口径等的不规范，甚至引起了不必要的概念混淆。

本书认为：所谓民营经济是一种以民众自我创业为基础，以个体、私营经济发展为主体包含多种所有制形式（民营经济是指私营个体经济以及民资控股经济的总称，国有、集体①、国有控股、集体控股、港澳台投资经济、外商投资经济不包含在内），以市场竞争为基本出发点，由政府宏观调控鼓励、支持和引导的立足于民、利国富民的经济。其基本特征是民间投资、民间受益、民间承担风险的经济活动，其发展的强大原动力是广大民众的内在利益要求和百折不挠的企业家精神。

民营经济是个多元化的混合经济概念，其产生有其特定的历史背景。从传统的计划经济体制下高度的公有化向具有生机和活力的市场经济转型过程中，"民营经济"概念作为上述经济成分的统称，有利于我们的理论研究、政策制定和宏观管理等诸方面工作。

1.1.2 民营经济的产生机理——社会转型、意识形态与制度变迁

制度变迁与社会转型，其过程和结果都是"历史的"，而并非只是单一的经济效率的改进过程。它既包括与市场经济体制相适应的非人格化的观念的确立，也包括公民社会以及与公民社会相对应的意识形态和信念体系的建立。因此，社会转型在制度变迁的过程中始终处在核心的、关键性的地位。

我国理论界尽管在如何改革方面存在着种种不同的看法，但在如下两点上是基本一致的，即他们都认为我们的改革是市场取向的改革，同时，都认为这种市场化改革以民营经济的不断壮大为其主要载体。

尽管上述两点是我国改革的主要事实，但仍有必要从历史视角对此进行检视。虽然本部分即将给出的结论是高度概括性的，但每个结论的背后都有大量的经验案例或丰富的数据作为论据。

以1979年为分界线，为什么此前的人们具有看起来十分稳固的传统的社会主义意识形态偏好，而此后却不断用新的意识形态偏好来替代旧有的偏好，即前后出现了如此显著的意识形态的偏好差异呢②？在1979年以前，农村实行的是

---

① 集体经济（集体和集体控股）经过二次改革大多实现了民营化，现存的少量集体企业其投资主体和资产经营形式类似于"二国有"性质，也不宜列入民营经济范畴。

② 对这种意识形态的差异性及其转化的更详细的说明，参见邓宏图："转轨期中国制度变迁的演进论解释"，载于《中国社会科学》，2004年第5期。

人民公社体制，此后这种制度逐渐瓦解，最终被联产承包责任制所代替。联产承包责任制尽管规定了土地所有权的集体性质，但却以单个的农户为其基本经营单位，这看起来与历史上传统的、以家庭为单位的小农经济的土地私有制的产权结构毫无二致。尽管土地仍旧由集体所有，但生产经营的自主权由农户完全拥有，因而虽然农民拥有土地的大部分使用权，但集体在法律意义上却拥有终极处置权，这又使得农民的土地产权是极不完整的。无论如何，联产承包责任制的实施意味着民营经济开始以一种合法的方式在中国的农村渐次展开、深化与发展壮大。这个趋势最后必然向城市蔓延，而且，城市的民营化进程首先也是从城市的集体经济开始的。20 世纪 80 年代中、后期，随着放权让利、承包制、利改税、股份制等改革措施的逐步展开，中、小国营企业的民营化进程在事实上也就开始了。

民营经济的发展或者民营化的过程，成为我国经济社会转型的重要部分，人们通过民营经济发展所带来的效率改进而不断地强化了坚持改革的信念，这个过程也在客观上为改革提供了合法性的政治资源以及"掌握群众"的理论资源。

通过对这个历史过程的理论解读，我们看到了观念乃至意识形态的转变和（人们对）经济效率的崇拜一起与社会转型构成了一个相互说明（注解）、相互检验乃至相互强化的逻辑结构（机制），这种"逻辑结构（机制）"经过学者和政界人士的反复强调，就成了今天非常流行的改革理论。人们通过民营经济所释放出来的经济活力与效率改进的经验事实，来证明改革的市场化取向是可取的，是正当的；又借助经济效率改进所带来的经济增长来说明新的意识形态的合理性与合法性。然而，社会转型不是没有代价，民营化不仅带来了效率改进的客观结果，而且也带来了"减员增效"所造成的"就业困境"，而医疗、公共卫生和教育产业化又使工薪阶层承受着一种前所未有的精神负担和经济负担，收入分配明显地向着资本、权力以及在社会上的所拥有的特殊地位"倾斜"①。这些现象使我们在继续实行改革开放政策的同时，也清楚地意识到社会正义原则实质上是社会转型具有合法性与合理性的历史逻辑根据。这样，对制度变迁或社会转型的检验就不能仅仅依靠效率原则或单纯的效率标准进行评价，而应借助社会正义原则来进行必要的"历史审视"：制度变迁后所导致的经济效率是否改进、社会所秉承的意识形态是否合乎公众的基本偏好、公权力的运用是否合乎人民的根本利益以及公权力与私权利的"群己划界"是否既满足效率标准又合乎公平规范？对

---

① 人们都知道，我国的基尼系数已达到 0.48，更为严重的是，我国已出现了众多的垄断社会资源和公共权力的"利益集团"了。见郎咸平：《中国的基尼系数已经增加到 0.5：中国会向哪里去》，http://www.chinathink.net/aindex/documents/200509/6886.shtml。张若愚："警惕利益集团侵蚀社会公正"，载于《陕西日报》，2006 年 8 月 17 日；江涌：《警惕部门利益膨胀》，载于《瞭望》，2006 年第 40 期。

所有这些问题的思考与解答，都将深化我们对民营经济由来与演进的历史背景的认识。

在1979年以前的中国经济体制内，公社社员无论是在组织上，还是在劳动方式上，都带有明显的"集体性质"，社员之间、社员与干部之间在收入分配的结构中被政治经济制度"强制性"地"拉平"了，社员在政治上处于领导阶级，干部要周期性地到农村一线蹲点以便了解民情并贯彻执政党对农业发展的具体部署。但农村人民公社制度使农民难以摆脱土地的束缚，而且也没有个人选择的自由。劳动参与权与收入分配权的"不可退出"，使得"队为基础，三级所有"的公社制度难以产生直接针对个人的经济刺激，从而在一定程度上降低了劳动的生产效率①。不过，公社体制也产生了另一个效果，即便于使工、农、商、学、兵等结合在一起，通过政治组织与经济组织的凝合，使分散的农民集中在一起，从事大型的农田水利建设。另外，公社体制的高度的政治与经济的动员能力使农村合作医疗得以顺利推进，这有效地减少了地方病对农民健康的损害，也迅速地降低了婴儿死亡率，从而延长了人民的预期寿命。这个成就被世界卫生组织惊为奇迹，使社会主义中国一度成为全球的典范。

联产承包责任制的实施等于宣告了人民公社制度的解体，使得建立在这种体制上的其他组织，如农村合作医疗组织也无形解散。当然，联产承包制激发了农民的生产积极性，个人的选择自由更大了，这使农民具有自发向城市、向其他产业流动的可能性。这一点具有积极的历史意义。但另外，农村人民公社解体也使执政党或基层政府在农村的政治动员与经济动员能力大大下降，从而使农村基础设施在相当长的时期内"只用不建"。此外，由于缺乏集体行动能力，农民的个体经营方式使他们面临两个方面的压力：其一是市场压力，单个的农户几乎没有与市场的谈判能力，因此要承担无限责任的市场风险；其二是吏治压力，单个的农户几乎没有与行政官僚机构的任何谈判能力，没有办法抗拒来自村、乡、县各级行政机构出台的各种"苛捐杂税"所带来的政治与经济压力。

因此，单从农村而言，任何的改革措施都具有历史二重性，人们不断地尝试如何突破后人民公社时代的种种现实束缚，尽快走出体制转型带来的"三农困境"。城市改革同样如此，虽然表现形式不同于农村，但工人在政治地位上的下降与他们在经济上的选择自由的扩大几乎同步进行，同样具有"历史二重性"。无论如何，中国的经济转型在总体上仍然应当得到正面的评价，因为非国有经济

---

① 林毅夫：《农业生产合作社的退出权、退出成本和偷懒：一个答复》，林毅夫：《再论制度、技术与中国农业发展》，北京大学出版社2000年版，第211~233页。

在农村人民公社解体后得到了空前的发展，这使中国一直保持着持久不衰的经济增长。不过，我们不能忽略这样一个事实，即伴随着经济增长的同时，工人农民在政治语汇上突然成了"弱势阶层"，而宪法则把他们定义为社会的主人并且一直强调"工农联盟"是社会主义的基础与主体性力量。假如我们不引进政治正义的检验标准而一味地沿用新古典经济学的效率原则对此加以解释，我们就会历史地陷入制度或宪政上的合法性困境。因为，实际上的弱势阶层与宪法所赋予的"主人翁"地位的持久冲突，不仅会使我们面临理论困境，而且会使我们丧失挑战未来的勇气与力量。

本部分首先给出了社会转型与制度变迁的基本定义，在此基础上，本部分认为，社会正义、制度精神与公权力等因素与制度体系具有逻辑上的一致性，前者是后者的核心要素。这样，制度变迁或社会转型就是在社会正义原则的规范与调节下重塑制度精神、转变观念与意识形态以及改进效率的统一。从本部分的逻辑出发，我们可以发现"效率优先，兼顾公平"的改革逻辑存在着致命的缺陷，它使功利主义的哲学与效率至上原则凌驾在社会正义原则之上，从而使公平和个人的发展权成了一种政策上的"托词"，其结果将造成社会关系的内在紧张与失序。然而，社会正义原则尽管源于历史演进过程中不同利益团体的合理诉求与全体社会成员的利益交集，它的表现形式却只是一种抽象的、精神的、观念化了的逻辑体系，所以，它必须借助具体的社会规则与公共秩序来承载并表现出来，因此，公权力也好，组织结构也好，私人的财产权利也好，都必须满足社会正义原则所确立的道德与伦理标准以及与此相适应的效率标准，它们的变迁所导致的社会转型才是合理的、可置信的，才能经得起历史与逻辑的检验。考察中国民营经济演进的历史事实，我们可以得到同样的结论。

1.1.3　民营经济制度演进的多样性——意识形态偏好、地方政府政策与制度演化的分岔

本部分利用历史资料对国有经济改革、非国有经济演进的"历史逻辑起点"、公有制经济性质、国有经济与非国有经济演进的"制度互补性"和"相互嵌入性"等方面进行描述、分析，以刻画转轨过程中民营经济演进和制度创新轨迹并对民营经济发展作一展望。

在学术界，学者们构建了许多理论框架来解释中国的制度变迁过程。第一种研究框架往往把中国经济分成两块：一块叫存量经济，主要由传统的集体经济和国营经济构成；另一块则是非国有经济，如个体经济、民营经济和乡镇企业构成的增量经济。这种研究框架认为，中国并没有进行一揽子的快速私有化改革，而

是从增量改革出发，逐步完成市场化进程[①]。樊纲还注意到经济改革会带来利益关系调整。由于利益关系存在，改革成本分为实施成本和（利益）摩擦成本两种形式，先增量改革后存量改革能比较容易地协调各种利益关系从而实现"改革过程的帕累托改进"[②]。

第二种研究框架是杨瑞龙[③]和张维迎[④]分别提出来的。他们基于中央和地方分权的事实，认为分权将造成地区竞争并使地方政府和企业合谋，与中央政府博弈，从而使企业经营者获得剩余控制权和索取权，最终使政府从企业逐步退出，完成国有经济的民营化改造，市场经济体制得以建立。

周业安[⑤]提出了制度变迁的演进论解释。他认为，强制性制度变迁[⑥]和诱致性制度变迁[⑦]的分析框架无法完全揭示制度变迁的全貌，前者忽略了社会成员的自发创新行为，后者忽视了政府可能有的作用[⑧]。在他看来，中国的改革过程交织着政府选择外部规则和社会成员选择内部规则的双重秩序演化路径，这两种规则之间的冲突与协调贯穿整个制度变迁过程。在这个过程中，中央政府更多地起着法官裁决作用，而地方政府更多地从事制度企业家活动。其结果是政府逐渐退出制度创新领域，民间创新内部规则的领地则逐步扩大。与此同时，周业安还对地方分权引起的地方政府竞争的经济后果进行了分析，他认为，地方政府之间的竞争并不必然带来经济的良性增长，保护性策略和掠夺性策略可能被选择，这会造成产业同构，区际交易成本增加[⑨]。不过，张维迎认为，产业同构和重复建设恰恰是民营化和市场化的一个可行路径和必要成本。

以上研究在相当程度上刻画了中国经济体制的转轨过程。但问题在于，增量改革并不能脱离存量即国有经济而单独进行，增量改革和存量改革实质上具

① 林毅夫、蔡昉、李周：《中国的奇迹：发展战略与经济改革》，上海三联书店1994年版，第20~60页。
② 樊纲：《渐进改革的政治经济学分析》，上海远东出版社1996年版，第64~90页。樊纲：《论改革过程》，载于《改革、开放与增长》，上海三联书店1991年版。樊纲：《两种改革成本和两种改革方式》，载于《经济研究》，1993年第1期。
③ 杨瑞龙：《我国制度变迁方式转换的三阶段论》，载于《经济研究》，1998年第1期。
④ 张维迎：《区域竞争和私有化》，载于《北大中国经济研究中心简报》，1999年第20期。
⑤ 周业安：《中国制度变迁的演进论解释》，载于《经济研究》，2000年第5期。
⑥ 林毅夫：《关于制度变迁的经济学理论：诱致性制度变迁与强制性制度变迁》，载于《财产权利与制度变迁——产权学派与新制度学派译文集》，上海三联书店1994年版。
⑦ V. W. 拉坦：《诱致性制度变迁理论》，载于《财产权利与制度变迁——产权学派与新制度学派译文集》，上海三联书店1994年版，第327~370页。
⑧ 我们认为，周业安对这两种变迁形式的评论未必正确，拉坦强调的是制度变迁的需求方面，而林毅夫强调的则是它的供给方面，但并不能证明拉坦和林毅夫就一定忽略了制度变迁的其他决定因素。不过，周业安的"问题意识"还是富有启发意义的。
⑨ 周业安：《地方政府竞争与经济增长》，载于《中国人民大学学报》，2003年第1期。

有互补关系。此外，尽管中央、地方分权为传统经济的民营化准备了历史条件，但要使这个历史条件发挥作用还需中介性的转化机制。张维迎和杨瑞龙的"分权论"未能从细节上考察这种转化机制的作用过程，他们的理论模型也没有考虑国有经济与民营经济两者间的"制度互补性"。周业安的理论框架虽然注意到政府和社会成员、内部规则和外部规则之间的协调和冲突问题，但用于解释中国制度变迁过程仍显得过于笼统和抽象。因为，关键的问题在于，既然政府提供外部规则，社会成员创制内部规则，而且两种规则彼此冲突和协调，但为什么在中国经济转轨过程中会同时出现以民间创新"制度"为主的温州模式和以社区政府提供规则为主的苏南模式呢？显然，无论是张维迎等的"中央、地方分权论"，还是周业安等的"内、外规则演进论"都无法对此加以解释。

至于那些单一地探讨中国乡镇企业之谜或中国经济增长之谜的相关文献[①]，尽管为理解中国社区经济组织产权结构如何演进、管理机制如何改进提供了独特视角，但仍不能从历史角度揭示出乡镇企业如何产生和成长的变迁轨迹。此外，这些研究无法摆脱产权理论和交易成本理论的局限性，因此也不能从理论上解释在给定相类似的宏观经济条件和政治约束条件的情况下，为什么中国不同地区的经济组织和经济体制会出现"演化分岔"[②]？因此，有必要构建一个新的分析框架，用以揭示中国不同地区民营经济的组织演进和制度变迁的基本路径。

本部分认为，地方政府的意识形态偏好会决定其民营经济政策进而影响民营企业形成对未来的预期，国有企业和民营企业间构成的生产率竞赛和制度互补关系会共同塑造某个特定地区的"制度互补特性"，从而导致不同地区民营企业选择不同的企业治理结构。此外，不同地区的国有资本和民营资本的边际效率比较会导致不同的地方政府"修正其传统意识形态偏好的速率"出现差异性并进一步决定其民营经济政策差异性，这使不同地区民营经济演进轨迹出现分岔：在不

---

① 冯曲：《从资金筹集机制看乡镇企业改制：制度变迁动力学的一个案例》，载于《改革》，2000 年第 5 期；冯曲和张涛：《权威、权威组织与效率——兼对经济转轨路径的评述》，载于《世界经济文汇》，2002 年第 5 期；李稻葵：《转型经济中的模糊产权理论》，载于《经济研究》，1995 年第 4 期。

OiJ., *Fiscal reform and the Economic Foundations of Local State Corporatism in China*, World Politics, Vol. 45, No. 1.

Chang & Wang, *The nature of the Township Village Enterprise*, Journal of Compatative Economics, 1994, 19, 434 - 452.

Che & Qian, Insecure Property Rights and Government Ownership of Firms, Quarterly Journal of Economics, 1998.

② 孙早、鲁政委：《从政府到企业：关于中国民营企业研究文献的综述》，载于《经济研究》，2003 年第 4 期。

同地区各自历史条件约束下，那些较为彻底摆脱传统意识形态偏好的地方政府将促使民营企业较快地获得组织的相对交易效率优势，从而使民营经济进入一个持续地进行自主组织创新的过程，这是温州模式的由来；那些稍慢摆脱传统意识形态偏好的地方政府会以基层政权的形式参与企业演化过程，因而发展出了具有模糊产权结构的乡镇企业，这是苏南模式的由来；那些固守传统意识形态偏好的地方政府，更看重国有企业改革对经济增长的效应，从而不能为民营经济的发展提供合理的政策环境，这使民营企业缺乏稳定预期，因而不能大规模地使民营经济相对国有经济而出现效率上的比较优势，这恰恰是中、西部地区民营经济的发展现状。最后，生产率竞赛和制度互补性会内在地"组织"成民营经济演进和国有经济改革的"动力机制"，诱使不同类型经济组织不断改进治理结构，最大化其盈利目标。在比较效率优势的作用下，不同地区经济组织的演进和制度变迁轨迹将出现趋同，这使得苏南模式的社区产权结构最终会向温州模式的自有产权结构转化。

一、民营经济演进：一个理论说明

在相关文献中，"历史逻辑起点"又称为转型经济的"初始条件"或"历史渊源"。林毅夫和姚洋把"初始条件"定义为某个区域所拥有的农村工业、国有工业（的比重）以及结构方面的基础条件[①]。王黎民则认为应该全面考虑多类初始条件，包括政治、经济和文化等各方面。例如，中央、地方分权是中国经济改革面临的"政治初始条件"；约71%的劳动力集中在农业部门以及分权体制下条块分割的M型组织是改革伊始所面临的"经济初始条件"；崇尚节俭、以亲情人伦关系为纽结的经济交易方式则构成了"文化初始条件"[②]，因此，中国的渐进改革相对于前苏东国家的激进改革具有效率上的比较优势。

与前述研究不完全相同，本部分讨论的"历史逻辑起点"有如下三重含义：

其一，等同于林毅夫和姚洋、周其仁等人所定义的"初始条件"或"历史渊源"[③]。

① 林毅夫和姚洋：《东亚奇迹中的农村工业化》，载于《东亚奇迹的反思》，中国人民大学出版社2003年版，第103～138页。
② 王黎民：《转型经济的初始条件》，载于《上海经济研究》，2003年第9期。
③ 周其仁：《中国农村改革：国家和所有权关系的变化——一个经济制度变迁史的回顾》，载于《中国社会科学（季刊·香港）》，1994年第3卷第8期。
陈剑波：《人民公社的产权制度——对非排他性受到严格限制的产权体系所进行的制度分析》，载于《经济研究》，1994年第1期。
陈剑波：《制度变迁与乡村非正规制度》，载于《经济研究》，2000年第1期。
郑红亮：《我国乡镇企业的行为目标和行为方式研究》，载于《管理世界》，1998年第6期。

　　其二，"历史逻辑起点"具有经济分析的方法论意义。"历史逻辑起点"不仅作为一种外在约束影响经济主体的选择，而且作为一种内在约束即以意识形态、文化、习俗等方式渗入经济主体"行为动机"的内部，影响并决定参与人（如企业或地方政府）的预期效用函数和行为选择。

　　其三，"历史逻辑起点"首先作为现实约束条件起作用，但是，给定这种约束条件，经济行为人会因为他们在文化背景和所处地域方面的差异性而导致反应模式的差异性①。

　　因此，不同的"历史逻辑起点"会导致不同的偏好结构和经济反应模式，最终影响到经济行为人的合约选择，这将诱致不同地域的人们在现实约束条件下选择有差异的、异质的组织形态。在本部分，不同的偏好结构和经济行为反应模式既体现在地方政府的意识形态偏好方面，也表现在国有和民营企业的预期目标函数上。

　　对于一个行动中的政府来说，意识形态绝不仅仅具有"形而上"的哲学含义，而且是一个集"目的论"和"因果律"于一身的功利主义的经济学概念②。政府选择某种政策是有"目的性"的，而政府选择某种政策并放弃另一种政策则与"历史之因"（即历史逻辑起点）和"现实之因"（即现实约束）有关。地方政府的意识形态偏好取决于它所面对的国有资本和民营资本的比例以及它们各自的边际产出的效率比较。不同类型的资本总量及其边际产出效率将决定地方政府的意识形态偏好及由此而来的政策导向和政策本身。例如，假如某地民营资本总量在总的社会资本中所占的比重较大，而且其边际产出率要高于国有资本的边际产出率，那么地方政府将倾向于为民营经济的发展提供更为宽松的政策环境，反之亦然。之所以把政策偏好和意识形态偏好联系起来，是因为处在转轨时期的地方政府曾经的确面临过是"姓社"还是"姓资"，以及是市场取向，还是计划取向之类的两难抉择问题。

　　一般来说，民营经济在生产经营上的效率优势会对国有企业产生压力，促使国有企业进行公司化改造。国有经济在技术和融、投资方面的优势会促使民营企业不断优化治理结构，强化竞争优势，这是生产率竞赛过程；国有经济在技术、资金、人力资本上的"溢出效应"为民营经济发展提供了良好的外部环境，而民营经济在税收、就业、产业结构调整方面为国有企业减员增效、实现公司化改造创造了必要的前提条件，这是制度互补过程。"生产率竞赛"和"制度互补"将形成民营经济发展和制度创新的动力机制，使"企业治理"成为民营经济发

　　①　中国分沿海和内地、东部和西部，各省区的交通便利程度和人均土地面积是不同的，人们的偏好函数也有很大差异。

　　②　Mises, *Human Action*: *A Treatise on Economics*, Fox & Wilkes, San Franciso, 1996, pp. 23 – 29.

展的必然选择。不同地区国有经济和民营经济的所占比重、行业分布会导致具有地区差异性的"制度互补形式",这使不同地区民营经济的"发展模式"各不相同。最后,生产率竞赛和制度互补又会使不同地区的经济制度"收敛"于相类似的变迁轨迹从而呈现出同质的所有制结构和产权结构形式。因此,无论是温州模式,还是苏南模式,抑或中部地区的经济发展模式,最终都将出现某种程度的趋同效应。

基于此,有必要构建一个新的分析框架,用以揭示不同地区民营经济的组织演进和制度变迁的基本路径。应该说,本部分的研究与同类研究相比较,为我国不同地区的制度变迁为什么出现"路径差异性"以及如何实现"制度演化趋同"提供了一个系统性的理论解释。

然而,不同地区"制度互补特性"的形成恰恰与地方政府的意识形态偏好及其修正速率密切相关,这个具有关键意义的重要问题在主流文献中并未得到特别重视和有效分析。

二、地方政府意识形态偏好和政策的内生性[①]

绝大多数研究者,甚至许多公众人物总认为,意识形态是给定的"参数",是外生的。然而,在本部分的范畴里,意识形态是内生的,而政府决策依存于政府的意识形态偏好,因而,它同样是内生的[②]。在主流经济学的文献上,这两种观点针锋相对,各不相让。

诺思认为,新古典的个人理性假定难以说明大团体在没有明显收益补偿个人参与付出的大笔费用时确实在行动,因此,真实的个人效用函数比目前在新古典理论中体现出来的简单假定要复杂许多。因此,假如没有一种关于意识形态的清晰理论,或更泛意义上的关于知识社会学的理论,(经济学)在解释现行资源配置或历史变革的能力方面便会有很大缺口。诺思承认,意识形态可以使成员对团体产生忠诚感,可以减少团体成员"搭便车"的行为,更重要的是,它能为国

---

① 在本章内容的"简化版"发表于(《中国社会科学》2004 年第 5 期)之后,我们看到了章奇和刘明兴探讨意识形态的同类论文(2004),在那里,章奇和刘明兴的研究视野显得更为开阔,他们研究了跨国数据,从实证角度证明了意识形态与政府对经济行为干预的强度和广度具有内在关系。参阅章奇、刘明兴:《意识形态与政府干预》(http://jlin.ccer.edu.cn/article/sort.asp?zhuid=7&typeid=35)。

② 我们在这里强调的是,政府政策和政府内部官员,尤其是决策者所实施的政策取决于他们的政策偏好,而后者直接依存于这些决策者的意识形态偏好。但人们要问,政策难道不是各种利益平衡的结果吗?为什么政府的意识形态偏好会在政策颁行和实施上占上风呢?一切政策难道不是各方利益博弈的结果吗?对这个问题的回答将在本章的第四部分进行。这里只是强调政策决策的统计特征。一个必须注意的问题是,对一个转轨经济来说,弱势阶层尽管人多但并不势众,原因在于他们在政治上、在舆论上并非是决定性的。这个问题必须由中国特定时期的政治结构所呈现出来的特性来说明。

家提供实施统治的合法性。因此，一种实证的意识形态理论对于分析独立司法制度在影响资源配置中所起的作用，是必不可少的，而解释长期变革急需要一种实证的意识形态理论①。

但是，诺思显然对如何把意识形态糅合进新古典经济学的个人理性假定缺乏清晰一致的"考虑"。他把技术、人口、所有权和政府对资源的控制以及相对价格变化对人的行为的决定性影响进而对资源配置的效率所产生的关键作用与意识形态，或者说认知模式对人的行为的决定性影响进而对资源配置效率所产生的重要作用严格区分开来了。这样，他在逻辑上就认同了意识形态是外生的。

爱德华·洛佩茨和卡洛斯·兰普米尔茨（Edward J. Lopez & Carlos D. Ramirez）通过研究美国共和党与民主党在国会和白宫的政治（政策）选择所表现出来的倾向性而强调了意识形态的内生性。他们认为，研究政党的意识形态在技术上要好于研究个人的意识形态，原因在于后者的生命周期有限，而前者相对要长得多，便于长期的观察。政党意识形态是立法者意识形态的"代理"者。政客意识形态的偏好最初被吸引到政党的意识形态偏好中那些适合他本人意愿和偏好的部分。

例如，美国共和党会吸引更多的在平均程度上偏于保守的人，而且，那些立法者的选举人中还要面临他所在党的党纲的约束，这些党纲在相当程度上是一种对行为的纪律约束，而且对那些投票者形成一种有效的激励。这些激励不仅包括共享资源，互投赞成票，以及作为一种个人声誉投资的对政党的忠诚。仅仅不是出于委托人的愿望，也不是出于要面对政党的纪律约束，单单是其长期的职业生涯，就使他们不可能违背他所在党的偏好，或者不可能与他所在党的意识形态有不一致的地方。因此，立法者和政党意识形态标识有高度相关性。重要的问题在于，政党的成员发生变化，则政党的意识形态也会随着成员比例的变化而发生变化。这表明意识形态是内生的。

普尔和罗森斯（Poole & Rosenthal, 1997）认为，政党意识形态的大规模变化源于其成员发生变化的"结构比例效果"，政党成员的结构比例发生大的变化，则政党的意识形态也会发生大的变化。但是，政党意识形态的变化却与它的成员在意识形态的立场方面的变化没有什么关系，关键是持某种立场和信仰的人在政党中所占的比例是否占优。伴随着独立决定的偏好与信念，新加盟的立法者没有必要分享原先那几代立法者的（在意识形态上的）偏爱。例如，如果新的大量年轻的共和党党员碰巧很保守，那么，我们可以预言这个党在未来很长时间里也是偏于保守的，直到另一波大量的不太保守的年轻成员加盟这个党为止。这

---

① 道格拉斯·C·诺思：《经济史上的结构和变革》，商务印书馆1992年版，第46~59页。

样，对政党而言，它的意识形态变化将是周期性的①。

历史事实表明，意识形态和相对价格的变化、技术变迁等决定资源配置效率的因素存在着结构上的因果关系，越是从长时段的历史来考察这一点就越能证明这一论点的正确性。"重农抑商"成为古代中国的重要治国理念，关键在于商业活动收益和农业活动收益难以依靠双方自发的寻利活动而达到稳定的纳什均衡解，加上商业活动难以监督，国家缺乏向长程贸易有效征税的配套手段，出于国家安全和解决财政危机的缘故，历代中国政府就必然把"重农抑商"意识形态化和国家意志化②。

最近的例子，即中国 30 年来的制度变迁史也证明意识形态偏好是内生的。下文将会展开讨论，"价格的相对变化"（即不同类型经济组织对地方政府的边际财政贡献以及总量财政贡献的相对重要性及其变化）是如何影响地方政府的意识形态偏好及地方政府的政策的，它们将说明，在相当大的程度上，地方政府的意识形态的偏好及其政策是内生的，我们甚至可以说，不仅政策是选择的结果，而且更进一步，那些决定政策偏好如何形成的决定性因素即意识形态也是选择的结果。

三、地方政府意识形态偏好与政策偏好③

中国政治的特征是"首长负责制"。对于政府机构来说，"首长"包括党委书记和最高行政首长（如县长、市长乃至省长）。党委书记和行政首长有职能上的分工，前者主抓意识形态，后者主抓政府的全面工作，尤其是经济工作，理论上党委书记可以在关键时刻"主导"最高行政首长。这样，在党政系统具有如下成员构成：

（1）党委书记及其支持者；

（2）行政首长及其支持者；

（3）除党委书记和行政首长及其各自坚定支持者外的所有其他行政人员处在"中间状态"，即不鲜明地支持党委书记，也不明确地支持行政首长，他们每天所做的就是处理好日常工作，完成与职务相对应的工作职能。但是，经验表

① Edward J. Lopez and Carlos D. Ramirez（2000），"Is Political Ideology Endogenous? Evidence from the Business cycle"，papers. ssrn. com/sol3/papers. cfm? abstract_id = 257524。Poole and Rosenthal（1997），Edward J. Lopez and Carlos D. Ramirez（2000）. Poole and Rosenthal（1997），"Congress：A Political - Economic History of Roll Call Voting"，New York，NY：Oxford University Press.

② 邓宏图：《历史上的官商：一个经济学分析》，载于《经济学季刊》第二卷第 3 期。

③ 本小节未把有关讨论"模型化"。该内容的编写源于姚洋教授的有益评论。我们只是从理论上讨论了政府作为一个整体会形成一致的有关于意识形态的时间偏好，亦即，政府内部成员将是同质的，因而在政策选择上将在逻辑上趋于"同质"。

明，政府中处在"中间状态"的成员也有政治上的偏好，这种偏好和党委书记、行政首长谁在政治角力中占上风有关。

因此，政府内部成员的博弈实际上就成了党委书记和行政首长及其各自支持者的利益分配过程。当党委书记占上风时，处在中间状态的成府其他成员将偏好党委书记的施政纲领，因为这样做可以得到更多的升迁机会或别的其他好处。当行政首长占上风时，处在"中间状态"的政府成员将作另一种选择。

接下来引进两个企业家：一个是国有企业经理；另一个是民营企业经理。而且假定在某个具体的地方政府管辖的范围内对即将进入这个地区的企业家毫无"进入障碍"，但每个在该地区从事经营活动的企业家可以感受到地方政府的"政策偏好"，从而可以决定自己是留下，还是继续在这个地区经营下去。

实际上，我们可以把地方政府内部成员的博弈及其地方政府作为一个整体与企业家的博弈分别进行讨论，以得出关于地方政府行为特征方面的基本结论。

首先，假设有两个博弈参与人：党委书记及其支持者和行政首长及其支持者。同时假定他们有两个策略可供选择：保守和改革，这里的保守是指固守传统社会主义信念，在意识形态上竭力维护国营企业的利益，因此在政策上不实施对民营经济发展有利但同时对国有企业发展无害的政策；这里的改革则指既维护国有经济的合法地位，也极力支持民营经济的发展。

实际上，在我们的假设条件下，政府选择"改革"总要比选择"保守"要好，原因在于，"改革"方案会使民营企业留在该地从事经营活动，从而使政府作为一个整体可以得到更多的税收。

其次，给定政府采取"改革"的策略，民营企业留下来继续经营要好于放弃在该地的经营活动，因为，假定它先期在此投资，必定有沉淀成本，选择"放弃"，沉淀成本难以"收回"，而且还丧失了"改革红利"。相反，如果政府采取保守的"策略"，则企业面临两个选择，或者离开，或者继续经营。但最终决定民营企业选择"离开"或者"继续经营"的因素，取决于民营企业对这两个方案的预期收益及其比较，而且还取决于民营企业家对政府的"游说"能力和对政府政策预期的时间偏好。

但是，我们可以推断出，在政府和民营企业家的博弈中，政府的政策偏好是十分关键的因素，而政府政策偏好取决于民营企业能给政府带来多少税收。一般而言，在国有企业之外，存在民营经济（企业）总比不存在民营经济（企业）要好，原因在于民营经济是国有企业之外的税收之源。

我们的结论是，政府内部成员和政府与民营企业家的重复博弈将使政府的"先验"意识形态偏好发生偏转，最终他们会采取有利于民营企业发展的政策。因此，总的来讲，政府的内部成员在重复博弈中会内生出"同质的意识形态偏好"，从而最终会采取同质的推进民营经济的发展政策。

四、地方政府意识形态偏好与地区经济制度变迁

首先要说明，本节只研究政府行为，目的在于提供政府在民营经济演进过程中的作用。本节通过引入意识形态偏好等变量构建政府的效用函数。

本节证明，意识形态偏好决定政府的政策偏好，进而影响经济制度的变迁路径。这里的讨论暂不考虑单个企业的效用函数及其选择。对于一个行动中的政府来说，"意识形态"绝不仅仅具有"形而上"的哲学含义，而且是一个集"目的论"和"因果律"于一身的功利主义的经济学概念[1]。政府选择某种政策是有"目的性"的，而政府选择某种政策并放弃另一种政策则与"历史之因"（即"历史逻辑起点"[2]）和"现实之因"（即现实约束）有关。地方政府的意识形态偏好取决于它所面对的国有资本和民营资本的比例以及它们各自的边际产出的效率比较。不同类型的资本总量及其边际产出效率将决定地方政府的意识形态偏好及由此而来的"政策导向"和政策本身。之所以把政策偏好和意识形态偏好联系起来，是因为处在转轨时期的地方政府曾经的确面临过是"姓社"还是"姓资"，以及是"市场取向"，还是"计划取向"之类的两难抉择问题。

假设一个经济社会有三个参与人：政府、国有企业和民营企业，那么，可以预计这个经济社会的组织演进与制度变迁取决于如下因素：

其一，政府偏好（包括意识形态偏好）与政策；

其二，民营企业与国有企业间的生产率竞赛和制度互补。生产率竞赛的结果是一类更有竞争优势的企业治理结构将替代另一类相对效率差的企业治理结构，后者在生产率竞赛的压力下必须重新缔约以获得异质型能力，这样就能占有实现大于或等于零利润所要求的最小市场份额[3]。此外，假如民营经济和国有经济的组织演进具有兼容性，并形成内在一致的制度系统，那么就可以认为两种类型经济组织间存在"制度互补性"。

第二个因素本节有所提及，但更详细的讨论将在第三节展开。

有三个变量刻画地方政府的效用函数：税收（取决于国有企业收入 Y_g 和民营企业收入 Y_s）、意识形态偏好（用民营资本与国有资本的比表示，K_s/K_g）和非物质收入（政治地位、社会地位及其心理满足，用 A 表示）。政治地位、社会地位会转化为"物质收入"，而心理满足也可以用"物质收入"来刻画。意识形

① Mises, *Human Action*: *A Treatise on Economics*, Fox & Wilkes, San Franciso, 1996, pp. 23–29.
② 邓宏图：《组织、组织演进与制度变迁的经济学解释》，载于《南开经济研究》，2003年第1期；《相对理性研究》，载于《制度经济学研究》，2003年第1期。
③ 可定义此市场份额为"市场份额临界值"，企业不达此临界值就很难生存或企业利润为负。

态偏好之所以用 K_s/K_g 表示，原因在于，对地方政府官员来说，国有资本所占比重在相当长的时间内意味着社会主义公有制是否占主导地位。对于具有传统社会主义情结的政府官员来说，K_s/K_g 有很丰富的政治内涵，而在那些具有开放思维的地方官员看来，K_s/K_g 可以有另一重意义的解释，即 K_s/K_g 是市场经济体制是否完善的测度指标[①]。

假定：g_1，g_2，g_3 分别是地方政府官员对闲暇 $(1-e_m)$，税收 $A(Y_g+Y_s)$，传统社会主义意识形态情结 (K_s/K_g) 和政治、经济及社会地位 (A) 等方面的偏好（系数），$g_1>0$，$g_2>0$，$g_3>0$，且 $g_1+g_2+g_3=1$。$A=e_m p$，代表地方政府官员的权威，p 表示地方政府官员的位势，位势越高，越有权威，对企业经营活动影响越大，越能实现更多的权力租金。但权威也和官员是否愿意发挥足够的影响，即努力程度 (e_m) 有关[②]。

此外，对地方政府来说，可以假设它面对一个由国有企业和民营企业构成的超级企业。对超级企业来说，其生产函数可定义为：

$$Y_{super}=(K_g+K_s)^\beta(L_g+L_s)^{1-\beta} \tag{1}$$

这里，β 和 $(1-\beta)$ 分别是资本和劳动对超级企业收入[③]（即 Y_{super}）的边际贡献率。显然，在本部分所限定的主题里，可以认为：

$$Y_g+Y_s=Y_{super} \tag{2}$$

据此，地方政府效用函数可写成：

$$\underset{e_m,K_g,K_s}{Max}\ V_c=g_1\ln(1-e_m)+g_2\ln[Pe_m(K_g+K_s)^\beta(L_g+L_s)^{1-\beta}]+g_3\ln(K_s/K_g) \tag{3}$$

对（3）式求 K_g 的（一阶）偏导数，得：

$$\frac{g_2\beta}{K_g+K_s}=\frac{g_3}{K_g} \tag{4}$$

可以肯定，在某个具体时期，K_g，K_s 是两个可以确定的量（或"恒定量"），因此可令 $K_g/(K_g+K_s)=C$（常量），这样式(4)就可重新表达为：

$$Cg_2\beta=g_3 \tag{5}$$

---

① 有必要特别指出，K_s/K_g 并非就是"意识形态"本身，而只是一个表示"意识形态"及其偏转"指标"的"经济量"。下文对此将有简要讨论。

② 本章的"位势指数"（p）沿用冯曲和张涛：《权威、权威组织与效率——兼对经济转轨路径的评述》，载于《世界经济文汇》，2002年第5期。但本章的问题意识和理路与冯曲等不同。本章定义了意识形态偏好，并与稍后引入的生产率竞赛和制度互补的数学表达一起构成了本章模型的基本内容。

③ 事实上，根据假设，一个经济社会只有两个企业，分别是国有企业和民营企业，因此，正文中的 Y_{super} 实际上也可认为是国民收入。

（5）式的经济含义是：地方政府的意识形态偏好（g_3）受资本的边际贡献率（β）和税收偏好系数（g_2）的"共同影响"，β 和 g_2 以"彼此相乘"的方式决定 g_3 的大小。观察表明，地方政府有财政扩张的"冲动"，总是希望能汲取更多的税收和租金。给定 g_2 不变①，地方政府的意识形态偏好就由 β，即一地区经济总体中资本对产出的贡献率单独决定。

由（3）式可知，β 表示的是总资本对产出的贡献率，但由于总资本包括国有资本和民营资本，其结果就使（5）式所表达的经济含义更为复杂，有两种情况必须注意：

（1）给定技术不变，包括民营资本和国有资本在内的资本总量恒定，其大小由总产出和平均储蓄率共同决定。国有资本扩张，民营资本即减少；反之，民营资本扩张，国有资本就萎缩。可以预期，（最终）决定国有资本和民营资本大小的是它们各自的边际产出率，分别用 ε_1 和 ε_2 表示。

（2）假如在一个特定时期内技术得到创新和改进，那么国有资本和民营资本就会在技术创新的刺激下不断产生"增量"，分别用 ΔK_g 和 ΔK_s 表示。组织结构或治理结构的优化程度（或对市场的适应程度）会决定该组织对（专利）技术的利用能力或创新能力，因此，不同类型经济组织的资本边际回报率或资本的增长率是不同的，具有相对效率优势的经济组织（最终）将获得更高的资本增长率，即如果 $\varepsilon_2 > \varepsilon_1$，就有 $\dot{K}_s > \dot{K}_g$②。

综合上述讨论，本部分给出如下定理：

定理 1：在传统经济体制下，$K_s \approx 0$，地方政府的意识形态偏好 g_3 仅和国有资本的回报率 β 有关，g_3 和 β 会形成规则化的"偏好"关系，即 K_g 越大，公有制越稳固，地方政府越具有意识形态偏好刚性；反过来，刚性的意识形态偏好，又会使地方政府倾向于通过政策保持 K_g 的总量以及确保 K_g 在总量资本中占绝对优势。

定理 2：给定政策冲击、技术变迁和市场竞争压力，如果出现一种新的、异质型经济组织并且导致更高的资本边际效率，那么与原有所有制经济结构相对应的"意识形态稳态"将被逐渐打破。但意识形态只会对技术变迁以及市场竞争压力产生一个"滞后反应"。意识形态变迁的速率取决于不同类型经济组织的资本的边际效率的差值的大小以及总量可比性。用算式表示，则如下③：

---

① 尽管地方政府有汲取更多税收的"冲动"，但在一定时期，税率和税基大致保持不变，因此假定 g_2 不变有一定的合理性。

② 注意：$\dot{K} = dK/dt$。假如民营资本的增长率一直超过国有资本的增长率，最终就可能在总量上超过国有资本。

③ Ideology 即意识形态，用 I 表示。

$$I = (\varepsilon_2 - \varepsilon_1)^{\alpha} \left(\frac{\sum K_g}{\sum K_s} \right)^{1-\alpha} \qquad (0 < \alpha < 1) \qquad (6)$$

由定理1、2可得如下推论：

推论1：地方政府的意识形态偏好形成于它所面临的"历史逻辑起点"或"初始条件"。如果它面对的是数量众多、规模远大于民营企业的国有企业，它的税收或租金来源更多地依赖于这些国有企业，而且只要民营资本的边际效率和国有资本的边际效率差（即（$\varepsilon_2 - \varepsilon_1$））不足够大，那么它的意识形态偏好将继续收敛于传统的资本结构或所有制形式；如果民营企业的资本边际效率远高于国有资本的边际效率，即使民营资本在总量上不及国有资本，只要地方政府从民营企业汲取到的边际租金高于国有企业的边际租金，地方政府就会逐渐修正其意识形态偏好并将逐渐远离原有的资本结构或所有制形式而收敛于以民营资本为主体的意识形态偏好[①]。

推论2：地方政府的政策依赖于它的意识形态偏好，即传统的意识形态偏好会使地方政府更多地选择在总量上扩张国有资本的政策，尽管这种政策导致国有资本效率下降；而修正的意识形态偏好会使地方政府倾向于更多地选择发展民营经济的政策，尽管这种政策会导致国有资本在比例和总量上的下降。

现在，可以清楚而简洁地对（5）式作一说明：如果某地的国有资本相比较于民营资本在总量上占优，而且国有资本和民营资本的"边际效率差"不十分显著，地方政府从国有企业汲取的税收总额或租金总额可以满足其一般需要，那么地方政府倾向于"保守"即继续保持传统意识形态偏好。

此时，β 更多地代表国有资本的贡献率；反之，如果某地由于历史原因（如人地紧张）而使其民营企业和国有企业的资本边际效率差值显著，而且地方政府从国有企业汲取税收或租金的总额不能满足其一般需要，那么地方政府倾向"改革"即偏离原有意识形态的"稳态"[②]。此时，β 更多地代表民营资本的贡献率。其结果是，地方政府的意识形态偏好将逐步被修正，这将影响到它的政策。在转轨时期，不同地区制度变迁路径的差异性正是这种政策的结果。

---

① 国有资本和非国有资本的边际效率和边际贡献是不同的，或者它们的变动趋势是不同的，至少在转轨的初、中期是这样。最终，国有资本与非国有资本的边际效率会趋同，但那已经是国有和非国有的资本均衡态了，这个问题与产业分布、行业分布相关，需要有专门的讨论。

② 国家统计局：《中国工业经济统计资料》，中国统计出版社1987年版；江苏省统计局：《江苏统计年鉴·1983》，1984年刊印，第102~109页；山东省统计局：《山东省统计年鉴·1983》，1984年刊印，第122~133页；国家税务局：《中国税务年鉴》，中国税务出版社2000年版，第791~799页。这些数据证明了国有资本和非国有资本的地区分布影响各地税收结构，也间接证明了这种分布影响地区政策。

图1-1表明，非国有资本和国有资本边际贡献率的"差值"的变化率（右纵轴）随着非国有资本占全部资本的比重（横纵）越来越大而逐步提高时，地方政府对民营经济的意识形态（左纵轴）偏好也越来越大。此时，地方政府倾向提供发展民营经济的政策，它对应着如下三个阶段：

其一，OM阶段：此时非国有资本只占很少份额，地方政府对发展民营经济没有兴趣；

其二，MT阶段，民营资本的边际贡献率和资本量加速度增加（图1-1右纵轴量值的二阶导数大于零），地方政府将明确确立发展民营经济的政策；

其三，TR阶段，民营资本的边际贡献率减速增加（图1-1右纵轴量值的二阶导数小于零），地方政府发展民营经济的政策趋于成熟，此时民营资本的份额占据优势。一直到R点，国有资本与非国有资本的边际贡献率趋于均等，地方政府的民营经济政策将更多地为产业政策所代替。

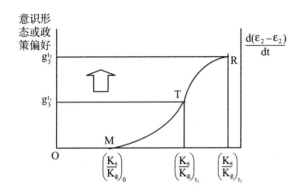

图1-1　国有资本与民营资本比例、资本边际效率及地方政府意识形态偏好

五、不同地区经济组织演进与制度变迁的"路径分岔"：制度互补特性与"多重均衡"

1. 基本假设

为了简化分析，假设存在一个由国有企业和民营企业构成的超级企业。这样，国有企业和民营企业的要素投入，包括人力资本和物质资本投入，均可看做同一企业的投入品，而其各自产出也同样可看做同一企业的两种不同的产出。超级企业的收益函数可表达为[①]：

---

① 值得注意的是，（7）式和（3）式是有区别的，后者表达的是产出函数，而前者表达的是收益函数。

$$\underset{i_s,i_g,K,K_{g_s}}{\text{Max}}\quad R = R\left[\ln(\eta_s K_s + \eta_g K_g)^\beta(\eta_s i_s + \eta_g i_g)^{1-\beta}\right]$$

$$\text{s. t.}\quad 0 < \eta_g < 1,\ 0 < \eta_s < 1 \tag{7}$$

这里，β 的含义与（1）式和（3）式中的 β 相同。（7）式用 i_s，i_g 代替了 L_s，L_g，原因在于此处强调人力资本对产出的贡献。这样的替换不影响问题的本质。η_g，η_s 分别是国有企业、民营企业的交易效率（或组织效率），它们用来表示某类组织的竞争力，假如 $\eta_s > \eta_g$，即意味着民营经济组织相对于国有经济组织具有占优的竞争力；反之，则意味着国有企业比民营企业具有更高的组织效率。$(\eta_s i_s + \eta_g i_g)$，$(\eta_s K_s + \eta_g K_g)$ 表示国有企业和民营企业之间存在人力资本和物质资本的"制度互补"。（1）式和（7）式均表明，要素投入的"制度互补"会导致超级企业不仅提供正常收益，而且还会提供"互补性收益"。"制度互补"在本模型中可理解为"人力资本和物质资本的互补"[1]。

为使讨论变得相对简单，我们假定国有企业、民营企业各从超级企业总收益中分得 1/2 份额[2]，这样，民营企业、国有企业和地方政府的利润（或租金）分别为：

$$\pi_s = \frac{1}{2}R(\cdot) - i_s - K_s - \frac{1}{2}\theta_s pe_m R(\cdot)^{[3]} \tag{8}$$

$$\pi_g = \frac{1}{2}R(\cdot) - i_g - K_g - \frac{1}{2}\theta_g pe_m R(\cdot) \tag{9}$$

$$\pi_c = \frac{1}{2}(\theta_s + \theta_g)pe_m R(\cdot) - e_m \tag{10}$$

θ_s，θ_g 分别是地方政府汲取民营企业和国有企业"租金"的能力指数，它们反映了地方政府从不同类型企业中汲取税收或"租金"的税率或"租率"是不同的。显然，$\theta_s + \theta_g = 1$。为简便起见，令 $\gamma_i = \theta_i pe_m$（$i = s$，g），分别表示国有企业（$i = g$）和民营企业（$i = s$）的税率或租率。

2. 讨论

（1）为了解国有企业、非国有企业的人力资本和物质资本以"制度互补性"的方式对超级企业的总收益所作的边际贡献，首先对（8）式求 i_s，i_g 和 K_s，K_g 的一阶偏导数，可得

---

① 这里似乎未提及国有企业与民营企业的"生产率竞赛"所造成的"制度替代"，但本质上这是同一个问题，取决于两者的效率比和各自的总量（物质资本量及人力资本量）的比。

② 1/2 的分配比例只是为简化讨论的"一个主观设定"，不影响本章的分析逻辑。

③ （8）式、（9）式、（10）式各式中 R 后面括号中的"黑圆点（·）"代表（10）式中的"$\ln(\eta_s K_s + \eta_g K_g)^\beta(\eta_s i_s + \eta_g i_g)^{1-\beta}$"，另见（11）式和（12）式。

$$\frac{\partial R(\cdot)}{\partial i_s} = \frac{\partial R(\cdot)}{\partial K_s} = \frac{2}{1 - r_s} \tag{11}$$

$$\frac{\partial R(\cdot)}{\partial i_g} = \frac{\partial R(\cdot)}{\partial K_g} = \frac{2}{1 - r_g} \tag{12}$$

再对 (7) 式分别求 i_s, i_g 的二阶偏导数并把 (11) 式所表达的相关结论代入，可得①：

$$\frac{\partial^2 R}{\partial i_s \partial i_g} = \frac{\eta_g}{(1 - \beta)(1 - \gamma_s)\eta_s} \tag{13}$$

同样的方法可得下式：

$$\frac{\partial^2 R}{\partial K_g \partial K_s} = \frac{\eta_g}{\beta(1 - \gamma_s)\eta_s} \tag{14}$$

(13) 式、(14) 式的经济含义是，给定 β, γ_s 不变，超级企业总收益对 i_s, i_g 和 K_s, K_g 的二阶偏导数大于零，意味着 i_s, i_g 之间和 K_s, K_g 之间具有一定程度的互补性。二阶偏导数和 η_g 构成正比关系和 η_s 构成反比关系，这意味着民营企业在人力资本和物质资本的互补性（程度）方面将因国有资本和民营资本的"生产率竞赛"而受限制。

根据 (7) 式，可知在 $K_s + K_g = 1$, $i_s + i_g = 1$（即不做大经济总量）的情况下，有：

$$\eta_g = \eta_s \tag{15}$$

这意味着地方政府在此时并不会对非国有经济产生特殊的偏好，也不会在政策上给予特别的支持。由 (11) 式、(12) 式可知，$\frac{\partial R(\cdot)}{\partial i_s} = \frac{\partial R(\cdot)}{\partial K_s} = \frac{\partial R(\cdot)}{\partial i_g} = \frac{\partial R(\cdot)}{\partial K_g} = \frac{2}{1 - r_g} = \frac{2}{1 - r_s}$，据此可得：

$$\gamma_g = \gamma_s \tag{16}$$

这意味着地方政府从国有经济和非国有经济得到的税收取决于它们各自人力

---

① 实际上，正文里列的 (13) 式应为 $\dfrac{\partial^2 R}{\partial i_s \partial i_g} = \dfrac{2 \dfrac{\eta_g}{\eta_s} \eta_g}{\left(i_a + \dfrac{\eta_g}{\eta_s} i_g\right)(1 - \beta)(1 - \gamma_s)\eta_s}$，但本章笔者为了直观说明问题，特别作了简化处理。其理由如下：首先，i_s, i_g 分别是民营企业和国有企业的人力资本，在一定时期是"常量"；其次，分子中的 η_g / η_s 比分母中的 η_g / η_s 大 1 倍，其变化程度也将大一倍。因此，可以把它简化成 (13) 式。(14) 式同此。

资本和物质资本的边际产出率，如果民营经济比国有经济有更大组织效率，即 $\eta_s > \eta_g$，那么长期而言，就有 $\gamma_s > \gamma_g$，这势必影响地方政府的政策偏好。直观地看，$\eta_s > \eta_g$，意味着民营经济和国有经济的"竞争程度"要超过"制度互补程度"。假如民营企业作为组织类型的"交易效率"高于国有企业作为组织类型的"交易效率"，那么民营资本的积累率也将因此高于国有资本的积累率，根据（5）式所提供的分析逻辑，这会导致地方政府的意识形态偏好发生"变异"，从而选择鼓励民营经济发展的政策。如果 $\eta_s \gg \eta_g$（"$\gg$"的含义是民营企业作为一种组织类型或合约结构的交易效率远高于国有企业的交易效率，而且这种趋势不可逆转），那么地方政府的意识形态偏好将发生逆转从而选择大规模民营化的政策，这将迫使国有企业进行股权多元化改造。

根据（16）式，如果 $\eta_s = \eta_g$，意味着理论上民营经济和国有经济对地方政府税收或租金的边际贡献率相等（即 $\gamma_s = \gamma_g$），这时地方政府对民营经济和国有经济的态度不会有什么不同；如果 $\eta_s > \eta_g$，$\gamma_s > \gamma_g$ 表示地方政府将偏好于民营经济；如果 $\eta_g > \eta_s$，$\gamma_s > \gamma_g$ 表示地方政府将偏好于国有经济。

下面讨论均衡条件。令（13）式等于（14）式，可得① $\beta = 1/2$，这是人力资本和物质资本"制度互补的均衡条件"。如果 $0 < \beta < 1/2$，表示民营经济的发展处于急速扩张物质资本的阶段，此时它需要更多的物质资本的"制度互补性"，即民营经济必须从国有经济那里得到大量原材料、二手设备或信用支持，此时物质资本的扩张重于人力资本的扩张；如果 $1/2 < \beta < 1$，证明民营经济发展已从外延型的物质资本扩张走上内涵型人力资本扩张阶段。给定技术不变且地方政府政策"恒定"，$\beta = 1/2$ 是稳定均衡点，理由是如果民营经济发展过快，会迅速面临地方政府的意识形态偏好约束、"政策约束"以及由此而来的融资约束和人力资本约束，因此，民营经济的发展只好向稳态（即 $\beta = 1/2$）收敛；而如果民营经济发展迟滞，则由于制度互补性所造成的国有经济物质资本未得到充分利用以及地方政府政策还能容纳民营经济进一步发展，那么民营经济会进一步发展并逼近"稳态"（$\beta = 1/2$）。但是，如果地方政府的意识形态偏好发生变化并且出现持续的技术创新，而且民营经济的交易效率胜过国有经济的交易效率，那么"制度互补的均衡条件"（相反的说法即"制度竞赛的均衡条件"）会出现变化，而一个让民营经济占优的新的"制度互补均衡条件"将形成②。图 1-2 表明，β 值与地方政府意识形态偏好影响并决定民营经济演进路径。正如前文指出的，β 值有丰富而又深刻的经济学内涵，它

---

① $\beta = 1/2$ 与前文假设有关，这样做是为了简化讨论。注意这个结论只具有理论分析意义，实际上 β 不一定等于 $1/2$。

② 值得提醒的是，讨论 β 值的时候，必须考察 η_g、η_s 的变化及两者关系。

既表明超级企业物质资本的边际效率，同时它又表达了物质资本的性质，即它是谁的物质资本。"谁的物质资本的边际效率"将成为地方政府修正其传统意识形态偏好的历史与现实的逻辑根据。结合图 1 - 1、图 1 - 2 以及式（5）以及定理 1、2 和推论 1、2，可以清楚地知道，β 值与民营企业、国有企业的资本边际效率（分别是 ε_2 和 ε_1）密切相关。如果总体经济中民营经济占有绝对优势，那么描述总体经济资本边际效率的 β 值就会逼近 ε_1。与此同时，β 值与 η_s 和 η_g 也有内在逻辑关系，如果 $\eta_s > \eta_g$，那么现实经济中民营资本的扩张速率将快于国有资本扩张速率，β 值将在很大程度上转化成民营资本的边际效率（ε_1），这使（5）式、（11）式至（16）式所要揭示的经济政策含义变得异常清晰。

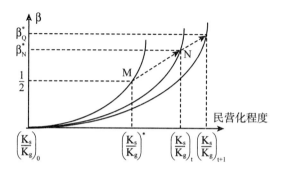

图 1 - 2　均衡态：β 值的变化与民营化程度

综上所述，假如地方政府能对 β 值的变化作敏感反应，即意味着意识形态偏好时滞大大缩短，在政府宽松的民营经济政策所构造的经济环境中，地方市场更为开放从而使民营经济和国有经济的"制度互补"迅速越过稳定点（如图 1 - 2 中 $\beta = 1/2$ 处）而到达乡镇企业发达的 N 点（类似于苏南模式）或民营经济处在更高水平的 Q 点（类似于温州模式）。

本节的分析可以得出如下理论和政策结论：对转轨经济来说，地方政府和权力运用是非常重要的，地方政府意识形态偏好决定民营经济政策。一个地方的民营经济演进轨迹不同于另一个地方的演进轨迹，关键在于不同地方政府的意识形态偏好不同进而有关政策也不同，这使不同地方的民营经济演进轨迹出现分岔。决定路径分岔的关键因素在于不同地方国有资本和民营资本的边际效率是否相等。如果相等，民营资本（含人力资本和物质资本）和国有资本（含人力资本和物质资本）彼此不构成相对优势。但两者的差异恰恰影响并决定地方政府的意识形态偏好并进而决定政策。这使同一时间不同地区民营经济演进出现路径分岔。

六、经验证据

下面我们概要性地探讨浙江、江苏等省民营经济的演进轨迹。我们认为，正是各地历史逻辑起点不同导致这些地区国有经济和民营经济（含乡镇企业）的资本分布、所有权结构不同，因此，这些不同类型经济组织的资本边际效率及组织的交易效率均出现显著差异性，从而一方面引起生产率竞赛，另一方面在不同类型经济组织间内生出"制度互补"。它们共同决定不同地区的"制度互补特性"的差异性，这使得不同的地方政府在修正其意识形态偏好方面出现不同的"反应"：反应越快的地方政府越倾向"改革"，越会主动、积极地选择优先发展民营经济的政策；相反，反应越慢的地方政府，客观上会延误改革的时机，而且意识形态偏好的修正会出现"时滞"，从而其政策总是不能及时满足民营经济发展的需要。

对江苏的乡镇企业来说，我们可以发现历史逻辑起点和地方政府意识形态偏好转换对非国有经济发展的关键作用。20世纪70年代在江苏广大农村出现了大批社队企业，地方基层政权是这些社队企业的所有者①。当20世纪80年代中国开始实行联产承包责任制的时候，社队企业在地方政府的税收、劳动就业和提高农民收入方面起着举足轻重的作用②。毫无疑问，给定社队企业对劳动就业的积极作用和对地方财政收入的无可替代的贡献③，地方政府的意识形态将会更偏好于集体所有制经济，在政策选择上将极力主张把社队企业改造成具有集体产权性质的乡镇企业，农民没有因为实行承包制而变成自主经营的单个农户。基层政权拥有权力资本，能够整合资源、提供贷款信用，因此乡镇企业能够在金融紧约束的情况下迅速发展起来④。基层政权的权力资本和乡镇企业经营者的人力资本结合在一起形成一种独特的"模糊产权结构"，它支撑了江苏大多数地方经济在80年代中期到90年代中期的高速发展。显然，"模糊产权"是给定两个历

---

① 江苏省统计局编：《江苏统计年鉴·1983》，1984年6月版，第100页；山东省统计局编：《山东统计年鉴·1983》，1984年8月版，第123页；潘维：《农民与市场》，商务印书馆2003年版，第99页。统计数据显示，江苏的社队企业不仅好于社队企业的发展并不错的山东，而且在全国的社队企业的发展中处于领先地位，因此不难理解20世纪80年代至90年代中期乡镇企业的蓬勃兴起是江苏地方经济发展的决定因素。后来出现的那种被经济学家称为模糊产权的合约结构实际上早有"历史成因"，地方政府的政策偏好或意识形态偏好在这里起了不可忽视的作用。

② 潘维：《农民与市场》，商务印书馆2003年版，第102~103页。

③ 江苏省统计局编：《江苏统计年鉴·1983》，中国统计出版社1986年版，第102页。

④ 《1996年中国统计年鉴》，中国统计出版社1996年版，第140~141页。统计资料表明，迄至20世纪90年代初、中期，江苏、浙江等省区的集体经济的"总量"（以固定资产投资表示）已超过国有经济总量。广东省则以集体经济和其他类型的经济所构成的"经济量"超过了其国有经济总量。当把某类型经济量和地方政府的财政收入联系起来考虑政府政策的时候，很难想象政府不会在政策上扶持、在财政上贡献很大的那类经济组织。

史遗产，即农村基层政权（政治遗产）和社队企业（经济遗产）条件下乡镇企业适应不完全市场的结果，其民营化程度不及下面要讨论的浙江温州模式，因而在图1-2可以用N点表示。

对浙江等地来说，其人地矛盾十分突出，这使生活在该地的人们发展出了一种特别的商业文化。由于民营经济机制灵活，适应市场的能力很强，因而在20世纪80年代短缺经济条件下，民营企业的物质资本的边际效率要高于国有资本，其组织的交易效率也要明显优于国有企业，加上浙江的国有资本比重偏低，国有资本的总量贡献相对于民营资本并不具有决定性优势，这就使得地方政府在意识形态和政策选择方面更偏好于发展民营经济，振兴地方产业。由于地方政府较早地修正其意识形态偏好，使民营经济的发展环境相对于其他地方更为优越，为浙江民营经济实现持续的组织创新创造了条件。此外，宽松的政策环境和经济环境容易内生出企业家群体，这将大大增加技术和组织创新的频率。浙江的温州模式是地方政府不断修正意识形态偏好和民营经济自主创新共同作用的结果。显然，这样一种组织均衡模式的民营化程度比模糊产权所显示的民营化程度要高，因此，可以用图1-2中的Q点来表示。

实质上，N点是M点和Q点的"中间状态"，假如市场经济体制进一步完善，乡镇企业的模糊产权结构将比产权明晰的民营企业承受更多的委托—代理成本，其组织交易效率不如后者，因此，在生产率竞赛的压力下必将进一步完善产权结构或企业治理结构，这样，N点将成为不稳定点，结果就是乡镇企业将进一步民营化，从N点过渡到Q点。这正是江苏的乡镇企业在20世纪90年代中期后进行产权改造的原因所在。

中部地区或东北老工业基地的民营经济更多地处在M点，原因在于这些地区的资本边际效率比较低，而且国内生产总值大部分是由国有资本创造的。由于民营资本和国有资本的组织效率相对接近，地方政府缺乏发展民营经济的激励，因而出现"意识形态偏好时滞"[①]，这种"制度互补性"使这些地区陷入一种民营经济的"发展陷阱"（如图1-2中"M"点）。但是，随着市场经济进一步完善，资本要素和人力资本的跨区域流动将使意识形态偏好滞后的地方政府转而采取发展民营经济的政策，民营经济在宽松的经济环境里，将获得较高的组织效率，民营资本的边际效率也将因此提高，这将迫使中部省区的地方政府实现意识形态的偏好逆转，更多地为民营经济的发展创造出激励相容的制度安排。可见，要摆脱民营经济的发展陷阱，有必要调整地方政府的意识形态偏好，改善民营企

---

① "意识形态偏好时滞"的含义是地方政府囿于传统意识形态的束缚而不能适时出台发展民营经济的政策。

业的交易效率，提高民营资本的边际效率。

七、计量检验

1. 计量模型的理论说明

本部分认为意识形态是地方政府的选择性结果，即地方政府所产生的意识形态偏好取决于它所面临的地区所有制结构，以及此结构框架下不同类型经济组织对财政的总量贡献和边际贡献，因而，在政策上就表现为，那些偏好传统社会主义所有制结构理念的地方政府就会出台一系列有利于国有经济的政策，而那些偏好于"修正的"社会主义所有制结构信念的地方政府就会出台一系列有利于民营经济的政策。

本节试图通过构建计量模型来检验上文所发展出来的逻辑结构及上述观点的合理性。根据前述分析，地方政府的意识形态偏好最终会体现在政策上，而实施政策的结果则是"政策的累积效应"，即经过一段时间的经济结构的变迁，其结果会影响所有制类型及其经济组织在产业上的分布。更为重要的是，无论所有制类型及其经济组织在产业上如何分布，它最终都要体现在不同类型经济组织在财政上的贡献。本部分之所以持这样的观点，原因在于：

（1）许多地区，例如东北老工业基地，在 20 世纪 50 年代就把投资活动集中基础设施和重工业领域，观察表明，直至 20 世纪 90 年代这种情形仍没有多大变化，这种结果很容易使我们作出该地区意识形态刚性化的判断，因此，更严格的经济学分析似乎无须涉足决定该地区地方政府意识形态偏好的深层原因。这种深层原因不能简单地解释成为既定的历史约束，虽然"历史约束"及其"意识形态刚性化"的确起着相当重要的作用。然而，重要的是必须解释为什么该地区的意识形态偏好刚性化了？或者说，我们应当提供该地区没有能够发生"意识形态偏好"的"偏转"或者"修正"的证据。

（2）1996 年不同地区所有制结构及其不同类型经济组织的不同分布是 1978 年开始的经济体制改革、变迁过程的"历史累积"的结果。此过程使不同地区呈现出制度变迁的"路径（演化）分岔"，有的地区地方政府意识形态偏好发生了"偏转"，而有的地区地方政府意识形态偏好呈刚性。其根本原因在于，不同地区的改革的历史累积效应是不同的，改革累积效应最终体现在 1996 年不同地区的所有制结构及其各类经济组织的分布上，而要刻画决定这些不同类型经济组织分布的"制度性质"，就必须引证该年度不同地区各类型经济组织在财政上的贡献及其比例。

基于上述两点理由，我们选取 1996 年作为数据样本年，因为自 1978 年改革开放至 1996 年已近 20 年，意识形态偏好在不同地区已呈现不同特点，因而 1996

年的数据具有统计学和经济学意义。1996 年后，由于江苏乡镇企业已开始转制，相对落后的地区政府更为强烈地感受到相对发达地区的"竞争压力"，因而在政策上出现"模仿效应"和"学习效应"，落后地区和发达地区在政策上已出现"趋同"的苗头。

设定基本的计量模型如下：

$$\left(\frac{K_s}{K_g}\right)_{1996} = C + \alpha_1 \text{REGION}_{1996} + \alpha_2 \text{LAND}_{1996}$$

$$+ \alpha_3 \left(\frac{\text{GDP}_i}{\sum \text{GDP}}\right)_{1996} + \alpha_4 \left(\frac{\text{MF}_g}{\text{MF}_s}\right)_{1996} + \varepsilon \tag{17}$$

方程（17）中，C 和 ε 分别是截距项和误差项。下标 1996 表示年份。有必要再次强调，之所以首先选择 1996 年作为考察年份的主要原因是从理论上来看，1997 年亚洲金融危机作为重要的外生变量对中国经济体造成严重影响，因此，地方政府意识形态的歧变和政策调整的决定过程和传导机制更为复杂，从中央政府到地方政府对经济干预程度会加大，因为各级政府在决策过程中会更多地考虑国家的经济安全和金融安全，其意识形态偏好会更多地收敛于"保持宏观经济稳定"这一坚定"信念"。此外，正如上文指出的，1997 年前后，江苏的乡镇企业由于经济结构演进的"历史的累积效应"而处在企业改制的"临界条件"。此外，随着时间的推移，新一代执政者对老一代执政者的替换以及政府干预经济成本的上升，意识形态对政府干预的作用可能会下降[①]。根据理论预期，各省区所在地理位置和人均耕地的估计系数 α_1 在统计上应该显著为正，而 α_2 则应显著为负。人均耕地面积可以测度某个地区的"人/地紧张程度"，尤其是在不同地区的相互比较中更能体会到不同省区所内生出来的商业文化具有异质性。例如，浙江省的社区成员比辽宁省的社区成员更有动机从事商业活动，因为前者的人均耕地远小于后者的人均耕地。此外，不同省区所处的地理位置也对该地区政府的意识形态偏好的形成具有重要影响，原因在于内陆地区的区际贸易的交易成本要高于沿海地区从事同类贸易的交易成本。这也意味着人均耕地面积越大的省区，其地方政府的意识形态偏好越不易发生偏转。我们预期到，$|\alpha_2| > |\alpha_1|$，人均耕地面积比地理位置对意识形态偏好的影响更大。

从理论上说，如果我们充分了解到了意识形态形成机制，那么我们就可以清晰地评估并判断出意识形态偏好对政策形成过程的决定性影响。有两个指标能够影响到地方政府的意识形态偏好：一个是该地区的人均 GDP 与全国人均 GDP 的比例；另一个是该地区民营经济对财政收入的边际贡献与国有经济对财政收入的

---

① 章奇、刘明兴的论文也讨论过这一问题（2004）。

边际贡献的比例。这两个指标分别度量地区间的竞争压力和同一个地区不同类型经济组织间的竞争压力。前一个压力会诱使地方政府形成一个制度上的学习效应，即后发地区总有动机向优先发展地区进行持续性的"制度学习"，当前者确信先进地区是通过发展民营经济来推动经济取得实质性增长的，那么这个地区的政府将可能修正原有的意识形态"偏好"，转而颁布支持民营经济发展的政策。但是，这种支持民营经济的政策是否具有时间上的连续性和政策逻辑上的一致性，还要看民营经济对地方财政收入的边际贡献是否大于国有经济的边际贡献。在不同类型的经济组织的比较中，那些具有比较效率的经济组织将受到地方政府的"青睐"。可以预期到 $\alpha_3 > 0$，$\alpha_4 < 0$，而且在统计上具有显著性。

很显然，既然决定意识形态偏好的因素包括地理位置、人均土地面积、不同类型经济组织对财政的边际贡献的比例以及某个地区人均 GDP 与整个国家的人均 GDP 的比例，那么，意识形态偏好会和这些因素形成某种"互馈作用机制"，但是，人均土地面积和地理位置是给定的，可以定义为"外生性"的"经济参数"，因此，意识形态偏好体现在政策偏好上就会成为决定不同类型经济组织发展的"政策性变量"，尽管它对实际经济运行绩效所起的作用是间接的。明白了这一点，我们就能够深刻理解地方政策偏好的"政治经济学基础"。

2. 计量估计结果及其说明

我们利用 1996 年全国 30 个省直辖市、自治区的相关统计资料，选择了人均耕地面积（RJGD），各省份的人均 GDP 与全国人均 GDP 的比例（GG），国有经济对财政的贡献 RGR，以及反映地理位置差异的虚拟变量 W，M，E，HKTW。其中：W 代表西部地区；M 代表中部地区；E 代表东部地区；HKTW 代表港台地区。被解释变量为民营经济与国有经济的比例 HSHG。

我们利用 EVEIWS 3.1 计量分析软件进行分析，首先我们对数据进行平稳性检验，通过单位根检验，我们发现除 RGR 通过平稳性检验之外，其他都不是稳定变量。我们作一阶差分，发现 DGG，DRJGD，DHSHK 都通过了检验，是一阶平稳变量。相关分析、因果检验和谐整检验都较好地支持了我们前面的理论模型。进一步由回归方程一我们发现，DHSHK 和 RGR 两者具有显著的负相关关系，通过了置信水平为 5% 的显著性检验。这说明国有经济对财政的贡献越大，地方政府越偏好于非民营经济（国有经济），与我们的理论分析相符。作为地理位置的虚拟变量 E 和 HKTW 都通过了置信水平为 5% 显著性检验，存在明显的正相关关系，而作为西部和中部的虚拟变量 W，M 都没有通过显著性检验。说明东部沿海地区和港台地区的地方政府更偏好于民营经济，也就是说市场化程度越高的地区越偏好于民营经济。这也与我们的理论分析相吻合。在逐一回归过程中，我们发现 DHSHK 和 DGG 之间存在显著的正相关关系，通过了置信水平为

5%的显著性检验（见回归方程二）。说明发达地区更偏好于民营经济，这同样与我们的理论分析相符合。在回归的过程中，我们发现人均耕地指标没有通过10%的置信水平的显著性检验，但是如果我们将置信水平适当放宽，该指标能够在13%的置信水平通过显著性检验。总的来说，表1-1的计量分析结果较好地支持了我们前面的理论分析。

表1-1　　　　　　　　计量回归结果

被解释变量 DHSHG	回归方程一		回归方程二	
解释变量	相关系数	概率	相关系数	概率
HKTW	3.134882	0.0325		
E	1.775881	0.0195		
RGR	-1.558323	0.0453		
DGG			0.935824	0.0407
C	-1.657089	0.0060	0.029760	0.9372
R-squared	0.444254	-0.026812	0.146170	-0.026812
Adjusted R-squared	0.377565	2.137324	0.114546	2.137324
D.W	2.284196	0.001851	2.650004	0.040678

八、主要结论

与一般的理论分析强调产权、文化、技术变迁对民营经济演进轨迹起重要决定影响的文献不同，本部分特别分析了地方政府的意识形态偏好。意识形态偏好决定地方政府的民营经济政策，而意识形态并不能简单地等同于信仰和宗教或道德伦理体系，它在本质上是受民营资本和国有资本的"比较组织效率"或民营资本和国有资本的"比较边际效率"的影响，意识形态偏好能否适时得到修正从而诱使地方政府选择发展民营经济的政策，还要看某地区国有经济和民营经济各自绝对总量及其相对量的变动趋势。

正是历史逻辑起点、国有企业和民营企业之间的生产率竞赛以及国有资本和民营资本的制度互补，才造成不同地区民营经济演进轨迹各不相同。生产率竞赛、制度互补和地方政府的意识形态偏好共同决定了不同地区的"制度互补特性"的显著差异，这使包括浙江的温州模式、江苏的苏南模式、广东的珠三角模式在形成之初就开始了它们各自的分岔的演进轨迹。这种多元的民营经济演进在它们的发展阶段会收敛到不同位置的均衡点，但在生产率竞赛的压力和国有经济、民营经济的制度互补的作用下，这些不同的演进路径将最终逼近或收敛到"最优均衡点"。不过，对经济分析者来说，重要的是要看到演进的差异性并发现引起这些差异性的奥秘。

本节认为，在不同地区各自历史条件约束下，那些较为彻底摆脱传统意识形态偏好的地方政府将促使民营企业较快地获得组织的相对交易效率优势，从而使民营经济进入一个持续地进行自主组织创新的过程，这是温州模式的由来；那些稍慢摆脱传统意识形态偏好的地方政府会以基层政权的形式参与企业演化过程，因而发展出了具有模糊产权结构的乡镇企业，这是苏南模式的由来；那些固守传统意识形态偏好的地方政府，更看重国有企业改革对经济增长的效应，从而不能为民营经济的发展提供合理的政策环境，这使民营企业缺乏稳定预期，因而不能大规模地使民营经济相对国有经济而出现效率上的比较优势，这恰恰是中、西部地区民营经济的发展现状。

第二节　民营经济组织形态演进的动因
——生产率竞赛与制度互补

本部分主要探讨转轨期经济增长的决定因素。众所周知，自 1978 年以来，中国经济一直保持着一个高的增长率。正如库兹涅茨所说的，快速的经济结构转换率，包括从农业到工业再到服务业的转移是经济增长的特征。这一过程涉及城市化，从家庭作坊向雇用关系的转换，以及正规教育的不断增长的作用。库兹涅茨进一步认为，现代经济增长还与一个国家的对外贸易、技术进步，以及政府的战略定位密切相关（1973、1981）[①]。对一个转轨经济来说，政府的作用十分突出。在传统计划经济条件下，生产资料的配置依靠政府的计划手段来实现，劳动力的配置则依靠政府人事部门的行政命令来实现，甚至消费资料的供应也纳入到政府的计划当中。要实现从计划经济到市场经济的转轨，政府的作用仍然十分关键而且不可忽略。市场经济是一种全新的制度安排，它要求各经济主体自由地选择交易或合约形式，自主地对寻利目标作出决策，因此，就必然要求有一个系统地保持各个经济主体能自由地、自主地、公平地进入到一系列交易活动的制度结构[②]。这套制度结构具有公共品性质。从理论上说，公共品可以经由寻利主体在利益驱使下的交易过程或博弈过程中"内生"出来，但从历史经验看，自发的演进过程过于"漫长"。因此，对转轨国家或者后起国家（政府）来说，可以直

[①]　罗伯特·J·巴罗和哈维尔·萨拉伊马丁，何晖、刘明兴译，《经济增长》，中国社会科学出版社 2000 年版，第 5 页。

[②]　对欧美国家来说，市场经济不言自明，不证自明。但对转轨过程中的中国而言，市场经济则仿佛是开天辟地的大事情。

接吸收发达市场国家的经验，主动地提供各种具有基础性地位的制度安排。

给定计划经济等诸多"历史约束条件"，构建新的制度安排具有三种不同的"路径"：

其一，"创世纪"路径，即使银行、公有制企业等一夜之间全盘地实现"私有化目标"，其必然结果就是市场经济体制作为基础性经济社会体制而发生作用。这是苏联（俄罗斯）的转轨路径。这种转轨路径的哲学基础就是"人们不能分两次跨过同一条河流"。

其二，明确改革是一个过程，即便是提供了一套完全私有化的制度，也不能表明经济主体的行为立即就是"市场反应型"的，即经济主体形成预期和对市场的判断还要经过"学习过程"。此外，人们对有关市场经济体制方面的知识也是逐渐了解、吸收和理解的。信息和知识的不完全使制度安排只能是渐进性的和适应性的。社会改造只能满足适应性效率标准而不可能是帕累托效率标准。这里的含义是意识形态约束和知识短缺的约束以及意识形态的转换成本将使转轨过程出现许多中间状态或过渡状态，制度的形成是"边际的"、"动态适应性的"和"试错性的"，但在理论上，"过渡"暗含着制度变迁总是要向最优的制度安排①收敛或者逼近。

其三，自然的演进轨迹或过程，即在理论上并不存在着一个先验的改革目标，而是"放任地"经由自主性交易主体彼此间博弈出或内生出一整套制度安排。但事实上，对转轨经济来说，在从计划到市场的过渡中，政府放松管制就是"制度设计"的结果。只有首先放松管制，企业才能成为市场主体，企业成员才能实现从"单位人"向"经济人"的转换。因此，单纯的自然演进过程在转轨中几乎是不存在的。

这就说明，从一般的理论逻辑来说，对转轨经济而言，要测度经济增长的决定因素就必须考察政府的作用。例如，创世纪意味着政府当了一回"上帝"；而过渡性制度安排意味着政府与各经济主体讨价还价，最后共同选择了一种兼顾各方利益的契约性的制度安排（结构）；所谓自然的演进过程中也同样有政府的因素，因为政府同样是寻利主体，它与其他经济主体一道（共同）进入到有关权利与权力的博弈当中。因此，"动态适应性"或"试错性"就是各主体彼此博弈过程中所表现出来的一种"自然特性"，这就说明，"中间性制度安排"与制度的"自然演化状态"在本质上是等价的。

要检验政府作用就必须考察经济增长的制度效应。尽管在讨论经济增长的制度效应时，我们可以列举许多中间性的制度安排②，如价格双轨制、汇率双轨

---

① 所谓最优的制度安排，无非是能使各种资源得到具有帕累托效率的"制度安排"。
② 许多学者称中间性制度安排为"过渡性制度安排"，本章认为，这两种说法可以混用。本章采用中间性制度安排一词，受南开大学经济研究所周冰教授的启发，特此致谢！

制、具有模糊产权的乡镇企业、财政包干制等等，但是，在检验经济增长的制度效应时，有必要把中间性制度安排对经济增长的贡献转化为可以描述、定义甚至测度或进行规范研究的经济学分析变量，以探讨过渡性制度安排对经济增长的实际影响。在本部分，我们把那些兼有市场取向，但又具有传统计划经济体制若干特征的一切制度安排称为"中间性制度安排"，而把具有中间性制度安排的社会经济体制称为二元（制度）结构的经济体制。

本部分的分析结构或分析逻辑是："历史逻辑起点"影响并决定国有经济的改革维度和民营经济的"演进轨迹"；制度或组织间的"生产率竞赛"造成的竞争压力诱致国有企业改革的启动和改进，并最终使得各种形态的组织演进归依于效率标准。此外，从1949～1977年通过资本优先增长的工业化积累和对各类基础设施的长期投入、完善、巩固和发展，中国农村改革和城市改革才有了自己的确定对象和历史前提，其他各类经济组织，即非集体和非国有经济才有不断发展、壮大的历史条件或"历史的逻辑起点"。从历史角度看，国有企业改革在客观上为非国有经济发展提供了"制度资源"，因此，民营化或民营经济的演进正是国有经济与非国有经济（彼此）进行生产率竞赛与制度互补的结果。任何一种经济组织的演进都不是单向度的，它们彼此既具有竞争关系，又具有互补关系，"制度互补性"和"相互嵌入性"最终塑造出各种各样、形式不一的组织形态并使它们呈现出"地域性"[①]。

实际上，自1978年以来，尽管在改革初始阶段，计划经济占绝对统治地位，但一旦政府主管部门赋予国营企业一定程度的自主经营权和利润指标，后者的行为就具有市场取向的若干特征。比如，在寻利动机的刺激下，企业领导将会适时地调整企业内部的生产组织形态，尽可能寻找机会截留更多的利润。假如企业产权是一组剩余控制权和剩余索取权的话，企业保有更多的留利水平就意味着产权的分配效应已经发生作用，这意味着人们在实践上和观念上开始突破国营企业产权和所有权必须高度地集中在国家身上的意识形态束缚。一场以放权让利为目标的企业改革必然导致企业剩余控制权和索取权的重新安排（配置），这说明，在获得（并给定）相应的生产、经营自主权后，国有企业的产权（取向的）改革在本质上就是内生的和机制性的。下文将证明，恰恰是历史逻辑起点所确立的"历史约束"会使产权改革呈现出中间过渡状态。

从研究角度看，"历史逻辑起点"不仅表明在转型经济中各类经济组织所面

---

① 邓宏图：《转轨期中国制度变迁的演进论解释：以中国民营经济的演化过程为例》，载于《中国社会科学》，2004年第5期。

临的初始条件或相关约束，而且意味着主流意识形态或传统习俗会影响经济主体的期望收益（函数）和合约选择。它使意识形态、文化和价值观对个人或组织行为的影响进入到经济学的分析视野并构成整个分析框架的决定性因素。因此，"历史逻辑起点"是本部分的一个重要研究视角和"分析基础"。

如果单纯地考察转轨时期某类具体（的经济）组织的演进"轨迹"，那很容易使研究者"只见树木，不见森林"，因为一种经济组织形态的演进构成另一种经济组织形态演进的"经济环境"或"外生变量"，不同类型的经济组织总是"交互地"为相关的经济组织提供演进所必须依凭的条件或必须克服的障碍。最后，"优越的生产力结构"将总会使某类（经济）组织在演进过程中占据上风。因此，组织演进就（必然）同时包含不同类型经济组织间的生产率竞赛和制度互补这两个看似矛盾而实为统一的两个侧面①。

在本部分，对转轨过程中"组织演进"的"历史逻辑起点"的分析是想提供一个有关组织演进"成因"的历史案例研究；对各种组织形态之间的"生产率竞赛"的讨论则是试图对导致组织形态演进的"第一推动力"及其后的"持续动力"作出深入分析；而对制度互补性的研究则体现了我们力求探讨诸种组织形态演进过程中所内含的"制度相关性"并尽可能将这些相关性揭示出来。我们认为，所谓转轨特征，正好蕴涵在共同演进的不同组织形态的"生产率竞赛"与"制度互补性"当中。

本研究的第四个部分，我们将对经济增长的组织动因作出计量分析，最后的"结束语"，则给出本部分的总的结论。

1.2.1 转轨与"历史逻辑起点"：经济史的简要说明②

一、公共意志（偏好）与"重化工业"路径

按哈耶克、波普尔和阿罗③的逻辑，社会团体、经济组织乃至国家似乎不具有"意志"与"偏好"，因为个人偏好无法加总。但就文化、信念和信仰而言，

---

① 邓宏图：《相对理性研究》，载于《制度经济学研究》，2003 年第 1 期；《组织、组织演进与制度变迁的经济学解释》，载于《南开经济研究》，2003 年第 1 期；《历史唯物主义经济学分析方法的重建：主流经济学的范式危机与范式转换》，载于《天津社会科学》，2004 年第 5 期。并请读者参阅本书第一章和第二章的内容。

② 关于历史逻辑起点对改革和制度变迁的影响，笔者在本书第三章和第四章均有涉及。本章再次讨论这个问题，意在表明：首先，这个问题在本书的分析范式中占据重要和关键地位；其次，在本章笔者试图对这个问题给出一个新的表述。

③ 哈耶克：《自由秩序原理》，北京三联书店 2001 年版。波普尔：《历史主义贫困论》，中国社会科学出版社 2001 年版；《开放社会及其敌人》，中国社会科学出版社 2002 年版。

具有共同历史、共同经历和共有的自然条件①的人们，在思维方式、对现实冲击的反应模式和基本的价值判断方面一定存在着"交集"，与此同时，由于个体行为的外部性，具有相同历史和自然条件下的人们无疑将拥有共同的利益。可以把历史演进看做是时间上继起、空间上展延的 n 人博弈，这 n 人中既有政治组织，也有经济组织；既有正式的权力部门，也有非正式的社会团体（非公权力部门）；既有单位，也有个人。在这类多组织、多个人的博弈中，惯例、社会习俗、秩序、相沿已久的文化、伦理与道德的社会选择将成为博弈参与人的"共同知识"。所谓共同知识，就是每个人都知道，每个人都知道他人都知道等等。如果每个参与人都拥有相同的、相类似的或相关的"共同知识"，则一个组织、一个团体或一个政党就会表现出与组织、团体或政党成员的"个人偏好"相类似的"共同（公共）偏好"，于是组织、团体、政党的"共同意志"也就确立起来。在 n 人博弈中，"话语博弈"也是参与人策略互动的一个"必选手段"，不同的经济和政治组织竞争"话事权"，把自身的偏好和意志描述成具有正义精神的全社会的"公共意志"。最后，为公众接受的"主流话语"必定是体现强势集团意志和偏好的"话语"②。偏好既是内生的、稳定的，又是外生的、情境依存的、可变的。③

　　基于此，国家和政府才有存在的历史与逻辑根据。既然如此，国家、经济组织和社会团体无疑将拥有自己的意志和偏好，国家或集团的内部成员将共享一致认定的意识形态和信仰体系。这就证明，建构理性在决定社会制度变迁的过程中是一个不可忽视的因素。说明这一点是重要的，因为它提供了分析政府行为和经济增长关系的逻辑依据。1949～1976 年中国经济的发展正好显示了毛泽东时代的政治与战略偏好。毛泽东时代在政体和国体、意识形态（政治信仰或信念）、工业经济基础、对外开放、政治经济组织（包括国营企业、集体企业，也包括农村人民公社和社队企业）、阶层（级）结构以及几乎覆盖整个农村的合作医疗制度等方面为始自 1978 年的改革开放提供了极其丰富的"历史遗产"④，它们共同构成了中国制度变迁或社会转型的"历史逻辑

---

① 自然条件，也就是资源禀赋。

② 共同知识，既是公共话语、社会转型、制度变迁或参与人所参与博弈的"外生约束"，同时又随着参与人的策略性互动而不断地在边际上发生变化。当社会革命到来的时候，"共同知识"可能产生结构性的、根本性的变化。

③ Samuel Bowles, Microeconomics Behavior, Institutions and Evolution, 2004，pp. 97 - 98（萨缪·鲍尔斯：《微观经济学：行为、制度和演化》（中文版），中国人民大学出版社 2006 年版，第 72～73 页）。

④ 也许有人反驳说，这种历史遗产不是遗产提供者的"主观的"、目的与继承人高度吻合的"产物"，甚至可能与后来者的主观选择大异其趣。我的回答是，这不是问题的核心，我们只是客观地、中性地检视"历史遗产"对后世制度变迁轨迹的影响。

起点"，而且（在相当程度上）塑造并决定了独具特色的中国式的改革路径（轨迹）。①

　　1978 年经济改革前后，中国企业主要是以公有制为基础的全民所有制企业和集体所有制企业（见图 1 – 3）。形成这种二元（公有）所有制经济结构的原因，既可归结为执政党所奉行的意识形态以及对社会主义理想和实现方式的选择，以便充分地显示社会主义"公平、正义、均富"的制度的优越性；更为关键的，则可归结为赢得执政地位的中国共产党为了改造典型的小农经济结构占主导地位的国家而为独立的现代工业和国民经济体系国家的强烈意志，以缩短积弱不振的中国与现代工业化强国的经济差距、政治差距和文化差距。为此，执政党必须制定和贯彻"工业优先增长战略"，以极大的代价发展重工业，构建并完善包括工业、农业和交通运输业在内的各类基础设施。

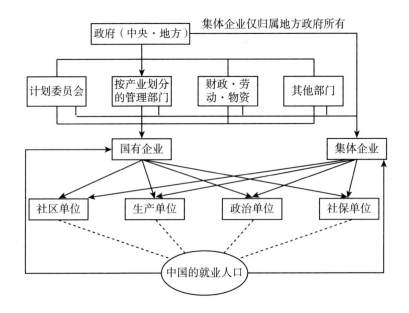

图 1 – 3　微观视角下中国经济体制转轨的"历史逻辑起点"

　　林毅夫提出"赶超战略"是执政党实施"国家统制"和"计划经济"的成因。但笔者要强调指出，"赶超战略"在相当程度上也是由政治理想和政治信念决定的，计划经济和国家统制经济的策略是和经典马列主义对资本主义和帝国主义的历史与逻辑判断相吻合的。他们分别在各自著述中断言自由市场机制难以解决资本主义社会化大生产所要求的计划性与分散化的微观企业生产的

----

①　邓宏图、李亚：《过渡期中国制度变迁的经济史解释：体制困局与改革的"内生性"》，载于《南开经济研究》，2004 年第 2 期。

无序性间天然存在着的种种难以调和的矛盾。这种矛盾一旦激化就会造成经济危机，而这种经济危机被认为是资本主义制度自身难以解决的"痼疾"。因此，马克思和列宁都认为，只有采用计划方法才能确保社会资源得到有效利用，从而避免资本主义的周期性危机。社会主义信仰、政治理想或信念的确立是与马克思和列宁的这些理论逻辑密切相关的。很自然，由于马克思和列宁所给出的这些让许多追随者深信不疑的"命题"或"真理"，社会主义国家的执政党对计划经济的选择几乎就被先验地决定了。这就说明，执政党的"计划经济"首先是作为社会主义的优越性从理论上得到了证明的，而"赶超战略"则是从现实逻辑出发所应该采用的或选择的用以证明社会主义制度优越性的手段。当然，要实现"赶超战略"就必然要强化"计划体制"。逻辑自洽的意识形态约束与现实中的工业化和国家安全方面所形成的巨大压力迫使执政党必然采用计划经济的强制手段来"挤占"人民的消费基金、压抑人民的消费欲望，采用工农业产品"剪刀差"的方式不惜对重化工业、军事工业进行大量的投资（见图1-4），例如，1966~1971年，仅仅计划用于"大三线"的投资，就占到全部预算的50%~60%。这样做的结果，有利于在短期内完成国家的工业化，增强国家的"硬实力"，以确保国家安全与长远发展。实际上，1949年的工业总产值仅占全部生产总值的30%，而相应的指标在1977年变为80%，因此，从社会生产能力和工农业总产值角度看，1977年的中国已经是工业占主导地位的"工业国"。有的学者认为，中国经济与俄罗斯经济在改革后呈现出的绩效差异主要可用改革前的经济结构的差异来解释。在他们看来，改革前的中国基本上是一个农业国，而苏联是个高度工业化的城市国家，在国有部门，工人是被高度补贴的，因此，俄罗斯改革中，城市就业工人不可能像农民那样愿意离开国有部门到其他部门中去，哪怕其他部门的生产率更高。而中国的情形刚好相反（萨克斯和胡永泰，1994，转引自张军，2006，14）。这种说法不足以概括中国制度变迁的"本质"，其原因在于：其一，正如前文所讲，实际上，中国在总产值的结构上已是一个"工业国"；其二，改革后中国国有企业的产值、年增长率以及所吸纳的劳动力的数量，在1977~1996年的近20年间是增长的（张军，2006，15；国家统计局综合司，1990；2000；2005）；其三，相当关键的一点则是，许多文献忽略了一个重要方面，即在讨论中国制度变迁问题时，没有研究历史逻辑起点，即执政党的政治动员能力、改革开放前的社队企业的发展、1966~1976年"文化大革命"中在"继续革命"的政治高压下"利益集团"或"分利集团"已基本"解体"或"分化"以及1969年开始的中国外交行动所产生的国际政治经济后果对始自1978年的改革路径的深刻影响。[①]

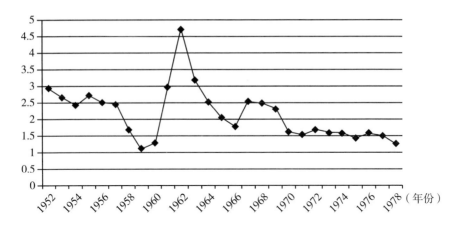

图 1 - 4   1952 ~ 1978 年消费—积累比例走势图

说明：1954 ~ 1955 年；1959 ~ 1962 年；1966 ~ 1967 年；1972 ~ 1973 年；1975 ~ 1976 年消费—积累比例呈上升趋势，其中 1959 ~ 1962 年消费积累比上升得比较快。每个时期都与某种特定政治背景相联系。1955 年正值第一个"五期"计划正待大规模地实施与推进；1959 ~ 1962 年正值中国经济处在最困难时期，史称饥荒时期；1966 年正是"文化大革命"拉开序幕的年份；1972 ~ 1973 年中共召开第十次代表大会，决定对政治、经济进行调整；1975 年执政党着力对国民经济进行整顿，毛泽东主席提出"一定要把国民经济搞上去"，而 1976 年周恩来总理、朱德委员长、毛泽东主席相继去世。这里的消费主要指居民消费，不包括政府消费；这里的积累既包括固定资本形成，也包括存货增加。

资料来源：《新中国五十年统计资料汇编》，中国统计出版社 1999 年版。

总的来讲，1949 ~ 1977 年的中国工业（化）史，也就是经典的社会主义计划经济的"实践史"，它们相互刺激对方的对自身的"需求"与"欲望"，又总是以一种不同寻常的方式来尽可能满足对方的需求。当两者不一致的时候，说明经济危机已经出现了。造成这种不一致的一个原因可能来自工业化和计划经济体制两者自身所遇到的结构性或体制性问题；另一个原因则可能来自政治领袖的个人选择的改变所导致的"政治周期"及其对经济运行机制的影响。然而，政治

---

① 不过，萨克斯和胡永泰的文献（1994）也隐含了人口结构对中国改革轨迹的影响。如果不是从产值，从对 GNP（或 GDP）增长的贡献来看，而是从人口结构来看，那么中国仍可以被看做是农业国家，这倒也说明一个事实，即改革前中国的工业化未伴随着城市化，因为改革前的工业化主要集中在发展重化工业和基础设施等方面，这些领域都是资本密集型产业，是一个国家进行工业化和现代化的基础的基础。如果从中国的人口结构看，那么，中国在改革中的经济增长大部分是人口从农业部门到工业部门迁移所造成的，因此，改革前经济增长的贡献在于重化工业的独立与完整，改革开放的一个大的贡献在于开放国内的劳动力市场，这使在农村的边际产出为零的农民能够接受尽可能低的工资到国企、民企、外企工作，这是中国经济增长的重要源泉。关于这个问题，我们将详细研究。

领袖在政策上的变化，又与内部的政治经济体制所承受到的经济压力有关，也与外部国际环境的变化对正在工业化的中国所造成的影响有关。在这些错综复杂的原因的诱致与作用下，中国在一百多年的半殖民地半封建的历史基础上首先在政治上获得了独立，接着又以一种独特的方式进行国家建设，到1977年已大致建立起了独立的现代工业体系与国民经济体系，所有这些，既是我们改革的历史起点，同时也成了我们的改革对象。

二、历史逻辑起点或"历史遗产"

讨论中国经济改革成功、中国经济出现"增长奇迹"的文献可谓汗牛充栋。许多文献把中国近30年所实现的持续的经济增长归于对外开放（如加入WTO）、技术和人力资本的积累、组织转型与创新等等，却忽略"制度前因"对改革开放的"历史准备"。如果没有这种"历史准备"，那么中国的改革路径将是另一个样子。中国历史上的商鞅变法成功了，但王安石的改革却以失败告终，而中国晚清以来的图强变法也是悲壮跌宕，充满了艰辛，最终难以摆脱屡战屡败的困境。历史的纵向比较会给我们以极富价值的启示，即一个成功的改革必须具备政治上、经济上的"制度前因"，也就是说，在改革的"历史逻辑起点"上，必须具备集领导权威、可持续的强有力的执政能力、强烈的政治意志、简洁明确的信仰体系、逻辑自洽的意识形态和难以对改革主体（包括统治集团）与改革措施提出决定性挑战的利益集团等诸要素于一体的政治、经济、社会与文化的权力结构和宪政结构[①]。

我国的改革是从农村开始的。人民公社解体使以村、社为单位的集体经济改变成以家庭为单位的个体经济或小农经济，农民可以自由地支配劳动时间并根据不同的气候、时令决定具体的生产经营内容。当然，由于土地的集体所有性质，公社解体后的小农经济与历史上的小农经济不完全相同，土地不能自由流转，因此，除基层政府（如乡政府、行政村）外，任何家庭都不可能兼并土地而成为垄断的生产经营者。公社解体与联产承包责任制的实施使农民获得了土地的部分产权，从而使以家庭为单位的生产经营具有了若干私有的性质。从这个意义上说，农村改革，是中国民营经济制度变迁的第一步。

关于农村人民公社制度，黄宗智提供了一个相当概括的"解读"：

"对明清和民国的国家政权来说，农村经济主要是征税的对象，而农民则主

---

① 这里用的"宪政结构"，是从一般意义上讲的，与人们一谈论"宪政结构"就认为是与西方民主宪政（三权分立、代议制民主、多党轮流执政）高度相关的那么一种政治经济与文化体制不同。我们这里的"宪政结构"是指政党政治、宪法框架下的法治的"统一体"。

要是一种税源。除了征税外，国家政权对农业和农民生活干预不多。然而新政权……远不止是个征税者；它意在控制农村的商业，并掌握每家每户的经济抉择权。为了达到这些目标，新政权不仅把触角纵向地伸入到农村，而且横向地扩展权力，尤其围绕着农村经济。这一革命规划的三个关键步骤是土地改革、粮食三定（国家对粮食实行定产、定购、定销）[①]以及生产集体化。经过这些运动，旧的以分散、自立的小农农场经济为基础的政治经济体制被巨大的、以集体化和计划经济为基础的党政国家体制所取代（黄宗智，2000）"。

本来，计划经济的、人民公社化的集体经济对历史上相沿成习的、传统的、典型的小农经济进行了比较彻底的颠覆和"否定"，但在1979年，通过实行联产承包责任制，在土地仍然保有集体所有制性质的条件下，"三级所有，队为基础"的公社制度宣告解体，从形式上看，这次则是小农式的生产经营模式取代了公社的集体化生产经营模式，是前者对后者的"否定"。农村人民公社的解体，是中国民营经济和私产制度再度兴起的"历史逻辑起点"。然而，尽管农村人民公社在执政党的改革路线的强烈要求下"退出了历史舞台"，它所留下的"历史遗产"却仍然在改革开放的中国经济和政治制度的变迁中发挥着"独特"作用，从而使我国民营经济的制度变迁呈现出不同于东欧前社会主义国家的民营化的"转轨路径"。我们可以把改革的"历史逻辑起点"分解为如下四个因素：

1. 政治动员能力

执政党的"政治动员能力"是改革开放得以顺利展开的"历史逻辑起点"。黄宗智认为，就政权与村庄的关系而言，土地改革和税率提高使国家政权空前地深入自然村。旧日的国家政权、士绅或地主、农民的三角关系被新的国家政权与农民的双边关系取代了。定购、定销和定产等"三定"政策不仅把整个小农家庭农场经济纳入国家计划，实际上还强有力地把农民推向集体经济。集体化使党政权力机构更垂直地深入到社会基层，每个农民都直接地感受到国家的权力。这种形势与明清时代极不相同，那时的皇帝和官员对农村的日常生活来说距离是非常遥远的（2000）。实际上，1978年开始的拨乱反正是靠政治动员来展开并完成的。紧接着1979年正式启动农村经济体制改革，也是通过政治动员（如舆论宣传、政治说教等）劝导、说服农村广大干部和群众相信以家庭为单位的"分散作业、联产承包"是一条通往社会主义理想农村的康庄大道。在20世纪30年代，毛泽东就提出要把支部建立在连队上，这一套关于运用政治方式来纯洁军事队伍的做法在50年代被用在农村和城市，执政党因此完成了农村集体化和对城

---

① 黄宗智：《长江三角洲小农家庭与乡村发展》，中华书局2000年版，第167页。

市工商业的社会主义改造，也因此建立起一套以城市为中心的独立自主的国民经济的工业体系以及以农村为基础的人民公社制度，虽然此种政治动员往往以牺牲效率为代价，但却使执政党获得了空前的政治权威和高强度的社会治理能力，执政党常常通过最基层的农村或厂矿的支部书记就可以把中央政府的策略、意图甚至政治理念贯彻下去①。

因此，"改革"过程看起来似乎是"二律背反"的，一方面中央政府通过党的各级机构创造了超强的政治动员能力，借助毛泽东思想和共产主义的意识形态统一了各个阶层的群众的意志②，从而大大降低了政府的行政成本和（政策的）实施成本，使执政党的路线、方针和政策即使在不断改变的情况下也能大致不差地得到落实。1978年，毛泽东主席去世两年，执政党开始（酝酿并）着手改革开放，所利用的仍然是毛泽东时代所创造的政治资源，通过基层党组织的说服、示范、教育，甚至（采取）一定的强制措施，以群众共同参与的方式来改变从1957年就开始的集体经营模式，在农业生产中逐步引入、实施、推广"责任制（承包制）"、"分田到户"的"小家庭"或"小农式"的组织形态或生产方式，给农业生产者以相应的土地用益权、处置权和经营目标的规划权、选择权，从而也就很自然地引发了如下问题，即农民的自主选择与自由的经营方式将在客观上对执政党的高强度的政治动员能力形成"冲击"，因为分散经营的小农（或农户）彼此间的联系已不如公社解体前那么紧密，基层政府和党支部已难以通过生产大队、生产小队等集体组织来动员在时间上、在择业方面获得充分自主权的农户，从而使得执政党的政治动员能力在客观上是削弱了而不是得到加强。如果执政党在农村的基层组织不能实现与此种变化相适应的"创造性转换"，那么执政党的政治动员能力与可供利用的政治资源就会大打折扣。不管怎样，始自1978年的农村经济改革是通过毛泽东时代所创造的政治资源来启动的，虽然这种政治资源会随着执政党不断放松对农业经营活动的行政管制从而使农民越来越能够利用经济理性来决定其生产经营活动，使得毛泽东时代所留下的政治资源的边际价值渐次降低，但绝不能因此低估以毛泽东时代留下的，以毛泽东思想为信念和信仰的执政党的"历史遗产"对改革开放的正面影响。对于一场深刻、持久、充满种种政治陷阱与矛盾重重的政治经济体制的改革来说，初始的意识形态与信仰的统一是不可或

① 这种具有高强度的政治动员能力使执政党在1977年前能够集中国家财力进行能源工业、加工工业、装备工业、国防工业和基础设施的多方面的投资和建设。

② 请注意邓小平在20世纪70年代后期反复强调要完整、准确地理解毛泽东思想：一方面是为了否定晚年毛泽东的"错误"；另一方面也是为了确保执政党的统一和社会主义的政治信仰的一般体系的基本价值。

缺的，因为它缓冲了改革开放所必然造成的利益分化而带来的政治矛盾和社会矛盾。毛泽东式的政治动员方式与毛泽东思想本身使中国的改革一开始并没有"遇见"对任何一场改革有着极大杀伤力的"利益集团"的"反击"，因此，中国能以一种"便宜"的方式、低成本的方式"切入"到改革开放的历史进程当中。农村改革对城市形成了压力，农业剩余劳力大量涌入城市，使城市国营企业获得了丰裕的劳动资源，这对于劳动密集产业产生了"冲击"。

一方面，国营企业面对如此廉价的劳动资源，必然要改变行之已久的工资定额制度和劳动用工制度，从而越来越追求对投入要素的配置权与在生产经营方面的自主权；另一方面，独立于国有经济之外的集体经济、个体经济也可以自由地雇用摆脱了土地束缚的农民工从而在劳动密集产业获得新的发展机会。中国民营经济的制度变迁就是从"这里"开始的。改革的"二律背反"包含着这样的（改革）逻辑，即改革是从强有力的政治动员开始的，但其理想结果或目标却以不断地降低这种政治动员能力为代价才能获得（见图1–5）。

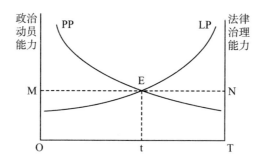

图1–5　政治动员能力与法治能力在历史中的演变趋势

说明：PP表示执政党的政治动员能力；LP表示转轨社会中的法治能力。此图的基本含义是：随着改革开放的历史进程不断深化，市场化和民营化会降低执政党在基层的（传统上的）政治动员能力，但却会强化社会的法律治理能力，最终两者会出现一个"折中"状态。

2. 社队企业

"文革"前后的社队企业是20世纪80年代兴起并在90年代中期达到鼎盛的乡镇企业的"制度前因"，1996年后，乡镇企业开始转制，变成股份制或股份合作制企业，与乡级基层政府实现"政企分离"。乡镇企业在中国的勃兴，被当做改革开放的巨大成就，也被认为是实现农业工业化的一个可行路径。

1949年前，中国是个贫弱的农业国。新中国成立后，家庭工副业发展很快，到1954年，约有1 000万农民部分地参与了工业生产，产值为22亿元，而此前的1949年，按1957年可比价格计算，产值仅为11.6亿元。

1955～1957 年期间，农业处在合作化高潮时期，许多地区过分强调农业的重要性，使工副业的发展停滞不前。1957 年，农村工副业产值仅 22.9 亿元，占农业总值的 4.3%。1958 年的人民公社化运动，为社办企业的发展提供了一个理论支持和实践的契机。1958 年 12 月 10 日，中共八届六中全会强调，人民公社必须大办工业，实行手工业和机器工业相结合的方式，充分利用土钢铁、土机床和其他各种土原料、土设备、土办法，逐步由土变洋，由小变大，由低到高，目的是缩小城乡差别，把一个适当的劳动力从农业方面转到工业方面，加快国家的工业化进程。

"人民公社（化）"是毛泽东及毛泽东时代执政党的极为关键的制度选择，这是一种集"工、农、商、学、兵"于一体的政治、经济、文化与社会组织，它的目的，在毛泽东时代看来，一是巩固无产阶级专政；二是便于实现城乡区隔的户籍制度，从而为计划经济体制的顺利运转提供制度保证；三是以公社为"重要中介"，推进乡村工业化，最终缩小城乡差别。因此，人民公社的制度安排和相应的政治动员使社队企业获得了空前发展，尽管 1957～1959 年的"浮夸风"在工业化的盲目"跃进"中导致农业的大面积减产和严重的生态后果，从而在客观上影响了社队企业的发展，但在 1966～1976 年，中国社队企业在人口增长的巨大压力下仍然取得可观的成绩[1]。

"文革"期间的社队企业主要围绕农业现代化展开，以农村资源为主，以农业发展和农业机械化所产生的需要为"主要动力"，一方面补充国家计划的不足，为农村提供必需的化肥、农用水泥和形式不一的机械维修服务；另一方面，离城市或国营企业较近的社队企业很好地利用了国营企业废弃不用的机床或纺织设备（如江苏、上海一带），在国营企业的技术干部的帮助下，发展起了纺纱厂、丝织厂、袜厂、农机厂、印刷厂、金属制品厂；最后，社队企业通过与国营企业签订合同的方式，承接后者生产过程中的零碎的、投入产出比不很合理的工序，从而发展出集手工业与现代工业于一体的社办企业（黄宗智，2000）[2]。史料表明，即使在"文革"时期，县、公社甚至大队级别的基层政府也很好地利用了市场空隙（许多国营企业只管生产而无商业销售网点）、计划经济体制所造成的"供需短缺"，以及执政党急于解决剩余劳动力和实现工业化的政策资源，发展出了一系列可观的社队企业。1965～1979 年时期，小型社办企业的数量增至 45 000 个，到 1976 年达到 106 000 个。20 世纪 70 年代初，中国水泥产量的一

---

[1] 本章有关社队企业的讨论（包括数据来源）主要参考了丛树海、张桁：《新中国经济发展史（1949～1998）》（上），上海财经大学出版社 1999 年版，第 242～246 页；第 279～286 页。

[2] 黄宗智通过讨论华阳桥公社的工业发展，为我们构勒了一幅经典的具有中国特色的乡村工业发展历程。

半和几乎全部农用水泥由小企业生产，化肥产量的一半也来自小企业。1972 年，机械和建筑材料的行业总产值中，社队企业几乎占去 50%。①

黄宗智特别强调，以温州的家庭经济、私营经济和自由市场体制的成功，人们很容易忽略社队企业、集体经济对中国工业化的历史贡献。中国乡村发展的独特之处既不在英国式的或温州式的"自下而上"模式，也不在 1840 年以来一直到 1949 年的中国工业化和近代城市化的"自上而下"模式，而在于生产大队、公社一级的集体组织和基层政权所发挥的积极作用。在 1996 年前，集体工业实际上是长江三角洲以及中国大部分地区乡村工业组织的主体。正是这种生产组织形式推动了 20 世纪七八十年代的大部分乡村工业化，并且使中国的乡村工业化有别于多数第三世界国家（黄宗智，2000）。以此而论，给定中国的独特的所有制性质，给定毛泽东时代和后毛泽东时代的（政治的、经济的）"历史条件"，社队企业，进而乡镇企业的发展引发了后来的民营经济的勃兴和演进，它们正是我们要找的"历史逻辑起点"（图 1 - 6、图 1 - 7）。

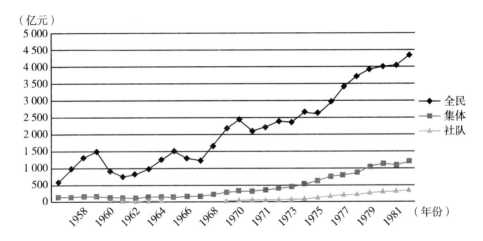

图 1 - 6   不同类型所有制企业工业总产值变化趋势（1957 ~ 1982）

说明：1957 ~ 1971 年的工业总产值以 1957 年不变价格计算；1971 ~ 1980 年工业总产值以 1970 年不变价格计算；1981 ~ 1982 年工业总产值以 1980 年不变价格计算。图 1 - 7 显示的数据变动趋势只限于 1982 年前，而此后直至 20 世纪 90 年代中期的社队企业（乡镇企业）的发展未能反映，但恰恰是这个时候，中国的乡镇企业发展迅猛，引起学界、政界的极大关注。图 1 - 6 表明，自 1969 年开始，中国的集体企业（含社队企业）开始稳步发展。

资料来源：《中国统计年鉴》，中国统计出版社 1983 年版，第 214 ~ 215 页。

---

① 此处的数据源于丛树海、张桁主编，《新中国经济发展史（上卷）》，上海财经大学出版社 1999 年版，第 246 页。

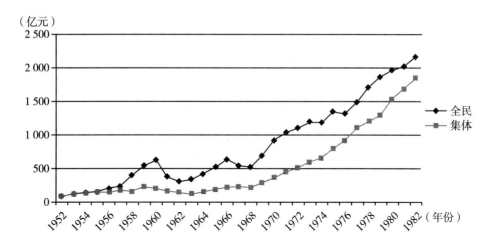

图1-7 工业总产值指数变动趋势（1952～1982）

说明：此图所显示的全民所有制和集体所有制工业总产值指数变动趋势均各自以1952年为100，然后计算此后历年的工业总产值。此图表明，集体企业（含社队企业）自1969年后一直快速发展，而不像全民企业的发展出现有起伏的波浪形。在1970～1982年，集体所有制企业的发展态势似乎比全民所有制企业的发展态势要"猛"。

资料来源：《中国统计年鉴》，中国统计出版社1983年版，第216页。

从地区的差异化的发展轨迹我们也可以得到上述结论，例如，山东、浙江、江苏以及广东等地，自20世纪70年代初至80年代中期，集体经济的发展速度居全国之首，这些地区的全民所有制企业与集体企业的工业产值之比要大大低于全国平均水平，而恰恰是这些地方，经济增长速度要远高于全国其他地区的平均水平。对这种不同地区的制度演化分岔的现象，笔者在第四章进行了翔实的分析：国有经济比重偏高的地区，地方政府的税收、劳动就业以及人民生活水平的提高均在客观上要更多地依赖于国有经济，因此在地方政府的政策取向上会更多地保护国有经济的利益；相反，对江浙等国有经济比重不高，非国有经济相对发达的地区，（政府）税源、就业门路乃至人民的（社会）福利均有赖于非国有经济的成长与壮大，因此地方政府客观上将会更多地出台有利于民营经济不断发展的政策，其结果就使江浙、山东、广东等地的制度变迁轨迹表现出与其他地区不同的特点。①

---

① 邓宏图：《转轨期中国制度变迁的演进论解释：以民营经济的演化过程为例》，载于《中国社会科学》，2004年第5期。有许多材料佐证这个命题，参阅《中国统计年鉴》（1983年第226页、1984年第205页、1985年第319页）；《全国各省、自治区、直辖市历史统计资料汇编（1949～1989）》，1990年版第50页。

3. 等价的平均收入水平下的"阶级"及改革的启动与实施成本

许多证据表明，直到 1976 年，中国各阶层、各成员间的收入水平相对地趋于一致：

其一，除去地区差距外，各地农民的收入非常接近，仅与家庭的劳动成员的个数有关，即一个家庭的壮年劳动力越多，家庭总收入也就越高。但平均来看，每个劳动力的收入水平大体是相同的，除非某些人达不到足够多的劳动时间。

其二，每个农民与土地的关系都是一样的，土地归集体所有，每个劳动力都是集体的一份子，因此，农民所拥有的财产（包括土地）都非常接近，劳动力多的家庭自留地的面积略大些，但平均下来，每个劳动力的所拥有的自留地面积（包括丰瘠程度）是等同的。

其三，城市职工的收入水平也趋于一致，除非他们分属于不同所有制企业。集体所有制企业与全民所有制企业的福利可能是有差别的，但这种差别不能过分夸大。行业间，例如钢铁业和煤炭业，他们的工人所拥有的福利水平要高于别的行业所具有的平均水平，原因是前者的劳动强度大，而且具有一定的危险性。

其四，干部与群众间的收入水平是不等同的，但两者的差距不大，而且这种差距是非常明确的，通过制度化的，甚至是非常刚性的"八级工资制"来调节。如果一个工人，拥有八级钳工的技术证书，那么他的收入水平可能要高出一般的干部很多。由于拥有一定的行政权力，干部可能具有增加收入的"潜在来源（途径）"，但这些"特殊途径（来源）"大部分都被毛泽东主席所发起的历次政治运动"阻塞了"。尤其在"文革"时期，由于"大鸣、大放、大辩论、大字报"作为公民的"四大自由"（权利）写入宪法，因此，干部的特权思想始终被压抑着，尤其是中、下层的干部阶层，更是始终被"群众"的"雪亮眼光"所注视着。在农村，县、公社干部要定期到生产队蹲点，参加一定的体力劳动，他们与群众的身份差别虽然十分明显，但被毛泽东思想的意识形态和政治要求而被"策略性"地"抹平"了[①]。在城市，政府和企业领导也要到车间参加劳动，向工人学习，在执政党的政策上，把尊重工人的主人翁地位和劳动的积极性、创造

[①] 毛泽东主席一直到晚年，直至 1976 年 1 月，还在反复提倡，要反对党内走资本主义道路的当权派，要反对工人贵族，反对特权，甚至说实行八级工资制与旧社会没有两样。这些激进主义的思想对执政党的干部路线是有重大影响的，因此，我们有理由说，一直到 1979 年，无论党内党外，还没有一个在现实上形成决定性力量的政治经济方面的利益集团来阻止邓小平实施他所开创的改革开放的政治路线。参阅："毛主席重要指示（1）"，《建国以来毛泽东文稿》，中央文献出版社，1998 年版。

性置于"政治正确"的"意识形态高度"①。

所有这一切都说明,改革开放前,中国的社会差别、收入差别被各种政策、意识形态,甚至此起彼伏的政治运动"制度性"地"拉平"了,从而在客观上没有形成敢于公开挑战邓小平所开创的改革开放"策略"(事业)的政治性和经济性的现实力量,由于缺乏现实利益差别所形成的阶级冲突,加上各阶层的群众在毛泽东思想和社会主义信仰等方面存在较大的"交集",从而使改革的启动成本和实施成本在 1979~1989 的十年时间内大大降低了②。

与此同时,由于土地在农村属集体所有,在城市属国家所有,因此,在改革初期,从中央(政府)到地方(政府),为了加大开放力度,吸引外资,出台了一系列土地优惠政策,投资商和建设单位只需向国家和集体支付极为低廉的地租就可以征得土地,投资建厂,这使许多港(澳)商、台商以及外国投资家大大减少了土地使用成本,迅速享受到改革开放的"政策红利",这在客观上就增加了人们对投资的预期收益,从而使改革开放一开始就成为一个可预期、可累积的自我增强过程。

4. 70 年代初期的开放与引进

1966~1969 年,中国处在极度紧张、狂乱的"文革"之中,对外经贸关系陷于停顿。20 世纪 60 年代初期中苏关系趋于紧张后,毛泽东曾考虑扩大同资本主义国家的经贸往来,引进先进设备技术。他甚至提出,可以让日本人来中国办厂、开矿,向他们学习技术。但是,由于国际形势的持续紧张和国内阶级斗争的扩大化,特别是"文化大革命"的爆发,这个设想一直无法实现(郑谦、张化,2003)③。

1971 年 7 月,美国总统国家安全事务助理基辛格秘密访华,为尼克松总统访华扫清障碍。这年的 10 月,中国在非洲等友好国家的支持和帮助下恢复了在联合国的合法席位。1972 年尼克松总统访华,中美双方在上海签署《中美联合

---

① 有关意识形态的讨论见 [美] R. 麦克法夸尔和费正清主编:《剑桥中华人民共和国史:中国革命内部的革命(1966~1982 年)》,中国社会科学出版社 1992 年版,第 87~112 页。

② 哈里·哈丁深刻地写道,"到了 80 年代后期,事实看来是(说来矛盾),文化大革命的混乱却是毛泽东以后时代改革的一个重要条件,……一旦这场运动结束,这有助于形成经济和政治的解放的领导阶层。……总之,如果没有文化大革命,毛泽东以后时期的改革不可能走得这么远或进行得这么快。"不过,哈丁是从经验教训方面来进行总结的,实际上,他也许还应注意到"文革"的意识形态、对政治权力的冲击(从而造成了扁平状的权力结构)以及"文革"晚期的"外交成果"使得日后的中国改革开放的启动成本和实施成本"出乎意料地小"从而使中国改革开放在头十年(1979~1989)取得了绝对胜利。哈丁的论述载麦克法夸尔和费正清主编:《剑桥中华人民共和国史:中国革命内部的革命》(1966~1982 年),中国社会科学出版社 1992 年版,第 211~219 页。

③ 武力主编:《中华人民共和国经济史》(上册),中国经济出版社 1999 年版,第 709 页。这里转引自郑谦和张化:《毛泽东时代的中国:1949~1976》(第 3 卷),中共党史出版社 2003 年版,第 289 页。

《公报》，这标志着两国关系开始向正常化发展。中美关系正常化的启动，又直接推动了中日关系的改善，1972 年 9 月中日实现两国关系正常化。以这些事件为契机，中国在整个 70 年代，迅速与大多数的欧洲、美洲与南太平洋地区的发达国家或发展中国家建立了外交关系（郑谦、张化，2003）。这为我国扩大对外经济交流以及始自 1979 年的改革开放创造了有利条件。从 1972 年 1 月开始，在毛泽东的支持下，周恩来根据国内需要，决定从西方发达国家引进成套化纤、化肥技术设备。到 1973 年 1 月，国务院审时度势，认为资本主义国家处在经济周期的萧条阶段，引进设备对我有利，决定在今后五年内引进 43 亿美元的成套设备，包括：13 套大化肥、4 套大纤维、3 套石油化工、10 个烷基苯工厂、43 个综合采煤机组、3 个大电站、武钢一米七轧机、燃汽机组、工业汽轮机工厂等大型项目。这是继 20 世纪 50 年代引进的 156 项工程后的第二次大规模的引进方案[①]，利用这些引进设备，加上国内通过自力更生的生产和设备改造，共兴建了 26 个项目，总投资约 214 亿元，到 1982 年，这些项目全部投产（郑谦、张化，第 3 卷，2003，第 289 ~ 292 页）。至少从理论上可以说，20 世纪 70 年代初期至中期的中国外交与技术引进客观上对 80 年代的改革开放产生了如下后果：

第一，化肥生产线等的引进与规模生产改善了农业生产条件，这为 1984 年的粮食大丰收创造了 "历史前提"（丛树海，1999），从而使农民，进而使城市居民增强了改革开放的信心，参见表 1 - 2。

第二，20 世纪 70 年代初的外交上的成功为后来的改革开放准备（提供）了一个极为重要的 "历史条件"，它减少了改革开放之初中国为了改善国际环境而必须与发达国家、发展中国家为缔结各类政治与经贸合约所进行的一系列的谈判成本与意识形态的 "转换成本"。既然 1972 年中国人民接受了美国总统尼克松先生的访华，那么 80 年代无疑也会接受资本主义的经济因素对中国经济结构与所有制的影响，同样，民营经济在国营经济与集体经济的空隙中逐渐成长与壮大也就是一个合乎历史逻辑的自然过程。

三、历史前提与逻辑起点：总结性说明

人们在讨论传统计划经济体制时，更多地关注体制或制度的具体结构，而较少注意这些具体的政治经济结构后面所蕴涵的 "制度精神"，这些 "制度精神" 实际上是由中国式的宪政（如下面要指出的那样）来 "承载" 和 "体现" 的。制度变迁或历史演进是非常复杂的，决定变迁路径或走向的关键原因当然是结构

[①] 在这些方案的基础上，后来把引进额度追加到 51.4 亿美元。

表1－2　　1973～1992年决定粮食产量的因素：化肥还是联产承包责任制

解释变量	相关系数	标准差	T－统计量	Prob.
常数项	14 045.46	22 360.69	0.628132	0.5427
农业劳动力	0.031945	0.265715	0.120221	0.9065
粮食播种面积	－0.187310	0.227674	－0.822710	0.4281
有效灌溉面积	0.824877	0.323703	2.548254	0.0271
化肥施用量	12.75730	3.970040	3.213394	0.0083
农机总动力	－0.961039	0.577079	－1.665351	0.1240
成灾面积	0.028152	0.062920	0.447426	0.6632
虚拟变量	1 055.244	1 574.266	0.670309	0.5165
拟合优度	0.977400	D－W统计量		2.053881
调整的拟合优度	0.963019	F－统计量		67.96217
		Prob（F-statistic）		0

说明：表1－2结论根据：《新中国五十五年统计资料汇编：1949～2004》，中国统计出版社，第44～45页，利用Eviews 5.1计算得出。本应剔除那些并不重要的变量，以使结论更精确些，但即使不这样做，也够能说明问题，故从略。从此表可看出，粮食播种面积、农业劳动力、成灾面积对1973～1992年的粮食产量的影响不大。事实上，这20来年，农业劳动力始终是过剩的，因此劳动力的边际产出近乎零；粮食面积也没有什么增长，也没有发生什么大的灾害，所有这些因素均可忽略不计。然而，此表显示，灌溉面积、尤其化肥产量的逐年提高，对粮食增产具有十分重要的影响。当然，表1－2并未显示技术进步对粮食产出提高的重要影响，因此，化肥对粮食产量的影响可能有些偏高，但这足够说明化肥等因素对农业增产的关键性地位了。我们把1959年、1960年、1961年三年，以及1979年、1980年两年取虚拟量为1，其余年份为0，以表达这些年政策冲击或制度变化对粮食产量的影响。结果表明，政策因素对粮食产量的影响远未化肥投入、灌溉面积等因素的影响那么大。这个结论与黄宗智（2000）得出的判断是相近的。

性的，但要注意这些结构的核心部分已经作为政治上层建筑和意识形态嵌入到了社会的一般性的政治与经济制度中。例如，多党合作制、民主协商的基本政治原则、人民代表大会制度、宪法决定下的基本政治秩序，等等。这些东西既作为国家的基本构成元素而成为国家政体的"结构性的或支撑性力量"，也作为全社会成员都认同的观念形态"渗入"到他们的日常生活当中并决定着他们的选择维度与范围。尽管结构与意识形态将随着时间流逝而或多或少要发生变化，但在一定的时间内，这种变化是潜在的，是一步一步进行的，在决定性的变革发生之前，原有的制度结构与意识形态仍旧是社会稳定有序的基本保证。传统的政治结构与信仰体系甚至在变革发生之后仍要发挥作用并影响变革的"轨迹"与"进程"。

大量的事实表明，执政党的强有力的政治权威确保了它的政治动员能力。依靠1977年前所确立的政治制度和意识形态，执政党成功地使中国各阶层的社会成员建立起对于改革的良好预期。与此同时，利用改革开放前农村通过低廉劳动力所积累起来的农田水利设施和农业生产经营活动所必需的公共品（如集体所有的农机具、具有外溢性并为公社社员共享的农用技术、优良品种和公共道路）而使粮食生产的基本条件越来越完善，加上20世纪70年代初期从国外引进的化肥生产线，到80年代初期已全部投产使用，因此，粮食增产丰收就成了所有这些因素凑在一起而必然要产生的一个自然结果。

恰巧在这个时候，人民公社解体，农村实行以联产承包责任制为核心的改革，这就使分散化经营与粮食增产丰收成了两件相关程度很高的历史性事件，这无疑增加了分权改革思路（如承包制，等等）的吸引力。但是，正如黄宗智所证实的，联产承包责任制的历史性作用在于使农村劳动力有了自由选择的机会，从而劳动力从农村向城市转移的"城市化"伴随着工业化进程而不断扩大、蔓延开来，尽管这种组织创新未必是1984年粮食大丰收的真正的"主因"。农村人民公社中的社队企业并没有随着公社解体而消失，相反它却成了整个20世纪80年代至90年代中后期中国经济增长的积极因素，它促进了农村的工业化和小城镇化，吸纳了大量的农村剩余劳动力。这样，1977年前的社队企业、（执政党的）政治动员能力、70年代初、中期的对外"开放"与引进政策，以及历次政治运动对利益阶层的冲击等诸多因素就客观的、潜在的、有力的"促进"了80年代初期就已开始的经济体制改革，这些因素是累积性的，因此它的释放也是渐次"展开"的，它们使改革开放初期中的农户和城市居民很快地享受到基于"历史遗产"而产生的"改革红利"，从而使各阶层的社会成员一开始就形成了对于改革的"良好预期"，这种共同的信念使改革政策的"实施成本"大大减少。在这个基础上，中国的民营化进程也开始了（见图1-8）。

中国是在自力更生的基础上建立起了门类齐全、基础设施完善的独立的工业化体系，也就是说，迄至70年代中、后期，中国现代化进程所必要的基础性框架已基本完成。1949年，中国农业产值占总产值的比重达70%，而1982年，中国的工业产值占总产值的比重为80%，为个历史前提构成了中国坚持改革开放，实现高速增长的坚实基础。

强调改革起点对改革路径的决定性影响，是否意味着改革方式不重要呢？事

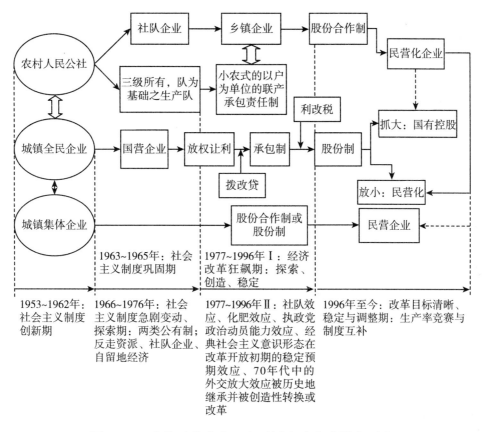

图 1-8　改革开放小史：有否历史遗产或腾空而出

说明：此图所划定的时间只是大致的而远非精确的，旨在说明改革开放的演进过程，同时更为了说明历史遗产对改革开放及其"进化轨迹"的"决定性的、历史性的作用"以及后起者在此基础上所进行的探索与制度创新。

实并非如此。有证据表明，苏联的改革也曾经是从局部改革开始的（例如，1985～1989 年的改革），也选择过体制外改革，但在苏联改革，这种改革引起了经济衰退，而在中国，却导致了持续的经济增长（Murphy，et al.，1992）①。显然，在这里，简单地利用体制外改革、增量改革、双轨制过渡的分析逻辑是不能真正说明问题的，我们必须从改革方式的背后去分析社队企业、人民公社制度、执政党的政治动员能力以及在 20 世纪 70 年代末至 80 年代中、晚期的传统的社会主义的意识形态或信仰结构所提供给普通公众的对未来改革目标的理

① 转引自姚莉、张军编者：《政治经济学》，上海财经大学出版社 2006 年版，第 92～101 页。

想预期，这些因素的共同作用既决定了改革的经济绩效，又通过地区差异、体制内与体制外的差异而使改革一开始就赢得了道义上与实质性的成功：由于从1969年开始的社队企业的发展与"五小"产业的兴起，加上1972年开始引进的化学工业生产线在1982～1983年形成规模化生产从而使中国的化肥短缺现象大大缓解，其结果就决定了联产承包责任制在改革初期大获成功并得到"制度上的巩固"。社队企业的勃兴与"五小"企业的成功，在相当程度上得益于计划经济条件下的城乡二元格局与计划经济本身的缺陷，这使社队企业一开始就避开了计划经济的强制性而能在供求"短缺"的情况下以"填补"计划"短缺"的正当理由而得到发展，它既增加了农民的收入，也扩大了农村的就业，在相当程度上缓解了由于三大差别而产生的城乡冲突，相反却使城市感受到了压力。在农村改革的示范与诱致下，这种压力一度成为城市改革的外在动力。从历史角度看，中国式的传统的计划经济体制与人民公社制度对改革来说具有二重性：一方面，它既是要被改革的对象；另一方面，在相应的改革方式的启动下，"平均地权"的集体所有制、"相对平等"的社会阶层、"遍地开花"的社队企业、"量产化"的化肥生产线、还有那些对社会主义制度的"正当性"、"正义性"深信不疑的质朴的群众感情与"意识形态偏好"所导致的执政党的极强的政治动员能力，都在相当程度上减少了改革的启动成本、弱化了（潜在的）利益集团可能对改革带来的阻力、威胁与伤害，而且引发了一系列的、后起的"制度改革效应"，即非国有经济、民营经济的崛起，尽管这些"改革后果"是那些坚定的传统的社会主义追随者所始料不及的。双轨制也好，制度的二元或者多元格局也好，实际上都是这些历史逻辑起点在经济轨道与经济自由化的预期下的制度变迁的自然产物，实际在历史上，具体说在1956年的毛泽东的《论十大关系》里，在中共八大的"政治报告"里，在1969年大规模开始发展的社队企业里，在集体所有制旁边早就存在的自留地经济里，在全民所有制与集体所有制的相对而存的历史地位里，"二元结构"与"双轨运行"就已经产生并不断地发展着，一旦启动改革或者说，一旦放松经济上的种种管制，它们就会以制度的生产率竞赛与彼此互补的方式而决定中国制度变迁的"转轨路径"①。

---

① 阿玛蒂亚·森认为，发展识字和基础医疗保健措施有助于促进以市场为基础的国际企业的成长，这可能与毛泽东自己的意愿相去甚远（尽管马克思主义理论家可能对这种辩证矛盾感兴趣）。但是改革前的这些结构性成就显然是对改革后中国经济繁荣的直接而有价值的投资（中文版，2006）。关于"文革"前的教育与医疗成就对后起的改革开放的影响本书并未涉及，这正是森所关注的焦点。但笔者要指出，森也许还是低估了改革前中国的基础设施、独立的工业体系对后来的改革开放的重要影响，尽管他相当客观而且敏锐地注意到改革前后的社会、经济与文化（教育）结构的内在逻辑关系。

1.2.2 制度互补与生产率竞赛

一、假设、基本理论与"假说"

改革开放以来，国有经济和非国有经济既是竞争（替代）关系，又是互补关系。所谓竞争关系，首先表现在原来由国有企业垄断的市场，现在允许乡镇企业、私营企业和外资企业进入，这会减少国有企业的垄断利润。所谓互补关系，表现在国有企业和非国有企业在产业结构上处在前、后向①"生产经营链"上，它们的产品分别占据不同的但相互有关联的市场，国有经济和非国有经济在生产、经营活动中构成相互依存关系（见图1-8）。我们把这种情况定义为"工序互补"。此外，还有行业（产业）互补，例如，许多资源型民营企业为国有大型企业提供煤炭、有色金属等原料②；第一产业（如国有矿山）、第二产业（大型机械加工企业）的发展总是伴随着第三产业（如各种与这些产业配套的服务业、电讯业等）的发展③。

此外，非国有经济内部的各类组织之间、国有经济改革路径之间也是既有竞争关系，又有互补关系。所有的改革或演进过程相互渗透，互为条件，使国有企业改革和非国有经济演进呈现"复杂形态"。

在制度转型时期，参与人或组织为了适应或解决外部冲击和内部危机，竞相选择或试验各种组织（治理）结构，以寻求一种有效率的配置资源的方式，来替代效率相对低下的旧的组织（治理）结构。可以把"组织"定义为"一组合约安排"。某种合约结构并非是参与人随机选择的结果，而是相互关联的参与人在各自目标的驱使下策略互动的结果。我们假设：

（1）在一个经济（社会）体内存在有两个域：一个是国有经济域，用 G_s 表示；另一个是非国有经济域，用 D_s 代表。G_s、D_s 的上标表示时间，比如 G_s^t 表示在时间 t，国有经济域（或国有企业所面临）的"制度特性"，D_s^t 则表示在时间 t，非国有经济域（或集体经济或私营企业所面临）的"制度特性"。所谓

---

① 例如，有些乡镇企业为国有大型企业提供零备件。浙江的万向节厂就为许多大型汽车公司提供汽车用的万向节总成。

② 例如，云南红河州的蒙自矿冶有限责任公司，是资产达到10亿元的民营企业，它开采并冶炼得到的铝锭、锌锭、铜锭就直接提供给国内的国有（加工）企业。笔者曾在2006年6月到该矿作过为期6天的调研。

③ 例如，大型斑岩铜矿——德兴铜矿，日产铜精矿10万吨，与其伴生的还有许多民营企业，如铜金属制品厂、水泥厂、劳动服务公司、建筑公司，等等。我们曾于2002年8月在该矿作过为期10天的调研。该矿与同类矿山比，在亚洲排名第一，在世界排名第三。

"制度特性"，可用某个社会的有关国有经济（企业）、集体经济（企业）或私有经济（企业）的相关政策（或制度）来"刻画"，这些政策（或制度）会决定国有企业或非国有企业的所有制形式和合约结构的选择范围。

在任何一个社会，政府出台的政策或政策组合（体系）都会直接、间接地影响经济主体（或企业）所采用的交换方式、交易方式或者寻利方式，从而使经济主体的生产、经营结果或者逼近或者偏离"帕累托标准"。例如，从1979年至今，有关国有（营）企业的改革政策是一个持续渐进的过程：先有放权让利，后有价格双轨，接着又是承包责任制（厂长向主管部门承包相应的产品质量和数量，而职工又向厂长承包相应的生产量与质量）和股份制。为了使国有企业产生相应的激励，还在宏观经济层面先后实行了拨改贷和利改税等政策。每个改革方案的实施，都会诱使国营（有）企业调整其内部治理结构，改变其交易方式，以便最大限度地利用这些政策可能释放出来的制度效应。实际上，价格双轨制的改革方案不仅使国有企业的内部治理结构与行为方式有了实质性改变，而且也使集体企业、民营企业的交易方式、内部治理结构发生了实质性变化。国营企业、集体企业或者民营企业总是希望从政府手中拿到更多的计划外销售额度，以便通过"利差"获得更大利润。许多非国有企业无法从政府哪里获得大宗商品的计划外销售额度，那么它很可能通过与国营企业的内部交易而非法地获得这些商品的计划外额度经营权。在"计划轨"之外的"市场轨"，拥有"计划外销售额度"就意味着拥有一种可以产生超额垄断利润的特许权，它会诱使有权使用额度的国有企业和无权使用额度的非国有企业进行各种交易活动，"市场经济"也就会在诸如此类政策的诱致下而在计划经济体制的内部"生长"出来。因此，出于经济分析的目的，我们有必要定义"社会交换域"并把它看成是由"制度特性"决定的用来描述经济主体交易方式的"经济量"（如图1–9）。

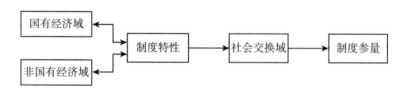

图1–9　几个概念的逻辑关系和"影射关系"

图1–9所显示的经济量将在下面的分析中用得上："国有经济域"与"民营经济域"用"制度特性"来描述，它们主要指的是与国有经济和民营经济相关的政策体系或组合，而这种体系或组合将决定经济主体的交易方式。每一种交易方式都内含着某种资源配置效率，因此，我们又用"制度参量"来表示"社

会交换域"的"制度特性",这个变量将依具体的分析逻辑与分析对象而有所不同,但无论如何,它们是可以进行测度的经济变量,比如交易成本和资源的配置效率,等等。

(2) 在国有经济域中,存在一家国有企业,用 G_T 表示;在非国有经济域中,存在一家非国有企业(如集体企业或私营企业),用 D_T 表示。为了使这两个概念便于分析,我们还假定 G_T^i、G_T^i 分别表示在时间 t 内国有企业与非国有企业(如集体企业或民营企业)所选择的组织形态或治理结构。

20 世纪五六十年代甚至整个 70 年代,有关国营经济的整个倾向性政策就是希望它能成为经济社会的主导性力量、控制性力量,从而确保执政党的执政基础,为城市职工带来社会福利、提供社会保险、保持并增加就业机会。在这种情况下,国(营)有企业在制度或政策的限制、引导或约束下会更多地注重生产(即产品总值)目标和社会目标,然后才是利润目标。这当然会影响企业的生产经营方式与合约的选择方式。在改革开放后,虽然历经放权让利改革、承包制改革、价格改革和股份制改革,我们仍然发现,尽管国有企业变得比以往任何时候都强调利润目标的重要性,但客观上,国有企业仍被赋予相应的社会责任或公共责任。这可以理解为,国(营)有企业既具有纯经济的利润目标,同时,更重要的是,还具有附加公共责任的社会福利目标。

在中国社会主义建设史上,到 1957 年,经过农村的互助合作运动以及初级社、高级社和农村人民公社化,还有城市对民族工商业、手工业的社会主义改造,单纯的私营经济已经在统计资料上消失了[①],这种状况一直到 1979 年才开始发生变化,自这一年开始,国家和地方的统计年鉴开始把个体经济、联合经济、民营经济纳入统计范围。中国自 1949 年至今,从形式上看,制度变迁似乎发生过两次"逆转",一次就是 1953~1957 年进行的并基本完成的社会主义改造,另一次则是 1979 年开始的所有制方面的改革。但我们要赶紧指出,这两次看似不同的逆转实际上具有逻辑上的内在一致性。由于两次社会转型的条件并不完全相同,因此,民营经济主体的行为动机与价值取向与新古典经济学所定义或预测的结果并不完全一致,他们表现出对政治极强的依附性。前一次,由于执政党的指导思想和政策基础开始从以"共同纲领"为标志的新民主主义转向苏联模式的社会主义,新民主主义经济体制不再是一个相对稳定的经济制度,以逐步消灭私有制为主要内容的社会主义改造提上议事日程,

---

① 有关对私营企业的改造,可参见中国社会科学院、中央档案馆编:《1953~1957 中华人民共和国经济档案资料选编》(综合卷),中国物价出版社 2000 年版,第 1119~1151 页。

由此中国几乎不停顿地进入到一个经济体制剧烈变动时期①。到 1957 年，私营经济中的绝大部分被改造成以公私合营为主要形式的国家资本主义经济，因此其利润动机与寻利活动被严格限制。而 1979 年开始的改革，非国有经济，如集体经济、个体经济和私营经济虽然在政策上受到鼓励，但来自行政权力的干预仍比较大。因此，20 世纪 50 年代的私有经济尽管也追求利润，但表现出对国家和社会主义意识形态的强烈"依附"，而 1979 年后的民营经济、个体经济则明显表现出对行政权力或基层政府的"依附"。按理说，这两种不同的"依附"，具有质的不同，会在相当程度上扭曲私（民）营经济主体的寻利行为，使前者在追求利润目标的同时会更多地照顾到社会的公共（福利）目标，后者则会更多地在追求自身利益的同时关注并满足公权力具体拥有者的个人利益。即使如此，我们在分析上，为简单起见，仍然可以假定民营企业仅具有单纯的利润动机与赢利目标。不过，有关国营（有）企业与民营企业的行为动机或偏好的讨论在后面的分析中将极为有用，它们可以从我们通过单纯的假设而导出的逻辑结论中合乎客观实际地推导并扩展出丰富的政治经济学内涵。

此外，我们还有第三个假设，即：

（3）假定整个经济社会有一个平均利润率，如果企业未达到这个利润率，即意味着这个企业将被另一个新崛起的、在组织结构（或治理结构）和生产率处在相对优势地位的同类企业所取代。当然，我们始终认为整个经济社会（同时仅）存在着两个企业，一个是国有（营）企业，一个是民营企业。

利用上述三个假设来说明图 1 - 10 的经济含义："D 系列"表示非国有经济的演进路径（①→②）。在这条路径上，D_s 表示非国有企业所处经济环境的"制度特性"。非国有企业在沿路径①的演进中，所处的"制度域"（制度特性）并未发生变化，但是，非国有企业的组织形式（或治理结构）却已有了改变，由 D_T^0（右上标为 0，表示非国有企业此时处在 0 阶段）变为 D_T^1（右上标为 1，表示非国有企业此时处在 1 阶段）。这是因为，由于技术冲击（如技术创新使成本结构发生变化从而使竞争加剧）和市场冲击（如由于市场供求出现缺口从而导致价格波动），非国有企业组织出于生存和赢利需要，需要更加高效地协调资源。假如不作适应性调整，企业组织就缺乏竞争力。市场选择的结果，就是企业组织由 $D_T^0 \rightarrow D_T^1$（"→"表示"转化"，下同），即从一种治理结构演变成另一种治理结构。但是，尽管企业组织在给定经济环境的"制度特性"（如 D_s^0）作用下作

---

① 武力：《前言》，中国社会科学院、中央档案馆编：《1953～1957 中华人民共和国经济档案资料选编》（综合卷），中国物价出版社 2000 年版，第 1～20 页。

出自适应性调整，毕竟经济环境的"制度特性"（如 D_s^0）作为"社会交换域"的"制度参量"[1] 会"嵌入"到非国有经济组织的内部（治理）结构中，由于这种"制度参量"实际上就是政府出台的事关民营经济的各类政策，因此，作为外生变量，它可能促进，也可能阻挠企业组织向着能够带来资源配置效率目标的治理结构演进。这个演进过程还可表述为，起初，制度域 D_s 嵌入非国有经济组织 D_T^0，在市场冲击或技术冲击下，非国有经济组织发生变化，成为 D_T^1，此时，D_s^0 以"同构"[2] 的方式进一步嵌入新选择的非国有经济 D_T^1 的内部治理结构中，形成或阻碍或促进非国有经济组织演进的"制度性约束条件"。这时，假如 D_s^0 并不能为非国有经济组织 D_T^1 提供有效的、持久的激励，或者，非国有经济组织的内部成员发现一种更为有效的"制度参数"可供选择，例如 D_s^1，那么，经过试验、比较以及与政府（政策制定者）的反复博弈，经济主体或者说企业组织的内部成员会给政策制定者（政府）施加相应的"压力"，以便后者在权衡各种利弊的情况下，创新出一种与新经济环境相容的"制度参数"，直至这种"制度参数"所提供的制度预期能促使经济主体的选择性行为更能逼近帕累托效率标准的"制度特性" D_s^1 完全替代相对劣的 D_s^0 为止。结果就是，在 D_T^1 周围出现了一种新的同构于 D_s^1 和 D_T^1 的要素配置与协调机制。

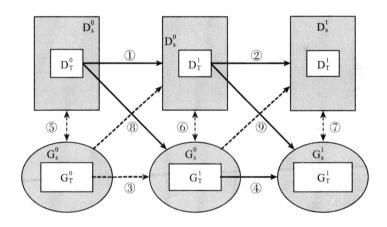

图 1－10　国有企业改革、非国有经济演进的相互渗透与制度互补

---

① 笔者在上文甚至把制度参量看做是交易成本之类的可测度的"经济量"，它是由政策造成（经济）交易主体改变其行为方式和治理方式的可预期结果，不过，它往往是以"预见"而不是实际出现的结果来影响经济主体的选择性行为或治理方式的。

② 这里的"同构"可以理解为政策所体现的"制度特性"按照其本来的"预期"来塑造经济主体的行为方式和治理方式。

上述演进逻辑同样适用于国有经济组织的变迁。在图 1-10 显示的 ⑧→⑨ 的演化路径上，作为与国有经济制度环境或政策体系相对应的"制度参量"，表示的是国有经济所处的"社会交换域"，它由 G_s^0 表示，与国有企业 G_T^0 相嵌在一起，G_T^0 隐含着与"社会交换域"或"制度特性"相适应的组织形式或内部治理结构。与非国有企业一样，在受到外界冲击，如技术和市场冲击的情况下，国有企业将选择新的组织形式或内部治理结构以适应经济环境的制度特性变化。因此，国有经济组织由 $G_T^0 \to G_T^1$。最后，国有经济组织为了追求更高的效率目标，会进一步对决策者施加压力，以便后者选择具有更高激励作用的"制度参量"，用 G_s^1 取代 G_s^0。

有必要进一步考虑非国有经济"制度参量（数）"和国有经济"制度参量（数）"相互影响和相互渗透的可能性（见图 1-10 的 ⑤、⑥、⑦ 所表示的不同制度参数彼此相互影响或渗透的路径），这种不同制度特性间的相互影响与渗透会使整个社会的制度变迁轨迹看起来与仅有单一的国有经济或非国有经济的演化轨迹完全不同。此外，正如图 1-10 显示的，第 0 阶段的非国有经济环境的"制度特性"或"制度参量"会对后续阶段（如阶段 1）国有经济环境的"制度参量"造成实质性影响（见图 1-10 的路径 ⑧）；同样，第 0 阶段的国有经济环境的"制度参量"对后一阶段（如阶段 2）非国有经济环境的"制度参量"也会产生实质性影响（见图 1-10 的路径 ⑨）。这两类"制度参量"本身是相互渗透和互为因果的，它们共同构成或"型塑"（form）了整个经济环境的"制度特性"，也就是制度的"二元性"或制度的"双轨性（制）"。在转型（过渡）社会中，国有经济和非国有经济之间既具有"制度互补性"，又具有"制度的竞争性"。

青木昌彦等更多地探讨了单个制度参数和组织之间的嵌入和互为渗透问题，并未研究不同特性的"制度体系"相互渗透的种种可能性（1997；1998a，1998b；2000；2001；2001，中文版）。

基于上述讨论，我们可以给出如下命题及其推论：

命题 E_1：双轨制是产生制度互补与彼此竞争的历史前提。由于制度互补性和竞争性的存在，另一个"制度体系"的"制度参量"会嵌入"本制度系"的结构中并影响"本制度系"中经济组织的"演进"。

命题 E_2：社会开放程度与市场化程度与同一个社会中的一个制度系是否嵌入并以多大程度嵌入另一个制度系构成逻辑上的因果关系。并且，制度间的相互嵌入与制度趋同又取决于社会开放程度或市场化程度。两者双向互动，互为前提。

命题 E_3：一个制度系嵌入另一个制度系的程度或范围会在很大程度上决定被嵌入制度系的组织演进的路径。嵌入程度、范围和方式不同，演进路径也会不同。如果一个制度系以一种错误的预见渗入另一个制度系，那么，组织演进路径不仅存在着多样性，而且存在着扭曲性。

制度互补性与制度间的生产率竞赛最终一定会引起要素（资源）价格的相对变化，从而导致出现价格效应与财富的分配效应。这两个效应很显然会改变经济主体（如国有企业和非国有企业）的预期效用（函数）结构与预期收益（函数）结构，从而使经济主体（如国有企业与非国有企业）间的交易方式和缔约方式发生变化，进一步也会影响经济主体与政府间的博弈关系，从而使政府的政策偏好发生改变。因此，有如下推论：

推论 I：如果制度嵌入造成组织资源发生变化并影响资源相对价格，从而出现价格效应与财富分配效应，经济主体就会重新调整自己的预期与缔约方式，这将使政府的政策偏好发生改变，最终导致制度变迁轨迹出现实质性的偏转。制度变迁路径是经济主体与政府相互博弈的结果，它必须满足政府的税收标准与企业的寻利标准。

有必要注意，正如青木昌彦（2001）所指出的，在制度互补条件下，均衡的制度安排有可能不是最优的。彼此相嵌在一起的社会资本（如制度与组织）的分布形态，企业、利益集团与政府间的博弈规则与结构，以及寻求创新租金的参与人（内部成员或第三方力量）的政治技巧与偏好，等等，将共同决定均衡制度安排的性质。因此，整体性制度安排的共时关联结构①可以是多重的和多样化的。虽然在市场全球化和信息通信技术的影响下某些制度安排出现了一定的趋同，但我们仍然可以观察到显著的制度多样性。此外，制度互补性也可能导致制度惰性或制度的棘轮效应，原因在于某个单项制度的变迁会受到嵌入其内的旧制度的限制，从而产生对变革性制度的障碍，这一点在图1-10中表达得很清楚。

二、理论模型：对"假说"的逻辑实证

在近30年的制度变迁史上，"体制双轨"、"价格双轨"在客观上"塑造"了改革的动力结构，通过"国有经济域"与"非国有经济域"的相互渗透与"嵌入"，使"计划"与"市场"的关系发生了实质性变化。我们要证明，给定双轨制的历史条件，计划与市场究竟是如何发生变化的？是市场范围会越来越广，还是计划范围会越来越大？国有企业与非国有企业出现了趋同的治理结构。

---

① 所谓"整体性制度安排的共时关联结构"可以简单理解为，在某个时间截面，所有制度彼此关联、彼此影响的那么一种分布形态。

为使分析逻辑清晰简洁，我们只考虑国有企业与非国有企业生产同质产品的情况。进一步假定：

（1）价格是双轨的，即生产资料（投入要素，包括劳动力）与产品价格有两种，一种是市场调节价；另一种是国家计划价。国有企业在国家计划的定额内按计划价核算；在国家计划外的产品与投入要素按市场价核算；非国有企业的投入要素与产品则完全按市场调节价核算。

（2）全社会的劳动力数量和资本数量恒定。假如国有企业的劳动力为 x_1，则非国有企业的劳动投入就是 $1 - x_1$；国有企业使用资本数量为 k_1，则非国有企业的资本投入就是 $1 - k_1$。

我们把国有企业与非国有企业的竞争分解成两个阶段：第一阶段，两者进行有关产量或市场分享的斯塔格尔伯格竞争；第二阶段，给定第一阶段所确定的产量比例，两个不同类型的企业要进行有关价格的伯川德竞争。

1. 国有企业与非国有企业的斯塔格尔伯格产量决定与市场分享

显然，如果国有企业与非国有企业生产同质产品，则两者具有竞争性的替代关系。考虑价格双轨制的现实，国有企业既要完成国家计划定额（ q_1 ），按国家确定的价格 p_0 计算销售收入，又要按市场调节价 p_1 卖出超出计划定额的那部分产品 $y_1 - q_1$ ，这里的 y_1 是国有企业所生产出来的产品总量。国有企业的劳动工资 w_1 和（投入）要素价格 k_1 都是给定的。非国有企业的全部产品都"随行就市"，产品售价与国有企业计划外产品的售价一样，均为 p_1 ，它所提供的劳动工资和要素支付价格都是由市场决定的，分别为 w_2 和 k_2 。为了使问题的讨论更为简洁，我们假定，在"二元体制"或者"双轨制"条件下，面对"市场轨"，国有企业与非国有企业具有同样的线性需求函数，可表述为：

$$p_i(Q) = \max[M - dQ], \quad M, \ d > 0 \tag{1}$$

提供给市场的总产品 $Q \equiv y_1 + y_2 - q_1$ 。假定国有企业是领头者，而非国有企业是追随者，那么在斯塔尔伯格模型中两个企业的策略就是如何选择产量的问题：领头者在完成国家定额的情况下，将多余的产品转售给市场，给定这个产量，追随者将根据市场余量来组织生产，以实现预期利润最大化。

国有企业的策略空间简单地由 $S_1 = \mathbf{R}_+$ 给出，策略与所选产量严格对应，即 $y_1 = s_1(q_1, y_1)$ ， $s_1 \in S_1$ 。另一方面，非国有企业的策略空间是：

$$S_2 = \{s_2 : \mathbf{R}_+ \to \mathbf{R}_+, \ y_2 = s_2(q_1)\}, \quad s_1 \in S_1$$

给定策略空间，支付函数 $\pi_i : S_1 \times S_2 \to \mathbf{R}$ ，确定每个企业获得利润如下：

$$\pi_2(s_1, s_2) = y_2 \cdot [M - d(y_1 + y_2 - q_1) - w_2 \cdot (1 - x_1) - k_2 \cdot (1 - z_1)] \tag{2}$$

$$\pi_2(s_1, s_2) = (y_1 - q_1) \cdot (y_1 + y_2 - q_1) + q_1 \cdot p_0 - w_1 \cdot x_1 - k_1 \cdot z_1 \tag{3}$$

求解（2）式的最优条件（一阶条件）可得：

$$y_2 = \frac{M + dq_1 - dy_1}{2d} \tag{4}$$

求解（3）式的最优条件（一阶条件）可得：

$$y_1 = \frac{M + 2dq_1 - dy_2}{2d} \tag{5}$$

解（4）式和（5）式构成的方程组，可得：

$$y_2 = \frac{M}{3d} \tag{6}$$

$$y_1 = \frac{M + 3dq_1}{3d} \tag{7}$$

由（7）式可导出国有企业在完成国家计划定额外可在市场上自由出售的产品数量：

$$y_1 - q_1 = \frac{M + 3dq_1}{3d} - q_1 = \frac{M}{3d} \tag{8}$$

由此可得：

$$y_1 - q_1 = y_2 \tag{9}$$

对于一个有着国有企业和民营企业并存的"转轨经济"来说，既存在着资源的计划行政配置，又存在着市场配置；产品中的一部分价格由计划决定，另一部分则由市场决定。（6）式、（7）式、（9）式表明，给定双轨制的"历史前提"，作为领先者的国有企业具有产量优势（$y_1 > y_2$），但一旦把"计划轨"要求国有企业必须提供的定额产量 q_1 剔除后，我们发现，国有企业与非国有企业在"市场轨"上所提供的产量是一样的（见（9）式），均为 $\frac{M}{3d}$（见（8）式）。

这意味着，如果"计划轨"所能调节的资源范围越来越"小"，国家对国有（营）企业所提供的产量定额，或者说国有企业生产的计划性越来越"少"的话，那也就说明在（7）式、（8）式、（10）式中的 q_1 越来越小，从而市场范围也就越来越大，其结果就是，无论国有企业，还是非国有企业，它们都将以"对半"的方式来"均分"计划定额之外的"市场"。因此，从总的情况看，即既考虑"计划轨"的"计划定额"，又考虑"计划轨"之外的"市场轨"，国有企业与非国有企业之间所进行的是斯塔格尔伯格竞争，国有企业在产量上占优；但是，如果单纯考虑"市场轨"对资源的配置功能，那么国有企业与非国有企业所进行的又像是古诺竞争，它们共同分享"计划轨"之外的市场（空间）。显然，随着经济转轨不断深入，国家对国有企业的计划定额越来越小，则民营企业与国有企业共同分享的市场空间就会越来越大，如果 $q_1 = 0$，那么国有经济与非国有经济将以"对半"的方式覆盖整个市场。于是我们得到如下命题：

定理 1：给定相应的生产技术，如果国有经济与非国有经济在"计划经济"外所面对的市场需求结构"等同"，那么它们将共同分享"计划定额"外的市场。如果计划定额等于 0，则国有企业与非国有企业共同分享整个市场。计划定额越小，市场化和非国有经济的成分就会越高。

2. 变异的伯川德价格竞争

（1）有关计划约束与市场约束条件下价格竞争的一般性讨论。

下面，我们根据（2）式和（3）式分别求算 π_1 对 x_1 和 k_1；π_2 对 x_2、$(1 - x_2)$、k_2 和 $(1 - k_2)$ 的偏导数：

$$\frac{\partial \pi_1}{\partial x_1} = -w_1 \tag{10}$$

$$\frac{\partial \pi_1}{\partial k_1} = -z_1 \tag{11}$$

$$\frac{\partial \pi_2}{\partial x_1} = w_2 \tag{12}$$

$$\frac{\partial \pi_2}{\partial (1 - x_1)} = -w_2 \tag{13}$$

$$\frac{\partial \pi_2}{\partial k_1} = z_2 \tag{14}$$

$$\frac{\partial \pi_2}{\partial (1 - k_1)} = -z_2 \tag{15}$$

（13）式中的 $1 - x_1$，（15）式中的 $1 - k_1$ 分别是非国有企业的劳动投入和资本投入。这意味着整个社会可供利用的劳动数量和资本数量都被我们假定为 1。显然，这样的假设只是为了讨论问题的方便，不影响我们分析问题的逻辑。

为了说明（10）~（15）式的经济学含义，有必要强调指出：第一，在转轨的头 12 年里，如 1979 ~ 1991 年，中国的经济环境总体上是偏紧的，即原材料（如钢材和水泥等）还没有完全摆脱短缺状态，因此，国有企业与非国有企业在原材料的使用上具有这样的紧张关系，即国有企业多用一点，就意味着非国有企业少用一点；第二，在这十几年当中，劳动力的潜在供给是无限的，而且，人民公社解体后，农村剩余劳动力获得了空前的（择业方面的）自由，不过，这些剩余劳动力到非农产业就业的愿望能否变成现实还取决于如下两个基本条件：其一，户籍制度和国有企业的劳动用工制度是否能够作适时变通或改革；其二，国有企业与非国有企业是否有能力增雇更多的劳动力。

显然，只要简单考察一下中国 1979～1992 年的制度变迁史，就能够知道，相比于国有企业来说，集体企业、民营企业和三资企业的劳动用工制度弹性更大，往往成了农民工的首要选择，而国有企业的工资制度和劳动用工制度呈刚性，难以及时根据实际经营情况作出灵活调整。因此，有理由认为：

$$|w_1| > |w_2| \qquad (16)$$

与此同时，在转轨初期直至 1990 年，生产资料供应仍然偏紧，国有企业可以享受国家的计划价格采购原材料，而非国有企业则只能通过计划外的"黑市"或者与国有企业进行某种交易才能获得所需要的原材料，因此，有理由认为：

$$|z_2| > |z_1| \qquad (17)$$

由（16）式、（17）式并结合（12）～（15）式，可得出如下判断：

判断一：给定恒定数量的可供投入的劳动力和资本的情况下，国有企业会倾向于用资本替代劳动，而非国有企业会倾向于用劳动替代资本。

考虑到中国存在着庞大的农村剩余劳动力，而且由于户籍制度和国有企业劳动用工制度呈刚性并因此难以及时调整的现实情况，可以推知：$1 - x_1 \gg x_1$，亦即：$x_1 \ll \dfrac{1}{2}$，因此，要素市场，特别是劳动力市场在非国有企业寻利动机的决定下被最先"激活"，从而形成"双重约束"下的劳动力价格。第一个约束是在劳动力无限供给下的需求约束，这是一个纯市场约束；第二个约束是计划或制度约束，即国有（营）企业难以根据赢利状况而调整劳动力数量和工资水平，两个约束下形成两个均衡，一个是劳动力工资的市场均衡，w_2；另一个是计划约束下的劳动力工资的"制度（的强制性）均衡"，w_1。这种双重约束下的工资率的差异会对国有企业的由计划决定的劳动力供求状况产生结构性压力，最终，这种结构性的压力会促使政府放松对劳动力市场的管制，从而产生出一个统一的劳动力市场。

至于生产资料市场，也同样存在这样的变化趋势。一方面，国有企业可以享受"计划轨"的优惠，以低于市场价格的好处获得生产资料的供应；另一方面，在生产资料供应偏紧的情况下，非国有企业只能按照短缺的供求结构所形成的高价购进生产资料，因此，双重约束下必然形成两类生产资料价格：一类是计划约束下的生产资料价格，z_1；另一类是市场约束下的、供求缺口约束下的生产资料价格，z_2，$z_2 > z_1$。这种双重约束下的资本利息率的差异（$k_2 - k_1 > 0$）会对生产资料的供求状况产生结构性压力，最终这种结构性压力会促使非国有企业一方面用劳动替代资本进行生产；另一方则会加紧"寻租"，尽可能以低于市场价，但高于计划价的方式获得它所需要的生产资料，其结果就会迫使决策者最终采取措施，实现"计划轨"与"市场轨"的统一。因此有如下判断：

判断二：在全社会劳动力和资本总量投入保持不变的情况下，如果不考虑技术变迁对劳动力市场所产生的种种影响，给定 $w_1 > w_2$，那么，由市场和计划的双重机制所造成的劳动力价格的结构性差异将会诱致出一个基于全社会的统一的劳动力市场。

判断三：在全社会劳动力和资本总量投入保持不变的情况下，如果不考虑技术变迁对劳动力市场所产生的种种影响，给定 $z_2 > z_1$，那么，由市场和计划的双重机制所造成的生产资料价格的结构性差异将会诱致出一个基于全社会的统一的生产资料市场。

（2）伯川德价格竞争与民营化①。

由（6）式、（7）式可知：斯塔格尔伯格竞争的结果是使国有企业与非国有企业分享了市场，尽管国有企业除此之外还拥有"计划轨"的特定需求 q_1。这意味着，在实际的生产经营过程中，国有企业与非国有企业各自拥有的"市场容量"必须满足如下条件：

$$y_2 = y_1 - q_1 \leqslant \frac{M}{3d} \equiv \overline{V} \qquad (18)$$

给定各自的市场容量，两个企业必然要进行价格竞争，而且根据假设（1）式，对每个企业 $i = 1，2$（1 代表国有企业，2 代表非国有企业），有：

$$p_i \leqslant M \qquad (19)$$

这样，国有企业与非国有企业的策略空间就可以用笛卡尔积 $[0，\overline{k}] \times G_i$ 来定义，其中：

$$G_i \equiv \{ g_i : [0，\overline{V}] \times [0，\overline{V}] \to [0，M]，p_i = g_i(V_1，V_2) \}$$

上式的 V_1，V_2 分别是国有企业和非国有企业所可能得到的最大市场容量，与这两个量纲相对应的分别是 c_1，c_2，表示国有企业和非国有企业为了开拓 V_1，V_2 市场而分别花费的成本。这说明，国有企业与非国有企业均依存市场容量来定

---

① 有关伯川德竞争的模型设定与经济解释参考了费尔南多·维加 - 雷东多：《经济学与博弈理论》，世纪出版集团、上海人民出版社联合出版 2006 年版，第 156～160 页。碰巧的是，这个模型能比较好地说明本部分研究所要讨论的国有企业与民营企业间所进行的价格竞争，这种竞争将导致进一步的民营化。但根据本研究的逻辑，我们不同意雷东多在诸如本研究的（21）式中把 $\left[\frac{M-p_1}{d} -\right]$ 写成 $\left[\frac{M-p_i}{d} -\right]$。我们认为，在 p_i 的情况下，市场的潜在需求（或最大容量）是由最低的那个价格决定的。

价，由此我们有如下讨论：

（i）如果两个企业分别针对对方的产量进行策略性行动，使得 $p_i < p_j$，$i \neq j$，有：

$$\pi_i(s) = \min\left[\frac{M - p_i}{d}, V_i\right]p_i - w_1 \cdot x_i - k_i \cdot z_i - c_i V_i \tag{20}$$

$$\pi_j(s) = \min\left\{\max\left[\frac{M - p_i}{d} - V_i, 0\right], k_j\right\}p_j - w_j \cdot (1 - x_i)$$
$$- k_j \cdot (1 - z_j) - c_j V_j \tag{21}$$

（ii）如果两个企业分别针对对方的产量进行策略性行动，使得 $p_i = p_j$，$i \neq j$，有：

$$\pi_i(s) = \min\left\{\frac{1}{2}\frac{M - p_i}{d} + \max\left[\frac{1}{2}\frac{M - p_j}{d} - V_j, 0\right], V_i\right\}p_i$$
$$- w_i \cdot x_i - k_i \cdot z_i - c_i V_i \tag{22}$$

$$\pi_j(s) = \min\left\{\frac{1}{2}\frac{M - p_j}{d} + \max\left[\frac{1}{2}\frac{M - p_i}{d} - V_i, 0\right], V_j\right\}p_j$$
$$- w_j \cdot (1 - x_i) - k_j \cdot (1 - z_i) - c_j V_j \tag{23}$$

（20）式、（21）式表达的经济含义是，国有企业与非国有企业进行价格竞争，如果某个企业 i（i 可能是国有企业，也可能是非国有企业）单方面提出最低价格，这将使 i 企业获得市场容量的所有需求，即 $\min\left[\frac{M - p_i}{d}, V_i\right]$，因此，如果 $V_i > \frac{M - p_i}{d}$，即意味着企业 i 在给定价格为 p_i 的情况下将拥有全部市场，而且没有约束限制，直至市场容量等于 $\frac{2M}{3d}$ 为止，这是因为：

$$\lim_{\substack{p_1 < p_j \\ t \to \infty}} V_j = 0$$

即如果企业 i 采取低价策略而企业 j 不作任何价格上的调整，那么在 $p_i < p_j$，$i \neq j$ 的情况下，企业 j 将逐渐失去整个可能的市场容量。

另一方面，假如 $V_i < \frac{M - p_i}{d}$，即在价格为 p_i 的情况下，实际的市场需求可达到 $\frac{M - p_i}{d}$ 的水平，而企业 i 的最大容量却为 $V_i\left(\leqslant\frac{2M}{3d}\right)$，因此企业 i 最多只能满足容量达 $\frac{2M}{3d}$ 的需求，市场尚有 $\left(\frac{M - p_i}{d} - V_i\right)$ 的"需求剩余量"（或市场的剩余空

间）要由企业 j 来提供（或满足）。

（22）式和（23）式的经济含义是，如果国有企业与非国有企业采用相同的价格，即 $p_i = p_j = p$，那么两个企业将共享市场，其大小各为 $\frac{1}{2}\frac{M-p}{d}$。但是，如果某个企业，例如 i 企业，不能满足它与另一个企业 j 进行价格竞争所得到的，或所理应分享到的市场需求，也就意味着，对企业 i 而言，$\frac{1}{2}\frac{M-p}{d} > V_i$，也就是说，企业 i 尚有（$\frac{1}{2}\frac{M-p}{d} - V_i$）的市场容量不能满足。这个对 i 来讲满足不了的需求，将转而由企业 j 来保证。这就是（23）式所表示的经济学思想。相对应的，如果企业 j 不能满足它所理应分享的市场 $\frac{1}{2}\frac{M-p}{d}$，余下的那部分将同样被企业 i 所"瓜分"，这就是（22）式所表达的经济含义[①]。

现在，让我们回到真实世界。在转轨条件下，我们发现，即使是生产同质产品，例如电器行业、纺织行业、服装行业，甚至一些重化工行业，非国有企业都比国有企业具有成本上的比较优势，一是它不像国有企业那样承担着沉重的社会责任，不必为它的职工提供劳动和健康保险，它的用工条件和工资定额是灵活而多变的，不像国有企业那样具有极强的计划性或刚性，因此其单位产量的工资成本远比国有企业低。此外，在转轨初期，由于长期实行计划经济，中国的各种产品，无论是轻工业产品，还是重化工产品都处在短缺状态，因此，市场关注产品数量甚于产品质量，整个市场还处在初级阶段。由于生产者处在相对优势的谈判地位，因此那些进入到各种行业的非国有企业往往最先通过数量扩张来实现原始积累，它们总是通过质量相对低的投入要素来生产并模仿国有企业所提供的同类产品，从而尽可能使 z_2 逼近 z_1，也就是说，非国有企业可以使用较为原始的技术以及质量欠佳的投入要素来进行生产，由此产生了两个后果：

其一，在转轨初期，非国有企业对国有企业的不正当竞争使前者拥有对后者价格优势，尽管国有企业在原材料的购买上享有政府的计划配额，但这种配额所产生的要素价格上的相对优势被非国有企业的品牌模仿所抵消了。

其二，非国有企业由于价格上的相对优势而使它能在比较短的时间内获得生产规模上的扩充从而迅速实现资本积累，这实际上为非国有企业在下一个阶段的技术创新和品牌化准备了"历史条件"。

给定上述两个后果，国有企业所拥有的在生产资料价格上的优势将逐步变得无足轻重，因此客观上就会诱使决策者放弃生产资料价格的"双轨制度"，取消

---

① 相关证明过程省略。

"计划轨"，使国有企业与非国有企业通过市场而不是通过计划额度或行政权力来获得它们所需要的生产资料。

由（20）式得：

$$\frac{\partial \pi_i}{\partial V_i} = c_i \tag{24}$$

$$\frac{\partial \pi_j}{\partial V_j} = c_j \tag{25}$$

（24）式、（25）式意味着 c_i，c_j 分别是企业为达到理论上所应分享的市场份额而必须支付的市场开拓成本。在转轨初期，由于许多非国有企业不失时机地利用了不完善的市场体制和国民经济处在短缺状态而造成的卖方市场这样的历史机遇，因此，它们不仅在投入要素的价格上占优，而且在开拓市场的交易成本上也占优，而这两者具有逻辑上的因果关系，加上判断一所指出的，非国有企业在发展初期并不注重技术创新，它们更愿意做的是利用比较优势来使更多的劳动替代资本。当所有这些因素都开始发生作用，民营经济的迅速发展也自然成了历史演进所必然产生的逻辑结果了。

1.2.3　史料与案例的简要说明

一、关于农业和农村的案例

1984 年农业获得以粮食为主的大丰收，政府废除了农产品统购统销制度，实行合同收购制度。根据合同确定一定数量，政府以计划价格收购，多余部分随行就市，价格根据供求状况自由浮动。国家计划价与市场价的双轨制出现了。在同一个农业经济域，实行两种价格，一种按传统计划经济体制的规则行事，一种完全按市场规则行事，这使农民面对两种不同类型的交易域，它们之间显然构成互补性（制度）关系。

但是，价格双轨制的实行并未出现人们所期待的政策后果，原因在于 1984 年粮食大丰收后，按市场定价的那部分粮价反而比政府牌价还低，谷贱伤农的规律仍然在起作用。结果，1985 年出现粮食负增长。国家为保护农民利益，实行按计划价格供应化肥等农业投入物和支付收购预约金政策。

无疑，价格双轨制一旦出台，就有继续生存的土壤。这种交易制度①后来扩展到工业领域，国营企业的产品价格也实行双轨制，完成国家规定的产量定额

---

① 即双轨价格制度。

后，企业可以按市价出售多余产品。这在相当程度上激发了企业生产积极性。这表明农村"制度创新"向城市工业部门渗透，（城市）工业交易域和农村经济交易域构成"互补性制度系"，农村交易域的制度特性借助"制度渗透"的方式影响国有经济组织的演进路径。这种制度渗透方式就是图 1-10 路径⑤、⑥、⑦所要传达的经济含义。

实际上，1985 年粮食产量下降并不意味着农村经济停滞，当时农村经济出现了高速增长。因为这时不同产业的比较利益开始发生作用。实行承包制后，农民有了更多的选择权，农业劳动力向个体经营、合伙经营、集体经营扩散，农民收入中的非农收入的比重开始逐渐走高①。20 世纪 80 年代末期，农地承包期限延长到至少 15 年，农户间承包权可以相互转让。这使农民与土地的结合更加紧密了。有必要注意的是，20 世纪 80 年代初、中期在中国广大农村崛起的乡镇企业，其前身是 20 世纪 60 年代末、70 年代初即已产生的社队企业。借助市场取向的经济改革，这些社队企业转变成更具活力的乡镇企业。这个过程恰好就是图 1-10 显示的路径①和②。路径①和②是制度的"历时扩散"过程②，套用青木昌彦的分析，这个过程也可定义为"制度变迁的历时关联博弈"③。

农村改革措施实施后，由于农民自由支配时间增加，兼业开始增多，农民有了更多的选择余地，劳动力价格升值，这样，农民的边际要素投入也开始发生变化，原因在于相对要素价格在制度创新的刺激下发生了变化。多种经营的增加，一方面增加了农民的收入；另一方面也增加了政府的税收。这种使农民、城市职工和政府三方收益的改革使改革进入边际收益递增过程，改革变得越来越不可逆转。在这种历史条件下，农村改革的成功和乡镇企业的崛起很容易扩散到城市。正如上文指出的，正是"农村改制"诱致了"城市改制"。

1992 年，以邓小平南方谈话为契机，农村经济改革进一步深化。1984 年农民土地使用权规定为 15 年，1993 年进一步延长至 30 年。土地承包权的流转也得到政策鼓励。"土地转包"为土地产权有条件转让提供了"制度平台"。这使"农村经济域"的制度特性发生了变化，它渗透到原有农村经济组织内部，使农

① 林毅夫（2000）曾经证明退出权是合作社保持高效率的必要条件。实际上，"退出权"也可以使农民从事多种经营：一方面增加农民收入；另一方面也会诱致出由农民担当的各行各业的"专业户"。实际上，20 世纪 80 年代初的中国农村确实出现了许多运输专业户、编织专业户、贸易专业户。后来许多成功的乡镇企业家都是从这些专业户中产生出来的（丛树海等，1999）。这再一次证明，企业家必须有制度生成土壤。联产承包制带给中国人的不仅是粮食生产大丰收，而更重要的是，它带来了中国制度创新的增长引擎。后来发生的许多制度变迁都可以从承包制中找到"历史逻辑起点"。

② 所谓"历时过程"，是考虑了时间维度的组织演进和制度变迁过程。例如，在时间 $t_0 \to t_1$，组织如何演进，制度如何变迁。

③ 参阅青木昌彦，《比较制度分析》，上海远东出版社 2001 年版，第 248~278 页。

村集体经济组织分化出股份合作制、龙头企业加农户等新的组织形态①。江苏昆山的工业发展很快，原因在于上海有许多国有企业、国有控股企业向这个地方转移了产业，而台湾地区商人也把这个地方看做是创业的基地。假如没有土地实际上的流转制度，这一切都不可设想。

以上史料有力证明了"命题 E_1"，也在相当程度上证实了"命题 E_2"和"命题 E_3"。

二、农业产业化的例证

始于 20 世纪 80 年代中期，兴于 20 世纪 90 年代中、后期的农业产业化，同样可以为图 1 – 10 的经济含义和上述假说提供证据。

农业产业化是中国农村经济发展的必由之路。在中国，目前有人口 13 亿，但 70% 生活在农村。中国农村人口平均占地 0.24 公顷。以现有的农业生产力水平，农业生产人口仅需 1 亿就可以了，但现在仍然有约 3.5 亿人口从事农业生产，农业剩余人口多达 2.5 亿。加上中国已经加入 WTO，国内农产品市场直接面对国际市场压力。我国小麦、玉米、棉花等农产品价格均高于国际市场平均价格，竞争力堪忧。在这种情况下，农业产业化是摆脱农村经济长期发展缓慢的有效途径。从本部分的理论分析框架出发，农业产业化的引擎来自农村经济组织的创新。

我们选择南街村和三王村农业产业化的两个案例，旨在说明，组织演进和制度变迁的"路径依赖性"，以及土地产权流转性和市场广度如何影响组织形态或合约结构的选择。此外，这两个案例都能证明制度渗透对组织演进具有决定性作用。

1. 南街村的案例②

著名的南街村位于河南郑州市以南 100 公里的地方，共有成员 3 000 余人。20 世纪 80 年代初曾和其他农村一样分田到户，实行家庭联产承包责任制。后来，南街村村委会在农民的要求下又重新组织农民，把原先分好的土地收归集体，购置农业机械，共同从事生产经营活动。不过，尽管南街村全体村民重新确立集体经济的地位，但已不是原有集体经济的简单回归。他们在安排劳动力从事农业生产的同时，采用集资、贷款等方式办起了村营企业。后来在村长王宏斌的带领下，陆续建成生产方便面、包装材料、涂料等产品的 26 个村营企业。这些

---

① 据笔者调查，在内蒙古宁城县的塞飞亚公司、河北保定周边的乡村纺织厂都得益于农村土地的"转包制度"。

② 此案例及下个案例均取材于日本《文艺春秋》，2003 年 4 月号。又载于《参考消息》，2003 年 4 月 6 日第八版：《日本记者看到的中国农村现状》。

企业的产权归南街村全体村民共同所有。在收入分配上，南街村完全按照每家人口数量实行平均分配，每家每户住上村里提供的标准公寓房。20年来，这个村的产值增长2 000多倍，雇用外来工1.1万人，农业在南街村的产业中只占很低的份额，只有70个劳动力从事农业生产，传统农业生产占用的土地只有67公顷。此外，南街村还和日本企业合资生产纸张及纸制品，和德国企业合资生产啤酒，都取得了可观的效益。王宏斌宣称，他们一直强调走集体经济的道路，一直用毛泽东思想教育南街村的村民。

虽然不能说南街村的发展路径在中国经济转型的大背景下具有典型性，但他们的制度安排却极具理论探讨价值。"路径依赖性"在南街村的组织演化过程中表现得十分显著。毛泽东思想在许多具有市场意识的"交易参与人"看来，已很不适应时代了，但却成了南街村联结历史的纽带：他们把计划经济条件下形成的集体所有制全盘继承下来了，却又把这种所有制经济结构嵌入到参与市场竞争的企业组织中，并用毛泽东思想的意识形态教育集体成员，使他们能够保持生产积极性，避免产生已被许多经济学家反复证明的机会主义以及由于产权不能量化到个人而导致的"公地悲剧"的困境。迄今为止，南街村似乎是成功的。在这个案例中，集体经济、公共产权和毛泽东思想构成了南街村经济环境的"制度特性"，在图1-11中用 G_s^0 表达，它一直延续下来，尽管南街村的内部组织已不同于传统集体经济条件下的那种生产组织（假定表示为 G_t^0），而是转变成了和市场经济环境相适合的 G^1。我们可以把南街村的组织演进过程表达如图1-11所示。

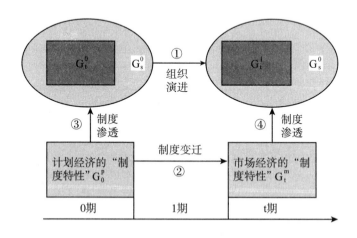

图1-11　南街村：组织在时间或历史中演进

图1-11左半部分表示的是计划经济条件（制度特性是 G_0^p）下南街村的组织形态（用 G_t^0 表示），它为集体所有制的"制度特性"（即 G_s^0）所包裹，右半

部分表示的是市场经济条件（制度特性是 G_t^m）下南街村的组织形态（用 G_t^1），它仍然集体所有制经济的制度特性（G_s^0）所包裹。图 1-11 清晰地表达历史路径依赖性对组织演进轨迹的决定性作用，例如，南街村把毛泽东思想的意识形态继承下来，并且固化在同样是从历史中继承下来的"集体所有制"经济结构中，因此，它的企业形态具有许多新的特点，尽管已不同于但却又类似于传统计划经济条件下的集体组织形态。与此同时，新的组织形态又十分奇特地和市场经济的制度特性 G_t^m 相融合。南街村的经验不具有典型性，但却给人以深刻启示。图 1-10、图 1-11 实际上都隐含了制度变迁的多种可能性，最终会实现组织演进的多重均衡。例如，图 1-11 同样可以表达一个平均意义上的企业组织的变迁过程：这种组织也可能抛弃传统计划经济下的集体经济组织形态，而成为一个完全意义上的产权量化到个人的股份合作制企业。这取决于当事人对传统（理论）资源的理解和运用。下文要讨论的温州模式与南街村演化出来的组织、制度形态却是截然不同的。这恰恰证明中国转轨过程中组织演进的多种路径和最终所实现的多重均衡。

2. 三王村的案例

三王村位于河南郑州市中原区，1999 年，经过当地政府、农民和花木栽培公司三方协商，共同签了一份农民出让土地使用权给花木公司的合同：农民仍然是土地使用权主体（相当于土地产权主体），但把土地使用权作为股份加入花木公司，成为花木公司的股东。公司向农民土地股权的支付分成两个部分：一是土地使用费，按每亩 500 公斤小麦的价格折算（采用当年价），向农民支付现货。春节期间向农民支付肉、油、水果等；二是让农民股东参加年终分红。当然，农民手中仍留有"口粮地"。

该公司还雇用了 400 余名以当地女性为主的农民，年薪 3 500 元。当地男性农民还可出去打工，兼职其他工作，收入比以土地入股花木公司前增加 3 倍多。成为花木公司股东后，当地农民在完成农业税的情况下，仍可保持相对高的收入和生活水准。政府、农民、花木公司都从这次土地制度创新中得到实惠。

图 1-12 表示，给定市场经济的"制度特性"，农村土地集体所有制的形态发生了变化，由 $G_s^0 \rightarrow G_s^1$。原来的土地使用以家庭为单位，现在的土地使用以规模化的公司为单位，尽管土地使用权的性质没有变化，但土地使用权的利用方式已有根本性的改进。与此同时，原来的组织形态是单个的家庭或农户，而现在的组织形态很复杂，既不是"公司加农户"，也不是完全的股份合作制，而是一种以农民土地入股，但又掺入某种股份合作制因素的"股田有限公司制"，因为，作为公司职工的女性农民同时又是"以田入股"的股东。组织形态已有很大变化。

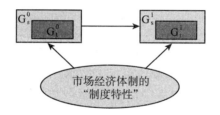

图 1 - 12　三王村：土地制度变迁与组织演进

1.2.4　经济增长的组织动因

一、假说（命题）E_1、假说（命题）E_2、假说（命题）E_3 的推论：组织演进重于技术进步

本部分专门讨论转轨时期我国经济增长的基本动力结构。本部分的关键假说可以概述如下："历史逻辑起点"不仅构成经济改革的基本理由，而且决定着改革的启动方式和经济组织演进的路径安排。在此条件下，不同类型的经济组织的演进过程又是彼此影响和相互渗透的。因此，理解经济转轨，必须考察制度的互补性。对这个假说的经济史证明已在上文完成了。下面，我们要在上文的理论假说中引出一个基本推论，并用相关数据检验这个推论。

推论Ⅱ：引致近 20 年经济增长的主要因素是经济改革条件下的"制度变迁"。"制度变迁"在某种程度上可以理解为"组织形态的演进"。经验观察表明，在转轨时期，制度变迁的主要内涵是所有制的变化，即公有制经济在经济总量上所占比例不断减少，非公有制经济在经济总量上所占比例不断增加。这意味着，国有经济组织在经济总量中的相对比值不断趋于下降，而非国有经济组织在经济总量中的相对比值却在不断上升。本部分的推论是，正是这些变化而非技术变迁是导致了中国经济的持续增长的根本原因，即经济组织演进是经济增长的关键因素。在转轨时期，制度变迁和组织演进重于技术进步。

二、经济增长的组织动因：经验证据

实际上，关于经济增长（含地区经济增长）的要素贡献分析已出现了多篇有价值的文献。肖耿（1997）通过采集省区的有关非国有部门的经济数据，证明非国有部门的快速增长，不仅促进了整个工业的更快增长，还通过降低国有部门的利润率，给国有企业创造一个更具竞争性的环境，提高了国有企业的全员要素生产率。与此同时，他通过不同地区的企业组织类型的分布差异性，证明了非国有经济在全部工业产值中的比例分布直接决定不同地区的经济增长率。刘德强、村上直树（2000）等人的分析表明，乡办企业和村办企业在考虑了生产的规模效率之后具有比国有企业相对高的经济效率。以机床工业、服装工业为例，通过对市场结构的变化和决定各类企业效率的因素的变动趋势的分析，十分清楚地刻画了非国有经济（民营企业）如何在产业结构调整、人力资本流动和激励机制的构建方面的优势地位。姚洋（1998）、姚洋和章奇（2001）则分别对国有企业、非国有企业（包括集体、私营、三资企业和港、澳、台三资企业）、工业技术效率的内部效应和外部效应进行实证研究，结果表明，民营企业的技术效率高于国有企业的技术效率。乡镇企业和三资企业的"外溢效应"十分显著，但港澳台企业的"外溢效应"却显著为负。应该说，姚洋（1998）、姚洋和章奇（2001）的研究在上述诸研究的基础上进一步确证了民营企业在中国经济增长中的作用，但是，他们并没有对港澳台经济的"负的外溢性"作出理论解释，他们的这个结论与人们的经验观察并不符合。也许可以推测，由于港澳台经济和大陆的各个区域的产业结构具有高度同构性，以至于它们的企业既强化了大陆各类企业的竞争，但同时也使得大陆国有企业和民营企业的市场份额减少了，因此才会出现负的外溢性。林毅夫和姚洋（2003）对乡村企业的经济效率的决定因素以及乡村工业对中国经济增长的贡献进行详细评估，并给出了中国农业工业化和农村城市化的独特视角。应该说，这些研究者们的分析对民营经济的演进趋势提供了合乎逻辑的"效率解释"。

一个基本的判断是，技术不能笼统地而简单地被解释成经济增长的关键因素。技术只能在相应的制度条件下才能起作用。比如，在服装行业，为什么那些乡镇企业比城镇集体企业，城镇集体企业比国有企业的全要素生产率指数要高，而联营企业和合资企业的 TFP[①] 又比所有这些企业还要高（刘德强、村上直树等，中文版 2000），机床工业也同样如此，按说在这些行业，国有企业的技术水平占有绝对优势，但恰恰技术装备最好的国有企业在效率方面并不占据优势（刘德强、村上直树，2000）。

同样，单纯用人力资本来解释经济增长的贡献也不完全符合实际。经验观察表明，中西部地区的人力资本流向东部地区，恰恰是由于中西部地区的制度环境劣于东部地区造成的。给定同样的技术水平，断言西部地区的人力资本素质弱于东部地区的人力资本素质，当然具有统计学上的一般意义和可信度，但其中所内含的经济学意义则需要重新加以说明。必须考虑人力资本在经济增长率的贡献上的制度因素和组织因素，即人力资本同样是一个必须要用制度或组

---

① TFP，即全要素生产率。

织来加以解释的变量。

为了检验不同类型的经济组织在经济增长中的作用，我们估计了一个将经济组织演进作为解释变量的生产函数。在这里，被解释变量即各地区的GDP的增长速度。解释变量有两类：其一，用各地区的国有经济、非国有经济的固定资产投资占该地区全社会固定资产投资的比例表示不同类型的经济组织的分布状况，借以隐含地表达不同类型的经济组织的"演进态势"以及不同类型经济组织对所处地区的经济增长所作的贡献程度。之所以可以用各地区的横截面数据表示组织的演进态势，是因为我们讨论问题的基准是改革前的中国经济所处的实际状况，后者构成经济组织演进的"历史的逻辑起点"。把不同地区的经济组织的分布状况和改革前的情况相对照，即可以窥探经济组织的演进态势及此种态势对经济增长的理论和经济意义；其二，用不同类型经济组织所处的地域为虚拟变量，来分析、判断不同地区所有制结构或产权结构、不同地区的经济组织类型及各种类型的具体比例关系等究竟是以何种方式对所处地区的经济增长发生作用的。我们对不同的省、市、自治区进行如下"赋值"：

① 以西部省份为基准，赋值为0，包括：

西藏、云南、甘肃、青海、陕西、四川、贵州、新疆、重庆和宁夏。

② 内陆地区，赋值为1，包括：

江西、安徽、湖南、湖北、河南、黑龙江、内蒙古、吉林。

③ 东部地区，赋值为2，包括：

上海、江苏、浙江、山东、北京、天津、辽宁、河北。

④ 经济特区，赋值为3，包括：

广东、福建、海南和广西。

考虑到广西和海南的民营经济不够发达，从规定赋值中减去0.5，以示广东和福建的区别。

与此同时，尽管辽宁和河北同属东部地区，但它们中的前者在经济类型中民营经济并不发达，后者的国有企业在全部经济中占有极大比重，为表示和东部其他省市的区别，也从它们的赋值中减去0.5，这样它们的各自赋值就均为1.5。

把上面设定的赋值"整合"为解释不同地区经济增长速度的变量，用"地域因素"表示。在数据处理中，它们是作为虚拟变量进入函数关系中的。

我们的逻辑是这样的：不同地区的组织类型构成了这些地区经济增长的前提条件，也构成了这些地区的不同组织演进的"历史逻辑起点"。这些不同的逻辑起点会决定不同地区的经济组织的演进轨迹，从而使不同地区呈现出不同的经济绩效。正如本部分前半部分所讨论的，正是温州由于土地短缺带来的人地紧张关系、经商的习俗和传统，甚至它的独特的方言，才使温州人选择了一条以小商品生产和经营的经济体系，民营经济在这里成长得快，形成了"三分天下有其二"的经济格局（二分是民营经济，一分是国有经济和集体经济）。在这里，经济绩效必须由经济组织演进的动态效率来解释，而不是由技术变迁和人力资本来解释。离开了相应的经济组织，人力资本很难发挥作用。囿于数据搜集所带来的各种局限性，本部分把不同地区的不同经济组织的固定资产投资处理为"经济组织演进的动态效率"，意思就是，对某一个地区来说，如果其民营经济的固定资产投资数额很大，而且增长速度快，我们就断言这里的民营经济的演进的动态效率高。进一步，这种动态效率会促进这个地区的资源配置效率。

我们采集了全国 31 个省、市、自治区有关在 2000 年的固定资产投资和地区增长速度方面的数据，全部数据包括 248 个样本[①]。具体分析中，我们把集体经济、股份制经济、港澳台企业、外资企业、个体经济、国有经济、联营企业等在大陆不同地区的固定资产投资占（这些地区）全社会固定投资的比例以及各个地区的"虚拟量"作解释变量，对这些不同地区的国内生产总值（GDP）的增长速度进行回归，得出了一系列有价值的结论，见表 1 - 3。

表 1 - 3 什么因素决定经济增长速度

Model	非标准化系数 B	Std. Error	标准化系数 Beta	t	Sig.
1（Constant）	93.819	5.680		16.517	0.000
集体比例	21.492	6.189	1.372	3.473	0.002
股份比例	16.340	6.301	1.087	2.593	0.016
港澳比例	21.737	9.260	0.654	2.347	0.028
外商投资比例	14.394	7.345	0.462	1.960	0.062
其他比例	11.218	8.096	0.511	1.386	0.179
国有比例	15.292	5.790	1.684	2.641	0.015
地域影响	0.341	0.223	0.278	1.533	0.139

注：被解释变量：各地的 2000 年 GDP 增长速度（相对于往年）。

表 1 - 3 的结论与预期的非常吻合，所有解释变量的"系数"都通过了 T 检验，其中，"集体比例量"、"股份比例量"、"国有比例量"的系数均在 99% 的

① 这些数据源于《中国统计年鉴（2001）》，中国统计出版社 2001 年版。

置信区间通过了检验；港澳比例量系数则在95%区间通过了检验；而外商投资比例量则在90%的置信区间显著；其他类型的经济组织的比例量系数在80%的置信区间通过了检验。与其他变量相比，地域对经济增长速度的影响程度最低。与20世纪80～90年代中期，地域因素尽管仍起作用，但作用力下降了。因为随着市场化的进程加快，地区之间人力资本和技术流动变得更加容易，沿海地区面临着产业升级的压力，因此有相当多的公司进入内陆地区。但地域因素仍旧不能忽略，市场化程度比较高的地区，比如上海和广东等地，仍然以其宽松的制度环境和超前的经营意识吸引着大批创业者加盟。地域因素影响偏低的另一原因是纯技术性的，与本部分笔者选取的虚拟量有关。

为考察技术因素、非国有经济、人均耕地面积、农村人口在私营企业中的比例等因素对经济增长速度的影响，我们再采集2001年地区（含31个省、市、自治区）数据，以地区国内生产总值的增长速度为被解释变量，以上面提及的4个指标为解释变量，进行回归运算，得出如表1－4所示的结论。不过，应该说明的是，由于采集数据的技术性原因，我们采用2000年各地的经济增长速度的数据来代替2001年的相关数据。这样做并不会影响回归结果。

我们甚至把人均耕地面积看做是各省份的组织演进的"历史逻辑起点"的一部分，原因在于人均耕地面积反映了各省份的"人地关系"。依照实际的经验观察，像浙江、江苏这样的省份，其人均耕地面积要少于全国的平均水平，因此，在土地紧缺的情况下，农民更容易尝试创新经济组织以优化配置所面临的资源。但遗憾的是，我们没有搜集到1978年前后的有关人均耕地面积的省市区数据，只能利用2001年的相关数据，这使作为"历史逻辑起点"的解释变量的有用信息大大下降了，数据质量的失真，将会大大影响回归结果。尽管如此，人均耕地面积对地区的经济增长速度的影响仍要高于（地区）技术的成交量（或贸易量）。后者又高于私企所拥有的农民工的人数。

表1－4　　　　技术、非国有企业、私企劳动力和农业耕地之间

Model		非标准化系数		标准化系数	t	Sig.
		B	Std. Error	Beta		
1	(Constant)	105.530	0.849		124.343	0.000
	人均耕地	7.027E－02	0.020	0.630	3.596	0.001
	私企劳力	1.102E－03	0.001	0.191	1.310	0.202
	非国有比例	5.581	1.739	0.642	3.209	0.004
	技术成交	1.313E－02	0.004	0.470	3.550	0.002

注：被解释变量：经济增长速度（2000年）。

　　从表1－4中我们可以看到，经济组织对经济增长速度的影响要远高于地区技术成交量对于国内生产总值的影响。这可以解释为技术是不能孤立地对经济增长起促进作用的，它必须通过组织和人力资本的中介作用才能成为经济增长的诱致因素。

　　总之，在本部分，我们利用经济史分析等方法，详细地考察了非国有企业演进的"进化博弈轨迹"。具体来说，本部分通过历史与现实的分析思路，证明了我国国有企业改革和非国有经济组织演进有一个不可忽略的"历史与现实的逻辑起点"。这一初始资源禀赋使得国有企业改革呈现出政府主导性、渐进性、复杂性、系统性、自然进化性等一系列特点。

　　本部分用了相当的篇幅讨论非国有经济的演进。非国有经济的发展在中国的整体经济改革中有其独特的历史意义。它使我国的改革能在持续不断地实现经济增长的过程中逐步推进。这使得中国的经济改革已经大大超出了"华盛顿共识"的解释范畴。我们通过引进青木昌彦的"制度互补性"、"制度渗透"、"关联博弈"等理论来讨论有关乡镇企业和私营企业的组织选择或合约安排等问题，以进一步揭示组织演进的"历史逻辑"。

　　此外，我们进一步构造了有关组织演进的基本模式。这种（经过）拓展的演进逻辑和我们在另文所提出的合约选择或效率替代的理论模型是一致的[①]，前者可以看做是后者的逻辑延伸。我们所做分析旨在证明一个结论：是组织演进或制度变迁所释放出来的"制度动能"导致了近20年来的经济持续增长，而其他因素，比如技术选择和人力资本，只有在制度分析的框架内才能得到准确和完整的说明。

本章参考文献

1. Chang & Wang, *The nature of the Township Village Enterprise*, Journal of Compatative Economics, 1994, 19, 434-452.

2. Che & Qian, *Insecure Property Rights and Government Ownership of Firms*, 1998, Quarterly Journal of Economics.

3. 邓宏图：《历史上的官商：一个经济学分析》，载于《经济学季刊》第二卷第3期。

4. 邓宏图：《组织、组织演进与制度变迁的经济学解释》，载于《南开经济研究》，2003年第1期；《相对理性研究》，载于《制度经济学研究》，2003年第1期。

5. 道格拉斯·C·诺思：《经济史上的结构和变革》，商务印书馆1992年版，第46~59页。

---

① 参阅邓宏图（2003，第1期）。

6. Edward J. Lopez & Carlos D. Ramirez, *Is Political Ideology Endogenous？Evidence from the Business cycle*, 2000, papers. ssrn. com/sol3/papers. cfm？abstract_id = 257524.

7. 冯曲：《从资金筹集机制看乡镇企业改制：制度变迁动力学的一个案例》，载于《改革》，2000 年第 5 期。

8. 冯曲、张涛：《权威、权威组织与效率——兼对经济转轨路径的评述》，载于《世界经济文汇》，2002 年第 5 期。

9. 林毅夫、蔡昉、李周：《中国的奇迹：发展战略与经济改革》，上海三联出版社 1994 年版，第 20~60 页。林毅夫：《关于制度变迁的经济学理论：诱致性制度变迁与强制性制度变迁》，载于《财产权利与制度变迁——产权学派与新制度学派译文集》，上海三联书店 1994 年版。

10. Mises, *Human Action：A Treatise on Economics*, Fox & Wilkes, San Franciso, 1996, pp. 23 – 29.

11. Oi, J, *Fiscal reform and the Economic Foundations of Local State Corporatism in China*, World Politics, Vol. 45, No. 1.

12. V. W. 拉坦：《诱致性制度变迁理论》，载于《财产权利与制度变迁——产权学派与新制度学派译文集》，上海三联书店 1994 年版，第 327~370 页。

13. 樊纲：《渐进改革的政治经济学分析》，上海远东出版社 1996 年版，第 64~90 页。

14. 樊纲：《论改革过程》，载于《改革、开放与增长》，上海三联书店 1991 年版。

15. 樊纲：《两种改革成本和两种改革方式》，载于《经济研究》，1993 年第 1 期。

16. 杨瑞龙：《我国制度变迁方式转换的三阶段论》，载于《经济研究》，1998 年第 1 期。

17. 张维迎：《区域竞争和私有化》，载于《北大中国经济研究中心简报》，1999 年第 20 期。

18. 章奇、刘明兴：《意识形态与政府干预》，http：//jlin. ccer. cn/article/sort. asp？zhuid = 7&typeid = 35。

19. 周业安：《中国制度变迁的演进论解释》，载于《经济研究》，2000 年第 5 期。

20. 周业安：《地方政府竞争与经济增长》，载于《中国人民大学学报》，2003 年第 1 期。

21. 李稻葵：《转型经济中的模糊产权理论》，载于《经济研究》，1995 年第 4 期。

22. 孙早、鲁政委：《从政府到企业：关于中国民营企业研究文献的综述》，载于《经济研究》，2003 年第 4 期。

23. Mises, Human Action：A Treatise on Economics, Fox & Wilkes, San Franciso, 1996, pp. 23 – 29.

24. 潘维：《农民与市场》，商务印书馆 2003 年版。

25. 国家统计局：《中国工业经济统计资料》，中国统计出版社 1987 年版。

26. 国家税务局：《中国税务年鉴》，中国税务出版社 2000 年版。

27. 江苏省统计局：《江苏统计年鉴（1983）》，中国统计出版社 1984 年版。

28. 山东省统计局：《山东省统计年鉴（1983）》，中国统计出版社 1984 年版。

29. 艾伦·刘：《温州模式与中国现代化》，载于《亚洲概览》，1992 年第 8 期。

30. 陈剑波：《人民公社产权制度》，载于《经济研究》，1994 年第 7 期。

31. 陈剑波：《非私有产权与乡镇企业的高速增长》，载于《发现》，1995 年第 12 期。

32. 陈剑波：《乡镇工业企业资源配置效率》，载于林青松、杜鹰主编：《中国工业改革与效率——国有企业与非国有企业比较研究》，云南人民出版社 1997 年版。

33. 陈剑波：《制度变迁与乡村非正规制度——中国乡镇企业的财产形成与控制》，载于《经济研究》，2000 年第 1 期。

34. 蔡克骄：《温州人文精神剖析》，载于《浙江师范大学学报》（社科版），1999 年第 2 期。

35. 姚洋：《非国有经济成分对我国工业技术效率的影响》，载于《经济研究》，1998 年第 12 期。

36. 姚洋、章奇：《中国工业企业技术效率分析》，载于《经济研究》，2001 年第 10 期。

37. 戴圆晨：《转轨经济与经济转轨》，载于《改革》，1998 年第 6 期。

38. 董辅礽、赵人伟：《温州农村商品经济考察与中国农村现代化道路探索》，载于《经济研究》1986 年第 6 期。

39. 邓正来：《普通法法治国的建构：哈耶克法律理论再研究》，载于《中国社会科学评论》（创刊号），2002 年第一卷第 1 期。

40. 邓宏图：《相对理性研究》，载于《制度经济学研究》，2003 年第 1 期。

41. 邓宏图等：《约束条件下合约选择与合约选择延续性条件分析》，载于《管理世界》，2002 年第 12 期。

42. 邓宏图：《组织、组织演进与制度变迁的经济学解释》，载于《南开经济研究》，2003 年第 1 期。

43. 邓宏图：《组织演进的逻辑》（讨论稿），南开大学，2003 年。

44. 道格拉斯·诺思：《制度变迁理论纲要》，载于《经济学与中国经济改革》，上海人民出版社 1995 年版。

45. 道格拉斯·诺思：《交易成本、制度和经济史》，载于《新制度经济学》，上海财经大学出版社 1998 年版。

46. 樊纲：《论企业改革的宏观意义》，载于《天津社会科学》，1994 年第 1 期。

47. 樊纲：《中华文化、理性化制度与经济发展》，载于《二十一世纪》，1994 年第 2 期。

48. 冯曲：《中国乡村工业发展的渐进轨迹》，载于《中国农村观察》，2000 年第 5 期。

49. 冯曲：《从资金筹集机制看乡镇企业改制：制度变迁动力学的一个案例》，载于《改革》，2000 年第 5 期。

50. 菲利浦·基弗和玛丽·M·雪莉：《经济发展中的正式与非正式制度》，载于《制度、契约与组织——从新制度经济学解度的透视》，经济科学出版社 2003 年版。

51. 费孝通：《温州行》，载于《瞭望》，1986 年第 20～22 期。

52. 黄少安：《制度变迁角色主体转换假说及其对中国制度变革的解释——兼评杨瑞龙的"中间扩散型假说"和"三阶段论"》，载于《经济研究》，1999 年第 1 期。

53. 黄少安：《四元主体联合创新中国铁路体制——以广东省三茂铁路公司的创建和发展为例分析中国铁路管制的放松》，载于《中国制度变迁案例研究》（第二集），中国财政经济出版社 1999 年版。

54. 胡鸣唤：《重农抑商政策的必然性和进步意义》，载于《中国农史》，1997 年第 2 期。

55. 哈耶克：《自由秩序原理》，三联书店，1997 年版。

56. 何新：《纪念毛泽东》，http://www.hexinworld.com/documents/200303/jinian.htm。

57. 金祥荣：《多种制度变迁方式并存和渐进转换的改革道路》，载于《浙江大学学报》（人文社会科学版），2000 年第 4 期。

58. 转引自《新帕尔格雷夫经济学大辞典》（第四卷），经济科学出版社 1992 年版，第 44~49 页。

59. 《日本记者看到的中国农村现状》，载于《参考消息》，2003 年 4 月 6 日，第 8 版。又载日本《文艺春秋》，2003 年 4 月号。

60. 李稻葵：《转型经济中的模糊产权理论》，载于《经济研究》，1995 年第 4 期。

61. 纳尔逊：《经济增长的源泉》，中国经济出版社 2001 年版。

62. 林毅夫：《关于制度变迁的经济学理论：诱致性变迁与强制性变迁》，载诺思等著：《财产权力与制度变迁》，上海三联书店、上海人民出版社 1991 年版。

63. 林毅夫、姚洋：《东亚奇迹中的中国农村工业化》，载于《东亚奇迹的反思》，中国人民大学出版社 2003 年版。

64. 林毅夫：《农村运动与启动内需》，载于《北京大学中国经济研究中心系列简报》，1999 年第 26 期。

65. 林毅夫：《有关当前农村政策的几点意见》，载于《北京大学中国经济研究中心系列简报》，2003 年第 29 期。

66. 林毅夫：《自生能力、政策性负担、责任归属和预算软约束》，载于《经济社会体制比较》，2000 年第 4 期。

67. 林毅夫、刘培林：《自生能力和国企改革》，北京大学中国经济研究中心工作论文 No. C2001005。

68. 林毅夫：《自生能力与改革的深层次问题》，载于《经济社会体制比较》，2002 年第 2 期。

69. 罗杰·弗朗茨：《X 效率：理论、论据和应用》，上海译文出版社 1993 年版。

70. 钱颖一：《政府与法治》，载于《比较》，2003 年第 5 辑。

71. 青木昌彦：《比较制度分析》，上海远东出版社 2001 年版。

72. 青木昌彦：《政府在经济发展中的作用》，载于《改革》，1997 年第 5 期。

73. 青木昌彦：《比较制度分析：起因和一些初步结论》，载于《经济社会体制比较》1997 年第 2 期。

74. 青木昌彦：《硅谷模式的信息与治理结构》，载于《经济社会体制比较》，2000 年第 1 期。

75. 青木昌彦：《为什么多样性制度继续在演进》，载于《经济社会体制比较》，2001 年第 6 期。此文也是青木昌彦著：《比较制度分析》第十五章，上海远东出版社 2001 年版。

76. 青木昌彦：《作为稳定博弈结果的国家类型》，载于《比较》，2003 年第 5 辑。

77. 青木昌彦：《沿着均衡点演进的制度变迁》，载于《制度、契约与组织——从新制度经济学角度的透视》，经济科学出版社 2003 年版。

78. 秦晖：《十字路口看乡企——清华大学乡镇企业转制问题调查研究报告（上、下）》，载于《改革》,1997 年第 6 期,1998 年第 1 期。

79. 斯蒂格勒:《市场范围限制劳动分工》,载于《施蒂格勒论文精选》,商务印书馆 1999 年版。

80. 史晋川、朱康对:《温州模式研究:回顾与展望》,载于《浙江社会科学》,2002 年第 3 期。

81. 石磊:《解析一个企业化的社区组织:华西村》,载于《学海》,2000 年第 3 期。

82. T. W. 舒尔茨:《制度与人的经济价值的不断提高》,载于诺思等著:《财产权力与制度变迁》,上海三联书店、上海人民出版社 1991 年版,第 251～263 页。

83. 汤因比:《历史研究》(上册),上海人民出版社 1997 年版。

84. 王晓毅:《家族制度与乡村工业发展》,载于《中国社会科学季刊》,1996 年总第 16 期。

85. 韦森:《惯例的经济分析——演进博弈论制序分析的新进展》,载于《转型与增长》,上海远东出版社 2002 年版。

86. 韦森:《习俗的本质与生发机制探源》,载于《转型与增长》,上海远东出版社 2002 年版。

87. 周业安:《中国制度变迁的理论思考——一种演进理论的看法》,北京天则经济研究所内部讨论文稿,1998 年第 14 期。

88. 周其仁:《中国农村改革:国家与土地所有权关系的变化——一个经济制度变迁史的回顾》,载于《中国社会科学季刊》(香港),1995 年第 6 期。

89. 周其仁:《公有制企业的性质》,载于《经济研究》,2002 年第 11 期。

90. 周其仁:《市场里的企业:一个人力资本与非人力资本的特别合约》,载于《经济研究》,1996 年第 6 期。

91. 周其仁:《"控制权回报"与"企业家控制的企业"——公有制经济中企业家人力资本产权的一个案实例》,载于《经济研究》,1997 年第 5 期。

92. 周其仁:《中国需要制度企业家精神》,http://www.ctizj.com/dzzz/200102/01-2-zl2.htm。

93. 周其仁:《制度企业家麦高文》,http://www.denglongmen.com/information/article_show.php? ArticleID=1876。

94. 周其仁:《制度企业家》,http://old.ccer.edu.cn/faculty/zhouqr/1/14.doc。

95. 张维迎:《决策权、剩余索取权和绩效:中国国有企业改革运作的一个理论分析》,载于《中国社会科学季刊》(香港),1995 年秋季卷。

96. 张维迎:《区域竞争和私有化》,载于《北大中国经济研究中心简报》,1999 年第 20 期。

97. 朱康对:《小农家文化与温州农村家庭经济》,载于《浙江社会科学》,1997 年第 5 期。

98. 朱康对:《经济转型期的产业组织演进:温州区域经济初探》,载于《中国农村观察》,1999 年第 3 期。

99. 张军、冯曲:《集体所有制乡镇企业改制的一个分析框架》,载于《经济研究》,2000 年第 8 期。

100. 张春霖：《论国有企业债务问题》，载于《改革》，1996 年第 1 期。

101. 张春霖：《国有经济布局调整的若干理论和政策问题》，载于《经济研究》，1999 年第 8 期。

102. 赵伟：《温州力量》，载于《经济学消息报》，1999 年 11 月 26 日。赵伟：《"温州模式"何去何从?》，载于《经济学消息报》，2000 年 4 月 7 日。

103. 刘德强、村上直树等：《中国的工业改革：过去的成绩和未来的前景》，上海三联书店、上海人民出版社 2000 年版。

104. 肖耿：《产权与中国的经济改革》，中国社会科学出版社 1997 年版。

105. 佐佐木信彰：《中国现阶段经济分析——来自日本的观察与评价》，吉林人民出版社。

106. 《中国统计年鉴（2001）》，中国统计出版社 2001 年版。

107. 《中国统计年鉴（2002）》，中国统计出版社 2002 年版。

108. 黄少安：《四元主体联合创新中国铁路体制——以广东省三茂铁路公司的创建和发展为例分析中国铁路管制的放松》，载于《中国制度变迁案例研究》。

109. 卢昌崇：《公司治理机构及新、老三会关系论》，载于《经济研究》，1994 年。

110. 平新乔、蒋国荣：《"三角债"的博弈理论分析》，载于《经济研究》，1994 年第 1 期。

111. 丛树海、张桁：《新中国经济发展史》（上），上海财经大学出版社 1999 年版。

第二章

民营经济制度创新的动态过程

本章由两部分构成，分别从不同层面对民营经济制度创新进行动态分析。

首先，在内生经济增长的理论框架内，构建一个模型来研究当通过建立专利制度来促进民营经济发展时，政府所应选择的最优技术进步率的问题。这一节着重探讨了政府在实施专利保护时所应该考虑的各种因素以及对我国的启示。研究表明，对民营经济的技术进步是否越快越好的问题的回答是否定的。

其次，构建了一个内生经济增长模型，对质量信息的不对称对知识增长与民营经济发展的影响进行了分析。模型的结论表明：质量信息的不对称不但会导致最终民营经济产品市场的萎缩，而且会降低知识产品的定价，这会减少 R&D 的投入，从而阻碍一国知识增长。由于知识增长率决定了一国的长期经济增长率，所以质量信息的不对称对知识创新的阻碍将对一国民营经济产生深远的负面影响。与此同时，由于信息不对称会降低一国的社会福利水平，因此，社会会内生出一些制度安排来解决信息不对称问题，从而促进一国的民营经济发展。

第一节　民营经济发展与技术进步速度的匹配性

2.1.1　引言

现代经济增长理论建立在哈罗德（Harrod，1939）和多玛（Domar，1946）模型之上。在哈罗德—多玛模型中，储蓄率、资本—产出比率和人口增长率都是独立于经济系统的外生变量，因此，很难实现和保持劳动和资本两种生产要素都充分被利用的经济增长。哈罗德—多玛模型的均衡是一种"刃锋上的均衡"。哈罗德—多玛模型最为关键的假设是固定技术系数生产函数。索洛（Solow，1956）和斯旺（Swan，1956）修正了这一假设，代之于生产要素之间可以充分替代的新古典生产函数，建立了新古典经济增长理论。因为新古典生产函数的主要特征是投入要素的边际收益递减，所以长期持续的经济增长只能借助于外生的技术进步。

20世纪80年代中期以来，以罗默（Romer，1986）和卢卡斯（Lucas，1988）的研究为开端，长期经济增长问题再一次成为经济学家的关注热点。这一阶段的经济增长理论主要致力于研究一个国家经济的持续增长是如何被经济系统内生地决定，即人们所说的内生经济增长理论或新经济增长理论。[1] 技术进步越快越好吗？在一般人看来，答案或许是肯定的。但在内生经济增长理论中，答案是否定的。理性的经济人会选择最优的技术进步路径，技术进步不一定是越快越好。

需要指出的是，内生经济增长理论在研究最优技术进步路径时，经常把政府撇在一边。[2] 如果政府可以通过某些政策来选择（或影响）技术进步率，那么问技术进步是否越快越好的问题就不显得没有意义了。这是因为，在经济现实中，各国政府总是把追求技术快速进步（高经济增长率）作为其最重要的目标。发展中国家政府在促进技术进步的作用中远远大于发达国家的政府，因此，研究最优技术进步率问题对发展中国家更具现实意义。例如，自从我国加入WTO之后，在发达国家的压力之下，知识产权的保护日益加强，但很少人研究加强知识产权保护对我国技术进步和人民福利水平的影响，以及我国在实施知识产权保护时需要考虑的因素。

自从熊彼特（Schumpter，1942）以来，人们普遍认为，为了激励创新，应该赋予创新者一定的垄断力量。专利制度是一种常见的赋予创新者垄断力量的制度安排。因此，如果政府想要提高技术进步率，那么需要加强专利制度的保护。与此同时，因为专利制度赋予创新者的市场垄断力量，扭曲了社会资源的配置，所以加强专利制度的保护会导致社会福利的降低。因此，高技术进步率可能并不会最大化社会福利水平。本研究的目的是：在内生经济增长的理论框架内，构建一个模型来研究当通过选择专利保护强度来追求社会福利最大化时，政府所应选择的最优技术进步率的问题，并在此基础上，研究政府在实施专利保护时所应该

---

[1] 内生经济增长理论的综述请参见潘士远、史晋川（2002）。

[2] 有些经济学家研究了政府在经济增长中的作用，例如，巴罗（Barro，1990）研究了为了最大化社会福利水平，政府应该选择的最优税率和最优经济增长率。但是，他的模型是一简单的AK模型，长期经济增长并不借助于内生的技术进步。

考虑的各种因素以及对我国民营经济发展的启示。

本部分的分析框架如下：首先，介绍本研究的模型，研究发现，高技术进步率并不一定最大化社会福利，各国政府把其作为追求目标并不一定是合适的；随后研究了政府在实施专利制度时所应该考虑的各种因素，并在此基础上分析模型结论对我国的启示；最后是本研究的结论部分。

2.1.2　最优技术进步率

在一个总人口为 L 的封闭经济中，每一个人都无弹性地提供 1 单位劳动以获得收入，最大化效用：

$$U = \int_0^\infty \ln C(t) \cdot e^{-\rho t} dt \tag{1}$$

其中，$C(t)$ 表示消费者在 t 时期的总量消费，ρ 表示时间贴现率。由（1）式可以得到最优的消费增长率：

$$\dot{C}/C = r - \rho \tag{2}$$

其中，r 表示利率。（2）式表明，时间贴现率越低，消费的增长率越高；反之，消费的增长率越低。低时间贴现率意味着未来消费对现时消费的替代性越高，消费者延期消费是有利可图的，因此，消费者就会减少现时消费增加未来消费，从而提高消费增长率。

沿着迪克西特和斯蒂格利茨（Dixit & Stigliz，1977）和罗默（1990）的研究思路，假设第 i 个最终产品厂商的生产函数为：

$$Y_i = L_i^{1-\alpha} \int_0^A (X_{ij})^\alpha dj \tag{3}$$

其中，Y_i 表示第 i 个厂商的产出；L_i 表示劳动投入量；X_{ij} 表示第 i 个厂商第 j 种中间产品的投入量；A 表示中间产品的种类数，也即一国的技术知识水平，$0 < \alpha < 1$。这一生产函数表明劳动投入 L_i 和中间产品投入 X_{ij} 的边际收益递减，但对全部投入要素而言，规模收益不变。

在发明中间产品之后，厂商被赋予专利权。与一般的内生经济增长模型一样，为了分析的方便，且不失一般性，本研究假设专利的长度为无限期[1]。但是，与一般的内生经济增长模型不同，本研究还从专利宽度的角度刻画厂商的专利权。学者们对专利宽度的定义不尽相同，本研究沿着克伦佩雷尔（Klemperer，

---

[1]　潘士远（2005）的研究表明，无限的专利长度不是最优的。假设专利长度是有限的不会改变本研究主要结论。

1990）的思路，定义专利宽度为其他没有侵权的产品的特征与专利产品特征的差异①。在此定义上，可以认为，如果专利的宽度越大，那么没有侵权的模仿产品的质量与专利产品差距越大；反之，模仿产品的质量水平与专利产品的差距越小。实际上，本研究专利宽度的定义也与吉尔伯特和夏皮罗（Gilbert & Shapiro，1990）的定义相同，他们定义专利宽度为厂商提高专利产品价格的能力。显然，模仿产品的质量与专利产品差距越大，对专利产品的潜在威胁越小，厂商就可以提高专利产品的价格；反之，厂商只能对专利产品制定较低的价格。在本研究中，政府可以通过选择专利宽度来影响对创新的激励，从而影响社会福利水平。也就是说，在本研究中，政府需要权衡加强专利保护对经济所带来积极和消极的两方面作用，从而选择最优的技术进步率。

假设厂商发明一种质量水平为 1 的中间产品的成本为 η 单位最终产品 Y；模仿产品不需要承担研发成本，但产品的质量水平为 $0 \leqslant q \leqslant 1$。专利产品和模仿产品的边际生产成本都为 1 单位最终产品 Y②。据此，可以用 $0 \leqslant \frac{1}{q} - 1 \leqslant \infty$ 来表示专利宽度。也就是说，当专利宽度为无限时，模仿产品的质量水平为 $q = 0$；当专利宽度为 0 时，模仿产品的质量水平与专利产品一样，即 $q = 1$。

由（3）式可知，当第 j 种中间产品的价格为 p_j 时，第 i 个最终产品厂商对 j 种中间产品的需求为：

$$X_{ij} = L_i \cdot (\alpha / p_j)^{1/(1-\alpha)} \tag{4}$$

由（4）式可得第 j 种中间产品的市场总需求：

$$X_j = \sum_i X_{ij} = L \cdot (\alpha / p_j)^{1/(1-\alpha)} \tag{5}$$

由于生产中间产品的边际成本为 1 单位最终产品，因此，由（5）式可知，如果不存在模仿产品，那么中间产品的垄断价格为：

$$p_j = p = 1/\alpha \tag{6}$$

如果存在模仿产品，那么为了分析的方便，假设发明厂商所生产的中间产品和模仿厂商所生产的中间产品是完全替代的。据此，沿着格鲁斯曼和赫尔普曼（Grossman & Helpman，1991）的研究思路，假设发明厂商和模仿厂商在市场上进行伯特兰（Betrand）价格竞争。因为 1 单位模仿产品只相当于 q 单位发明厂商所生产的中间产品，所以如果模仿产品的质量水平 $q \geqslant \alpha$，那么发明厂商将会

---

① 对不同的专利宽度的定义和测量请参阅 Denicolò（1996）。

② 当然，在现实中，即使专利宽度为无限，模仿厂商也可能模仿出质量高于 0 的产品。但是，这并不会改变本研究的结论。

把第 j 种中间产品定价为：

$$p_j = \frac{1}{q} \qquad (7)$$

相应地，如果模仿产品的质量水平 $q < \alpha$，那么发明厂商将会把第 j 种中间产品定价为：

$$p_j = \frac{1}{\alpha} \qquad (8)$$

由（7）式可知，当模仿产品的质量水平 $q > \alpha$ 时，倘若发明厂商将自己所生产的中间产品定价为 $\frac{1}{q} - \delta \cdot \frac{1}{q}$，$\delta$ 为任意小的正实数，那么模仿厂商只能将自己所生产的中间产品定价为 $1 - \delta$，此时，模仿厂商不可能获得正的利润，只好退出市场。因此，只要发明厂商将中间产品定价为 $\frac{1}{q}$，发明厂商就可以拥有永久的市场垄断力量。也就是说，当专利宽度不是无限的，模仿产品具有一定的质量水平，发明厂商为了获得垄断利润会通过压低价格把模仿产品驱逐出市场。相应地，由（8）式可知，当专利宽度达到一定水平之后，模仿产品的质量水平较低，即使发明厂商将垄断价格定为 $\frac{1}{\alpha}$，模仿厂商仍然不能获得正的利润，只好退出市场。

当模仿产品的质量水平 $q < \alpha$ 时，模仿产品质量水平的变化不会影响到专利产品的定价，从而不会影响整个经济。也就是说，当专利宽度大于 $\frac{1}{\alpha} - 1$ 时，专利宽度的变化不会对整个经济产生影响。因此，我们只分析模仿产品质量水平 $q \geqslant \alpha$ 时的最优专利宽度问题。当第 j 种中间产品的价格为 $p_j = \frac{1}{q}$ 时，由（5）式可知，第 j 种中间产品的市场总需求为：

$$X_j = \sum_i X_{ij} = L \cdot (\alpha q)^{1/(1-\alpha)} \qquad (9)$$

由于专利的长度是无限的，因此，厂商的垄断利润的现值为：

$$V = \int_t^\infty (1/q - 1) L(\alpha q)^{1/(1-\alpha)} e^{-\bar{r}(v,t)(v-t)} dv \qquad (10)$$

其中，$\bar{r}(v, t) = \int_t^v r(u) du/(v - t)$ 表示时间 t 和 v 之间的平均利息率。假设 R&D 的市场进入是完全自由的，每一个厂商都可以通过支付固定成本 η 来获得新中间产品的发明。因此，发明厂商所获得的垄断利润的现值 V 应该等于固定成本 η，即：

87

$$\eta = \int_t^\infty (1/q - 1) L(\alpha q)^{1/(1-\alpha)} e^{-\bar{r}(v,t)(v-t)} dv \qquad (11)$$

由（5）式可知，均衡的利率满足：

$$r = (L/\eta)(1/q - 1)(\alpha q)^{1/(1-\alpha)} \qquad (12)$$

为了研究最优技术进步率的问题，需要分析技术进步率与社会福利水平的关系。这需要看经济增长是否存在转型动态。

命题1：经济增长不存在转型动态，经济在一开始就达到均衡，均衡的技术进步率为 $g = r - \rho$。

其实，这一模型最终可以转化为一个 AK 模型，因此，与 AK 模型相类似，经济增长不存在转型动态，即总（人均）消费、总（人均）产量和技术知识在一开始就以均衡的速度增长[①]。由于经济增长不存在转型动态，因此，在命题1的基础上，可以算出整个社会的福利水平。因此，有命题2。

命题2：整个社会福利水平为：

$$W = \frac{\ln[\eta(\phi - g)A(0)]}{\rho} + \frac{g}{\rho^2} \qquad (13)$$

其中，$\phi = \frac{L}{\eta}(\alpha)^{\frac{\alpha}{1-\alpha}}(q^{\frac{\alpha}{1-\alpha}} - \alpha q^{\frac{1}{1-\alpha}})$。

由于专利宽度会影响到技术进步率，因此，命题1和命题2表明，整个社会福利水平与技术进步率有关。由（2）式和（12）式可知，更宽的专利宽度会促进创新，从而提高技术进步率。这会增加 $\frac{g}{\rho^2}$ 的值，从而提高社会福利水平。与此同时，由 ϕ 的表达式可知，更宽的专利宽度会对市场造成更大的扭曲，降低消费，即减小 $\eta(\phi - g)A(0)$，从而降低社会福利水平。因此，追求社会福利最大化的政府可以选择最优的技术进步率。

命题3：使得社会福利最大化的最优技术进步率为 $g^* = (L/\eta)\alpha^{\frac{\alpha}{1-\alpha}}[(q^*)^{\frac{\alpha}{1-\alpha}} - (q^*)^{\frac{1}{1-\alpha}}] - \rho$，其中 $\alpha < q^* < 1$ 是方程 $(L/\eta)\alpha^{\frac{\alpha}{1-\alpha}}q^{\frac{\alpha}{1-\alpha}}(q - \alpha) = \rho$ 的解。

2.1.3 最优技术进步率的影响因素及其对我国的启示

命题3表明，最优技术进步率与一个国家的人口总量、发明中间产品的成本、专利宽度有关。由于 q^* 是方程 $(L/\eta)\alpha^{\frac{\alpha}{1-\alpha}}q^{\frac{\alpha}{1-\alpha}}(q - \alpha) = \rho$ 的解，因此，$\frac{dq^*}{d\eta} > 0$。

[①] 对 AK 模型转型动态的详细分析请参见 Barro and Sala - i - Martin（1995）。

与此同时，由于最优技术进步率为 $g^* = (L/\eta)\alpha^{\frac{\alpha}{1-\alpha}}[(q^*)^{\frac{\alpha}{1-\alpha}} - (q^*)^{\frac{1}{1-\alpha}}] - \rho$，因此，$\frac{dg^*}{d\eta} < 0$。这表明，发明成本越高，一个国家应该保持相对较低的技术进步率。当发明成本较高时，加强专利保护对提高社会福利的作用越弱，因此，为了社会福利最大化，一方面政府应该适当地降低专利保护，减少专利制度对市场扭曲的程度；另一方面，当发明成本较高时，政府也应该适当地降低专利保护，使得潜在的模仿厂商对发明厂商形成威胁，逼迫降低专利产品的定价，让更多的最终产品厂商享受到技术进步所带来的收益。据此，如果发明成本较高，那么为了追求社会福利的最大化，这一国家应该保持相对较低的技术进步率。

由于 q^* 是方程 $(L/\eta)\alpha^{\frac{\alpha}{1-\alpha}}q^{-\frac{\alpha}{1-\alpha}}(q-\alpha) = \rho$ 的解，因此，$\frac{dq^*}{dL} < 0$。与此同时，由于最优技术进步率为 $g^* = (L/\eta)\alpha^{\frac{\alpha}{1-\alpha}}[(q^*)^{\frac{\alpha}{1-\alpha}} - (q^*)^{\frac{1}{1-\alpha}}] - \rho$，因此，$\frac{dg^*}{dL} > 0$。这表明，人口总量越大，一个国家应该保持相对较高的技术进步率。在本研究中，因为发明成本与人口总量无关，所以人发明一种中间产品时，人均所要承担的成本随着人口规模的扩大而减小，也即人口具有规模效应。换句话说，人口规模的扩大相当于发明成本的下降。因此，当人口规模扩大时，一国应该适当地加强专利保护，提高技术进步率。

我国现在是一个发展中国家，人口众多，但物质资本和人力资本相对稀缺。由于发明创新是一种物质资本和人力资本投入相对密集的经济活动，因此，与发达国家相比，在我国发明创新的成本相对较高。这就要求我国政府应该适当地降低对专利的保护，一方面降低由于赋予发明厂商专利权而导致的市场扭曲程度，另一方面使得潜在的模仿厂商对发明厂商形成威胁，降低专利产品的价格，让更多人能够使用专利产品，享受技术发明所带来的好处。与此同时，我国的人口规模庞大，因此，随着经济的快速发展，我国应该逐渐加强对专利的保护，享受发明所带来的福利改善。也就是说，我国的政策应该是：现阶段应该适当降低对专利的保护，此后，随着经济的快速发展，不断加强对专利的保护。自从我国加入WTO之后，在发达国家的压力之下，知识产权保护日益加强。这或许可以促进我国的发明。[1] 但是，我们必须清醒，从我国所处的经济发展阶段来看，过于严厉的知识产权保护可能会使得我国人民不能充分享受技术所带来的好处，从而降低我国人民的福利水平。因此，我国应该在WTO重要组成部分《与贸易有关的

---

[1] 如果考虑我国的许多创新都是消化和吸收国外技术的基础上而得到的，那么加强实施产权保护可能会提高我国引进技术的成本，从而不利于技术创新。

知识产权协定》（简称为 TRIPs 协定）的框架内，正确处理加强专利保护所带来的积极和消极的作用。

2.1.4　结论

在经济现实中，各国政府总是把追求技术快速进步作为其最重要的目标。但是否技术进步越快越好？本研究在内生经济增长理论框架内，构建一个模型来研究当通过选择专利保护强度来达到社会福利最大化时，政府所应选择的最优技术进步率的问题。结论表明，对技术进步越快越好的回答是否定的。毋庸置疑，在其他条件不变的情况下，技术进步率的提高会增加社会福利水平。但显然的是，政府需要通过加强专利制度的保护来提高技术进步率。因为专利制度赋予创新者的市场垄断力量，扭曲了社会资源的配置，所以加强专利制度的保护会导致社会福利的降低。因此，高技术进步率并不会最大化社会福利水平。

本研究也表明：（1）新技术的发明成本越高，一个国家应该保持相对较低的技术进步率。由于当发明成本较高时，加强专利保护对提高社会福利的作用越弱，因此，政府应该适当地降低专利保护，减少专利制度对市场扭曲的程度，从而提高社会福利水平。此外，当发明成本较高时，政府应该适当地降低专利保护，使得潜在的模仿厂商对发明厂商形成威胁，逼迫发明厂商降低专利产品的定价，让更多的最终产品厂商和消费者享受到技术进步所带来的收益，从而提高社会福利水平。（2）在本研究中，因为发明成本与人口总量无关，所以人发明一种中间产品时，人均所要承担的成本随着人口规模的扩大而减小。换句话说，人口规模的扩大相当于发明成本的下降。因此，当人口规模较大时，一国应该适当地加强专利保护，提高技术进步率。

由于发展中国家政府在促进技术进步的作用中远远大于发达国家的政府，因此，本研究对发展中国家更具现实意义。例如，自从我国加入 WTO 之后，在发达国家的压力之下，知识产权的保护日益加强，但很少人研究加强知识产权保护对我国技术进步和人民福利水平的影响，以及我国在实施知识产权保护时需要考虑的因素。而本研究表明，自从我国加入 WTO 之后，在发达国家的压力之下，知识产权保护日益加强。这或许可以促进我国的发明。但是，我们必须清醒，从我国所处的经济发展阶段来看，过于严厉的知识产权保护可能会使得我国人民不能普遍享受技术所带来的好处，从而降低我国人民的福利水平。当然，由于人口规模庞大，因此，随着经济的快速发展，我国应该逐渐加强对专利的保护，享受发明所带来的福利改善。

第二节　信息不对称、逆向选择与民营经济发展

2.2.1　引言

经济增长理论是经济学研究中古老而又时髦的论题，许多古典经济学家都为之呕心沥血。哈罗德（1939）和多玛（1946）的模型是现代经济增长理论的基础，是经济增长理论的第一次革命，它标志了数理方法在经济增长理论中的应用。但是，固定系数生产函数的假设导致了他们的模型只能得到"刃锋上的均衡"，与经济现实并不十分吻合。

索洛（1956）和斯旺（1956）修正了这个假设，代之以生产要素之间可以充分替代的新古典生产函数，各自独立建立了经济增长模型，人们往往合并称之为索洛—斯旺模型，它是经济增长理论的第二次革命。但是，因为生产要素的边际收益递减，所以在长期中，经济增长需要借助于外生的技术进步。

或许是由于经济增长的理论本身的局限性以及相应经验研究的缺乏，在20世纪80年代中期之前，经济增长理论的研究沉寂了几乎长达20多年。罗默（1986）和卢卡斯（1988）的开创性研究又重新掀起了经济增长理论的研究热潮，标志了内生经济增长理论的诞生[1]。与新古典经济增长理论外生的技术假设不同，在内生经济增长理论中，技术进步内生于一个国家的经济系统，与一个国家 R&D 的投入等有关。

在经济增长理论沉寂的20多年中，信息经济学得到了长足的发展。阿克尔洛夫（Akerlof，1970）最早指出，由于市场上存在质量信息的不对称，消费者只能以平均质量定价，所以低质量的产品将会把高质量的产品驱逐出市场，从而导致市场的萎缩和社会福利的损失。此后，斯宾塞（Spence，1973），罗思柴尔德和斯蒂格利茨（Rothchild & Stiglitz，1976），斯蒂格利茨和维斯（Stiglitz & Weiss，1981）等研究了劳动力市场、保险市场和金融市场的信息不对称问题。斯宾塞（2002）和斯蒂格利茨（2002）回顾了信息经济学的发展。

信息经济学的发展也引起了经济增长理论研究者的注意。因为存在信息不对称，所以个人需要耗费巨大成本才能准确了解一个企业，这一信息成本会阻碍资本的有效配置。因此，金融中介在收集企业的有关信息时具有规模经济，可以减

---

① 内生经济增长理论的详细介绍可参见潘士远、史晋川（2002）。

少信息成本，从而导致资本的有效配置与经济增长（Greenwood & Jovanovic，1990；King & Levine，1993）。[①]

公司所有者与公司经理之间存在信息不对称会导致委托—代理理论所提到的公司治理问题。因为信息具有公共产品的性质，所以金融中介在收集公司的有关信息上具有规模经济，这些信息有利于公司所有者监管公司经理，改进公司治理，从而增加资金拥有者购买公司的股票或债券的积极性，促进资本积累与经济增长（Bencivenga & Smith，1993）。

当经济中高回报项目的投资不可分且巨大时，在经济增长过程中，动员全社会的资本就显得至关重要。为了更好地动员全社会的资本，一方面需要减小筹集社会闲散资本的成本；另一方面需要减少信息不对称，使得储蓄者能够放心地交出资本的使用权。斯瑞和图法诺（Sirri & Tufano，1995）的研究表明，银行等在筹集社会闲散资本上具有规模经济，这会减少筹集成本。此外，银行等的信誉往往会使得储蓄者放心地将资本交给它。据此，阿西墨格鲁和兹利波提（Acemoglu & Zilibotti，1997）指出，有利于资本动员的金融安排，包括金融中介都会促进经济增长。

但是，最终产品质量信息的不对称对中间产品市场和经济发展产生的影响尚未引起增长理论学者的高度重视。世界银行（1998）指出，在发展中国家，最终产品质量信息不对称也是阻碍经济发展的严重问题之一。产品质量信息的不对称会导致逆向选择，低质量最终消费品将高质量最终消费品驱逐出市场。因为与低质量最终消费品相比，高质量消费品所包含的技术（知识）含量高，所以最终消费品市场的逆向选择会把包含高技术的高质量消费品驱逐出市场。这会降低知识的价格，从而减少 R&D 的投入。在经济增长理论中，R&D 的投入是知识增长和经济增长的一个重要源泉。据此，与信息不对称导致最终产品市场的萎缩相比，信息不对称对知识的影响可能会对经济产生更为深远的影响。因此，本研究构建了一个内生经济增长模型来分析质量信息的不对称对知识增长与民营经济发展的影响。模型的结论表明：质量信息的不对称不但会导致最终民营经济产品市场的萎缩，而且会降低知识产品的定价，这会减少 R&D 的投入，从而阻碍一国知识增长。由于知识增长率决定了一国的长期经济增长率，所以质量信息的不对称对知识创新的阻碍将对一国民营经济产生深远的负面影响。与此同时，由于信息不对称会降低一国的社会福利水平，因此，社会会内生出一些制度安排来解决信息不对称问题，从而促进一国的民营经济发展。

本研究以下部分的框架如下：首先，研究信息不对称对知识产品市场的影响；其次，研究信息完全情况下的知识增长与民营经济发展，并分析信息不对称

[①] Levin（2004）出色地综述了有关金融与经济增长关系的理论和经验研究文献。

对知识增长与民营经济发展的影响；随后研究了制度内生的问题，以及这些解决信息不对称的制度对经济发展的影响；最后，提出简短的政策建议。

2.2.2 信息不对称与民营经济发展

存在质量信息不对称的产品市场可能存在不同质量水平的最终消费品，消费者不能确切地知道市场中的每一具体最终消费品的质量水平，但在消费之后能够确切地知道自己所购买产品的质量水平。据此，假设一个国家的人口总量为 L，每一个人都无弹性地提供 1 单位劳动以获得收入，从而最大化效用：

$$U = \int_0^\infty \left[\frac{(C_l(t) + qC_w(t))^{1-\varepsilon} - 1}{1 - \varepsilon} \right] e^{-\rho t} dt \qquad (1)$$

其中，$C_l(t)$ 和 $C_w(t)$ 分别表示消费者在 t 时间的低质量消费品和高质量消费品的消费量，q 表示高质量消费品的质量水平，ε 和 ρ 分别表示跨时消费替代弹性的倒数和时间贴现率。在本研究以下部分，在不引起混淆的情况下，将在表达式中省略时间 tt。

最终消费品的生产需要投入中间产品，假设中间产品的厂商既可以提供高质量中间产品，也可以提供低质量中间产品。相应地，沿着罗默（Romer，1990）以及格鲁斯曼和哈泼曼（Grossman & Helpman，1991）的研究思路，假设第 j 个最终消费品厂商的生产函数为：

$$Y_{wj} = L_{wj}^{1-\alpha} \int_0^{A_w} \left[X_{wj}(i) \right]^\alpha di \qquad (2)$$

或者为：

$$Y_{lj} = L_{lj}^{1-\alpha} \int_0^{A_l} \left[X_{lj}(i) \right]^\alpha di \qquad (3)$$

其中，$0 < \alpha < 1$，L_{wj} 表示当第 j 个最终消费品厂商生产高质量消费品时的劳动投入量，$X_{wj}(i)$ 表示当第 j 个最终消费品厂商生产高质量消费品时高质量中间产品的投入量，记高质量最终消费品的质量水平为 $q > 1$。相应地，L_{lj} 表示当第 j 个最终消费品厂商生产低质量消费品时的劳动投入量，$X_{lj}(i)$ 表示当第 j 个最终消费品厂商生产低质量消费品时的低质量中间产品的投入量，记低质量最终消费品的质量水平为 1。A_w 和 A_l 分别表示高质量中间产品和低质量中间产品的种类数[①]。

---

① 生产过程中某一环节的差错，可能会大大降低产品的质量。此外，在一般情况下，高质量中间产品的价格往往要高于低质量中间产品的价格。因此，生产消费品的厂商在生产过程中，或者全部投入高质量的中间产品，或者全部投入低质量的中间产品。

因为中间产品的种类数的扩大意味着新知识的产生，所以 A_w 和 A_l 分别代表了一个国家高质量知识的总量和低质量知识的总量。

假设发明一种高质量中间产品的成本为 $q\eta_w$ 单位低质量最终产品 Y_l，发明一种低质量中间产品的成本为 η_l 单位最终产品 Y_l，$q\eta_w > \eta_l$，但 $\eta_w < \eta_l$。这表明，发明高质量中间产品的绝对成本高于发明低质量中间产品的成本，但单位质量的成本较低[①]。如果发明高质量中间产品的单位质量的成本高于发明低质量中间产品的单位质量成本的成本，那么由消费者的偏好和厂商的生产技术可知，发明高质量中间产品的单位质量的成本是如此之高，发明高质量中间产品并不能促进经济发展，从而提高社会福利水平，社会不会内生出一些制度安排来消除信息不对称。可是，在现实社会中，我们可以看到许多以消除信息不对称为目的的制度安排，因此，本研究假设 $\eta_w < \eta_l$。一旦新产品 $X_w(i)$（或 $X_l(i)$）生产出来以后，中间产品的厂商就永远拥有市场垄断力量，且假设生产 1 单位高质量中间产品的边际成本为 $q > 1$ 单位低质量最终消费品 Y_l，而生产一单位低质量中间产品的边际成本为 1 单位低质量最终消费品 Y_l。

由于存在质量信息的不对称，消费者不能确切地知道在市场中的每一个具体最终消费品的质量水平，因此，消费者将以市场中产品的预期的平均质量来定价，从而购买最终消费品（包括高质量最终消费品和低质量最终消费品）。由于最终产品市场存在质量信息的不对称，所以消费者按照平均质量对高质量最终消费品和低质量最终消费品做单一的定价。这导致了最终消费品厂商虽然知道中间产品的质量水平，但是只愿意支付低质量中间产品的价格来购买高质量中间产品，降低了高质量知识的价格。此时，由于发明高质量中间产品的成本与生产高质量中间产品的边际成本都高于发明低质量中间产品的成本和生产低质量中间产品的边际成本，所以高质量中间产品会被驱逐出市场。也就是说，最终消费品产品质量的信息不对称最终导致了高质量中间产品的在市场竞争中的败北，理性的厂商在经济的一开始（即在时间 0）就不会发明和生产高质量的中间产品[②]。

---

① 一般来说，从科学技术进步的历史来看，人类总是首先拥有低质量的中间产品，后来才拥有高质量的中间产品。因此，即使低质量中间产品申请了专利，高质量中间产品也可以在产品质量改进的基础上得到专利制度的保护（Aghion & Howitt, 1998）。

② 虽然中间产品市场的质量信息是完全对称的，但是当最终消费品市场存在质量信息不对称时，最终消费品厂商对高质量中间产品和低质量中间产品做单一的定价，这完全地类似于中间产品市场也存在质量信息不对称的情况。当然，如果消费者与厂商博弈的时间是无限且时间贴现率较低，那么在市场达到均衡时，最终消费品厂商可能会如实地披露产品质量的信息，从而相互间达成合作的纳什均衡。此时，就不会存在产品质量信息的不对称。因为本研究要研究质量信息的不对称对经济增长和社会福利水平的影响，所以假设贴现率较高，排除出现合作的纳什均衡的情况。此外，即使一些旧产品的质量信息的不对称问题得到解决，新产品质量信息的不对称的问题还是会存在。因此，可以认为质量信息不对称问题总是存在的。

引理 1：如果最终消费品市场存在质量信息的不对称，那么当市场达到均衡时，只有低质量的中间产品在市场中出售[①]。

因为中间产品是生产最终消费品的投入要素，所以有当市场达到均衡也只有低质量最终产品在市场中出售。

引理 2：如果最终消费品市场存在质量信息的不对称，低质量最终消费品将把高质量最终消费品驱逐出市场。换言之，当市场达到均衡时，只有低质量的消费品在市场中销售。

上述研究表明，质量信息的不对称，一方面导致高质量最终消费被逐出市场，导致市场萎缩，直接导致社会福利损失；另一方面将导致高质量中间产品被逐出市场，这会减少知识的定价，从而减少 R&D 和降低均衡经济增长率，间接地导致社会福利损失。质量信息的不对称对社会福利所产生的第一种效应是阿科罗夫等人所强调的，但是他们没有注意到信息不对称对社会福利所产生的第二种效应。这是因为，他们没有注意到最终消费品市场与中间产品市场的相互作用，而这正是本研究所强调的。

当存在质量信息的不对称时，由于高质量的中间产品会在市场竞争中败北，理性的厂商在经济的一开始就不会发明和生产高质量的中间产品，因此，在时间 0 只有低质量中间产品和低质量最终产品在市场中出售。此时，倘若低质量中间产品 $X_1(i)$ 的购买价格为 $P_1(i)$，那么第 j 个最终消费品厂商将追求利润最大化：

$$\max_{X_{1j}} \int_0^{A_1} \left[L_{1j}^{1-\alpha} X_{1j}(i)^\alpha - P_1(i) X_{1j}(i) - L_{1j} \cdot w \right] di \tag{4}$$

其中，w 表示工资水平。由利润最大化的一阶条件可得第 j 个最终消费品厂商对低质量中间产品的需求：

$$X_{1j}(i) = L_{1j}(\alpha/P_1(i))^{1/(1-\alpha)} \tag{5}$$

因此，第 i 种中间产品的市场需求为：

$$X(i) = (\alpha/P_1(i))^{1/(1-\alpha)} \sum_j L_{1j} = L(\alpha/P_1(i))^{1/(1-\alpha)} \tag{6}$$

由于生产 1 单位第 i 种低质量中间产品的边际成本为 1 单位 Y_1，所以生产中间产品厂商将通过选择第 i 种低质量中间产品的产量来最大化其利润：

$$(P_1(i) - 1) L(\alpha/P_1(i))^{1/(1-\alpha)} \tag{7}$$

由（7）式可以得到第 i 种中间产品的垄断价格：

$$P_1(i) = P_1 = 1/\alpha \tag{8}$$

---

① 感兴趣的读者可与课题组联系索取引理和命题的证明。

把（8）式代入（6）式就可以得到第 i 种中间产品的市场需求：

$$X_1(i) = X_1 = L\alpha^{2/(1-\alpha)} \tag{9}$$

由于在本研究中，中间产品是完全对称的，因此，在时间 tt 发明任何一种低质量中间产品的垄断利润都为：

$$\pi = \int_t^\infty (P_1(i) - 1)X_1(i)e^{-\bar{r}(s,t)(s-t)}ds = L\left(\frac{1-\alpha}{\alpha}\right)\alpha^{2/(1-\alpha)}\int_t^\infty e^{-\bar{r}(s,t)(s-t)}ds \tag{10}$$

其中，$\bar{r}(s,t) = \int_t^s r(u)du/(s-t)$ 表示时间 t 和 s 之间的平均利息率。（10）式表明，只有当中间产品的价格 P_1 超过生产的成本 1 时，厂商才能通过获得垄断利润来弥补发明新中间产品的成本 η_1。

倘若在发明新中间产品的市场中，厂商可以自由进出，那么厂商发明一种低质量中产品的成本应该等于它所能获得的垄断利润，即：

$$\pi_1 = L\left(\frac{1-\alpha}{\alpha}\right)\alpha^{2/(1-\alpha)}\int_t^\infty e^{-\bar{r}(s,t)(s-t)}ds = \eta_1 \tag{11}$$

（11）式表明，对于任何的时间 t，发明的垄断利润都应该等于发明成本 η_1，因此，可以得到均衡的利率：

$$r_1 = (L/\eta_1)\left(\frac{1-\alpha}{\alpha}\right)\alpha^{2/(1-\alpha)} \tag{12}$$

当经济达到均衡时，市场中只有低质量最终消费品在出售，（1）式变形为：

$$U_1 = \int_0^\infty \left[\frac{(C(t))^{1-\varepsilon} - 1}{1-\varepsilon}\right]e^{-\rho t}dt \tag{13}$$

由（13）式可以得到最优的消费增长率：

$$g_C = \frac{1}{\varepsilon}(r_1 - \rho) \tag{14}$$

把（12）式代入，可以得到：

$$g_1 = g_C = \frac{1}{\varepsilon}\left[(L/\eta_1)\left(\frac{\alpha}{1-\alpha}\right)\alpha^{2/(1-\alpha)} - \rho\right] [1] \tag{15}$$

根据（15）式可以得到场存在质量信息的不对称时的社会福利水平。

---

[1] 当经济达到均衡时，中间产品种类数 A_1 和最终消费品的总产出 Y_1 与总消费 C 的增长率都为 g_1。对这个问题的详细讨论可以参见 Barro and Sala – i – Martin（1995）。

命题 1: 当存在质量信息的不对称时, 社会福利水平为:

$$U_1 = 1/(1-\varepsilon)\{[\eta_1(\varphi_1 - g_1)A_1(0)]^{1-\varepsilon}/(\rho - (1-\varepsilon)g_1) - 1/\rho\} \qquad (16)$$

其中, $\varphi_1 = (L/\eta_1)(\alpha)^{2\alpha/(1-\alpha)}(1-\alpha^2)$, $A_1(0)$ 表示在时间 0 时低质量中间产品的种类数。

2.2.3　对称信息与民营经济发展

在前面研究基础上, 需要进一步研究质量信息对称时的均衡经济增长率和社会福利水平。这样就可以与存在质量信息的不对称时的情形比较, 从而发现质量信息的不对称对知识产品市场和经济发展的影响。

引理 3: 如果不存在质量信息的不对称, 那么当市场达到均衡时, 只有高质量的最终消费品在市场中出售。

当不存在质量信息的不对称时, 消费者将用不同的价格来购买不同质量水平的最终消费品。此时, 由于发明高质量中间产品的相对成本较低, 发明高质量中间产品的利润较高, 因此, 当不存在质量信息的不对称时, 一开始 (即在时间 0) 只有高质量中间产品和高质量最终产品在市场中出售[①]。

当不存在质量信息的不对称时, 为了分析的方便, 此时, 把高质量的最终消费品看做经济中基本的记价物[②]。与前面的分析相类似, 可以知道高质量中间产品的价格为:

$$P_w(i) = P_w = 1/\alpha \qquad (17)$$

(17) 式表明, 当不存在质量信息的不对称时, 高质量中间产品的价格是 q/α 单位 Y_1。由 (8) 式可知, 当存在质量信息的不对称时, 低质量 (高质量) 中间产品的价格是 $1/\alpha$ 单位 Y_1。这表明, 最终产品质量信息的不对称会导致知识产品定价的下降[③]。

---

① 当然, 在现实社会中, 当信息对称时, 由于消费者的偏好和预算约束等不同, 低质量中间产品也会在市场中出售。但是, 这不会改变本研究的主要结论。

② 由消费者效用函数可知, 当质量信息对称时, 1 单位高质量最终消费品 Y_w 等于 q 单位低质量最终消费品 Y_1。因此, 我们也可以用低质量最终消费品作为计价物。需要注意的是, 由于不存在质量信息不对称时, 低质量最终消费品在市场中并不存在, 因此, 如果把低质量最终消费品作为计价物, 记价格为 1, 那么这一价格是一影子价格。

③ 当然, 也有可能从出现最终消费品厂商购买高质量中间产品来生产高质量最终产品, 而后掺假制成低质量的最终产品。此时, 与不存在信息不对称的情况相比, 最终消费品厂商购买的高质量中间产品的数量下降, 减少生产高质量中间产品的收益。此时, 最终产品质量信息的不对称也会导致知识产品定价的下降。

由（17）式可知高质量中间产品的市场需求为：

$$X_w(i) = X_w = L\alpha^{2/(1-\alpha)} \qquad (18)$$

（18）式表明，高质量中间产品的市场需求为 $q \cdot L\alpha^{2/(1-\alpha)}$ 单位 Y_1。由（9）式可知，低质量中间产品的市场需求为 $L\alpha^{2/(1-\alpha)}$ 单位 Y_1。这表明，质量信息的不对称会导致中间产品市场和最终消费品市场的萎缩。

与前面的计算相同，可得市场均衡的利率为：

$$r_w = (L/\eta_w)\left(\frac{1-\alpha}{\alpha}\right)\alpha^{2/(1-\alpha)} \qquad (19)$$

据此可知，均衡的经济增长率为：

$$g_w = g_C = \frac{1}{\varepsilon}\left[(L/\eta_w)\left(\frac{1-\alpha}{\alpha}\right)\alpha^{2/(1-\alpha)} - \rho\right] \qquad (20)$$

（15）式和（20）式表明，当发明高质量中间产品的单位质量的成本小于发明低质量中间产品的成本时，即当 $\eta_w < \eta_1$ 时，与最终消费品存在质量信息不对称的情况相比较，质量信息对称时的均衡经济增长率将会更高，即 $g_w > g_1$。也就是说，质量信息的不对称降低了知识产品的定价，从而降低了 R&D 的投入，阻碍了经济的发展。

在上述分析的基础上，可以得到当质量信息对称时的社会总福利水平。

命题 2：当不存在质量信息的不对称时，社会福利水平为：

$$U_w = \frac{1}{1-\varepsilon}\left\{\frac{[(\eta_L + L\alpha^{2/1-\alpha})\eta_w(\varphi_w - g_w)A_1(0)/(\eta_w + L\alpha^{2/1-\alpha})]^{1-\varepsilon}}{\rho - (1-\varepsilon)g_w} - \frac{1}{\rho}\right\} \qquad (21)$$

其中，$\varphi_w = (L/\eta_w)(\alpha)^{2\alpha/(1-\alpha)}(1-\alpha^2)$。

比较命题 1 和命题 2 的结论可知，是否存在质量信息的不对称将通过两个方面来影响社会福利水平。是否存在质量信息的不对称一方面将影响到市场容量，从而影响社会福利水平。是否存在质量信息的不对称另一方面将通过影响知识的定价来影响知识的增长率，从而影响长期的经济增长率和社会福利水平。质量信息的不对称会导致市场萎缩，从而降低社会福利水平。也就是说，当质量信息对称时，市场容量更大，社会福利水平更高。同时，当质量信息完全时，在质量信息对称的情况下，长期的经济增长率高一些，这有利于社会福利水平的提高。因此，有命题 3。

命题 3：$U_w > U_1$。

简单计算可得 $\dfrac{1}{1-\varepsilon}\left\{\dfrac{[\eta_w(\varphi_w - g_w)A_1(0)]^{1-\varepsilon}}{\rho - (1-\varepsilon)g_w} - \dfrac{1}{\rho}\right\} > \dfrac{1}{1-\varepsilon}\left\{\dfrac{[\eta_1(\varphi_1 - g_1)A_1(0)]^{1-\varepsilon}}{\rho - (1-\varepsilon)g_1} - \dfrac{1}{\rho}\right\}$。

这就表明，当质量信息完全对称时，发明高质量中间产品的相对成本较低，知识的增长率更高，社会福利水平也更高。此时，$\dfrac{1}{1-\varepsilon}\left\{\dfrac{\left[\eta_w(\varphi_w-g_w)A_1(0)\right]^{1-\varepsilon}}{\rho-(1-\varepsilon)g_w}\right.$

$\left.-\dfrac{\left[\eta_1(\varphi_1-g_1)A_1(0)\right]^{1-\varepsilon}}{\rho-(1-\varepsilon)g_1}\right\}$ 就表示了信息是否对称对社会福利水平影响的第二种

效应。$(\eta_L+L\alpha^{2/1-\alpha})/(\eta_w+L\alpha^{2/1-\alpha})>1$ 表明，当质量信息完全对称时，发明高质量中间产品的相对成本较低，市场容量会扩大，从而提高社会福利水平。此

时，$\dfrac{1}{1-\varepsilon}\dfrac{\left[\eta_w(\varphi_w-g_w)A_1(0)\right]^{1-\varepsilon}}{\rho-(1-\varepsilon)g_w}\left[\left(\dfrac{\eta_L+L\alpha^{2/1-\alpha}}{\eta_w+L\alpha^{2/1-\alpha}}\right)^{1-\varepsilon}-1\right]$ 就表示了信息是否对称

对社会福利水平影响的第一种效应。质量信息的不对称对社会福利所产生的第一种效应是阿克尔洛夫（Akerlof）等人所强调的，但是他们没有注意到信息不对称对社会福利所产生的第二种效应。

2.2.4　内生制度与民营经济发展：对产品认证制度的考察

　　质量信息的不对称会使得低质量产品将高质量产品逐出市场，因此，为了在市场中生存下来，高质量产品的厂商往往可以通过发送信号，例如投入巨额广告费用、参加质量认证等来使得其产品与低质量产品区分开来，从而解决信息不对称的问题。与此同时，由于信息不对称会降低一国的经济增长率和社会福利水平，因此，一个国家就有激励制定相应的制度来解决信息不对称问题。因为制定和实施相应的制度需要成本，因此，政府需要向厂商（或个人收入）征收一次性总量税。与此同时，因为制定和实施相应地制度对整个社会有利，所以厂商（个人）也愿意交税。因此，追求社会福利最大化的政府不但有激励，而且也能够很好地完成制定和实施相应制度的任务。

　　质量认证是各国普遍采用的一种重要制度来解决产品质量信息不对称问题，通过认证标志向社会和消费者提供产品质量的明示担保，防止企业弄虚作假、粗制滥造。[①] 产品质量认证制度起源于英国，在 1901 年，英国工程标准委员制定了钢轨尺寸标准和建筑型钢材尺寸两项英国标准，在 1903 年首创了世界第一个 BS 字母组成的"风筝标志"来表示符合尺寸标准的钢轨。20 世纪 20 年代起，发达国家陆续采用产品质量认证制度，在 20 世纪 50 年代，基本上已在所有工业

---

　　① 事实上，对厂商来说，产品质量认证具有发送信号的功能。质量认证包括产品质量认证与质量体系认证。质量体系认证是在 20 世纪 70 年代从产品质量认证中派生出来的。因此，本研究不讨论质量体系认证制度内生的问题，而主要讨论质量认证制度内生的问题。有关质量认证与质量体系认证的详细介绍请参阅栾军（1996）。

发达国家普及①。发展中国家从 20 世纪 70 年代才开始陆续推行产品质量认证制度。与大部分发展中国家一样，我国的产品质量认证制度也开展较晚，在 1978 年加入国际标准化组织（ISO）后才引入质量认证的概念，1991 年 5 月，国务院颁发了《中华人民共和国产品认证管理条例》，这标志着我国产品质量认证工作开始步入法制轨道。

那么，为什么产品质量认证制度会在 20 世纪初首先出现在发达国家，并在发达国家迅速推行？为什么在 1991 年我国产品质量认证工作才开始步入法制轨道？也就是说，哪些因素会影响到产品质量认证制度的制定和实施呢？为了分析的方便，假设一个国家在经济的一开始就制定和实施质量认证制度，且这一制度能够完全解决质量信息不对称的问题②。此时，由（21）式和（16）式可知，制定和实施产品质量认证制度的收益为：

$$R = f \cdot A_1(0) \tag{22}$$

其中，常数 f 与 ε 等有关。

由最终产品的生产函数可知，最终产品产出随着中间产品种类数的扩大而增加。由命题 2 的证明可知，高质量中间产品的种类数是 $A_1(0)$ 的线性函数。因此，高质量最终产品的产出是 $A_1(0)$ 的单调递增函数。显然，高质量产品产出越多，进行产品质量认证时，需要投入更多的人力和物力③。因此，产品质量认证制度的实施成本随着 $A_1(0)$ 增加而增加④。据此，假设制定和实施产品质量认证制度的成本为：

$$\Omega = F + \varphi \cdot A_1(0) \tag{23}$$

其中，F 表示产品质量制度的制定成本，是一固定成本；$\varphi \cdot A_1(0)$ 表示产品质量制度的实施成本，是一可变成本⑤。

由（22）式和（23）式可知，只有 A_1（0）满足（24）式时，一个国家才会制定和实施产品质量认证制度：

---

① 详细内容请参阅蒋鸿章（1995）。

② 假设质量认证制度只能解决一部分产品的质量信息不对称问题不会影响本研究的主要结论。

③ ISO 向各国推荐的产品质量认证制度是：型式试验加供方质量体系评定再加认证后监督——质量体系复查加供方和市场抽样检验。

④ 在现实中，还可以从另外两个角度来理解质量认证制度的实施成本与高质量最终产品产出之间的关系。高质量产品产出越多，也就意味着生产的厂商越多。此时，会有更多的厂商申请质量认证（有些产品国家强制进行质量认证），从而提高质量认证制度实施的成本。此外，由于人们偏好多样性，因此，也可以认为，高质量产品产出越多，高质量产品的品种越多。此时，就会有更多的品种申请质量认证，从而提高质量认证制度实施的成本。

⑤ 由于不管抽查的产品的数量是多少，质量抽查的所有工作程序都要按规定完成，因此，对产品的抽查具有规模效应，即应该更合理地假设可变成本为 $\varphi \cdot [A_1(0)]^\beta$，$0 < \beta < 1$。但这不会改变本研究的结论。

$$A_1(0) > \frac{F}{f - \varphi} \tag{24}$$

（24）式表明，只有高质量最终产品的产出和产品数量达到一定的规模，那么一个国家制定和实施质量认证制度的收益才会高于成本，一个国家才会真正实施质量认证制度；反之，一个国家不会制定质量认证制度或者制定了但不实施质量认证制度。

自从工业革命之后，尤其是在 19 世纪 50 年代之后，世界经济快速发展，消费品的种类不断扩大，人们对产品的了解越来越困难，信息不对称问题越来越严重。此外，与发展中国家相比，发达国家的高质量最终产品的产出和产品数量相对较大，信息不对称问题对发达国家的损害更大。因此，（24）式在一定程度上解释为什么产品质量认证制度会在 20 世纪初首先出现在发达国家，并在发达国家迅速推行。

在改革开放之前，由于我国实行重工业优先的赶超战略，人们生活水平提高缓慢，商品种类稀少且通过计划分配，产品质量信息不对称问题对经济发展的影响几乎不存在。改革开放之后，我国逐渐放弃赶超战略，社会主义市场经济体制逐步建立，经济发展取得巨大成就。在经济发展过程中，随着商品种类的迅速增加，质量信息不对称的问题逐渐显现，例如 20 世纪 80 年代，温州制造、贩卖假冒伪劣皮鞋对消费者造成了损失。因此，（24）式也可以在一定程度上解释为什么在 1991 年我国产品质量认证工作才开始步入法制轨道。

事实上，解决质量信息的不对称主要有三种途径：政府制定和实施相应的制度；企业发送信号；政府制定和实施相应制度与企业发送信号相结合。因为对厂商来说，通过产品质量认证，就可以向社会发送信号，说明其产品符合一定的标准，对国家来说，产品质量认证制度是一项重要的解决质量信息的不对称问题的制度，所以本章研究的产品质量认证制度属于第三种途径。政府可以制定法律、法规规定，如果企业不如实披露信息，那么将会受到严厉惩罚，从而来解决质量信息的不对称的问题。企业也可以通过创立品牌等来解决信息不对称的问题。随着经济的发展，我国有越来越多的知名品牌。因此，我们将会进一步研究解决质量信息的不对称的问题的其他两种途径。

2.2.5　结论

有不少文献根据信息不对称的假设研究了金融与经济增长的关系。但是，几乎没有研究最终产品质量信息的不对称对中间产品市场和经济增长产生的影响。本研究在内生经济增长理论的框架内，建立了一个模型来分析质量信息的不对称与经济增长的关系。模型的结论表明：质量信息的不对称不但会导致最终产品市场的萎缩，而且会降低知识产品的定价，从而阻碍一国的知识增长和经济发展。由于知识增长率决定了一国的长期经济增长率，所以质量信息的不对称对知识创新的阻碍将对一国经济产生深远的负面影响。与此同时，由于信息不对称会降低一国的经济增长率和社会福利水平，因此，会内生出一些制度安排，例如质量认证制度来解决信息不对称问题，从而促进一国的经济发展。

在我国，在最终产品市场上，质量信息不对称的现象非常普遍。因此，为了提高知识产品的价格，我国应该制定并严厉执行相应的法律，减少质量信息的不对称，促进我国经济的长期增长。2004 年 10 月 13 日，福建省工商局在对水泥质量抽查时发现 69 家经销单位的 120 个样品合格率仅为 67.5%，而属于国家免检产品的"新安"牌、"星岩"牌水泥等存在质量问题。而这两个品牌的水泥是 2003 年获得国家免检称号的，按规定，有效期为 3 年[①]。这一事件说明，我国虽然初步建立了质量认证制度，但这一制度的实施还存在一定的问题。因此，为了更好地解决信息不对称问题，我国应该强化质量认证制度的实施。

本章参考文献

1. Barro, Robert J. *Government Spending in a Simple Models of Endogenous Growth* [J]. Journal of Political Economy, 1990, (98).

2. Barro, Robert J. & Xavier Sala – i – Martin. *Economic Growth* [M], McGraw – Hill, 1995.

3. Denicolò, Vincenzo. *Patent Races and Optimal Patent Breadth and Length* [J]. Journal of Industrial Economic, 1996, (44).

4. Dixit, Avinash and Joseph E. Stiglitz. *Monopolistic Competition and Optimum Product Diversity* [J]. American Economic Review, 1977, (67).

5. Domer Evsey D. *Capital Expansion, Rate of Growth, and Employment* [J]. Econometrica, 1946, (14).

6. Harrod Roy F. *An Essay in Dynamic Theory* [J]. Economic Journal, 1939, (49).

7. Gilbert Richard and Carl Shapiro. *Optimal Patent Length and Breadth* [J]. RAND Journal of Economics, 1990, (21).

8. Grossman, Gene M. and Elhanan Helpman. *Innovation and Growth in the Global Economy* [M]. MIT Press, 1991.

9. Klemperer, Paul. *How Broad Should the Scope of Patent Protection Be* [J]. RAND Journal of Economics, 1990, (21).

10. Lucas, Robert E. Jr. *On the Mechanism of Economic Development* [J]. Journal of Monetary

① 详细内容请参阅孙晨（2004）。

Economics, 1988, (22).

11. Romer, Paul M. *Increasing Return and Long – Run Growth* [J]. Journal of Political Economy, 1986, (94).

12. Romer, Paul M. *Endogenous Technological Change* [J]. Journal of Political Economy, 1990, (98).

13. Schumpeter, Joseph A. *Capitalism, Socialism and Democracy* [M]. Harper, 1942.

14. Solow, Robert M. *A Contribution to the Theory of Economic Growth* [J]. Quarterly Journal of Economics, 1956, (70).

15. Swan, Trevor W. , *Economic Growth and Capital Accumulation* [J]. Economic Record, 1956.

16. Acemoglu, D. , and Zilibotti, F. *Was Prometheus Unbound by Chance? Risk, Diversification and Growth.* Journal of Political Economy, 105, pp. 709 – 751.

17. Aghion, Philippe and Howitt, Peter. *Endogenous Growth Theory.* Cambrige, MA: MIT Press, 1998.

18. Akerlof, George. *The Market for Lemons: Quality Uncertainty and the Market Mechanism.* Quarterly Journal of Economics, 1970, 84, pp. 488 – 500.

19. Barro, Robert J. and Sala – i – Martin, Xavier. *Economic Growth*, Boston: McGraw – Hill, 1995.

20. Bencivenga, V. R. and Smith, B. D. *Some Consequences of Credit Rationing in an Endogenous Growth Model.* Journal of Economic Dynamics and Control, 1993, 17, pp. 97 – 122.

21. Domer, Evsey D. *Capital Expansion, Rate of Growth, and Employment.* Econometrica, 1946, 14, pp. 137 – 147.

22. Greenwood, J. and Jovanovic, B. *Financial Development, Growth, and the Distribution of Income.* Journal of Political Economy, 1990, 98, pp. 1076 – 1107.

23. Grossman, Gene M. and Helpman, Elhanan. *Innovation and Growth in the Global Economy*, Cambridge, MA: MIT Press, 1991.

24. Harrod, Roy F. *An Essay in Dynamic Theory.* Economic Journal, 1939, 49, pp. 14 – 33.

25. King, R. G. and Levine, R. *Finance, Entrepreneurship and Growth: Theory and Evidence.* Journal of Monetary Economics, 1993, 32, pp. 513 – 542.

26. Levine, Ross. *Finance and Growth: Theory, Evidence, and Mechanisms*, in Aghion, Philipe and Durlauf, Steven eds: Handbook of Economic Growt. Amsterdam: North Holland, 2004.

27. Lucas, Robert E. Jr. . *On the Mechanism of Economic Development.* Journal of Monetary Economics, 1988, 22, pp. 3 – 22.

28. Rothchild, Michael and Stiglitz, Joseph. *Equilibrium in Competitive Insurance Market: An Essay on the Economics of Imperfect Information.* Quarterly Journal of Economics, 1976, 90, pp. 629 – 649.

29. Romer, Paul M. *Increasing Return and Long – Run Growth.* Journal of Political Economy, 1986, 94, pp. 1002 – 1037.

30. Sirri, E. R. and Tufano, P. *The Economics of Pooling*, In D. B. Crane, et al. , Boston eds: *The Global Financial System: A Functional Approach.* MA: Harvard Business School Press, 1995.

31. Spence, Michael. *Job Market Signaling*. Quarterly Journal of Economics, 1973, 87, pp. 355 – 374.

32. Solow, Robert M. *A Contribution to the Theory of Economic Growth*. Quarterly Journal of Economics, 1956, 70, pp. 65 – 94.

33. Stiglitz, Joseph. *Information and the Change in the Paradigm in Economics*. American Economic Review, 2002, 92, pp. 460 – 501.

34. Stiglitz, Joseph and Weiss, A. *Credit Rationing in Markets With Imperfect Information*. American Economic Review, 1981, 71, pp. 393 – 409.

35. Swan, Trevor W. *Economic Growth and Capital Accumulation*. Economic Record, 1956, 32, pp. 334 – 361.

36. 潘士远:《最优专利制度》,载于《经济研究》2005 年第 12 期。

37. 潘士远、史晋川:《内生经济增长理论:一个文献综述》,载于《经济学》(季刊),2002 年第 3 期。

38. 蒋鸿章:《新版 ISO9000 质量管理和质量保证系列国际标准应用指南》,国防工业出版社 1995 年版。

39. 栾军:《质量管理学教程》,上海交通大学出版社 1996 年版。

40. 潘士远、史晋川:《内生经济增长理论:一个文献综述》,载于《经济学》(季刊),2002 年第 1 期,第 753 ~ 786 页。

41. 世界银行:《知识与发展》,中国财政经济出版社 1999 年版。

42. 孙晨:《法学及经济学界齐发难 国家免检制度风雨飘摇》,载于《中国经营报》,2004 年 10 月 24 日。

第二篇

民营企业的发展
障碍与制度创新

第三章

民营企业创业行为与企业家环境

美国百森商学院（Babson College）创业研究主任拜格雷夫（Bygrave）教授曾经指出，创业精神是美国最为重要的战略优势。改革开放以来，民营经济的崛起被认为是中国经济实现持续快速增长的重要动力，重视民间力量、鼓励民间的创业活动对 21 世纪的中国同样具有重要的战略意义。发展富于创新和具有持续创业精神的民营企业，已成为人们的共识。然而，目前学术界对民营企业创业行为研究尚未取得突破性的成果，未能深入认识民营企业创业行为的类型、模式与特征，从而难于识别出针对性的政策以构建促进民营企业创业与成长的政策环境。本章旨在深入认识民营企业创业特征的基础上，识别现有的以制度为核心的外部环境中不适应创业需求的抑制要素，谋求针对性的以培育促进民营企业创业与成长的政策环境。

第一节　我国创业活动特征

近几年，全球创业观察（GEM）① 开始把中国、印度以及其他一些发展中国家纳入其研究视野，运用抽样调查的方法考察基于整个国家层面的创业活动。这

---

① 《全球创业观察》是全球最全面的创业调查报告，目前共有 37 个国家和地区参与，由美国巴布森学院和英国伦敦商学院联合主笔——编者注。

就证明以中国等为代表的发展中国家的创业活动是整个全球创业活动的重要组成部分，特别是中国转型经济的特征更具有独特的研究价值。本节基于 GEM 提供的框架，以国外三个创业研究的主流刊物（JBV、ETP、JSBM）以及两份 GEM 报告（2002、2003）等提供的中国创业研究成果为主，对以上问题展开分析。

3.1.1 国外学者对中国创业活动研究的初步结论

本节借助于 GEM 报告所采用的概念性框架，展开国外研究中国创业活动的理论梳理。

GEM 项目提出了一个如图 3 - 1 所示的创业研究概念性框架。在这个模型中有两套相互独立又相互补充的机制。第一套机制反映了作为已有企业，也包括中小企业对区域经济增长以及绩效的关系，第二套机制强调的是新创企业与经济增长和绩效的关系。其实，从前不久发布的 GEM2003 年报告来看，事实上已经对以上框架进行了完善，如为了全面考察创业活动，对企业创业指数（Firm Entrepreneurial Activities，FEA）进行了分析，使之能更全面地反映区域创业活动。因此，在第一套机制中已有企业也存在着把握创业机会、开拓创业能力，促进经济增长的问题。以 GEM 报告提供的概念性框架为依托，国外创业研究的主流刊物在以下几个方面对中国创业活动进行了研究。

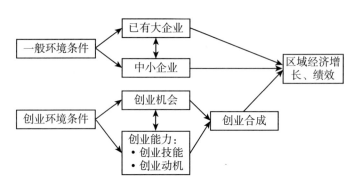

图 3 - 1 GEM 报告的概念性框架

一、创业环境条件的研究

创业环境条件是一国创业机会和创业能力的影响因素。GEM 开发出 9 个创业环境条件：金融支持、政府政策、政府项目支持、教育与培训、研究开发转移效率、商业和专业基础设施、进入壁垒、有形基础设施、文化和社会规范。许多学者对中国转型期社会规范等的演化对创业活动的影响进行了分析。

阿布斯托和布鲁顿（Ahlstrom & Bruton，2002）站在制度学理论的视角，对中国创业活动与社会规范等制度因素进行了分析。制度因素已经被有关学者用于考察国家的创业倾向（Busenitz，1996），但用于创业个体和制度互动的因素却很少。两位学者论证了一个重要的观点，在一个转型经济环境下，创业型的企业不但可以适应，而且可以通过改变一定的条件为自己创造相对有利的制度环境。许多研究已经论证了制度的演变过程，一方面，个体构建制度不但是理性、有意识的构建过程，而且可以是零碎的逐步构建过程（North，1990；Powell，1991）；另一方面，个体可以利用非正式的制度力量以重构制度（Fligstein，1997）。最近对中国创业活动的研究也已经突破了把制度仅仅看做是个体创业倾向的影响因素，而是把制度作为可利用的变量来看待。

司各特（Scott，1995a，2002）把制度区分为规章（Regulatory）、规范（Normative）和认知（Cognitive）三个维度。规章包括了国家层面的法律、规定和成文的政府政策等；规范涉及指导个体或组织行为的权威系统和角色；认知则被感知为行为人之外的，受到一定框架的局限又没有意识到的变量。转型期的中国已经出现了许多逐步建立起来的规范制度，创业者必须寻求适宜的规范和职业标准等以促进自己的创业活动合法化。在中国某些地区，与强有力的个体和组织联盟能够帮助创业者建立非官方的规范（Schlevogt，2001）。

在中国的制度规范中，有一个核心的要素就是关系。人们倾向于与自己的家庭成员，或是目前虽没有联系但可以信任的人做生意（Chen，2001；Redding，1990）。但大多数对关系的研究都是假定关系已经存在，然后考察其影响，而没有考虑如何超前地建立关系。在利用和建立关系上，阿布斯托和布鲁顿对中国的创业者提出并验证了以下命题：

命题1：成功的创业者把企业定位于已建立了关系的区域；

命题2：在没有先前联系的情况下，成功创业者将试图与潜在的顾客和供应商建立起信任关系；

命题3：如果不能把企业定位于有关系的区域，他们将试图通过恩惠和赠与礼物等方式建立起关系；

命题4：成功创业者经常积极地使用慈善行动，以帮助与地方政府建立关系并获得支持。

两位作者论证了即使没有先前的关系，成功的创业者也能够通过培养在较短时间内建立起与自己有利的关系。

布鲁顿和阿布斯托（2003）通过对已投资于中国的24家风险投资企业的36位风险投资家的调查，进一步发现中国创业投资的制度环境与西方存在着许多差异。笔者通过选择有前景的企业、建立与被投资企业的关系和实施监督、对被投资企业的价值增值和退出四个环节进行了对比。

许多成功的风险投资家发现了如何识别和利用中国各个层次的关键制度规范。例如，在许多情况下，一项规范如关系可能会阻碍尽职调查，因为风险投资者很难在没有建立关系的情况下获取有用的信息。然而，假如风险投资者能够建立起关系，或者是聘用到拥有这些关系的人，关系也能够在寻找交易、监督企业、给予企业帮助等方面有所益处。

二、创业机会、创业能力与创业合成研究

创业环境的基本要素对创业活动产生了重要的影响，促进了创业机会的产生和增强了创业能力，创业机会和创业能力相结合，就会产生创业活动。从 GEM2002 中国报告看，我国不仅在此前的 5 年里，而且在当前均存在很多的创业机会。相对于其他 GEM 参与国家和地区，我国处于一定的优势地位。但我国的创业者在把握或利用机会上没有优势，而且中国新创企业在评价要进入某一领域的信息获取方面存在比较大的差距，在面对众多商业机会的时候，创办高成长型公司的机会相对也少一些。

劳和布森尼茨（Low. C. M & Busenitz，2001）研究了中国小企业主的创业认知模式，借以解释创业者是如何创造、维持和转换组织形式的。基于对中国 2 878 个私营企业主的调查，笔者发现不光是创业者的承诺、成就需求和社会环境影响其成长意图和扩张方式，而且创业者对环境的认知和理解对成长意图有着直接的影响，如图 3-2 所示。

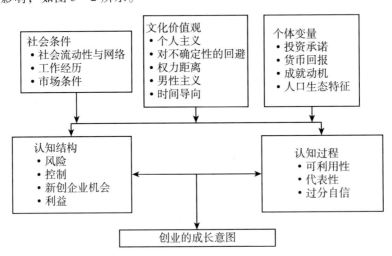

图 3-2　影响创业成长意图的认知视角分析
框架（Busenitz Lau，1996）

他们的研究证实了先前的假设，即社会条件和个体变量对创业成长意图这一认知产出有重要的影响，在中国这样的转型国家结论也是成立的。转型期孕育了大量的企业成长机会，然而，对于创业型的企业而言，仍有许多来自于传统体制的限制。这一研究也证明了创业者对市场条件的理解与成长意图和完成企业成长的手段直接相关。

邹和刘（Chow & Yiu，2000）则从上海的小型制造企业（1989~1992 年）与传统大企业的实证对比中发现，创业型的中小企业遇到的融资困难其实比人们通常认为的小，在解决自身的融资上甚至比传统大企业要有优势。这从侧面说明了创业型中小企业的创业能力比传统大企业要强，把握创业机会进而转化为持续成长的能力更足。

转型期国家与发达市场经济国家的经济条件有很大的不同，在决定投资水平的内部融资上与已在发达国家研究的结论不同。由于资本市场的不发达、不成熟，发展中国家企业的固定资产投资更多依赖于银行信贷，但国有银行具有的对国有企业的偏好，使得绝大多数创业型企业（Entrepreneurial Firms）很难得到国有银行的支持。但创业型的中小企业并不是孤立无援的，使用中国的研究小组数据发现（Chow Fung；1996，1997），中小企业比传统国有大企业具有更高的效率，他们通过自己的管理效率能够产生出大量的现金量，从而满足他们成长期对固定资产融资的大量需求。而且，这些中小企业还能够从非正式的融资渠道来获得借贷资金（Tam，1986；McKinnon，1994）。

与其他转型国家类似，中国的资本市场也是支离破碎的，非国有企业被排挤在国有银行融资体系之外，但传统国有大企业却遇到了比中小企业更多的融资困难，我们推测有三种可能的解释：（1）混合所有制的快速成长中小企业通过市场和管理的效率，能够产生出足够的用以支持其固定资产投资的现金流；（2）亏损面越来越大的国有企业却面临着越来越得不到国有银行支持的窘境；（3）虽然快速成长的中小企业很难从正规的银行系统获得资金，但是他们可以从大量的非正式信贷市场获得资金。

三、已有大企业与中小企业的创业

其实国内外学术已大量开展了对已有大企业包括中小企业创业活动的研究，例如对公司内部创业、中小企业群体内部创业型企业的识别等，说明已有企业的创业也是经济增长的一支重要力量。正如前面所言，GEM 项目已经从 2003 年开始加入了对已有企业创业活动的研究。但到目前为止，大量对已有企业创业的研究集中在发达市场经济国家，特别是跨国公司的内部创业上。而对处于转型期的国家如对中国的已有企业创业研究却很少，对中国转型环境而言，必须考虑到所有制条件的限制。

谭（Tan，2001）考察了作为国有企业（SOEs）的管理者和作为私营企业（POEs）的创业者，在面对同一环境时，创新与冒险上的不同思维与行动倾向。结果发现管理者和创业者在对环境特征的理解、所采用的战略导向等方面存在着明显的差异。比国有企业规模小但行动迅速的创业型企业，通过速度、有效的执行等获得了市场上的先发优势（First - Mover Advantages），在动荡的环境中增加了生存机会。因此，在中国的转型经济条件下，可以提出以下两个重要假设：

假设1：对感知的管制环境，管理者和创业者存在巨大差异；

假设2：对创新和承担风险的动机，管理者和创业者存在巨大差异。

从对两类人员的对比实证研究看，验证了以上假设，见表3-1。在对环境的对抗性、动态性和复杂性的评价上，管理者的得分高于创业者；而在战略导向的创新与承担风险上，管理者存在着明显的不足。

表3-1　　　　　　　　　　管理者与创业者的差异

	管理者			创业者			MANOVA	
	N	Mean	SD	N	Mean	SD	F	Significance
环境								
对抗性	56	5.571	0.911	53	5.188	0.878	4.973	0.028
动态性	56	6.339	0.581	53	5.679	1.221	13.208	0.000
复杂性	56	5.679	0.833	53	5.132	0.832	11.713	0.001
战略								
承担风险	56	3.607	1.090	53	4.962	1.143	40.143	0.000
创新	56	3.786	1.155	53	4.622	1.078	15.243	0.000

在中国的转型经济条件下，大量的涉及竞争环境的规则等待修改，市场环境也在剧烈地演变和发展。在政府不断地放松管制条件下，孕育着大量的创业机会，这些创业机会体现为各种未被满足的市场利基。创业者也表现出两种主要的创业活动，即联系不同的市场和弥补市场的不足。正是在这样的创业条件下，创业者面临着更为动荡的环境，中国的私营创业者寻求甚至创造不均衡，通过迅速行动填补了利基市场（Tan，1996）。小规模和简单结构，使得创业型中小企业更适宜面对动荡的环境，比已有竞争者更能采取超前行动。因此，环境的动荡性给了小型创业型企业打破现状，摧毁已有对手竞争优势的机会（D'Aveni，1994）。他们追求机会但并局限于目前的资源与能力，甚至在信息不完全的情况下也能够采取冒险行动做出迅速的决策（Bird，1989）。

虽然中国目前的许多管制环境仍然有利于国有企业，但为什么国有企业反而感觉环境更为恶劣呢？通过调查发现，虽然许多环境不尽如人意，但许多创业者认为这是新中国成立以来创业环境最好的时期，这与许多国有企业管理者的回答形成了鲜明的对比。这说明对于同样的客观环境条件，由于决策者对环境的感知不同，就带来了不同的决策结果。

对此进一步的分析发现，中国的创业者采取了与西方市场经济条件下相似的战略导向（Bird，1989），也就是强烈的创新动机和高冒险倾向。正如我们在调查中所显示的，创业者坚信中国政府支持创业的政策不会变，有利的创业环境将会持续下去。因此，创业者乐于对市场机会的识别、迅速行动以获得回报。因为利润直接与他们相关，他们接受风险基础上的创业动机更足。而且，对模棱两可市场环境的容忍，和对复杂市场环境的适应，在战略创新上比管理者做得更好，创业者能够审慎地选择未满足的市场状况。对于这些创业者而言，取得回报不是依赖于一致性、稳定性和可预测性，而是依赖于复杂性、动态性和对抗性的市场环境。

四、从环境、创业再到绩效的框架

以上是从影响中国创业活动的各个主要因素所做的研究，个别研究开始涉及从环境、创业再到绩效的整体框架。

罗（Luo，1999）使用环境—战略—绩效框架（见图3-3），以中国乡镇企业（Township and Village Enterprises，TVEs）的创业行为为研究载体，揭示出中国转型期环境的特征，如复杂性和动态性影响乡镇企业创业者对不确定性和潜力的感知，这一感知反过来影响创业者所采取的战略导向如创新、承担风险和超前

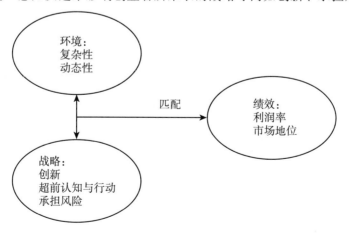

图3-3　小企业环境—战略—绩效关系的概念模型

认知与行动（Proactiveness）等。基于调查数据分析的基础上，他发现乡镇企业创业者的创新、超前认知与行动和日益增大的环境动态性正相关。当环境条件复杂或是对抗性强时，战略决策被制定得小心翼翼。

罗的重要发现是中国乡镇企业创业者对环境条件的协调，采取了一种既非单纯开拓者（Prospector），也非单纯防御者（Defender）的角色，而是一种"警觉的开拓者"（Wary Prospector）的角色。这一战略环境架构导致其超常的财务与市场绩效表现。

与纯粹的市场经济环境不同，转型经济不只是单一的私有经济（Privately-Owned Business），而是体现出组织形式上的多元化，包括国有企业、集体所有企业、私有企业和合资企业等多种经济形式。中国改革的历程说明其首先走的是一条发展小型企业，特别是乡镇企业，进而导致国有经济比重的下降和垄断地位的逐步丧失，而非纯粹私有化的"休克疗法"（Shock Therapy）。尽管他们的规模小，但很有效率。乡镇企业是一个能够节约交易成本、易于适应制度变化、向各种创业者开放的有效载体（Byrd，1992）。

由于中国改革开放的渐进特点，使得乡镇企业创业者既从计划部门又从市场部门获益（Nee，1992）。乡镇企业和地方政府是相互依赖的，乡镇企业构成了地方政府的主要收入来源，他们也从地方政府得到了大量的帮助。正如尼（Nee，1992）所指出的，这一制度安排代表了一种不完全的市场转化（Incomplete Market Transition）和弱联系（Weak Structure）下的一种有效解决办法。

根据威廉姆森（1991）的交易成本理论，当交易双方在保持自主并且相互依赖的条件下，这一解决办法是在组织间节约交易成本的工具。而在其他转型经济体，许多初创期的中小企业很难获得资本、技术、信息、稀缺资源和销售渠道。相反，中国的地方政府却能够帮助乡镇企业的创业者获得生产要素、使用基础设施、安排市场销售渠道、获得政府许可（Byrd and Lin，1989）。而且，地方政府能够在他们所控制的范围内评估并分散新创建企业的风险，甚至承担创业失败的成本。地方政府所扮演的这些角色都强化了乡镇企业创业者的创新能力与适应性。

乡镇企业这些令人惊奇的发展不能不说其是一种重要的创业活动。许多乡镇企业致力于技术创新，而另外一些企业则成功地采用了国内外的先进技术。在所有权尚不清晰的情况下，乡镇企业创业者表现出了在寻找未开发机会的洞察力和乐于冒风险的特征（Jefferson，Rawski and Zheng，1992）。

由于中国经济的多元化，处于同一文化背景下的组织却并非是同质的。谭和李（Tan & Li，1996）的一项研究发现，中国北方的乡镇企业（如北京和天津）对外部环境的反应表现出介于超前行动（Proactive）和防御模式（Defensive

Model）的中间体（Hybrids）。作为一种介于超前行动者和防御者之间的中间体战略（Hybrid Strategy）——分析者导向的战略（Analyzer – Oriented Strategy）可能是一种既利用机会又防范风险的较优选择战略（Hanbrik，1983；Miles and Snow，1978）。这样的分析者导向战略就是通过效率导向的战略防御已有的产品市场，而又通过密集的产品或市场创新小心地渗透进新的市场（Venkatraman and Prescott，1990）。人口生态学的理论建议组织的生存和成长取决于环境要素，而组织的战略导向调整也是企业成功的重要因素（Miller and Friesen，1983）。

作为一种多维度的构造，中国的市场环境体现出隐形化、模棱两可、动态性与累积性等特征（Boisot and Child，1988），在这样的环境下，乡镇企业创业者体现出更多的竞争优势，这种竞争优势增强了乡镇企业的适应性和扩展性。

我们通过进一步的实证分析显示（见表 3 – 2、表 3 – 3），乡镇企业创业者对动态环境的反应是高度创新和超前行动的，但在面对环境的复杂性时，他们表现出并不明显的承担风险特征，这说明由于乡镇企业自身实力的限制，他们还不能够对环境的复杂性做出有效的分析，因此他们不是一味地开拓者，而是"警觉的开拓者"。他们通过小心谨慎的环境分析以寻找正在涌现的产品或市场机会。

表 3 – 2　　　　　　　　　环境—战略关系：多元回归结果

自变量：环境维度	回归结果 因变量：战略导向			MANOVA 结果	
	创新	超前认知与行动	风险承担	λ 值	F 值
复杂性	0.26 *	0.29 **	0.17	0.83	2.33 **
动态性	0.44 ****	0.35 ***	0.39 ***	0.63	7.45 ***
R^2	0.22	0.19	0.29		
F	3.96	3.50	6.57		
p ≤	0.01	0.05	0.001		
N	63	63	63		

注：* 表示为 $p < 0.10$；** 表示为 $p < 0.05$；*** 表示为 $p < 0.01$；**** 表示为 $P < 0.001$。

从表 3 – 2 看，多元回归结果显示，战略导向的创新维度与环境维度的复杂性（0.26）与动态性（0.44）显著正相关，环境动态性的影响更为明显。相似地，超前认知与行动和环境的复杂性（0.29）与动态性（0.35）也处于紧密相关的程度。这意味着创业型的乡镇企业，对于动态复杂环境下涌现的稍纵即逝的产品和市场机会，只能采取创新、超前认知与行动才能生存下来。环境的动态性与风险承担有显著的相关性（0.39）。相反，感知到的任务与制度环境的复杂性与风险承担并没有显著的系统相关性（0.17）。

表 3 - 3 　　　　　　　 战略—绩效关系：多元回归结果

自变量：战略导向	回归结果 因变量：绩效		MANOVA 结果	
	利润率	市场地位	λ 值	F 值
创新	0.38 ***	0.37 ***	0.72	5.41 ****
超前认知与行动	0.34 **	0.38 ***	0.77	4.38 ***
风险承担	- 0.02	0.08	0.94	0.90
R^2	0.51	0.60		
F	9.66	12.20		
p≤	0.001	0.001		
n	63	63		

注：* 表示为 $p < 0.10$；** 表示为 $p < 0.05$；*** 表示为 $p < 0.01$；**** 表示为 $P < 0.001$。

从表 3 - 3 看，战略导向的两个维度：创新、超前认知与行动和绩效的两个维度：利润率和市场地位显著正相关，而风险承担却不明显。这证明了创新、超前认知与行动是中国转型期创业型乡镇企业绩效的重要影响因素，而风险承担则不是决定的影响因素。

3.1.2 　中国创业活动的特征与创业环境

从多名国外学者对中国创业活动的研究看，中国的创业活动具有明显的发展中国家转型经济的特征，如创业环境的动态性和复杂性程度远远高于发达国家，特别是动态性表现的尤其明显，必然影响到创业活动的行为和结果。另外，中国的创业活动又反映出自身的独特之处，如对关系的极为重要等。下面主要分三个方面对这些特征进行简述。

一、转型经济对创业活动的影响

由于长期的高度集权的计划经济体制和传统文化的影响，使得中国具有独特的社会和商业背景。例如，私营企业虽然已不只是国民经济的重要补充，但事实上许多地方对私营企业的创业行为仍存在诸多限制，特别是在获得必要的创业资源上处于不利的地位。许多创业企业不光要考虑利润、市场等经济目标，还要兼顾政治等非经济的目标。中国的企业既面临着从计划经济到市场经济转型的任务，同时又面临着从传统工业经济向信息经济、知识经济、服务经济转型的任务，因此，中国的创业活动又表现出与东欧等前社会主义国家不同的转型特征。

如果把创业活动分为两类，即没有其他适合的工作而不得不创业的生存型创业和因为具有吸引力的机会而选择创业的机会型创业，那么从 2002 年中国 GEM 报告看，中国 60% 的创业属于生存型创业，40% 属于机会型创业。而 GEM 报告的调查结果是，2/3 的创业者属于机会型创业，另外的 1/3 属于生存型创业。生存型的创业虽是中国改革开放初期的重要特征，也是维持中国经济增长的重要力量。但长期看，机会型的创业在促进中国经济从"粗放式"到"集约式"的发展中将起到重要作用。

传统的环境—战略—绩效分析框架主要是基于成熟的市场经济国家，对中国独特的转型经济而言，管理的基本假设都要发生改变。如对环境的假设，金融、法规等在成熟市场经济国家已基本定型的制度因素，在中国却是动态多变的。在成熟市场经济国家，往往把这些制度因素作为不变来看待，而对中国而言，却存在着创业活动与制度因素间的互动，在一定时期内创业活动甚至成为变革制度的重要因素。

二、中国独特的文化价值观对创业活动的影响

中国独特的文化价值观也对创业活动有深刻的影响，例如，中国的儒家文化赋予了社会严格的层级关系，经常把家庭成员放在优先考虑的位置。因此，中国的许多创业活动发生于容易建立信任关系的本地市场。许多学者对中国独特的"关系"要素进行了分析，认为这是中国最重要的特征。关系被看做是在必要时能够交易的资源，既是一种应收账目，又是一种应付账目（Tsang，1998），但建立关系却是非常费时的工作。由于对关系资本的异常重视，企业的创业能力有时反而处于次要地位。

汉密尔顿（Hamilton，1991）曾指出，家族企业通过一系列随着时间地点的变化而扩张或收缩的联系而表现出来，企业的界限经常是模糊的，因为他们不能完全通过财产权、所有权、控制权来定义。相反，企业的界限是由通过社会性的关系使人们联系在一起的网络来定义的。储小平（2003）认为，在家族企业创业成长过程中，关系网络中所嵌入的各种资源不断地被企业吸纳和集成，企业组织形态也不断地发生演变。社会网络，一方面以中介功能调节着企业融合金融和人力资本的数量、质量和途径；另一方面它本身也是一种社会资本，在企业融合金融和人力资本的过程中，企业主及家庭成员的社会关系网络也同时与各种社会

关系网络处在不断融合、构建过程中。

三、中国的创业环境

从 2002 年 GEM 报告看，融合了转型期文化、经济、社会、法规等的创业环境基本综合体现了中国创业活动所面临的独特条件。总体上看，中国的创业环境在 GEM 的 37 个参与国家和地区中排名 23 位，属于中下水平。在衡量创业环境的 9 个方面，中国的评分多数在平均水平以下。按照创业环境和创业活跃程度对 GEM 亚洲参与国家和地区分类，中国属于创业环境差，但是创业活动较为活跃的国家。中国的创业机会多，创业动机强，但创业能力不足，亟须通过创业教育和实践智慧的积累提高创业能力。

张玉利等（2003）对中国经济和文化等的外生环境要素与创业者特质间关系做了实证研究，初步得出了一些有益的结论，见表 3 - 4。

表 3 - 4　　　　　　　　环境因素与创业者特质的关系

创业者特质	文化环境			经济环境
	尊重创业者	接受收入差距	认识创业者	
冒险性	0.276*	0.324*	0.379*	0.325*
能力经验	0.378*	0.300*	0.455*	0.284*

注：*表示为 P < 0.05（双尾检验）。

经济环境和文化环境经由影响感知机会能力影响创业行为，个体冒险性经由企业家承担风险的能力影响创业行为，表现为微观角度企业家对同一创业机会所表现出的不同选择正是源于个体冒险性的差异，能力经验通过影响感知机会能力、增加创业信心影响创业行为，表现为驾驭和规避创业过程中高不确定性的能力和信心。并且三者之间的相互作用进一步强化了对创业的影响：有利于创业的文化环境和经济环境能够促进有利于创业的个人特质的形成，经由个人特质对创业的作用机制强化了对创业的作用。

第二节　企业家创业行为

上一节主要从理论上探讨了创业行为的过程、影响因素以及与环境的匹配等，本节则要以上述理论为基础，通过不同区域、不同层面的样本调研，以验证以上理论假设，并试图进行理论创新。本课题组近几年先后开展过三次大的企业创业与成长调查：一是 2003～2004 年，以在校 MBA 学员和普通大众为调查对象，先后对北京、天津、沈阳、深圳等 11 个城市进行创业行为调查；二是 2004 年对天津市百强民营企业进行了问卷与访谈相结合的深入调查；三是 2004～2005 年对天津市除外商独资企业和外资控股以外各种所有制的科技型中小企业的创业与成长进行了全面的问卷调查，其中对近 300 家重点企业进行了深入访谈。第 2 节是基于第一次调查的基础上，所形成的关于企业家创业行业的实证研究，在机会拉动型创业与贫穷推动型创业区分、创业理性决策等多方面取得了不少阶段性的研究成果。而第 3 节是基于第二次调查的阶段性研究成果，主要探讨了经历了初创期的民营企业，其公司创业行为与企业绩效的实证研究，初步结论是民营企业的公司创业行为必须在高层管理团队的创业战略，以及内部创业环境营造上共同努力才可能带来企业绩效的更大提升。

3.2.1　企业家创业行为的实证研究

为了深入认识创业行为规律，我们于 2003 年 10 月到 2004 年 4 月以在学 MBA 学员与大众群体为调研对象，由北到南在沈阳、大连、北京、天津、石家庄、上海、长沙、成都、重庆和深圳等 11 个城市展开随机抽样的问卷调查，其中，北京、南京和长沙只有 MBA 学员样本，大连、成都和重庆只有大众样本，其余城市两者兼有。总共发放问卷 1 500 份，后经过问卷的筛选、整理，将关键信息量不足 80% 的问卷视为无效问卷（关键信息主要包括对创业者态度、接受收入差距、对经济环境的预期等信息），选出有效样本 1 185 份，有效率为 79%，从样本总体情况看，平均年龄为 35 岁；男性 848 人，占 70.8%，女性 337 人，占 29.2%；MBA 学员共 531 人，占 46.4%，大众共 627 人，占 53.6%。本报告以 1 185 份问卷为基础进行系统分析。

本研究借鉴 GEM（2002）的大众问卷，围绕概念模型设计本报告的调查问卷，包括七个方面的调查内容，分别为人口统计特征、机会感知、创业团队、资源获取、文化环境、经济环境和个人特质等。

数据收集采用随机抽样方式进行。MBA 学员样本采用两种方式收集：一是利用南开大学教师到外地教授 MBA 课程的机会，在课堂上采用随机抽样进行问卷填写与收集；二是通过邮寄方式委托当地院校的 MBA 教授在课堂上随机抽样调查。为了保证有效性，我们事先与参与问卷发放与收集的教师充分沟通，要求他们保证问卷调查过程的随机性与抽样性。大众样本采用在校研究生路访的方式随机抽样调查，采取赠送小礼品的形式吸引受访者的参与兴趣，并在问卷回收后对部分受访者进行了回访，以保证信息的有效性。

一、调查样本的总体概述

1. 总体样本的构成及人口统计特征

在总样本量 1 185 份中，男性 848 人，占总样本的 70.8%；女性 337 人，占总样本的 29.2%；MBA 共 531 人，占总样本的 46.4%，大众共 627 人，占总样本的 53.6%，相当的数量保证对两者差异研究结论的信度；除天津（19.9%）、上海（15.1%）和南京（10.7%）外，其余各城市抽样数量差距不大，保证了城市间差异比较的信度。总样本量中各城市分布和 MBA/大众分布见表 3 - 5。

表 3 - 5　　　　　总样本量的城市分布和 MBA/大众分布

城市	北京	长沙	成都	大连	南京	上海	深圳	沈阳	石家庄	天津	重庆	合计
数量(份)	79	51	77	54	128	181	100	74	113	239	89	1 185
比率(%)	6.6	4.3	6.4	4.5	10.7	15.1	8.3	6.2	9.4	19.9	7.4	100

	MBA	大众	合计
数量(份)	531	627	1 185
比率(%)	46.4	53.6	100

总体样本的年龄介于 18～64 岁之间，并近似于正态分布。26～30 岁样本在总样本量中的比率相对较高，而其他年龄段在总样本量中的比率相对较低；26 岁样本在总样本中的比率最高，达 8.8%，18 岁和 64 岁样本在总样本中的比率最低，不足 0.5%，具体分布如图 3 - 4 所示。

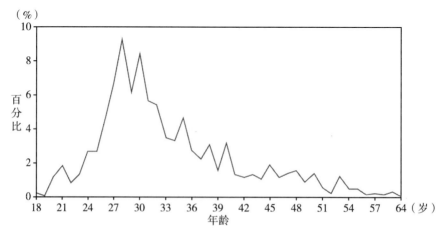

图 3 - 4　总体样本的年龄分布

2. 样本总体创业指数、创业动机指数的人口统计特征

总体创业指数是已创业人群占总体样本的比例，反映总体创业水平；创业动机指数是有创业动机人群占总体样本的比例，反映总体创业动机水平。主要从创业指数、创业动机指数的性别分布、居住地分布和年龄分布反映样本总体创业指数、创业动机指数的人口统计特征，见表 3-6 和图 3-5~图 3-7。

表 3-6　　　　样本总体创业指数、创业动机指数的性别分布　　　单位：%

	男	女	合　计
总体创业指数	15.8	8.4	24.2
创业动机指数	33.6	10.8	44.4

由此可见，总体样本的创业指数为 24.2%，总体样本的创业动机指数为 44.4%，从性别分布看，男性分别占 15.8%、33.6%，女性分别占 8.4%、10.8%，表明女性的社会经济活动参与度和参与欲望已得到极大地提高；从年龄分布看，已创业人群集中在 27~35 岁年龄段，而有创业动机人群集中在 26~31 岁年龄段；从居住地分布看，（1）上海、成都和重庆三地的创业水平和创业动机水平均较高；（2）天津和北京的创业水平较低而创业动机水平较高；（3）长沙的创业水平和创业动机水平都较低；（4）南京、沈阳、大连、深圳和石家庄五个城市创业水平和创业动机水平的相对位置大致相当。

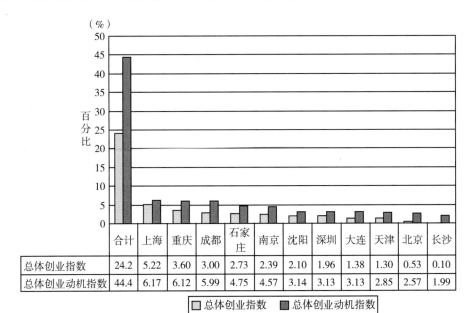

	合计	上海	重庆	成都	石家庄	南京	沈阳	深圳	大连	天津	北京	长沙
总体创业指数	24.2	5.22	3.60	3.00	2.73	2.39	2.10	1.96	1.38	1.30	0.53	0.10
总体创业动机指数	44.4	6.17	6.12	5.99	4.75	4.57	3.14	3.13	3.13	2.85	2.57	1.99

□ 总体创业指数　　■ 总体创业动机指数

图 3-5　样本总体创业指数、创业动机指数的居住地分布

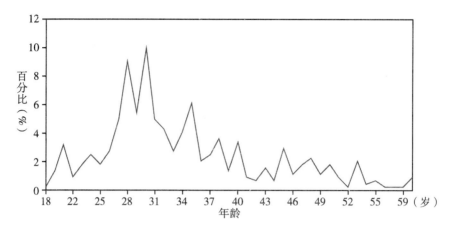

图 3-6 已创业人群的年龄分布

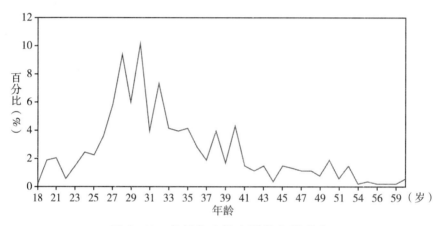

图 3-7 有创业动机人群的年龄分布

3.2.2 创业行为描述

一、机会感知

尽管一些实证研究得出机会感知与创业动机、创业行为之间的正相关关系，论证了机会感知产生创业动机并导致创业行为的结论，但没有得出感知机会到创业行为的决策过程的实质性结论。希尔、拉姆金和辛（Hills, Lumpkin & Singh, 1997）认为机会感知包括感知机会瞬间和评价、分析所感知机会两个逻辑阶段，最终导致创业行为的发生；阿米特、穆勒和科克伯恩（Amit, Muller & Cockburn, 1995）认为创业行为的机会成本主要由创业者创业前的状况所决定，表现为企业家现有的既得利益（主要包括企业家现有的收入水平与其受教育程度等），发现机会成本是创业者感知创业机会后制约创业决策的关键要素。这表明创业者机会感知是多阶段的决策过程（Hills，Lumpkin，Singh，1997），本报告拟从创业者地点选择描述感知机会瞬间的特点，从创业者的机会成本归纳评价、分析所感知机会依据的标准，试图得出感知机会到创业行为决策过程的一般规律。

调查显示，已创业人群中90%以上的企业家选择在居住地创业，企业家的机会感知力受空间距离的限制，获取信息的成本、发现新的市场机会的代价、创业行为的障碍等因素随着与居住地的空间距离的增加而加大。

调查发现机会感知与创业动机、创业动机与创业行为之间正相关，相关系数分别为 0.316（p < 0.05）和 0.317（p < 0.05），机会成本与创业动机之间负相关，相关系数为 -0.341（p < 0.05），而机会感知与创业行为之间不存在明显的相关关系；还发现企业家实际创业的机会成本偏低，少有高机会成本创业：创业前年收入 5 万元以下占 42.4%，其中 3 万元以下占 27.0%，3 万 ~ 5 万元占 15.4%；5 万元以上占 7.9%，其中 5 万 ~ 10 万元占 7.0%；10 万元以上占 0.9%。表明感知创业机会经由产生创业动机导致创业行为的发生，创业动机是感知创业机会到创业行为的中介；机会成本经由制约创业动机产生阻止创业行为的发生，表现为创业机会成本越高的潜在创业者越不倾向放弃当前工作进行创业活动；感知机会与机会成本的综合作用决定了感知创业不一定导致创业行为，感知机会到创业行为发生是企业家以机会的潜在收益和创业机会成本两维度评价创业机会，做出是否创业决策的复杂过程。

综上所述，从机会感知瞬间看，企业家易于感知身边的创业机会并转化为现实的创业活动；从感知到创业行为的过程来看，企业家主要经由比较机会成本和机会的潜在收益做出是否创业决策，基于机会成本的感知机会评价是企业家机会感知决策过程的一般概括（张玉利等，2003）。

二、机会型与生存型创业的比较

区分生存型和机会型创业的标准在于创业动机的差异，生存型创业的动机出于别无其他更好的选择，即不得不参加创业活动来解决其所面临的困难；而机会型创业的动机出于个人抓住现有机会的强烈愿望，创业有更好的机会。调查发现，生存型和机会型创业在创业机会成本、创业团队选择、创业产业选择、成长愿望、创业的创新性、融资渠道及对社会资本的态度等方面存在明显的差异性。

（1）从创业机会成本看，机会型创业的创业机会成本较生存型创业高：机会型创业的创业前年收入在 5 万元以上占 18.9%，而生存型创业为 5.7%，其中创业前年收入在 10 万元以上机会型创业占 3.4%，而生存型创业为零，表明机会型创业具有更强的冒险性。

（2）从创业团队选择看，机会型创业倾向于合伙创业，而生存型创业倾向

于独自创业，见表 3 - 7。机会型创业的独自创业、合伙创业比率分别为 48.3%
和 51.7%，生存型创业分别为 51.4% 和 48.6%。

表 3 - 7   **机会型与生存型创业的比较**   单位：%

创业类型	创业前年收入水平				
	3 万元以下	3 万 ~ 5 万元	5 万 ~ 10 万元	10 万元以上	未回答
机会型创业	42.2	33.6	15.5	3.4	5.3
生存型创业	71.4	14.3	5.7	0	8.6

创业类型	创业团队选择		
	独自创业	合伙创业	未回答
机会型创业	48.3	51.7	0
生存型创业	51.4	48.6	0

创业类型	产业选择				
	第一产业	第二产业	服务业	新兴产业	未回答
机会型创业	2.6	13.8	54.3	18.1	11.6
生存型创业	5.7	2.9	71.4	17.1	2.9

创业类型	创业的创新性		
	完全创新	创新性模仿	未回答
机会型创业	20.7	25.9	53.4
生存型创业	14.3	42.9	42.8

创业类型	对社会资本的态度			
	很重要	一般重要	没有影响	未回答
机会型创业	83.6	15.5	0.9	0
生存型创业	80.0	11.4	2.9	5.9

创业类型	未来五年计划增加的员工人数（人）			
	1 ~ 74	75 ~ 124	125 及以上	未回答
机会型创业	55.3	8.6	13.7	12.4
生存型创业	65.9	6.6	5.2	22.3

创业类型	融资渠道选择					混合融资方式	未回答
	单一融资方式						
	自有资金	金融机构	风险投资	其他来源	合 计		
机会型创业	31.0	7.8	3.4	7.8	50.0	46.0	4.0
生存型创业	40.0	8.6	0	11.4	60.0	28.6	11.4

（3）从创业产业选择看，生存型创业较机会型创业更青睐服务业和第一产业，比率分别为 74.1%、5.7%、54.3% 和 2.6%；机会型创业较生存型创业更倾向于第二产业和新兴产业，其比率分别为 13.8%、18.1%、2.9% 和 17.1%。

（4）从新企业的成长愿望看，机会型创业的成长愿望较生存型创业高：机会型创业计划未来 5 年内增加 75 人以上比率为 22.3%，高于生存型创业的 11.8%；生存型创业以低成长愿望为主，比率为 65.9%，高于机会型创业的 55.3%。

（5）从创业的创新性看，机会型创业较生存型创业更主张完全创新，比率分别为 20.7% 和 14.3%；生存型创业较机会型创业更强调创新性模仿，比率分别为 42.9% 和 25.9%。

（6）从融资渠道看，机会型创业较生存型创业更强调混合融资方式，比率分别为 46.0% 和 28.6%；生存型创业较机会型创业更主张单一融资方式，比率分别为 50.0% 和 60.0%；从单一融资方式看，生存型创业较机会型创业更强调自有资金融资与其他来源融资，比率分别为 40.0%、11.4%、31.0% 和 7.8%，机会型创业更重视风险投资融资，占 3.4%。

（7）从对社会资本的态度看，生存型创业认为社会资本对创业活动没有影响的比率较机会型创业高 2%，同时两者总体上都重视社会资本在创业过程中的作用。

三、创业团队

作为创业主体，创业者在创业过程中扮演决策者角色，通过对一系列问题的决策影响创业的成败（Hambrick，1994）。本书从创业的逻辑进程出发，研究创业者在新企业创立前决策要素（选择创业团队、创业产业选择）和新企业创立后决策要素（对社会资本的态度、新创业的创新性和成长愿望）的决策结果，试图找出创业者决策所遵循的原则和方法，进而认识创业的一般规律。

创业团队和创业产业选择是新企业创立前的主要决策要素，调查发现合伙形式创业的比率 60.5%，独自创业的比率为 39.5%，表明企业家更倾向于合伙创业，这主要因为合伙创业有利于分散创业失败风险；通过团队成员之间技能互补提高了企业家驾驭环境不确定性的能力，从而降低新企业的经营失败风险；更为重要的是，调查还发现具有更强的资源整合能力，能同时从多个融资渠道获取创业资金，保证创业资金的获取：合伙创业主要采用混合融资方式融资，高出单一融资方式 2.3%；独自创业主要采用单一融资方式，高出混合融资 6.9%。

发现企业家创业行为集中发生在服务业和新兴产业中，两者比率之和达到了 39.7%，而且在服务业中的企业家创业行为较新兴产业高出 23.3%。这主要因为服务业和新兴产业较低的进入障碍与退出障碍的产业结构及处于成长期的特点决定其蕴涵较高的长期获利能力，并且新创企业面临较低的竞争风险，所以企业家的创业行为集中在服务业和新兴产业；而相比之下，处于成熟期或衰退期决定的低长期获利能力和由较高的进入壁垒和退出壁垒所决定的高竞争风险导致企业家一般不会在第一产业与第二产业内创业。

　　创业者或创业团队在新企业创立后决策的重心转向如何弥补新企业资源匮乏的劣势、制定成长战略、战术等问题以保证新企业顺利度过生存期，表现为对社会资本的态度、新企业的创新性和新企业的成长愿望。从对社会资本的态度看，企业家总体上认为社会资本很重要，只有成都、大连和和重庆三地认为社会资本没有影响，见表3－8。由此，企业家普遍重视社会资本在创业过程中的作用，这主要因为经由社会关系网络节点间的非经济交易可以获得大量的外部资源，使新创企业实现外部成长，所谓外部资源就是企业家可以支配但是并不拥有所有权的资源，这可以降低创业失败的风险；另外，成都、大连和重庆三地对社会资本的重视程度相对较低可能是源于三地还没有规范的创业理念，没有充分认识社会资本在创业过程中的作用。

表3－8　　　　　　　　　对社会资本的态度城市间比较分布　　　　　　单位：%

对社会资本的态度	成都	大连	南京	上海	深圳	沈阳	石家庄	重庆
很重要	63.6	46.3	28.2	27.6	17.3	55.6	37.3	65.2
一般重要	11.7	9.3	0	1.7	3.7	2.8	6.8	18.0
没有影响	2.6	1.9	0	0	0	0	0	2.2
未回答	22.0	42.5	71.8	70.7	79.0	41.6	55.9	14.6

　　从新企业的创新性看，基于创新性模仿的创业行为占17.9%，基于完全创新的创业行为占8.8%，前者高出后者9.1%，表明企业家并不追求完全创新，这主要因为与创新性模仿相比，基于完全创新的创业行为面临更大的市场风险和替代风险：市场风险表现为一旦市场不接受所提供的全新产品或服务，企业家对创新的累积投资将血本无归；替代风险表现为由于资源匮乏等弱点导致新企业难以抵抗改进型替代品的竞争，降低了完全创新产品或服务的获利能力，并且市场风险和替代风险的相互作用进一步降低完全创新产品或服务的获利能力，表现为替代产品或服务排挤完全创新产品或服务的市场，所以企业家倾向用创新性模仿规避市场风险和替代风险，并缩短产品或服务开发到投放市场的时间。

本章参照 GEM (2002) 的研究方法，划分出三类成长愿望：正常成长愿望，1～74 人；高成长愿望，125 人以上；稍高成长愿望 75～124 人。发现正常成长愿望的新企业比率最高，为 18.4%；高成长愿望和稍高成长愿望新企业比率分别为 2.9% 和 2.8%，表明仅有少量新企业表现出高成长愿望，多数新企业强调成长速度，但不刻意追求高成长。这主要因为，一方面企业家创业行为主要集中在对人员需求相对较低的服务业和新兴产业，故只有少数新企业表现出高成长愿望；另一方面伴随新企业成长的管理复杂性程度和风险的增加使企业家难以驾驭企业外部环境的变化和企业内部的管理复杂化，导致快速的企业成长与失败风险的急速膨胀并存，所以多数新企业强调成长速度，但不刻意追求高成长，这说明创业行为是规避风险的行为。

综上所述，承担创业的高风险以摘取高收益体现出企业家的开拓和冒险精神，企业家偏好合伙创业、集中在服务业和新兴产业创业、重视社会资本，强调创新性模仿和不刻意追求高成长等决策结果以规避创业风险为最终目的。规避风险并不意味着逃避风险，而承担风险也不意味着追求风险，这两者并不矛盾，而是相互融合、相互支持的关系，从某种程度上说创业是企业家的创新和冒险精神与理性决策的交织过程。

四、资源获取

创业是资源整合行为，财务资源是创业初期最重要的资源。本章将融资方式分为单一的融资方式与多种手段组合的混合融资方式，发现用单一融资方式融资的企业家比率低于用混合融资方式 6.2%，分别为 26.0% 和 32.2%。另外，除自有资金融资外，单一融资方式中源于企业家社会关系网络的其他来源融资方式的比率最高，为 19%，高于风险投资和金融机构融资总和 1%，这主要因为，一方面混合融资方式有利于保证创业资金的获取并分散新企业的财务风险；另一方面，通过企业家个人的社会关系网络获得创业资金简化了融资手续，缩短融资时间，降低融资成本。

3.2.3 外生因素与创业行为的关系

一、一般性评价

表 3-9 为外生因素与机会感知、创业行为、创业动机的相关系数，通过表中数据可以得到：(1) 有利创业的文化环境（尊重创业者、接受收入差距和认识创业者）能促进个体感知创业机会，尊重创业者和认识创业者有利于创业动

机的产生；尊重创业者和接受收入差距有利于创业行为的发生。而接受收入差距与创业动机、认识创业者与创业行为之间没有直接关系；（2）个体冒险性和能力经验与创业动机、创业行为之间正相关，表明个体冒险性越高，越具备创业必需的能力经验就越倾向于产生创业动机和实施创业行为；（3）经济环境经由创业机会数量对整体创业水平有着重要影响：经济环境越好，创业机会的数量越大，就越容易感知创业机会，整体创业水平也就越高。并且外生因素之间也存在明显的相关关系：在越有利创业的文化环境和越好的经济环境下，企业家的冒险性就越高，同时越相信自己有足够的创业必需的能力和经验，见表3－9。冒险性和能力经验之间的相关系数为0.187（p<0.05），表明企业家个人所具备的创业必需能力经验越高，其冒险性也就越强。

表3－9 外生因素与机会感知、创业动机、
创业行为的相关系数

外生因素		机会感知	创业动机	创业行为
文化环境	尊重创业者	0.462*	0.439*	0.431*
	接受收入差距	0.084*	无相关性	0.158*
	认识创业者	0.008*	0.051*	无相关性
个人特质	冒险性	0.135*	0.064*	0.135*
	能力经验	0.294*	0.108*	0.294*
经济环境		0.155*	0.074*	0.008*

注：*表示为p<0.05（双尾检验）。

由此，经济环境和文化环境经由影响感知机会能力影响创业行为，个体冒险性经由影响企业家承担风险的能力影响创业行为，表现为微观角度企业家对同一创业机会所表现出的不同选择正是源于个体冒险性的差异，能力经验通过影响感知机会能力、增加创业信心影响创业行为，表现为驾驭和规避创业过程中高不确定性的能力和信心。并且三者之间的相互作用进一步强化了对创业的影响：有利创业的文化环境和经济环境能够促进有利创业的个人特质的形成，经由个人特质对创业的作用机制强化对创业的作用（见表3－10）。

表 3 – 10　　　　　　　　　　**外生因素之间的相关关系**

个人特质	文化环境			经济环境
	尊重创业者	接受收入差距	认识创业者	
冒险性	0. 276*	0. 324*	0. 379*	0. 325*
能力经验	0. 378*	0. 300*	0. 455*	0. 284*

注：* 表示为 p < 0.05（双尾检验）。

二、外生因素的作用机制：创业机会成本感知①的角色

表 3 – 11 是文化环境与创业机会成本的分布，从创业机会成本在 5 万元以上看，尊重创业者、接受收入差距和认识创业者的比率最高，分别为 6.7%、6.7% 和 6.1%，表明：（1）创业机会社会对创业的尊重程度越高，企业家越愿意承担更高的创业机会成本；（2）社会对收入差距的接受度越高，企业家承担的创业机会成本越高；（3）和已创业者接触越多，企业家越倾向于承担更高的创业机会成本。这说明文化环境影响企业家的创业机会成本感知，表现为企业家在有利的文化环境下愿意承担更高的创业机会成本。

表 3 – 11　　　　　　　**文化环境与创业机会成本的分布**　　　　　单位：%

对创业者的态度	创业前年收入水平			
	3 万元以下	3 万 ~ 5 万元	5 万 ~ 10 万元	10 万元以上
尊重	18.2	11.5	5.9	0.8
中立	21.6	10.1	3.4	0.7
厌恶或嫉妒	22.2	22.2	0	0.7
未回答	38.0	56.2	90.7	98.1
接受收入差距	创业前年收入水平			
	3 万元以下	3 万 ~ 5 万元	5 万 ~ 10 万元	10 万元以上
接受	17.4	11.0	5.7	1.0
不接受	24.1	12.7	3.8	0
未回答	58.5	76.3	90.5	99.0

---

① 创业机会成本感知表示企业家对未来创业所需承担的既定创业机会成本的态度，表现为企业家愿意承担更高的创业机会成本或更低创业成本的一种倾向性。

认识创业者	创业前年收入水平			
	3 万元以下	3 万 ~ 5 万元	5 万 ~ 10 万元	10 万元以上
认识	19.5	11.8	5.6	0.5
不认识	12.5	7.1	1.8	1.8
未回答	68.0	81.1	92.6	97.7

表 3 - 12 为经济环境与创业机会成本的关系，表明经济环境与创业机会感知的关系：（1）从创业机会成本在 5 万元以上看，经济环境变好的比率最高，为 10.3%；（2）从创业机会在 5 万元以下看，经济环境变坏的比率最高，为 43.9%。这说明经济环境影响企业家的创业机会成本感知，表现为经济环境越好，企业家越愿意承担高机会成本创业。

表 3 - 12　　　　　经济环境与创业机会成本的分布　　　　单位：%

经济环境	创业前年收入水平			
	3 万元以下	3 万 ~ 5 万元	5 万 ~ 10 万元	10 万元以上
变好	18.6	10.5	9.8	0.5
不变	16.8	14.4	3.6	0.6
变坏	34.1	9.8	3.5	0.3
未回答	30.5	65.3	83.1	98.6

从个人特质来看，调查发现创业机会成本与冒险性之间呈正相关，相关系数为 0.133（$p < 0.05$）；能力经验与创业机会成本之间呈负相关，相关系数为 -0.292（$p < 0.05$），这表明个人特质影响个体的创业机会成本感知：个体冒险性越高，愿意承担的创业机会成本也越高；越具备创业必需的能力经验，所愿承担的创业机会成本越低。

综上所述，企业家基于机会成本的感知机会评价模型表明机会成本是感知机会到创业行为过程的关键因素，外生因素（文化环境、经济环境和个人特质）正是经由影响企业家的创业感知，改变企业家对既定创业机会成本的主观态度作用于感知机会到创业行为的决策过程，最终导致各不同文化环境、经济环境下的创业水平差异，如图 3 - 8 所示。

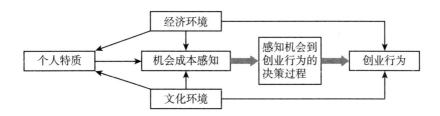

图 3 - 8   外生因素作用机制的综合模型

3.2.4   基本结论

一、创业是企业家创新冒险精神与理性决策的交织过程

创业是企业家创新冒险精神与理性决策的交织过程。企业家创业行为的理性表现为企业家获取创业资源和应对环境不确定性过程中所表现出的科学性，如基于机会成本对感知机会的正确评价，偏好合伙创业、集中在服务业和新兴产业创业、重视社会资本，强调创新性模仿和不刻意追求高成长等规避和降低创业风险的决策结果。并且，创新冒险精神与理性决策的交织过程最终决定新企业的成长，在成长期表现为维持并促进新企业的生存和发展所采取的一系列的创新行为，并且这种行为的理性成分会融入、固化成企业具体的制度、文化、战略等的一部分，如图 3 - 9 所示。

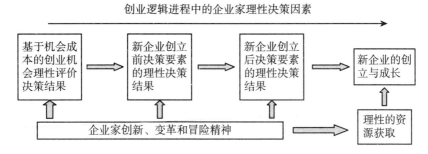

图 3 - 9   创业精神与理性创业的交织模型

二、机会型创业与生存型创业的比较

与机会型创业相比，一方面生存型创业的冒险性更低，更不愿意承担风险；创业目的不是追求自我价值的实现，而是谋求生存状态的改变等特点。从调研对象看，MBA 群体创业以机会型为主，而大众群体以生存型为主，即 MBA 群体是基于抓住机会的理性创业，大众是基于脱离贫穷的理性创业。并且源于机会型创

业和生存型创业的差异影响两者的创业过程，表现在成长愿望和融资渠道选择等方面。另一方面，生存型创业源于较低层次需求所产生的动机的特点与弱势群体的特征具有较高的契合度，通过识别生存型创业与机会型创业的差异有助于识别针对贫穷推动型创业的政策建议，满足其独特的政策需求，提高生存型创业水平，对当前解决我国的弱势群体问题有着重大的实践意义。

三、基于创业逻辑进程的 MBA 与大众群体差异及根源

从基于机会成本的创业机会理性评价过程看，MBA 群体的创业机会成本高于大众群体：创业机会成本在 5 万元以上的 MBA 群体较大众高出 3.4%，而创业机会成本在 5 万元以下大众高出 MBA 群体 28.9%；从新企业创立前决策要素看，MBA 群体更偏好合伙创业：MBA 和大众群体合伙创业与独自创业之比分别为 3.1 和 1.1；从新企业创立后决策要素看，MBA 群体更倾向于创新性模仿、更重视利用社会资本和表现为更高的成长愿望：MBA 和大众群体基于创新性模仿和基于完全创新的创业行为之比分别为 4.0 和 1.7，认为社会资本对创业一般重要或没有影响的大众群体高出 MBA8.2%，计划增加 75 人以上的 MBA 群体较大众高出 8%。

由此可见，创业机会成本的差异是 MBA 和大众群体创业行为差异的根源：MBA 群体更高的创业机会成本，一方面导致其表现为更低的创业水平和更高的创业动机，创业指数低于大众群体 4.7%、创业动机指数高出大众群体 3.0%；另一方面决定其更倾向于规避风险，表现为更偏好合伙创业、更强调利用创新性模仿和利用社会资本和表现为更高的成长愿望等决策结果。所以，MBA 群体更需要有利创业的文化环境、经济环境影响其冒险性和创业机会成本感知，鼓励其承担更高的创业机会成本，开展创业活动。

第三节　公司创业活动与企业绩效

基于处于成长期的 55 个中国私营企业样本，本节通过重新构建公司创业活动的评价指标，使用两路径和三路径的权变方法，基于中国成长期私营企业的数据，实证研究了公司创业活动对企业绩效的影响。与以往的研究类似，本章发现创业活动（EA）和企业绩效（EP）之间存在明显的正相关关系。同时，基于中国企业的背景，我们还得到了其他一些有意义的结论。

3.3.1 介绍

对于创业研究而言，人们要试图搞清楚一个基本的命题，那就是各个层面的创业活动（Entrepreneurial Activity，EA）是如何影响企业绩效（Enterprise Performance，EP）的。在宏观经济层面，经过连续五年的持续研究，GEM 项目报告发现，国家或地区层面的创业活动与后几年的经济增长的正相关关系已经通过了统计检验。在企业层面，许多学者关注于企业创业活动与企业绩效的关系，并为此做了大量的理论与实证研究。

以往的研究产生了一些模棱两可甚至是自相矛盾的发现。一些研究发现那些更多采用创业战略导向的企业取得了较好的绩效（例如，Wiklund，1999；Zahra，1991；Zahra and Covin，1995）。然而，这些研究又不是最终的结论。例如，斯玛特和孔南特（Smart & Conant，1994）在相应的研究中并没有发现创业导向与绩效的显著相关关系；哈特（Hart，1992）认为一些特定环境下的创业型战略模式会导致绩效的恶化。

对这些模棱两可的结论存在不同的解释，第一，自相矛盾的研究结论可能来自于对于公司创业活动的测量工具的不足；第二，自相矛盾的研究结论还可能来自于对在理论上起权变影响的不同干扰变量选择的影响。因此，一些问题我们还需要深入研究，如创业导向、公司创业的评估工具（Corporate Entrepreneurship Assessment Instrument，CEAI），或是创业型管理能够反映出企业层面的创业活动吗？创业活动如何影响企业绩效？这种关系受到对环境感知的影响吗？

为了回答这些问题，我们在评估了三种测量工具的理论来源之后，重新构建了公司创业活动的评价指标体系，进而通过这一体系评估一些变量的独立效应影响，然后分析了两路径交互效应的影响，最后是对三路径交互效应影响的分析。整个研究建立在中国成长期 55 个私营企业样本的基础上，我们试图做出如下贡献：第一，我们做了一个详细的文献回顾，发现有三种主要的测量工具反映了公司层面的创业活动，但三种测量工具存在着不足。于是我们使用因子分析的方法构建了自己的测量工具：EO 和 IEE ［公司内部创业工具（Internal Entrepreneurship Environment）］，发现创业导向并不总是一个独立的构面维度，在本章中，创业导向分化为两个子构面：创新和超前认知与行动（EO_1）、风险承担（EO_2）。第二，我们根据通常使用的反映企业财务业绩和成长情况的三个指标，构建了一个可操作化的企业绩效指标。第三，基于中国私营企业的实证验证了公司层面的创业活动与企业绩效的相关关系。

本章按照如下逻辑展开：首先，对企业层面创业活动的测量工具进行了文献回顾，我们提出了一个通用的理论模型去解释 EA – EP 关系；其次，我们强调应重视比一般模型更为复杂的现实情况，因此建议采用两种权变模型（两路径和三路径的交互作用），[①] 并且认为优于一般模型；最后，我们提出和讨论了本章对于创业领域研究者和实践者的启示作用。

3.3.2 文献回顾与研究假设

一、公司层面创业活动测量工具文献回顾

从相关文献中可以看到，已经出现了三类重要的公司层面创业活动的测量工具，分别是：创业导向（Miller, 1983; Covin & Slevin, 1991; Lumpkin & Dess, 1996）；公司创业的评估工具（Kuratko et al., 1990, 2002）；创业型管理（Brown et al., 1998, 2001）。由于基于不同的理论背景，这三类测量工具有不同的内容和不同的视角。

1. 创业导向

米勒（Miller, 1983）开创了把关注点从个体层面到企业层面的努力，也就是从关注创业者个体的内在特质到创业本身的过程，以及促进或是阻碍创业活动的组织因素。米勒的贡献是他带来了一个新的而且非常广阔的视角，这对企业而言是一个积极的信号，那就是基于权变理论，只要我们设法找到正确的组织因素，通过激发创业活动就能强化企业的长期竞争优势。

基于米勒的贡献，一些学者做了许多重要的研究工作。考文和斯莱文（Covin & Slevin, 1991）构建了一个概念性框架，使用了创业态势的概念来规模创业导向。根据米勒的定义，他们认为可以把创业定义为一组战略性的态势，包括承担风险的倾向、竞争积极性的倾向、超前认知与行动的行为，和经常与密集型的产品创新活动。他们做出结论，认为公司层面的创业行为是企业绩效的重要而有效的预测指标，并且识别出 44 个研究命题，这也成为了众多后续学者实证研究的基础。

拉姆克金和戴斯（Lumpkin & Dess, 1996）认为构成创业导向的是五个重要维度：自主性、自愿创新、承担风险、积极竞争的倾向和对市场机会的超前认知与行动。并且他们对创业与创业导向做了一个较为清晰的区分。新进入行为就是创建新事业的行为，或者通过已有企业创办新企业，或者通过内部创业活动。因此，他们认为创业的本质行为就是新进入行为，但创业导向指的是导致组织新进

---

① Wiklund J., Shepherd D. 2005. Entrepreneurial orientation and small business performance: a configurational approach. Journal of Business Venturing, 20: 82 – 83.

入行为的过程、惯例与决策活动。

我们能够看到，创业导向研究的焦点在于创业活动是为什么会发生这一层面，其理论基础是"态度会影响行为"这一基本假设，这是基于诸如心理学、组织行为学等理论。创新、超前认知与行动、风险承担这些特征不但会发生在个体层面，也会发生于组织层面。创业导向研究的意义在于企业层面的企业行为能够被影响，只要通过创造一定的组织战略、结构、制度和文化就可以有效地影响创业活动。

2. 公司创业的评估工具

基于美国《财富》500 强的企业作为样本，库扎特科等（Kuratko，1990）使用了准实验的设计方法，开发了一组叫做"内部评估工具（Intrapreneurial Assessment Instrument，IAI）"。IAI 包括三个大的维度：对内创业的管理支持、组织结构、报酬以及研究的可获得性，又分为 21 个小的条目。然后通过一组对高层管理人员的培训项目验证了其有效性，最终发现经过有针对性的培训项目，企业员工对内部创业环境的感知有了明显的改善。

后来，基于两组大型的对比样本，以中层管理者的管理感知为基础，霍恩斯比等（Hornsby，2002）开发了一组全面的叫做公司创业评估工具的测量工具。CEAI 包括五个维度：管理支持、工作自由度、报酬、时间可获得性和组织边界。这个五因素的测量体系对变量的累积解释量是 43.3%。这一结论显示出公司应把主要任务放在促进公司内部创业环境的建设上。其基本假设是公司管理活动能够被有效管理。

3. 创业型管理

与库扎特科的研究相似，如果说其研究与创业型管理的思想不谋而合的话，布朗等（Brown，2001）人的研究则直接以斯特文森（Stevenson，1983、1985、1990）等人的研究为基础，开发了一组叫做创业型管理的测量工具。

斯特文森（1983）把创业型管理定义为一组基于机会开发的管理实践，能够帮助企业保持活力，并最终有助于企业和整个社会层面的价值创造活动。在他早期的作品中，斯特文森把此种管理行为分为发起人（promoter）和托管人（trustee）两种类型的 6 个维度：战略导向、机会承诺、资源承诺、资源控制、管理结构和报酬哲学（Stevenson，1983；Stevenson and Gumpert，1985）。在随后的一系列研究中，他或多或少做了一些变动，又增加了另外两个维度：创业型文化和成长导向（Stevenson and Gumpert，1985；Stevenson and Jarillo，1986、1990）。

经过两次前测，布朗等人（2001）基于不同的规模、治理结构和产业属性的分级随机抽样调查后，得到了一个 1 200 多个样本的大规模样本。研究结果显示基于斯特文森的理论思想进行操作化研究是可行的，并且分离出 6 个维度：战略导向、资源导向、管理结构、报酬哲学、成长导向和创业型文化。

他们进一步验证了创业型管理的 6 个维度只与创业导向部分交互，这两种创业活动的操作化工具是正相关的，他们反映和测量了创业活动的不同部分。

从以上的文献回顾看，三类测量工具基于两个大的基本学科：心理学组织行为学等、管理学。创业导向试图要回答创业活动为什么会发生这样的问题？其主要的贡献者是米勒等人（1983）的研究。但是公司创业评估工具和创业型管理试图要回答创业活动是如何发生的这样的命题，其主要贡献者是斯特文森等人（1983，1985，1990）的研究。以上的不同见表 3 - 13。

表 3 - 13　　　　　三种公司层面创业活动测量工具的差异

测量工具	创业导向	公司创业评估工具	创业型管理
主要研究者	Miller（1983） Covin, Slevin（1991） Lumpkin, Dess（1996）	Kuratko et al.（1990） Hornsby et al.（2002）	Brown et al.（2001）
基于的学科	心理学、社会学、组织行为学，Miller et al.（1983）	管理学等，Stevenson et al.（1983，1985，1990）	
试图要回答的问题	考虑创业行为为什么的问题：研究创业的起因（why）	考虑创业行为如何的问题：研究创业行为如何管理（how）	

二、公司创业活动与企业绩效关系的实证研究

许多学者根据以上测量工具，对公司创业活动与企业绩效关系进行了实证研究（部分实证的结论见表 3 - 14），其特点是：主要采用 EO 体系，只有少数实证研究采用 CEAI 或 EM 体系。下面是他们从实证角度分析得出的几点初步结论：

（1）公司创业活动总体上与企业绩效确实存在一定的相关性，公司创业活动可以作为企业绩效的预测指标。这一结论得到了来自美洲、欧洲和亚洲等地许多实证研究的支持，但同时有些研究也得出了不显著或相反的结论。我国学者还应该根据转型期我国企业的实际情况来进行更为深入的研究。

（2）公司创业活动与企业绩效间的复杂关系是由第三方变量的影响所造成的，而它们的影响会导致不同的绩效，甚至负效应。针对第三方变量与"公司创业活动—企业绩效"关系的影响，考文和斯莱文（1991）提出了完整的概念

性框架，而后续学者进行的实证研究主要围绕这些因素展开。

（3）公司创业活动对企业绩效的长期影响要好于短期预测效果。从扎哈拉（Zahra，1995）以及威柯伦德（Wiklund，1999）所采用的纵向研究方法看，长期绩效比短期绩效的回归效果好，这与 GEM 得出的结论非常类似。因此，创业战略是一种长期战略，而非短期战术行为。

表 3－14　　　公司创业活动与企业绩效间关系的实证研究

作者与年份	方法与数据	有效样本	统计分析	主要贡献或结论
Zahra, Covin (1995)	基于 Miller 和 Friessen（1982）的研究成果，运用为期 7 年的一手和二手资料	多种产业细分市场的 108 家企业	回归分析	随着时间的推移，公司创业的有效性在增强，特别是在对抗性的环境中
Becherer, Maurer (1997)	问卷调查、EO	创业者主导型企业，147 份有效问卷	相关分析、多元回归分析	创业者主导型企业的创业导向会直接影响企业利润
Wiklund (1999)	问卷调查、EO，3 年的纵向研究	瑞典小企业，132 份有效问卷	多元回归分析	EO 与小企业绩效呈正相关，长期相关性大于短期相关性；可利用资产对创业活动—企业绩效的影响很大
Knight (2000)	半结构化访谈、问卷调查，基于 Miller（1983）的 EO 研究	美国制造业小企业主	结构方程模型、相关分析、回归分析	在国际化背景下，创业导向能促进市场战略的实施，进而促进企业绩效的提高

续表

作者与年份	方法与数据	有效样本	统计分析	主要贡献或结论
Zahra（2000）	问卷调查，基于Miller（1983）EO的三个维度	美国国际化制造业企业，98份有效问卷	相关分析、回归分析等	创业导向与资产回报率或营业收入增长率显著相关；在产业竞争的不利环境下，创业导向程度越高，其资产回报率或营业收入增长率也越佳
Yusuf（2002）	问卷调查、EO	海湾地区制造业与商业企业，86份有效问卷	多元回归分析	EO、竞争不确定性、融资不确定性与绩效显著相关；制造业的企业规模和环境不确定性与EO显著相关
Brizek（2003）	问卷调查、CEAI	餐饮业的522份有效问卷	逐步回归法、相关分析	感知到的创业文化与工作满意度正相关；CEAI与工作满意度正相关
Eliasson，Davidsson（2003）	电话访谈与问卷调查、EM	瑞典中小私营企业，957份与574份有效问卷	层级回归法	EM会影响公司创业活动；创业活动会影响销售收入率和利润率
Arbaug，Cox，Amp（2003）	问卷调查、EO五项指标	17个国家的1 045家企业	因子分析、回归分析	创业导向在国际化背景下具有一般意义，与一些绩效指标显著相关

续表

作者与年份	方法与数据	有效样本	统计分析	主要贡献或结论
Jarna，Kaisu（2003）	问卷调查，自制量表，与 CEAI 类似	芬兰小企业的 184 名员工	相关分析	内部创业环境与顾客满意度、工作满意度等正相关
Wiklund，Shepherd（2005）	问卷调查，基于 Miller（1983）的创新等三个维度	瑞典 413 家小企业有效问卷	层级回归分析（三个交互变量）	总体上，EO 与绩效正相关；EO 能够用于克服环境和资源的局限

三、创业活动测量工具的不足

从以上的文献回顾可以看到，创业活动和绩效间的关系需要更多的研究。一些主要基于管理感知打分来判断组织创业活动的研究容易出现以下的结果：

一种情况是组织的高层管理团队有较高的创业导向倾向，但并没有建立起有效的内部创业制度和良好创业型文化，因此基层员工并没有高的创业导向。其结果是好的制度和政策并不能在基层员工中有效实施，从而组织也很难抓住稍纵即逝的创业机会。

另一种情况是较低层的员工已经认识到市场中未被满足的需求或是组织中没有被开发的资源或是能力（Kirzner，1997），但高层管理者并没有提供相应的管理支持和激励，因此一些员工或许会外出自己创业（spin-off）。

公司创业的评估工具（CEAI）主要基于中层管理者的感知，虽然也包括一些高层管理支持的条目，但是并没有全面有效地反映高层管理者的创业导向，而高层管理者高度的创业导向却是至关重要的。

以上的方法是一般通用的方法，它们假定每一个预测变量（自变量）对于标准变量（因变量）而言，都是一个分离的、附加的和独立的影响效应，却不受其他的干扰预测变量的影响（Aiken and West，1991）。

事实上，公司层面的创业活动既受到高层管理者的影响，也会受到全体员工是否具有创业精神的影响，虽然这些因素有主次之分，但忽视一些因素就难以判断出对绩效的真实影响效果。

四、整合后的公司层面创业活动体系

哈特（Hart，1992）研究了战略决策模式和企业绩效间的关系，他发现只有

高层管理者的决策模式和一般组织成员的行为模式相匹配才能带来高的企业绩效。假如高层管理团队的战略决策模式属于"总体控制型（total control）"，而一般组织成员只是"绵羊型（sheep）"，只能带来低绩效（角色不平衡）；假如高层管理团队属于"战略放任型（strategic abdication）"，而一般组织成员是"野鸭子型（wild ducks）"，也同样可能会带来低的企业绩效。只有高层管理团队处于"战略指导型（sense of strategic direction）"，而一般组织成员处于"积极参与者（active players）"，也才有可能带来高的企业绩效（角色平衡）。

哈特的思想是与权变理论一脉相通的。权变理论认为，两个变量的关系受第三方变量的影响，因此学者们必须关系到第三方变量对自变量预测能力的干扰作用（Arnlod，1982）。也有许多学者呼吁应使用权变的方法来验证自变量与因变量之间的复杂关系（例如，Ginsberg and Venkatraman，1985；Hay and Morris，1991；Robinson and McDougall，2001）。

因此，以往的研究常常把高层管理人员的创业导向感知作为组织层面的创业活动评价指标，或者是基于中层或基层人员的管理感知来看待内部创业环境。我们认为这两种方法都与实践有些偏差，假如组织想要通过强化组织的创业活动而带来高绩效，其必须在两个方面都要做好：高层管理人员的创业导向（EO）和整个组织一般成员文化和制度层面的内部创业环境（Internal Entrepreneurship Environment，IEE）。然后，我们就可以得到如下的概念性研究框架，如图 3-10 所示。

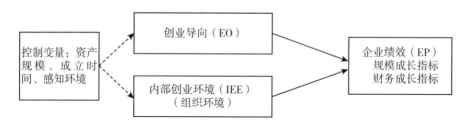

图 3-10　公司创业活动与企业绩效关系的概念性模型

五、研究假设

从以上的文献回顾和概念性研究框架，我们可以得到如下的研究假设：

基于米勒（1983）等成果的众多研究主要试图把有关个人创业导向的成果移植到公司创业的研究上，得出的基本结论是一个创业型的组织首先体现为一个高层管理团队具有创业精神的组织。而从上述大量关于 EO 的理论和实证研究看，被高层管理团队所感知的创业导向总体上与企业绩效呈显著正相关关系，于是我们得到假设之一：

假设1：被高层管理团队所感知的创业导向与企业绩效呈显著正相关关系

随着对已建企业，特别是大型企业，甚至是跨国公司创业精神的研究深入，显然高层管理团队的创业导向难以代表整个庞大的组织，而一般的中下层员工能否感知到鼓励创业的文化和环境，则是创业战略能否取得实效的关键之一，于是我们得到假设之二：

假设2：组织一般员工所感知的内部创业环境与企业绩效呈显著正相关关系

根据哈特（1992），巴特利特和高歇尔（Bartlett & Ghoshal，1997）等人的研究，只有高层管理团队的创业导向，或者一般员工的创业热情都是不够的，必须在整个组织中营造创业导向的文化，只有上下共同感知到创业文化，并共同努力才能带来企业绩效的持续。巴特利特等人的研究表明，在高绩效的组织中，高、中、低经理共同扮演着把握机会、资源整合和价值创造的作用，只是各自扮演的角色不同。在公司创业活动中，高层经理往往扮演的是建立一个拓展的机会标准和业绩标准，而中层经理所扮演的是培育员工及评价、支持他们的创造性，而基层经理则是创造和寻求新的机会。结合以上分析，我们可以得到第三个假设：

假设3：与独立的一般模型对绩效的预测作用而言，整合了创业导向和内部创业环境交互作用的权变模型更能有效地预测企业绩效

许多研究表明环境的动态复杂与对抗性是创业活动的重要驱动因素，许多研究也把创业团队对环境的感知（动态、复杂、对抗）作为重要的干扰因素来考虑。罗（1999）在调查中国的63家乡镇企业后认为，环境动态性与EO显著相关，但复杂性与风险承担程度的相关性不显著；拉姆波金和戴斯（2001）实证研究发现，超前认知与行动适用于动荡环境下产业成长初期的企业，而竞争积极性适用于竞争环境恶劣的产业成熟期企业。从威柯伦德（1999）的结论看，可利用资产对创业活动—企业绩效的影响很大，这里将资产规模作为干扰变量之一来考察。同时也把企业的成立时间作为干扰变量之一来考察，因为一些研究表明，创业精神会发生周期性的变化，如爱迪斯等认为在企业的生命周期内，创业精神（entrepreneurship）会是先强而后弱的趋势。于是我们得到如下第四个假设：

假设4：企业所感知到的环境变化、资产规模和企业的成立时间对创业活动（EO和IEE）和企业绩效之间的关系有明显的干扰作用。

3.3.3 研究方法

一、数据样本

我们的样本包括了 55 个总资产从 860 万元到 4.5 亿元的不同规模企业，总资产的均值是 3.43 亿元，标准差是 6.94 亿元。样本的平均员工人数是 629 人，平均成立时间是 7.4 年。从产业分布看，包括了从房地产、钢铁、化工、食品到医药行业等。这些样本并不是随机抽样出来的，而是局限于天津市这一地区，并且来自于天津市百强私营企业这一大的样本。

最初的问卷是英语形式，量表经过了一组 EMBA 学员的前测，然后通过背靠背的程序翻译成汉语。所有的回收问卷通过邮寄发放，然后通过课题中的专人催收。所有的回答者都是部门经理以上的人员。所有的数据收集于 2004 年 8 月份。总体样本的描述性统计结果见表 3 - 15。

表 3 - 15 　　　　　　　　总体样本的描述性统计（2003 年）

特征	样本数	最小值	最大值	均值	标准差
企业年龄	55	2.5	20.00	7.40	4.00
总资产（万元）	55	860.00	45 000.00	34 264.94	69 389.03
员工（人）	55	15	4 300.00	629.33	769.22
销售收入（万元）	55	643	385 679.00	30 992.74	71 335.76

从企业的成立时间、总资产、员工数和销售收入等的特征看，这些样本并不是一个同质的企业组群。

二、变量和测度

基于对创业相关领域详细的文献回顾，我们梳理了一组问题用于描述企业层面的创业活动。量表中的问题条目主要基于以下一些著名学者的相关研究，包括米勒（1983）、布朗（2001）、汉斯比（Hornsby，2002）等。创业导向和公司内部创业环境的测度体系以及对于环境变化的感知维度均使用了 5 级利克特量表（likert scale），并且使用了证实性的因子分析加以因子提炼。以下的统计分析均是使用了 SSPS 11.5。

1. 企业绩效

对于创业型企业的绩效并没有一致和统一的测量体系，以往的研究更多倾向于容易获得的变量信息（Cooper，1995）。学者们赞成在考察创业企业绩效上把成长作为最重要的绩效考察指标（例如，Brush & Vanderwerf，1992；Chandler & Hanks，1993；Fombrun & Wally，1989；Tsai，MacMillian & Low，1991；Wiklund & Shepherd，2005）。并且学者们认为成长是一个比其他会计数据更为准确和容易获得的绩效指标。

豪伊等人（1992）强调许多学者已经达成共识，认为销售收入的成长是最佳的成长测量指标，它既反映出企业的短期变化，又反映出企业的长期变化，而且容易获得。还有一些学者如巴克汉姆等人（Barkham，1996）认为创业者把销售成长看做是最为普遍的绩效指标。新职位的创造引起广泛的关注，因此把员工数的成长作为绩效的重要方面加以考虑，资产也被认为是一个重要的成长指标。因此，当我们把成长作为重要的指标时，销售收入、员工数和资产都能提供重要和相互补充的绩效信息，于是这一研究使用了几个绩效指标来进行假设检验。

因为我们的样本包含了不同的产业，总体指标的评价是不合适的，无法进行对比。它们都是成长期的企业，对于这些企业来说成长指标是最为重要的。同时，成长指标也可以不同产业间进行比较。因此，我们选择了三个成长指标，两个是规模成长指标（总资产成长 AG 和员工成长指标 EG），另一个是财务成长指标，即销售收入成长率 SG。计算公式如下：

总资产成长率（AG）=（2003 年的总资产 − 2001 年的总资产）/2001 年的总资产
员工数成长率（EG）=（2003 年的员工数 − 2001 年的员工数）/2001 年的员工数

$$销售收入成长率（SG）= \frac{（2003 年的销售收入 − 2001 年的销售收入）}{2001 年的销售收入}$$

表 3 − 16 提供了用于绩效因子分析的三类绩效指标均值、标准差和两两 Pearson 相关。

表 3 − 16　　　　　　　三类绩效指标的均值、标准差和相关

绩效指标	均　值	标准差	AG	EG
总资产成长率（AG）	1.95	5.21	1	
员工数成长率（EG）	0.61	0.77	0.524[**]	1
销售收入成长率（SG）	2.91	10.09	0.862[**]	0.444[**]

注：** 为 $p < 0.01$ 双尾检验（Pearson 相关）。

可以看到这三类成长指标呈明显的相关关系，从 0.444 到 0.862，但并没有到了彼此替代的程度。然后使用 Cronbach α 系数对其信度进行测度，0.7 左右被认为是可以接受的信度标准，本样本企业绩效的三个指标其 Cronbach α 值为

0.660，符合这样的标准，是可以接受的信度标准。

然后使用因子分析对这三类绩效指标进行了分析，我们发现三类指标被归为一类，其 KMO 值是 0.613，适合进行因子分析，其对变量的累积解释量达到 74.78%。因此我们就得到一个综合的单一绩效指标 EP，EP 的因子载荷矩阵见表 3 – 17。

表 3 – 17　　　　　　　　企业绩效的因子载荷矩阵[a]

企业绩效指标	因子
	1
总资产成长率（AG）	0.939
员工成长率（EG）	0.726
销售收入成长率（SG）	0.913

注：提取方法为主成分分析法；a 为提取出一个因子。

2. 创业活动的测度量表

米勒（Miller，1983）对创业型企业的特征作为如下归纳：创业型的企业是致力于产品或市场的创新，从事冒险性的事业，经常进行超前性的创新行动，往往给对手以致命一击。基于此，许多学者同意创业导向主要体现为三个维度：创新、超前认知与行动、风险承担。因此，创业导向包含了一种不断更新市场提供物的倾向，理性冒险以推出新的和不确定性的产品、服务或是市场，往往先于竞争对手捕捉到市场机会（例如，Covin and Slevin，1991；Knight，1997；Miller，1983；Wiklund，1999；Zahra and Covin，1995）。我们也同意以上的观点。

基于米勒（1983）、汉斯比（2002）、布朗（2001）等所使用的量表进行创业导向和内部创业环境的操作化定义。对于 EO 和 IEE 我们共使用了 12 个问题条目，这些条目都是必选项，两个最为极端的情况放在两端，中间采用 5 级判断。为了避免出现判断上的误导问题，采用了反向判断题，分别把创业型和非创业型的状况描述放在两端。整个 EO 和 IEE 的 Cronbach α 值是 0.787，是比较满意的信度。表 3 – 18 显示了 EO 和 IEE 的描述性统计报告。

表 3 – 18　　　　　　EO 和 IEE 的描述性统计（Y1 – Y12）

条目	样本数	最小值	最大值	均值	标准差
Y1	55	2.00	5.00	4.055	0.731
Y2	55	1.00	5.00	2.855	0.891
Y3	55	1.00	5.00	3.564	0.856

续表

条目	样本数	最小值	最大值	均值	标准差
Y4	55	2.00	5.00	3.636	0.930
Y5	55	2.00	5.00	4.164	0.714
Y6	55	2.00	5.00	3.982	0.733
Y7	55	2.00	5.00	3.255	0.700
Y8	55	3.00	5.00	4.182	0.641
Y9	55	2.00	5.00	3.709	0.712
Y10	55	3.00	5.00	4.291	0.685
Y11	55	2.00	5.00	3.891	0.629
Y12	55	3.00	5.00	4.091	0.646

注：EO 指的是创业导向，IEE 指的是内部创业环境。

我们对构成创业导向的 Y1 至 Y5 条目进行因子分析，发现它们并不是一个单一的维度，而是由两个因子组成，分别命名为创新与超前认知与行动（EO1：Y1、Y4、Y5）、风险承担（EO2：Y2、Y3）。这一结果是与其他一些学者的结论相吻合的，我们发现在本报告中，创新和超前认知与行动归为了一个维度。Y1~Y5 的 KMO 值是 0.657，适合进行因子分析，对整个变量的解释量是 66.22%。表 3-19 显示出了 EO 的因子载荷矩阵。

表 3-19 　　　　　　　　　EO 的因子载荷矩阵[a]

条　目	因　子	
	1	2
Y1	0.667	0.209
Y2	−0.022	0.912
Y3	0.361	0.766
Y4	0.768	0.055
Y5	0.820	0.091

注：提取方法为主成分分析法；旋转方法为方差极大法旋转；a 为经过三步迭代。

对于构成 IEE 的条目 Y6 至 Y12 使用因子分析，我们发现 Y6 至 Y12 可以构成一个单一的维度，命名为内部创业环境（Internal Entrepreneurship Environment，IEE），其 KMO 值是 0.804，适合进行因子分析，整体对变量的解释量是

45.98%。因子载荷矩阵见表3-20。

表3-20　　　　　　　　IEE 的因子载荷矩阵[a]

条　目	因　子
	1
Y6	0.722
Y7	0.494
Y8	0.721
Y9	0.841
Y10	0.567
Y11	0.574
Y12	0.758

注：提取方法为主成分分析法；a 为提取出一个因子。

3. 控制变量

不同规模和时间的企业会展现出不同的组织和环境特征，反过来又会影响绩效。因此我们把企业年龄和总资产（这里选取2003年末的数据）作为控制变量，以往的一些研究也很重视这些变量的影响（例如，Chandler & Hanks，1994）。以往的一些研究还发现创业活动与绩效间受到环境感知的干扰作用。一般有三类重要的环境感知：环境的对抗性、环境的复杂性和环境的动态性（Zahra，1993；Miller，1988；Wiklund，2005）。就像 EO 和 IEE 的维度构建一样，对环境的感知维度建立在以往大量相关研究的基础上，采用了5级利克特量表，然后进行因子分析的结果（由于篇幅限制，这里省略）。

三、分析

为了验证假设，本报告采用了层级分析的回归方法。基于对数据认真的检查和核对，每一步都增加更高一级的交互作用（分别是两路径和三路径的交互作用），增加的 R^2 和 F 值的显著性都进行了评估。为了评估变量的交互作用，一般的做法是首先加入独立的自变量，然后加入变量的交互值观察其对因变量的影响（Cohen & Cohen，1983）。这样的安排使我们能够评估在变量交互值影响下，自变量对因变量影响的变化。表3-21显示出可量化变量的相关关系。

表 3 - 21   **可量化变量的相关分析**

	1	2	3	4	5	6	7	8
1. 企业年龄	1							
2. 总资产 (2003)	0.087	1						
3. 环境的对抗性	0.013	0.129	1					
4. 环境的复杂性	- 0.289*	- 0.242	- 0.303*	1				
5. 环境的动态性	0.189	0.130	- 0.215	0.135	1			
6. 企业绩效	- 0.194	0.188	0.070	- 0.186	- 0.187	1		
7. 内部创业环境	- 0.045	0.330*	0.025	- 0.095	0.265	0.187	1	
8. 创新和超前认知与行动	- 0.087	0.187	- 0.161	0.120	0.148	- 0.212	0.565**	1
9. 风险承担	- 0.111	0.061	0.043	0.165	0.059	- 0.043	0.258	0.247

注：* 表示为 $p < 0.05$，** 表示为 $p < 0.01$ 双尾检验（Pearson 相关）。

我们可以看到企业年龄与感知到的环境复杂性呈负相关关系（$p < 0.05$），这是比较符合成长期企业的特点的，随着企业创业再到成长期，其对产业状况和竞争信息都有了一个相对清晰的了解，而在创业初期则往往面临着更多的复杂性。我们看到环境的对抗性与复杂性是呈负相关关系（$p < 0.05$），这说明对环境感知的三个维度并不必然构成单一的指标，在某些情况下是相互分离的。还有一个重要的发现是 2003 年的总资产与内部创业环境显著正相关（$p < 0.05$），这也是与前面的一些文献结论是一致的，当企业成长到一定阶段，随着规模的壮大，必须加强内部创业环境和制度建设，单靠企业者个人或者创业团队的作用已经不足了。另一个发现是内部创业环境和创新和超前认知与行动（EO_1）正相关关系（$p < 0.01$），这可以解释为由于样本直接来自于天津市的百强私营企业，在内部创业环境和创新和超前认知与行动（EO_1）上做得较好，而在风险承担（EO_2）上并不明显。

3.3.4 回归结果与结论

为了验证假设，我们首先加入了控制变量，然后是独立作用的自变量，进而是两路径交互作用，最后是三路径交互作用。总资产、企业年龄与环境感知这三个控制变量解释了绩效的 6%，但是统计上并不显著。在前面分析的基础上，下一步的一般方法对于 EO 和 IEE 的独立影响进行评估，对于绩效的总解释量是 20.1%

（调整后的 R^2），即是表 3-21 中的第二栏数据（$p < 0.05$）。两路径和三路径的交互作用分别反映在权变模型 I 和权变模型 II 中，可以看到其显著地增加了对绩效的解释量，调整后的 R^2 分别是 0.262（$p < 0.05$）和 0.280（0.280），即解释量分别达到 26.2% 和 28%。表 3-22 显示出了以上回归的结果。

表 3-22　　　　　公司创业活动与企业绩效：一般模型与
权变模型（样本 = 55）

创业活动（EA）	企业绩效（EP）			
	控制变量	模型 1 一般模型	模型 2 权变模型 I	模型 3 权变模型 II
企业成立时间	− 0.220	− 0.181	− 0.100	− 0.091
总资产（2003）	0.165	0.146	0.087	0.089
环境的对抗性	− 0.048	− 0.123	− 0.057	− 0.050
环境的复杂性	− 0.236	− 0.141	− 0.224	− 0.232
环境的动态性	− 0.130	− 0.219	− 0.154	− 0.142
内部创业环境（IEE）		0.470***		
创新与超前认知与行动（EO_1）		− 0.474***		
风险承担（EO_2）		− 0.041		
内部创业环境×创新与超前认知与行动（IEE × EO_1）			− 0.080	
内部创业环境×风险承担（IEE × EO_2）			− 5.255*	
创新与超前认知与行动×风险承担（EO_1 × EO_2）			4.142**	
内部创业环境×创新与超前认知与行动×风险承担（IEE EO_1 EO_2）				5.559***
R^2	0.150	0.324	0.418	0.432
可调整的 R^2	0.060	0.201**	0.262**	0.280***
S. E.	0.985	0.908	0.872	0.862
F	1.659	2.636	2.682	2.836
Sig.	0.163	0.019	0.011	0.008

注：强制性的自变量进入方法，表中显示了标准回归系数。

在模型 3（权变模型 II）中，由于共线性的影响，EO_1 和 EO_2 的交互作用被排除。

* 表示为 $p \leqslant 0.10$；** 表示为 $p \leqslant 0.05$；*** 表示为 $p \leqslant 0.01$。

因此，假设 1 得到了部分支持，因为被高层管理者所感知的创业导向分解为两部分：EO_1（创新与超前认知与行动）和 EO_2（风险承担），其中，EO_1 与企业绩效负相关，但不显著；EO_2 与企业绩效显著正相关。假设 2 得到支持，被整个组织所感知的内部创业环境与企业绩效总体上呈显著正相关关系。同时假设 3 也得到了支持，考虑了交互作用的权变模型比只考虑独立影响作用的一般模型而言，极大地提高了对绩效的解释量。

从一般模型的模型 1 中可以看到，内部创业环境与绩效呈正相关关系，但是创新和超前认知与行动却与绩效呈负相关关系，这一结论是与其他一些研究中国问题的专家的结论相类似的，例如谭和李（1996）、罗（1999）发现对于中国北方（北京和天津）的私营企业而言，它们对于外部环境的反应是介于超前行动与防御之间的混合型，它们对于复杂的外部环境来说并不总是一味冒险性的，在决策之前它们难以对复杂环境做出审慎和细致的分析，它们被认为是"谨慎的前进者"。这种战略—环境架构会导致优异的财务和市场绩效。

当我们评估企业年龄、企业规模（总资产）和环境感知这些控制变量的标准回归系数时，会发现没有明确的结论出现。所有的控制变量在不同模型中都有一些变化，对于创业活动和企业绩效之间关系也有一些影响，并在统计上并不显著，所以假设 4 得到了部分支持。通过以上的分析，我们可以得到以下的回归分析结果。

基于中国 55 个成长期的私营企业，我们发现创业活动与企业绩效之间呈显著的正相关关系，这是基于创业导向和内部创业环境交互作用权变模型基础上的分析。这一结论对于创业管理而言具有重要的意义，那就是假如我们想得到长期的竞争优势和超常的企业绩效，我们必须做好两个方面：其一是高层管理人员的创业导向；其二是整个组织的内部创业环境和制度、文化建设。但是由于我们的样本更多的是传统产业的制造业企业，它们面对的环境与高科技企业相比，虽然对抗和竞争性很强，但复杂性和动态性相对不强，我们也将在以上的后续研究中以高科技企业为样本进行进一步的验证。

当考虑到目前研究时，一些局限性也要注意。第一是本调查基于的样本数并不大；第二是本报告也受限于通常调查中所面临的一些共同问题，如对于创业导向、内部创业环境和企业绩效都是由同一个管理者填写会出现的一些认知偏差问题等。使用纵向的研究方法和从更多的调查者出发可能会弥补目前的一些缺陷。再者，使用结构方程模型如 LISREL 和纵向的案例研究也是未来的方向之一（Zahra et al. ，1995；Wiklund，1999）。

本章参考文献

1. Ahlstrom D. and Bruton G. D. (2002). *An Institutional Perspective on the Role of Culture in Shaping Strategic Actions by Technology-focused Entrepreneurial Firms in China* [J]. Entrepreneurship Theory and Practice. Vol. 26 No. 4 Summer: 53 – 69.

2. Busenitz L. W. (1996). *A Cross-cultural Cognitive Model of New Venture Creation* [J]. Entrepreneurship Theory and Practice. 20 (4): 25 – 39.

3. Chandler G. N., & Lyon D. W. (2001), *Methodological Issues in Entrepreneurship Research: the Past Decade* [J]. Entrepreneurship Theory and Practice. 25 (4, summer), 101 – 113.

4. Chow C. K. W. and Fung M. K. Y. (1996). *Firm Dynamics and Industrialization in the Chinese Economy in Transition: Implications for Small Business Policy* [J]. Journal of Business Venturing 11 (6): 489 – 505.

5. Dana L. P. (1999). Small Business as a Supplement in the People's Republic of China (PRC) [J].

6. D'Aveni R. (1994). *Hypercompetition* [M]. New York: Free Press.

7. Fligstein N. (1997). *Social Skill and Institutional Theory* [J]. American Behavioral Scientist, 40: 397 – 405.

8. Gartner W. B. (1985), *A Conceptual Framework for Describing the Phenomenon of New Venture Creation* [J]. Academy of Management Review, 10 (4), 696 – 706.

9. Hambrik D. C. (1983). *Some Tests of the Effectiveness and Functional Attributes of Miles and Snow's Strategic Types* [J]. Academy of Management Journal. 26: 5 – 26.

10. Hamilton G. (1991). *Business Networks and Economic Development in East and Southeast Asia* [R]. HongKong: Center for Asian Studies.

11. McKinnon R. I. (1994). *Financial Growth and Macroeconomic Stability in China*, 1978 – 1992: *Implications for Russia and Other Transitional Economies* [J]. Journal of Comparative Economics 18 (3): 438 – 469.

12. North D. (1990). *Institutions, Institutional Change and Economic Performance* [M]. Cambridge: Cambridge University Press.

13. Tsang E. W. K. (1996). *In Search of Legitimacy: the Private Entrepreneur in China* [J]. Entrepreneurship Theory and Practice. V21 Fall: 21 – 30. Journal of Small Business Management. July: 76 – 80.

14. Venkatraman N. and Prescott J. E. (1990). *Environment-Strategy Go Alignment: An Empirical Test of its Performance Implications* [J]. Strategic Management Journal. 11: 1 – 23.

15. Wilklund J., Davidsson Per, Delmar F. (2003), *What Do They Think and Feel about Growth? An Expectancy Value Approach to Small Business Managers' Attitudes towards Growth* [J]. Entrepreneurship Theory and Practice. Spring 247 – 270.

16. Williamson O. E. (1991). *Comparative Economic Organization: the Analysis of Discrete*

Structural Alternatives 〔J〕. Administrative Science Quarterly. 36：269 – 296.

17. Zapalska A. M. and Edwards W. （2001）. *Chinese Entrepreneurship in a Culture and Economic Perspective* 〔J〕. Journal of Small Business Management. 39 （3）：286 – 292.

18. Aiken A. W. , West S. G. （1991）. *Multiple regression：testing and interpreting interactions* 〔J〕. Sage：Newbury Parks, CA.

19. Brush C. G. , Vanderwerf P. A. （1992）. *A comparison of methods and sources for obtaining estimates of new venture performance* 〔J〕. Journal of Business Venturing, 7 （2）：157 – 170.

20. Chandler G. N. , Hanks S. H. （1993）. *Measuring Performance of Emerging Business* 〔J〕. Journal of Business Venturing, 8：3 – 40.

21. Covin J. G. , Slevin D. P. （1991）. *A conceptual model of entrepreneurship as firm behavior* 〔J〕. Entrepreneurship theory and Practice, Fall：7 – 25.

22. Drucker P. F. 1984. *Our entrepreneurial economy* 〔J〕. Harvard Business Review, January-February：58 – 64.

23. Fombrun C. J. , Wally S. （1989）. *Structuring small firms for rapid growth* 〔J〕. Journal of Business Venturing, 4 （2）：107 – 122.

24. Hay D. A. , Morris D. K. （1991）. *Industrial economics and organization：theory and evidence* 〔M〕. Oxford University Press. New York.

25. Kirzner I. （1997）. *Entrepreneurial discovery and the competitive market process：an Austrian approach* 〔J〕. Journal of Economic Literature, 35：60 – 85.

26. Kuratko D. F. , Montagno R. V. , Hornsby J. S. （1990）. *Developing an intrapreneurial assessment instrument for an effective corporate entrepreneurial environment* 〔J〕. Strategic Management Journal, 11：49 – 58.

27. Lumpkin G. T. , Dess G. G. （1996）. *Clarifying the entrepreneurial orientation construct and linking it to performance* 〔J〕. Academy of Management Review, 21 （1）：135 – 172.

28. Robinson K. C. , McDougall P. P. （2001）. *Entry barriers and new venture performance：a comparison of universal and contingency approaches* 〔J〕. Strategic Management Journal, 22：659 – 685.

29. Smart D. T. , Conant J. S. （1994）. *Entrepreneurial orientation, distinctive marketing competencies and organizational performance* 〔J〕. Journal of Applied Business Research, 10 （3）：28 – 38.

30. Stevenson H. H. （1983）. *A perspective on entrepreneurship. Harvard Business School Working Paper*, 9 – 384 – 131.

31. Stevenson H. H. , Gumpert D. E. （1985）. *The heart of entrepreneurship* 〔J〕. Harvard Business Review, 2：85 – 94.

32. Stevenson H. H. , Jarillo-Mossi J. C. （1986）. *Preserving entrepreneurship as companies grow* 〔J〕. Journal of Business Strategy, 10 – 23.

33. Stevenson H. H. , Jarillo-Mossi J. C. （1990）. *A paradigm of entrepreneurship：entrepreneurial management* 〔J〕. Strategic Management Journal, 11：17 – 27.

34. Zahra S. A. （1991）. *Predictors and financial outcomes of corporate entrepreneurship：an ex-*

151

plorative study ［J］. Journal of Business venturing，6：259 – 285.

35. Brockhaus R. H. ，*Risk – taking propensity of entrepreneurs.* Academy of Management Journal 1980，23：509 – 520.

36. Bruno A. V. & Tyebjee T. T. ，（1982），*The Environment for Entrepreneurship.* In C A. Kent，D. L. Sexton & K. H. Vesper （Eds. ），Encyclopedia of Entrepreneurship，pp. 288 – 307，Englewood Cliffs，NJ. Prentice Hall.

37. Carland J. A. and Carland J. W. ，*An empirical investigation into the distinctions between male and female entrepreneurs and managers.* International Small Business Journal，1991，9（3）：62 – 72.

38. Hambrick D. C. ，1994. *Top management groups：A conceptual integration and reconsideration of the "team" label.* In L. L. Cummings & B. M. Staw （Eds. ）：Research in Organizational Behavior（pp. 171 – 214）. Greenwich，CT：JAI Press.

39. Per Davidsson，Johan Wiklund，1997. *Values，Beliefs and Regional Variations in New Firm Formation Rates.* Journal of Economic Psychology，18（1997），179 – 199.

40. Raphael Amit，Eitan Muller，Iain Cockburn，1995. *Opportunity Cost and Entrepreneurial Activity.* Journal of Business Venturing 10，pp. 95 – 106.

41. Sexton D. L. ，and Bowman N. B. ，*The entrepreneur：Acapable executive and more.* Journal of Business Venturing 1985，1：129 – 140.

42. Shane S. ，Venkataraman S. ，*The Promise of Entrepreneurship as a Field of Research，* Academy of Management Review，2000，25（1），217 – 226.

43. Staley E. & Morse R. ，1971，*Developing Entrepreneurship：Elements for a Program，* In Kilby （Ed），Entrepreneurship and Economic Development，pp 357 – 384，New York：Free Press.

44. Waddell F. T. ，*Factors affecting choice，satisfaction，and success in the female selfemployed.* Journal of Vocational Behavior，1983，23：294 – 304.

45. 彼得·杜拉克著，彭志华译，《创新与企业家精神》，海南出版社 2000 年版。

46. 张玉利、薛红志、杨俊：《企业家创业行为的理性分析》，载于《经济与管理研究》，2003 年第 5 期，第 9～13 页。

47. 储小平：《社会关系资本与华人家族企业的创业及发展》，载于《南开管理评论》，2003 年第 6 期，第 8～12 页。

48. 米歇尔·A·赫特、R. 杜安·爱尔兰著，徐芬丽、佟博等译：《战略型企业家——创建一种新的智力模式》，经济管理出版社 2002 年版。

49. 姜彦福、高健、程源、邱琼：《全球创业观察 2002 年中国报告》，清华大学出版社 2003 年版。

50. 张玉利：《创业管理：管理工作面临的新挑战》，载于《南开管理评论》，2003 年第 6 期，第 4～7 页。

51. 张玉利、杨俊：《企业家创业行为的实证研究》，载于《经济管理》，2003 年第 20 期，第 19～26 页。

第四章

民营企业融资障碍分析

改革开放30年来，中国民营经济获得了快速的发展。但是，不同地区民营经济发展的差异很大，融资途径和融资环境也存在很大差异。值得探讨的问题就是，如何看待民营企业融资难问题？不同地区民营企业融资机制有何差异？融资便利程度是否存在差异？在民营经济发达地区，民营经济从国有等正规金融渠道获得的金融资源比例却很小，这就引出一个问题：民营经济为何难以从正规金融渠道获得发展所需的资金？又何以能获得如此快的发展速度？可能的解释是，虽然民营经济从正规渠道获得的金融资源有限，但民间金融对其起到了巨大的推动作用，是民营经济融资的主要源泉，从而引出第二个问题：民营经济是否从民间金融那里获得了足够的金融支持？如果是，那么今后如何规范发展民间金融？如果没有获得足够的支持，那就意味着民营经济本来还可以发展得更快，今后的金融体系改革应如何进行？在民营经济欠发达地区，制约民营经济发展的主要因素是什么？如何才能使这些地区摆脱民营经济发展落后的状态？等等。对这些问题进行深入的剖析，有助于了解民营经济发展及其融资支持机制的内在机理，揭示不同地区、不同成长阶段的民营企业融资面临的约束，据此才能给出更具针对性和可行性的解决方案。

总的来说，我国民营企业融资渠道不畅。但仅把分析停留在这个层面上显然是不够的。由于我国各地区初始禀赋和制度租金水平的不同，各地区在经济发展的过程中，有关利益主体采取了不同的博弈策略，从而形成了不同的民营经济发展模式和演进路径，并内生出与该特定模式相适应的特定融资模式。这种融资模式是与该民营经济发展模式相匹配的融资模式，但不一定都是最优模式。在不同的民营经济发展模式下，其所面临的约束因素也不同；同时，处于不同成长阶段的民营企业，其对资金的需求和面临的约束也不同。因此，在对民营企业融资问题进行研究时，应首先探究民营经济的演进机理，并在此基础上分析特定模式下民营企业融资的形成机制及其约束因素，根据各种融资模式的特征及其面临的约束，结合民营企业的成长阶段，才能全面了解民营企业融资模式形成的内在机制，据此而提出的对策建议也将更具针对性。

第一节　禀赋差异与民营经济起步阶段融资选择

禀赋及其动态变化决定的制度租金水平和制度租金降低速率规定了特定地区民营经济的发展模式和演进路径，这个过程本身也内生了民营经济起步阶段的融资选择。"历史总是重要的。它的重要性不仅仅在于我们可以向过去取经，而且还因为现在和未来是通过一个社会制度的连续性与过去连接起来的。今天和明天的选择是由过去决定。"[①] 在研究我国民营企业融资问题时，西方企业金融理论有一定的指导意义，但同时必须考虑我国特定时期的特定体制状态。改革开放初期，经济形式主要包括国有经济和集体经济；为了保证国有经济的资金供应，国家对金融资源实行计划调配，国有金融在金融体系中居于垄断地位，全社会融资方式单一。金融体系发展严重滞后，使得在体制外萌芽并发展起来的民营经济难以获得国有金融的支持，融资渠道狭窄。

4.1.1　企业成长阶段及其融资选择

企业在不同的发展阶段，其融资能力和对资金的需求都会有所不同。由于种种原因，企业在创业阶段本来就难以获取外部资金的支持，再加上我国市场化进程中金融制度安排的滞后性和国有金融的垄断地位，使得民营企业在起步阶段面临特殊的制度背景，更加难以获取外部资金。企业在不同的生命周期阶段，具有不同的成长特征和融资能力，并面临不同的融资需求。下面分别进行阐述。

---

① 道格拉斯·C·诺斯：《经济史中的结构与变迁》（中译本），上海三联书店、上海人民出版社1994年版，第225~226页。

一、创业期的特点及融资选择

创业期民营企业发展速度很慢，生命周期曲线上体现出来的是曲线斜率小且变化也小，虽然企业发展速度不快，但有一个现象是好的，那就是企业在不断增长。创业初期即起步阶段，其特点是经营风险较大、费用高、信誉度低、规模小，盈利能力弱。企业的控制权主要掌握在创业者手中，创业期的中后期企业资金需求加大，但持续经营能力仍较弱、破产或停业的几率较大、企业信息披露不充分、企业价值评估的难度较大且不准确导致其外部融资能力较弱。初创期的企业，大体具有初创性、高成长性、高风险性等特征，它们需规避重重风险（如技术风险、市场风险、资金风险以及管理风险等）以获得发展，同时潜在的回报也较高。所以，基于初创企业的这种高风险、高收益的特性，风险投资比较青睐。因此对于创业期企业的融资平台主要由创业者、风险投资者和债权投资者构成较好，融资租赁也是初创企业一个常用的融资选择。

从西方发达国家的经验看，西方大多数中小型企业创业时，其融资渠道也主要是内源融资即创业者自筹及企业内部留存收益。美国中小企业早期融资对象包括：个人储蓄、朋友和亲戚。如表4－1所示，美、日、英三国中小型企业也多以内部融资为主，即使内部融资比例最低的日本其内部融资比例也接近60%。

表4－1　　　　　　　　部分国家企业创业融资结构

国　别	时　期	资金比例（%）		外部资金（%）	
		内部融资	外部融资	直接融资	间接融资
美国	1958～1962	65.1	34.9	42.9	57.1
	1980～1984	73.7	26.3	65.4	34.6
日本	1958～1962	24.0	76.0	73.7	26.3
	1980～1984	59.1	40.9	85.5	14.2
英国	1958～1962	62.0	38.0	44.7	55.3
	1980～1984	81.1	18.9	88.3	11.7

资料来源：转引自王玉珍编著：《国有企业资本结构制度分析》，中国经济出版社1999年版。

二、成长期的特点及融资选择

企业经过创业期的艰辛后，若能生存下来并获得一定的发展，一般就会进入高速成长期。企业在这一阶段的特征是：发展速度快；波动小、实力增强；管理逐步规范化，治理逐步合规。处于高速成长阶段的企业既具有很强的活力，又具有较强的实力，所以一般发展很快。美国麦肯锡（Mckinsey）企业管理咨询公司1983年提供的研究表明，属于美国企业家协会的70家会员公司（都属于高速发展的中型企业），在过去的5年里，销售额每年至少增长15%。1982年，美国中型企业销售额平均增长12%，资本的平均回报率10%，其中名列前茅的一批迅速发展的中型企业，销售额的年增长率达到43%，企业的平均回报率达到14%，在销售额和资本回报率两方面，迅速发展的中型企业都超过了《幸福》杂志列举的美国发展最快的250家大公司。

成长期民营企业以高速发展著称，在生命周期曲线上成长期表现为曲线斜率为正，且数值大。在成长阶段，企业为了保持快速发展的趋势，需要大量的资金投入，而这仅仅依靠企业主的自筹资金和企业的内源融资是难以满足需要的；同时，成长阶段的企业也有了一定的积累和物质基础，因而可以通过其他渠道进行融资，如债权融资、股权融资、风险投资等。由于成长期的企业成长性好、风险高的特性，非常符合风险资本的投资标准。所以很多成长期的企业都会将风险资本作为重要的融资渠道。

三、成熟期的特点及融资选择

经过高速发展，企业就进入了成熟阶段。处于成熟期的企业主要表现出以下特征：发展速度较以前减慢，甚至出现停止发展现象，但是效益提高；公司组织向集团化方向发展、树立起了良好的企业形象；创新精神减退、体制趋于僵化。由于成熟期的企业财务状况良好，规模大，发展稳定，市场趋于饱和，产品广为社会所熟知，资信度高，企业融资渠道比较多。处于成熟期的民营企业发展速度变化很缓慢，从规模上看，成熟期民营企业一般规模比较大，代表企业发展到一个很高的层次。此时的民营企业由于实力强大、信誉度高，比较容易获得银行贷款，建立紧密、双赢的银企关系，获得稳定的银行资金支持是这一时期民营企业融资的主要模式。同时应更注重以债务融资带动股权融资和再融资，使两种融资模式相互促进，相互影响，形成合理的有利于企业发展的融资结构，实现企业融资的顺畅。通过向银行等金融机构借款或者在资本市场发行债券进行债权融资，这将增加企业的债务，提高企业的资产负债率。与股权融资相比，债权融资的一个最大特点就是能够确保股东的控制权，由于债权人无权参与公司的经营管理决策，因此，企业采取债权融资方式不会像增发股票那样可能会分散股东对公司（企业）的控制权。另外，债务利息支出可在所得税前支付，公司（企业）可享受税盾收益，实际负担的资金成本低；而且公司（企业）债务的增加有利于财务杠杆作用的发挥，无论公司盈利多少，只需负担债务的固定利息，而更多的收益可用于分配给股东或留存在公司（企业）以作再投资，从而增加股东和公司的财富。但是债权融资必须定期支付利息，到期还得偿还本金，也会带来较高的财务风险，因此需要适当股权融资配合。此时主要的融资方式包括内源融资、债权融资、股权融资等。

四、衰退期特点及融资选择

在企业步入衰退期后，主要表现出以下特点："大企业病"日益严重；工艺落后，技术装备陈旧；企业的生产萎缩，效益降低；负债增加，财务状况恶化。处于衰退期的企业，产品销量将加速下滑，利润大幅度减少，企业甚至可能出现亏损，产品缺乏竞争力，设备老化，工艺落后，创新意识淡薄，各种企业病纷纷出现。此时的企业，经营风险和财务风险都非常大。

种种不利条件的出现，使得企业筹资变得非常困难。债权人往往会因为担心企业破产而要求企业提前偿还债务；企业前期积累的资金的大部分要用来偿还债务，以及实现平滑过渡的相关支出；企业的股票由于经营状况的恶化而不断走低，直接融资能力受挫。此时的企业应通过资产重组等战略性重组，寻求兼并与被兼并的机会。但是，如果企业负债过多则会构成实现这些措施的实质性障碍。

综上所述，企业在不同生命周期阶段，应采用的融资方式可归纳如表4-2所示。

表4-2　　　　　　　企业各周期阶段的融资方式

融资方式	初创期	成长期	成熟期	衰退期
自我筹措	✓	✓	✓	✓
风险投资	✓	✓		
创业板市场		✓		
主板市场			✓	
间接融资	✓	✓	✓	

资料来源：作者根据有关资料整理。

4.1.2　禀赋差异与我国民营经济起步阶段融资选择：实证分析

从总体上看，我国民营企业创业资金主要来自自身积累，外部资金来源渠道狭窄。同时，不同地区由于其政府权力和市场化程度的不同，民营经济起步阶段的资金来源和融资结构也存在显著差异。改革开放初期，尽管国家在宏观上放松了对民营经济的限制，但传统计划经济体制的影响仍在一定程度上存在，国有（金融）部门和民营（经济）部门之间的体制差异仍很显著，各地市场化意识和地方政府对待民营经济的态度也不同。在这种情况下，发展初期的民营经济获取启动资金的方式也就截然不同。在市场化程度相对较高、政府权力相对较小的地区，制度租金水平很低，民营企业的创业过程就是从无到有的过程，在这个过程中，个人创业基本上处于自发状态，创业企业本就难以获取外部资金，加上改革开放初期风险投资业等融资渠道几乎处于空白状态和国家金融体系对民营经济的排斥，创业者只能靠自己筹措和积累。因此，创业者通过各种商业活动（由于是个人，所以规模很小）来进行原始积累，并在必要时进行民间借贷以获取资金。这种资本积累方式的特点是：自我积累，规模小、发展缓慢。因此，这种民营经济发展模式在初期发展速度就比较缓慢。但当发展到一定阶段时，其市场化优势会使其获得很大的发展优势，而且民间借贷将发挥重要作用。随着整个经济市场化进程的发展和其自身融资能力的增强，民营企业获取外部资金将比较容易，因而会获得更多的资金支持。在市场化水平较高、政府权力也较高的地区，制度租金较高，此时，民营企业（主要是集体企业）创业有一定的集体积累，而且政府会利用其自身的优势从国有金融渠道为其提供资金融通。此时的创业资金主要来自政府主导的集体积累和资金融通。因为这种模式有一定的基础，并且获取资金的规模也较大，所以在发展初期能够较大幅度地利用制度租金，获得较快的发展。但随着经济市场化程度的提高，这种集体属性的弊端就会暴露出来，政府权力下降将是一个必然的过程。在市场化程度低、政府权力大的地区，制度租金很高，国有经济比重大，民营企业的发展既受环境的限制，更无外部资金支持，因而举步维艰，发展缓慢。而在市场化程度低、政府权力小的地区，制度租金较高，但在该地区工业化发展缓慢，民营经济更无从谈起，也就无所谓创业融资问题了。

一、数据来源、变量定义与初步验证

下面根据有关的宏观金融数据，用回归分析方法分析地区民营企业起步阶段融资选择与禀赋和制度租金因素的关系。从整体上看，在民营经济发展过程中，可以认为改革开放初期的民营企业总体上处于起步阶段。此时，企业融资方式单一，银行在金融体系中处于垄断地位，银行信贷是企业外部资金的最主要来源渠道。因此，我们根据 1983 ~ 1985 年的全国各地区全部金融机构贷款流向的数据，来大致估算民营企业起步阶段获取的银行信贷资金状况，据此可以反映出民营企业起步阶段的融资状况和影响因素。本节采用的数据为 1983 ~

1985 年的跨省数据①。共有 29 个省、自治区、直辖市。限于数据原因，未包括
海南和重庆。数据来源于 2000～2002 年的《中国统计年鉴》、《中国私营经济年
鉴》、《中国人口统计年鉴》、《中国商业年鉴》、《中国工商行政管理统计年鉴》、
《中国农业年鉴》、《新中国五十五年统计资料汇编》等。对于个别无法获得的数
据，我们根据其他指标作了相应的调整。有关的变量定义，我们延续了前面回归
分析中的方法，并根据样本数据的可获得性进行了适当的调整，具体如下：

为了衡量民营企业起步阶段从正规金融机构获得的贷款数额，在具体的统计
数据无法获取的情况下，我们用各地全部金融机构贷款中剔除国有经济贷款额的
方法，来衡量民营经济从正规金融机构获取的资金额。因为金融机构贷款主要流
向国有经济部门，我们用下面的方法估算金融机构贷款中流向民营经济部门的
份额：

全部金融机构贷款额 $F_i = \beta_0 + \beta_1^*$（全民所有制工业总产值）$+ \gamma_i$

由上式中的随机误差项 γ_i，我们可以得到与国有经济不相关的全部金融机
构贷款余额 $\beta_0 + \beta_i$。在后面进行分析时，这个估计值 $\beta_0 + \beta_i$ 是作为独立的被解
释变量来使用的。我们用这个值来近似代表全部金融机构贷款中流向民营经济部
门的份额。限于数据原因，我们只能用这个指标进行近似分析，但由于金融机构
贷款是企业融资的一个重要外部来源，而且在我国这一渠道的融资数额与地区制
度禀赋和意识形态等因素密切相关，因而通过该指标进行分析仍具有重要的启发
意义，同样可以说明民营企业融资中的一些重要现象。其他解释变量定义如下：

国有经济影响力：用两个变量来衡量国有经济影响力。第一个变量是全部金
融机构贷款规模，用人均贷款表示：全部金融机构各项贷款余额/总人口数；第
二个变量是国有经济规模，用人均国有工业产值表示：各地全民所有制企业工业
总产值/各地区总人口数。

地方政府权力：有三个变量可以衡量地方政府权力。第一个变量是 1983 年
底在全部家庭联产承包责任制户中未采用大包干的户数比例，表示地方政府及其
领导的政治权势和领导能力，用未采用大包干比例表示：1983 年底未采用大包
干户数/联产承包责任制总户数；第二个变量是初始人均社队工业总产值，它表
明了改革之初集体工业发展和地方政府掌握的物质资本和人力资本积累情况，用
人均社队工业总产值表示：1979 年社队工业总产值/1981 年乡村总人口；第三个
变量是人均集体固定资产投资额：各地全社会固定资产投资中集体经济额/总人

---

① 之所以选择 1999～2001 年间的数据，主要考虑的因素是：1992 年邓小平南行讲话为民营经济发
展提供了更好的政策和市场环境，而 1999 年之前的个体私营经济详细数据无法获得，同时 1999 年之后统
计口径发生了变化，1999 年及以后国有经济包括国有及国有控股企业。

口（限于数据原因，此处未用地方财政支出比指标）。

市场化水平：有四个变量可以衡量市场化水平。第一个变量是初始市场化程度，用 1981 年人均城乡市场成交额表示：1981 年城乡集市成交额/1981 年底人口数；第二个变量是产品市场化程度：用城乡集贸市场成交额/总人口数衡量，产品市场化程度越高，商品流通越便捷，越有利于民营经济获取原料和销售产品；第三个变量是市镇人口比：市镇人口/总人口，可衡量该地区城市化水平，城市化水平越高，市场会越活跃，则该地区市场化程度相应越高；第四个变量是金融深化度，用城乡居民储蓄存款/总人口数衡量，金融深化度越高，地区经济金融化程度越高，市场化程度也相应越高。

在此，我们用 1983～1984 年度虚拟变量来消除一些随时间而变化的因素（如意识形态、通货膨胀等）带来的效应。因为一些年度间宏观经济政策的变化已部分被诸如国有经济贷款规模等变量控制，此处的虚拟变量主要表示全国范围的意识形态的变化和其他可能随时间变化的因素。同时，一些变量（如未采用大包干比例等）并不随时间变化，因而可以部分消除地区间固有的一些差异，在此我们未在模型中引入全部地区虚拟变量，仍是按地理环境和其他特征将 29 个省区分成 6 个区域[①]，以消除自然条件和国家非均衡政策等对地区民营经济发展的影响。各变量的描述性统计见表 4－3。

表 4－3　　　　　　　各变量描述性统计特征

变　　量	平均值	最大值	最小值	标准差
全部金融机构贷款中民营经济份额 γ_i^*	38.20	303.4	－150.8	67.69
人均金融机构贷款（p_g）	0.057	0.274	0.006	0.056
人均国有工业产值（p_h）	0.072	0.554	0.0057	0.102
未采用大包干比例（p_j）	0.067	0.546	0.0014	0.114
人均初始社队工业产值（p_k）	0.0067	0.042	0.0009	0.009
人均集体固定资产投资（p_m）	0.0026	0.0168	0.0003	0.003
初始市场化程度（i_m）	0.0025	0.0054	0.0007	0.001

---

① 在 29 个省区中，按地理位置和自然环境状况分为北部地区（包括黑龙江、吉林、内蒙古、山西、安徽、河北、河南）、南部地区（包括湖南、湖北、江西、广西）、西北地区（包括陕西、甘肃、宁夏、青海、新疆、西藏）、西南地区（包括四川、贵州、云南）。另外，单独将 6 个沿海省份（辽宁、山东、江苏、浙江、福建、广东）作为一个地区，因为它们在对外改革开放中先行一步。而且，我们将北京、天津、上海三个大城市作为一个地区，因为它们地理面积较小，并且乡村规模较小。据此一共有 6 个地区虚拟变量。

变　　量	平均值	最大值	最小值	标准差
金融深化度（p_n）	0.0133	0.058	0.003	0.01
产品市场化度（q_q）	0.0042	0.01	0.0013	0.002
城镇人口比（p_q）	0.342	0.699	0.057	0.16
国有经济影响力（m_1）	1.688	11.75	0.23	2.18
地方政府权力（m_2）	0.058	0.44	0.002	0.092
市场化程度（m_3）	0.11	0.196	0.039	0.036
制度租金水平（r_t）	0.305	2.44	0.0042	0.49

注：全部金融机构贷款中民营经济份额 γ_i^* 的最小值之所以为负，是由于文中所用的估测方法导致的。此处估测的结果只是表明各地区金融机构贷款中民营经济份额的相对水平，不是绝对数额。

资料来源：作者整理。

表 4－3 是对各变量的一个整体描述。为了初步获取一些民营经济发展与各变量之间的关系的信息，我们先选择目前以个体私营经济为主的浙江、以乡镇集体经济为主的江苏和民营经济欠发达的青海为例，对比其各变量之间的关系，见表 4－4。从表中可以看出，在改革开放初期，金融机构贷款中剔除国有经济份额后的余额，江苏最高，浙江次之，青海最低。人均国有工业产值青海最小，浙江次之，而江苏最多。在浙江，人均金融机构贷款低于江苏，未采用大包干比例衡量的地方政府权力高于江苏，但人均初始社队工业产值低于江苏，人均集体固定资产投资低于江苏。国有经济影响力江苏最高，浙江次之，青海最低；地方政府权力浙江最高，江苏次之，青海最低；市场化程度浙江最高，江苏次之，青海最低。浙江地方政府权力虽然较高，但由于其市场化程度更高，因而其制度租金水平低于江苏。在以后的发展中，市场化水平高的浙江，其制度租金水平迅速降低，个体私营经济迅速发展，地方政府也主要发挥协调者的功能，能够获得较多的金融机构贷款；而在江苏，虽然制度租金水平也得到迅速降低，但由于地方政府权力较高，整体制度租金水平仍然较高，民营经济发展主要沿着集体经济的模式演进，并且获得较多的银行贷款。这也从一个方面表明，初始市场化水平对民营经济发展具有重要影响。而在青海，虽然制度租金水平较低，但由于市场化程度太低，地方政府也未充分发挥自身功能，市场化进程缓慢，制度租金降低缓慢，民营经济停滞不前，难以获取金融机构贷款。

表 4 - 4　　　　　1983 年江苏、浙江、青海三省各变量对比

各变量	江苏	浙江	青海
金融机构贷款中剔除国有经济份额后的余额（s_f）	12.61	11.91	2.95
人均金融机构贷款（p_g）	0.037	0.028	0.027
人均国有工业产值（p_h）	0.055	0.038	0.03
未采用大包干比例（p_j）	0.017	0.052	0.02
人均初始社队工业产值（p_k）	0.014	0.008	0.0019
人均集体固定资产投资（p_m）	0.0035	0.0025	0.00038
初始市场化水平（i_m）	0.00318	0.00379	0.00065
金融深化度（p_n）	0.005	0.0094	0.0093
产品市场化度（q_q）	0.0041	0.0049	0.0015
城镇人口比（p_q）	0.2	0.23	0.19
国有经济影响力（m_1）	0.05	0.035	0.029
地方政府权力（m_2）	0.027	0.047	0.017
市场化程度（m_3）	0.088	0.104	0.054
制度租金（r_t）	1.205	1.14	1.119

资料来源：作者整理。

二、模型与回归结果分析

下面用回归分析的方法对上述变量间的关系作一实证分析，进一步探究民营企业起步阶段融资选择与制度因素的关系。所用模型为：

$$Y_{it} = C + \beta X_{it} + \delta_{it}$$

为了验证民营企业起步阶段融资的具体影响因素，我们用三个模型来进行检验。各个模型中被解释变量 Y_{it} 均表示第 i 省第 t 年度民营经济从金融机构获取的贷款余额。在第一个模型中，X_{it} 代表制度租金；在第二个模型中，X_{it} 分别代表国有经济影响力、地方政府权力、市场化水平；在第三个模型中，X_{it} 分别代表各个具体变量，如人均国有工业产值等。在此用 1983 ~ 1985 年度的跨省数据，进行普通 OLS 回归分析。回归结果见表 4 - 5。

表 4 - 5　　　　　　　　　　　各变量回归结果

变　　量	模型 I	模型 II	模型 III
C	84.55 [0.25]	- 17.27 [0.84]	- 259.50 *** [0.01]
制度租金（r_t）	- 134.01 *** [0.00]		
国有经济影响力（m_1）		- 28.8 *** [0.00]	
地方政府权力（m_2）		- 18.46 [0.86]	
市场化程度（m_3）		621.54 *** [0.01]	
人均金融机构贷款（p_g）			2 511.55 *** [0.00]
人均国有工业产值（p_h）			- 986.64 *** [0.00]
未采用大包干比例（p_j）			- 52.37 * [0.07]
人均初始社队工业产值（p_k）			1 713.28 [0.15]
人均集体固定资产投资（p_m）			- 1 486.16 [0.15]
初始市场化水平（i_m）			13 757.73 [0.32]
金融深化度（p_n）			- 2 466.48 [0.17]
产品市场化度（q_q）			7 869.12 *** [0.01]
城镇人口比（p_q）			11.26 [0.61]
P_v 1983 年度虚拟变量	61.84 *** [0.00]	44.16 *** [0.01]	1.59 [0.94]
P_w 1984 年度虚拟变量	24.91 * [0.07]	16.80 [0.23]	- 10.41 [0.53]
r_1 地区虚拟变量	- 130.83 *** [0.01]	- 79.44 [0.15]	136.47 * [0.06]
r_2 地区虚拟变量	- 48.47 *** [0.00]	- 29.64 [0.11]	15.07 [0.51]
r_3 地区虚拟变量	38.20 ** [0.04]	38.79 ** [0.04]	35.89 ** [0.03]
r_4 地区虚拟变量	33.96 [0.11]	28.98 [0.16]	14.92 [0.44]
r_5 地区虚拟变量	35.15 ** [0.04]	36.07 ** [0.04]	13.93 [0.36]
R^2	0.46	0.50	0.72

　　注：1. *** 、** 、* 分别表示在 1%、5%、10% 水平下显著；括号内为相应变量的显著性水平；2. 样本数为 87；3. 各模型的 DW 值、F 统计量均符合相应检验，变量之间不存在自相关和多重共线性问题。

在模型 I 中，我们用制度租金为解释变量，同时引进时间和地区虚拟变量，来探讨其对民营经济获取金融机构贷款份额的影响。在该回归模型中，制度租金系数显著为负，年度虚拟变量 P_x、P_w 系数均显著为正，地区虚拟变量 r_1、r_2 系数均显著为负，r_3、r_4、r_5 的系数均为正，但 r_4 不具有统计显著性。这表明制度租金水平越高，越不利于民营经济从国有金融机构获取贷款；随着人们认识的转变，民营经济获取金融机构贷款的额度会有所提高；而地区性的宏观经济政策也会有助于民营经济获取金融机构贷款。在改革开放初期，这种情况不难理解。制度租金水平越高，整个地区制度安排和意识形态对民营经济特别是个私经济形成的约束越高，而正规金融机构主要向国有经济部门提供信贷支持，民营经济越难从正规金融机构（主要是国有金融机构）获取贷款。

在模型 II 中，我们用国有经济影响力、地方政府权力和市场化水平作为解释变量，来进一步分析这些因素对民营经济起步阶段融资选择的影响。在该模型中，国有经济影响力系数显著为负；地方政府权力系数为负，但不具有统计显著性；市场化程度系数显著为正。年度虚拟变量 P_x 系数显著为正，P_w 系数也为正，但不具有统计显著性；地区虚拟变量 r_1、r_2 系数为负，但均不具有统计显著性；r_3、r_4、r_5 系数均为正，但只有 r_3、r_5 系数具有统计显著性。这表明国有经济影响力越大，起步阶段的民营经济越难获取金融机构贷款。这一现象不难理解，国有经济影响力越大的地区，其金融机构贷款中的更大部分将被国有经济占据，民营经济越会被忽略和排斥，因而越难以获取金融机构贷款。地方政府权力对民营经济获取金融机构贷款的影响比较模糊，这可能与地方政府的行为特征有关：地方政府权力越大，民营经济中的个私经济越难获取金融机构贷款；而地方政府权力较大时，往往会鼓励发展地区集体经济，并利用自身优势帮助其获取国有金融机构贷款，因而地方政府权力越大，越有利于集体经济获取金融机构贷款。而市场化程度越高，地区制度安排和意识形态越有利于民营经济发展，金融机构的市场化运作意识也越强烈，因而民营经济越容易获取金融机构贷款。

在模型 III 中，我们用各具体指标，来更加详细地分析各种制度租金因素对民营经济起步阶段融资选择的影响。在该模型中，国有经济影响力中的人均金融机构贷款系数显著为正，人均国有工业产值系数显著为负，这进一步表明，国有经济比重越高，越不利于民营经济获取金融机构贷款；而国有金融市场越发达，金融资源越多，越有利于民营经济获取金融机构贷款。地方政府权力中的未采用大包干比例系数显著为负；人均初始社队工业产值系数为正，但不具有统计显著性；人均集体固定资产投资系数为负，但同样不具有统计显著性。这表明地方政府发展集体经济的积极性越高，越有动力去帮助其获取金融机构贷款；而地方政府行政权力越强，越不利于民营经济获取金融机构贷款，这可能与改革初期地方政府面临的特殊政治风险有关。市场化程度中的初始市场化水平系数为正，但不具有统计显著性；金融深化度系数为负，但同样不具有统计显著性；产品市场化度显著为正；城镇人口比系数为正，但不具有统计显著性。这表明初始市场化水平会对民营经济发展和获取金融机构资源产生一定影响，但在改革开放初期，全社会市场化水平普遍不高，民营经济发展面临极大的不确定性，因而市场化本身对民营经济获取金融机构贷款的影响不大。金融深化度越高，个人资本积累能力越强，相对来说，对金融机构贷款的需求就小些。而产品市场化程度越高，越有利于民营经济发展和整个地区市场化水平的提高，金融机构也会更加愿意为其提供信贷支持。城市化水平越高，金融市场会相应地比较发达，民营经济的融资环境也会比较宽松，制度安排也越有利于民营企业获取金融机构贷款。各虚拟变量系数在此不再详述。

三、研究结论

通过上面的分析可以得出以下几点结论：

第一，民营企业创业资金主要来自自我积累，融资渠道狭窄。民营企业在创业期间，外部资金主要来源于民间借贷和银行贷款，但银行贷款比例很低，长期资金匮乏。

第二，制度因素会对起步阶段的民营企业融资选择产生重要影响。在不同地区，民营企业起步阶段融资结构存在差异。制度租金水平越高，整个地区制度安排和意识形态对民营经济特别是个私经济形成的约束越强，而正规金融机构主要向国有经济部门提供信贷支持，民营经济越难从正规金融机构（主要是国有金融机构）获取贷款。

第三，国有经济影响力、地方政府权力和市场化水平对起步阶段民营企业融资选择的作用机制各不相同。国有经济影响力越大的地区，其金融机构贷款中的更大部分将被国有经济占据，民营经济越会被忽略和排斥，因而越难以获取金融机构贷款。地方政府权力对民营经济获取金融机构贷款的影响比较模糊，这可能与地方政府的行为特征有关：地方政府权力越大，民营经济中的个私经济越难获取金融机构贷款；而地方政府权力较大时，往往会鼓励发展地区集体经济，并利用自身优势帮助其获取国有金融机构贷款，因而地方政府权力越大，越有利于集体经济获取金融机构贷款。而市场化程度越高，地区制度安排和意识形态越有利于民营经济发展，金融机构的市场化运作意识也越强烈，因而民营经济越容易获取金融机构贷款。

通过以上分析，可以将民营经济起步阶段的融资选择与政府权力和市场化水平的关系总结如图 4-1 所示。

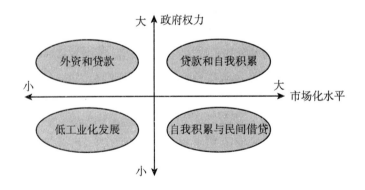

图4-1　政府权力、市场化水平与民营经济起步阶段融资选择

在起步阶段，政府权力和市场化水平的不同组合首先决定了该地区民营经济能否发展起来及可能的发展模式。如果该地区根本就无发展民营经济的动力，也就无所谓融资问题了。从图4-1中可以看出，在改革初期的起步阶段，在政府权力大、市场化程度低的地区，制度租金水平很高，此时民营经济发展主要由政府推动，采取外资或集体经济形式，相应的资金来源就是外资和国有金融机构贷款。在政府权力大、市场化程度高的地区，制度租金水平居中，民营经济发展主要采取集体经济的形式，相应的资金来源比较多，包括贷款、外资和自我积累等。以上两种组合地区，政府权力都较高，可以通过自身与国有金融机构的关系，为民营企业争取部分贷款，获取部分制度租金。在市场化水平高、政府权力小的地区，制度租金水平低，民营经济发展的主体是个私经济，相应的资金来源主要靠自我积累和民间借贷，只能获取少部分制度租金；这种发展模式也内含了民间金融发展的基础。而在政府权力小、市场化水平低的地区，民营经济无从发展，更谈不上融资问题了。

第二节　制度租金变化与民营企业融资选择

我国的民营企业是在特定的经济体制背景下发展起来的，从一开始就面临着非常特殊的发展环境。由于融资渠道单一，国有金融体系高度集中，民营企业又带有"体制弊端"，因而在起步阶段，民营企业很难获取外部资金，主要依靠自我积累进行发展；但在发展过程中，仅仅依靠自我积累是不够的。另外，在地方政府的财政激励下，为了从国有金融渠道获取资金支持，具有体制兼容性的民营经济形式：集体经济获得了快速的发展。国有金融体系垄断了大部分金融资源，而且主要为国有经济部门提供金融支持；在民营经济的发展过程中，获取金融机构贷款将非常关键，而这与国有金融体系和国有经济部门之间的信贷联系关系密切。制度安排造成的金融租金主要在国有经济部门间分割，民营经济难以获取制度租金。随着民营经济快速发展和制度租金的降低，民营企业获取金融机构贷款份额有所增加但很缓慢，信贷资金远未对民营经济发展起到应有的促进作用。在民营经济对国民经济贡献度日益提高的背景下，如果金融机构贷款仍主要流向国有经济部门，民营经济就必然面临外部资金紧缺的局面，毕竟储蓄这块蛋糕总量是有限的。因此，民营经济获取金融机构贷款份额与国有企业融资制度变迁和金融体系市场化发展都是中国制度变迁过程中的一个侧面，具有相互联动的关系。国有企业融资制度的形成和演变有其历史必然性，为了分析民营企业与银行的关系，有必要首先描述一下国有企业融资制度的历史变迁过程。

4.2.1 制度租金变化与民营企业融资

一、金融控制与制度租金

尽管国有企业融资制度的变革并未从根本上解决国有企业资金运营效率低下的问题，但随着市场化改革的推进，整体上的制度租金规模趋于下降。在计划经济时期，国家融资的主导形式是：通过低工资、工农产品剪刀差等途径，把城乡居民所得的收入中可以用于长期储蓄的部分以国有企业盈利的形式"暗拿"过来，形成国有资本。然后再用这些资本直接开办和经营国营企业。由于是"暗拿"，国家与居民个人之间不可能形成契约关系，因为这些收入根本就没有被分配到居民个人手中。但由于这种方式是把居民可得的未来消费收入全部用于国有资本积累，因而政府相应地就要承担居民未来的消费开支，如养老、医疗等。此时整个经济体制高度集权化，政府在融资体系中发挥着核心的角色，而全社会市场化程度极低，制度租金水平很高。各种要素价格被扭曲，在社会可承受的范围内，国家根据发展战略的需要，几乎达到了最高的制度租金水平，并由国有企业分享这些租金。随后的改革虽然改变了国民收入分配的格局，但国家并没有放弃对资本的行政分配，改变的只是政府作为国有企业的融资中介与资本所有者和使用者的关系。由于可积累的收入被分到了居民个人手中，国家向居民筹资的方式也就由"暗拿"改成了"明借"。国家通过其银行等机构，与居民个人形成债务契约关系，承担明确的还本付息义务。尽管实际利率很低甚至为负，但这毕竟对国有企业形成了一定的约束，比起财政无偿拨款仍是个很大的进步。国家向居民借债，可以通过银行吸收居民储蓄，也可以通过财政发行国债。按世界银行的估算，1987～1995 年的 9 年间，我国非金融性公共部门借债总额占 GDP 总额的 10.8%，其中，通过银行系统的借债总额占 GDP 的 9.0%，用于国有企业的部分占 GDP 总额的 8.6%。[①] 国家通过税负融资、收入融资和债务融资，继续充当融资中介的角色，尽管这一角色在逐渐淡化。此时制度租金水平有所降低，但仍处于很高的水平。制度租金水平可以通过资金使用中的租金规模来大致看出。国家对金融的控制，使国有金融机构从居民部门转移了大量租金，公有经济部门获得的资金价格远低于均衡市场价格，获得巨大的隐性补贴，即所谓的租金效应，如图 4-2 所示。

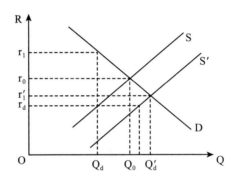

图 4-2 利率管制与金融租金

在市场经济体制下，资金供求决定的均衡利率为 r_0，资金供应量为 Q_0。但是如果政府对利率进行控制，存款利率为 r_d，资金供应量为 Q_d，贷款利率为 r_1，差额 $r_1 - r_d$ 为银行的经济租金。此时的贷款利率高于没有干预时的贷款利率，银行从居民和企业部门得到的租金分别为 $r_0 - r_d$ 和 $r_1 - r_0$。在金融管制政策下，由于存贷款利率、信贷规模控制的存在，银行和企业部门分享了这笔金融租金。在居民部门收入持续增长，又没有相应的数量众多的替代性金融资产可供选择的情况下，居民被迫持有远大于瓦尔拉斯均衡数量的储蓄资产，使国有银行掌握了更多的信贷资源。银行资金供给曲线右移至 S'，均衡贷款利率下降到 r_1'，均衡贷款数量扩张到 Q_d'，产生典型的租金效应。从国有企业角度看，由于政府实行资金管制政策，银行从居民部门低成本筹集的金融资源相应低成本地配置给重点国有企业部门，金融租金分割为两部分，即 $r_0 - r_1'$ 和 $r_1' - r_d$，分别由国有企业和银行分享。而民营企业很难获取这种租金。

---

① World Bank. The Chinese Economy: Fighting Inflation, Deepening Reforms. Washington: the World Bank, 1996. 66. 转引自樊纲：《金融发展与企业改革》，经济科学出版社 2000 年版，第 61 页。

　　一些学者曾对我国的租金规模进行过估测。根据胡和立（1989）[①] 和万安培（1995）[②] 的估算，自 1988 年以来，我国租金规模中商品价差、利差及汇差三项租金占了大部分。可粗略地判断，我国自实施双轨制的改革后，我国租金规模占国民收入的比例在 30%～40% 之间。随着市场化改革加快，我国租金规模占国民收入的比例有所下降，但下降幅度并不大，而且租金绝对额有所上升。这主要是由于制度改革的滞后以及我国渐进式改革的特殊性。我国租金来源构成变化的一个特点是，商品市场上的租金相对缩小，而要素市场上的租金规模呈增长态势。这与我国市场化改革的进程是相吻合的。在改革进程中，市场化机制得以发育，但体制内部门特别是垄断行业并未根本触动。胡鞍钢（2001）[③] 对我国部分垄断行业的租金进行过估算，根据胡鞍钢估算，1995 年至 1998 年 9 月我国仅电力、交通运输邮电、医疗三个垄断行业的租金额就达 1 300 亿～2 020 亿元/年，占 GDP 的比重达 1.70%～2.70%，另外，部分垄断行业非法收入合计达 530 亿元，占全国 GDP 的比重达 0.60%。

　　在金融领域，租金规模巨大。据估计，1992 年我国贷款利差就达到 1 983 亿元（万安培，1995）。另据胡和立的测算，1992 年我国投入的贷款总额为 22 000 亿元，而由于利率太低，资金需求强烈，私下回扣至少可达 10%，仅此一项就有 2 200 亿元（胡和立，1994）。另据《中国金融》1993 年第 10 期公布，1993 年初银行各项贷款余额为 2 608.12 亿元，按银行利率计算一年可收息 2 563.8 亿元，按市场利率计算一年大约可收息 4 883.3 亿～6 511.1 亿元之间，其间差额为 2 319.5 亿～3 947.3 亿元之间。还有人估算，1988～1995 年我国的贷款利差收入为 14 728 亿元，平均每年 1 841 亿元。这么巨大的金融租金，全部被银行和国有企业吞噬，而资金紧张的民营企业却无法获取银行信贷。

　　在这种状况下，企业（包括银行）的软预算约束问题并未得到根本的解决，国有企业融资仍然是国有资源在国有经济体系内的流动配置，国家仍然直接或间接地为国有企业融资，扮演着融资中介的角色。软预算约束只是从一种形式转换为另一种形式而已，治理机制缺失，内部人控制严重。国有企业的诸多问题都根源于从计划经济体制继承而来的以国家为唯一中介的融资体制，即由国家为国有企业的发展提供资金支持，它导致企业在获得资金时产生免费资本的幻觉，加上缺乏监督和硬约束，从而必然出现企业在资金利用方面的低效率或无效率。国有企业的众多问题在很大程度上可以归结为单一的国家融资体制。市场化改革一方面导致国有

---

　　① 胡和立：《1988 年我国租金价值的估算》，载于《经济社会体制比较》，1989 年第 5 期，第 20～26 页。

　　② 万安培：《租金规模的动态考察》，载于《经济研究》，1995 年第 2 期，第 75～80 页。

　　③ 胡鞍钢：《中国：挑战腐败》，浙江人民出版社 2001 年版，第 118～126 页。

企业融资方式的变化，同时对国有企业运营和银行体系变迁产生了重要影响。

二、制度租金变化与国有企业融资机制

制度租金的存在给国有银行和国有企业造成了免费资本的错觉，软预算约束和治理机制的缺失，使得国有企业资金需求强烈，并高度依赖银行资金供应，资产负债率居高不下。根据对 30.2 万户国有企业进行清产核资的结果，1980 年国有企业的资产负债率为 38.7%，1995 年上升为 69.3%。其中资产总额 74 721 亿元，负债总额 51 763 亿元，所有者权益为 22 959 亿元，若扣除资产损失和潜亏挂账 6 696.7 亿元，则实际的资产负债率高达 76.1%。其中，30.2 万户工业企业中资产负债率在 100% 以上的有 5.1 万户，而在负债率低于 100% 的企业中，有 6.1 万户的损失挂账大于所有者权益，实际上处于资不抵债状态，两者合计 11.2 万户，占总户数的 37.2%。与此对应，国有银行的金融资产也存在着大量的不良贷款[1]，民营企业负债率偏低。从世界水平看，美国和英国的企业负债率一般在 35% ~ 45% 之间，德国 60% 左右，日本由高速增长时期的 70% 降低到现在的 60% 左右。

另据 1996 年 5 月 9 日《人民日报》披露的国有企业清产核资的统计数据，全国预算内国有企业总资产为 7.28 万亿元，总负债 5.17 万亿元，负债率高达 71%。中国工商银行湖南省分行课题组（1996）的调查显示，全部国有工业企业的平均负债率为 68.21%，见表 4 - 6。

表 4 - 6　　　　　　　　国有工业企业分行业负债情况　　　　　　　　单位：%

行业	资产负债率	流动负债率	行业	资产负债率	流动负债率
全部行业	68.21	93.63	冶金	62.32	92.88
有色金属	70.63	95.75	机械	75.49	90.69
汽车	75.06	91.42	电力	48.23	81.75
煤炭	64.12	92.65	石油	58.31	75.13
化学	74.75	104.42	石化	56.12	70.48
医药	76.49	95.10	建材	68.11	92.00
纺织	81.58	166.69	轻工	80.33	104.32

资料来源：中国工商银行湖南省分行课题组。刘秉文学位论文《国有企业融资问题研究》，2002 年，第 48 页。

---

[1]　迟福林主编：《国企改革与债务》，外文出版社 1998 年版，第 7 ~ 8 页。

当然，随着改革的深化和市场体制的完善，非国有经济迅速发展，制度租金趋于下降，这从外部给予国有企业一定的竞争压力和相对较强的硬约束，国有企业资产负债状况从账面上已有所改善，但并未得到根本的改善。资料显示，1996年全国工业企业的资产负债率为65.25%，其中国有企业为65.5%，均比上年有所降低；资本保值增值率为119.6%，其中国有企业为118.8%。从改革试点情况来看，各类企业的水平又略有差别。1996年底，百户试点企业的资产负债率为63.9%，比上年下降了26个百分点；国家控股企业为67.1%，下降了5.8个百分点。从产权组织形式来看，股份有限公司资产负债率最低，为63.2%，下降了6.3个百分点；国有独资公司居中，为63.3%，下降了2.6个百分点；而有限责任公司最高，达到71.4%，仅下降了0.72个百分点①。

国有企业融资渠道转向银行，尽管实际利率很低甚至为负，但对国有企业来说，这仍是一个支出负担；然而问题是，国有企业的运营机制并未得到相应的转变，资金变为有偿，软预算约束仍然存在，运营效率不见提高，加上市场化竞争和非国有经济的发展，其经营状况必定存在恶化的趋势，高负债与低效率并存。在国有独立核算工业企业中，亏损企业的亏损额占利润总额的百分比，1978~1988年间一直保持在10%以下，1989年上升至24%。在此后的两个经济周期中，这一比例再没有落回到50%以下，在第一个周期的谷底超过了90%，在第二个周期的谷底即1996年，更出现了前所未有的严重局面，1996年前4个月，国有工业企业的亏损额首次超过盈利，出现了净亏损。5月以后，尽管情况逐月有所好转，但并无根本改观。1~8月，国有独立核算工业企业中有45.7%的企业亏损，盈亏相抵后的净利润比上年同期下降79.7%②。国有企业的低效率现象普遍存在，1988~2001年间，亏损额一直趋于上升（见表4-7）。

表4-7　　　　　　　国有企业亏损额

年份	1988	1990	1992	1995	1997	2000	2001
亏损额（亿元）	80	349	369	581	607	704	686

资料来源：《中国统计年鉴》（1995~2002）。

一些学者通过对5000户工业企业投资报酬率与借款利率的比较，认为我国企业盈利能力差，平均投资报酬率不及一年银行借款利率，财务杠杆为负（见表4-8）。

① 汝信、陆学艺、单天伦主编：《1998年中国社会形势分析与预测》，社会科学文献出版社1998年版，第24~25页。
② 樊纲：《金融发展与企业改革》，经济科学出版社2000年版，第51页。

表 4-8　　　　　　5 000 户工业企业盈利能力与负债利率比较　　　　单位：%

年　份	资产收益率	净资产收益率	一年期储蓄存款利率	按资产收益率计算的投资报酬率	按净资产收益率计算的投资报酬率	借款利率
1994	3.2	9.1	10.98	10.5	12.3	12.0
1995	2.4	6.5	10.98	10.3	11.5	12.0
1996	1.4	3.7	9.22	9.0	9.1	10.0
1997	1.3	3.4	7.17	6.3	7.0	7.5

资料来源：熊莲化等：《我国企业直接投资发展现状分析》，载于《金融时报》，1998 年 8 月 1 日。

与其他所有制企业盈利状况相比，国有企业的运营效率低于全部企业平均值，更不如私营企业和股份制企业（见表 4-9）。

表 4-9　　　　　　中国不同类型企业资金利用效率比较　　　　单位：%

企业类型	资金利润率	资本利润率
国有企业	3.22	7.70
集体企业	4.90	13.91
私营企业	6.21	14.80
联营企业	5.43	13.91
股份制企业	11.64	15.39
外资企业	8.71	15.57
港澳台企业	5.57	12.70
其他	10.64	25.48
全部企业	4.22	9.96

资料来源：陆正飞：《企业适度负债的理论分析与实证研究》，载于《经济研究》，1996 年第 2 期，第 52～58 页。

软预算约束和治理机制缺失，一方面导致国有企业低效运营，亏损严重；另一方面造成银行资本金不足和大量不良贷款。截至 2001 年底，四大国有商业银行资本充足率仅为 4.4%，远低于 8% 的国际标准要求。2001 年底，中、农、工、建四大国有银行的资产利润率分别为 0.14%、0.01%、0.13%、0.14%，远远低于美国花旗银行（1.56%）和香港汇丰银行（1.77%）的水平；并累积了大量不良贷款，2001 年我国全部金融机构不良资产总额约为 3 万亿元，占全部贷款余额的 25%；其中国有独资商业银行 17 650 亿元，占全部不良资产的60% 以上，占 GDP 的 18.4%[①]。与其他国家相比，我国银行业的不良贷款比率显得尤其偏高（见表 4 - 10）。近年来随着不良资产的剥离和监管的加强，国有银行运营状况有所改善，但除非建立有效的公司治理机制或者进行民营化改革，否则这一状况难以得到根本改善。

表 4 - 10　　　　　　　　部分国家银行不良资产比较　　　　　　单位：%

项　　目	中国	新加坡	中国香港	菲律宾	印度	印度尼西亚	韩国
目标比率	20	2.0	2.1	3.4	17	9.2	18
高峰比率	>25	>8	>8	10～15	>15	>40	>25

　　资料来源：王晋斌：《金融控制、风险化解与经济增长》，载于《经济研究》，2000 年第 4 期，第 11～18 页。

　　转轨时期，国有企业与银行之间远非市场化下的银企间信贷关系，国家对银行的软预算约束间接造成国有企业的软约束。随着资本市场的发展，国有企业成为证券市场的主力，通过直接融资获得了巨大的金融资源。但是，我国证券市场成立之初，就是为解决国有企业融资问题而设立的，并通过审批制等措施为国有企业筹集了巨额发展资金；同时为了保持国有经济的主导地位，形成了特有的"非流通股"等现象，这成为目前股权分置改革的伏笔。在国有企业融资制度变迁中，政府一直是企业融资的主导力量。当然，随着市场化的发展和市场主体的多元化，国有企业整体经营状况有所改善，但根本问题仍未解决。随着国民经济市场化和开放程度的迅速提高，以及非国有经济的持续快速发展，国有企业面临着日益硬化的预算约束和日趋激烈的市场竞争环境，此时的国有企业，要么在国有资产管理框架内完善治理机制；要么通过民营化改革完善其治理机制，从而提高运营效率，否则国有企业难以生存。经过多年的改革努力，国有企业整体经营状况趋于好转，但我们也应看到，目前国有企业较好的运营状况是与国有企业的民营化改革分不开的，一些效益差的国有企业被民营化了，而保留下来的大多是垄断性行业，其较好的运营状况更多地依靠的是垄断力量，并非运营效率的根本提高。因此，对于国有企业，只有两个选择：要么在国有资产管理框架内完善治理机制、提高运营效率，要么进行民营化改革。

[①]　陈云：《中国市场化改革中民间金融问题研究》，华南师范大学学位论文，2004 年。

三、制度租金变化与民营企业融资机制

从历史的角度看，以银行业为主体的中国金融体制从建立之初就是高度集中的国有金融体系，国家对金融业绝对垄断。随着经济的不断发展，金融体制虽然也在逐渐改革，制度租金趋于下降，但是国家作为产权所有者的地位始终没有改变。国家作为主要的利益主体，让作为金融业基础的银行业为其利益服务的行为也难以有根本改变。从这个角度讲，中国实施的以政府为主要推动力的自上而下的金融体制改革仍然是为了满足政府的偏好和效用，服务于国有企业融资需要。从理论上讲，一种金融制度安排主要是为了减少金融交易费用，但是在中国现实上它却主要为了融资。银行业的改革与国有企业改革密切相关。国有银行垄断金融资源，国有企业又占用绝大部分银行资源（见表 4 – 11）。国有银行在全部银行资产和总贷款中都居于绝对主导地位。同时一个值得关注的地方是，随着制度租金的降低，非国有金融机构有所发展，在银行总资产和总贷款中的比重有所提高，但增速缓慢，而且所占份额仍然较低。

表 4 – 11　　　　　　非国有银行资产和贷款分别在银行
　　　　　　　　　总资产和总贷款中的比重　　　　　　单位：%

年份 项目	1993	1994	1995	1996	1997	1998.9
非国有银行资产在银行总资产中的比重	13.32	14.99	16.18	16.47	16.36	15.33
非国有银行贷款在银行总贷款中的比重	11.66	13.43	14.13	14.01	14.51	14.62

注：非国有银行统计范围包括城市信用社、城市合作银行和农村信用社；银行统计范围包括中国人民银行、国有商业银行、政策性银行、其他商业银行、信用合作社、财务公司和金融信托投资公司（含租赁公司）。

资料来源：根据《中国人民银行统计季报》1998 年第 4 期（总第 12 期）计算。樊纲：《金融发展与企业改革》，经济科学出版社 2000 年版。

尽管改革开放后非国有经济获得了巨大的发展，其所获得的金融资源特别是从国有金融机构获得的金融资源也趋于增加，但仍然是非常有限的，所占份额很低。这说明国有金融机构的资源主要流向了国有经济部门，而非国有经济部门只能通过别的渠道获取发展的资金，国有企业是银行贷款的最主要客户。国有企业高负债与民营企业低负债并存，制度租金主要在国有银行和国有企业之间分割，

民营企业很难获取制度租金（见表 4 - 12 ~ 表 4 - 14）。

表 4 - 12　　　　非国有企业贷款占全部金融机构贷款的比重　　　单位：%

项　目 ＼ 年份	1991	1992	1993	1994	1995	1996	1997
所有金融机构对非国有企业的贷款占贷款总额的比重	8.76	9.93	10.66	13.27	12.38	12.83	14.24
国家银行对非国有企业的贷款占贷款总额比重	7.16	7.5	7.51	9.05	7.98	8.1	8.85

资料来源：1996 年以前数据引自《中国金融年鉴（1997）》；1997 年数据引自《中国统计年鉴（1998）》，比重系数根据有关数据计算。樊纲：《金融发展与企业改革》，经济科学出版社 2000 年版。

表 4 - 13　　　　　　金融机构贷款流向变化情况

项　目 ＼ 年份	1952	1985	1990	1997	2002	2003
全国金融机构贷款总额（亿元）	108.0	5 905.6	17 680.7	74 914.1	131 293.9	158 996.2
城镇集体企业及个体贷款额（亿元）	0.5	321.3	1 017.3	5 422.5	7 871.1	9 123.2
城镇集体及个体贷款比（%）	0.46	5.44	5.75	7.24	6.0	5.74

资料来源：根据《新中国五十年统计资料汇编》、《中国统计年鉴（2003 ~ 2004）》整理。

表 4 - 14　　　　　国有企业数量与信贷比重（1996）

国有企业个数	总计（万个）	11.38
	大型国有企业（%）	5.97
	中型国有企业（%）	13.18
	小型国有企业（%）	80.85
信贷	对国有企业信贷占总信贷比重（%）	81.37
资产	国有企业资产占总资产比重（%）	58.61

资料来源：《中国统计年鉴（1997）》；《中国金融年鉴（1997）》。樊纲：《金融发展与企业改革》，经济科学出版社 2000 年版。

制度租金的降低总体上为民营企业塑造了相对更加宽松的融资环境，融资困境有所缓解。但由于国有企业和国有银行的运营体制和治理机制未得到根本改观，在资金仍然紧缺的背景下，民营企业仍然难以从国有金融机构获取相应的发展资金。同时，除了体制约束和国有银行的意识形态偏好外，民营企业难以从金融机构获得贷款融资还与自身的资信水平有关。一方面部分发展快、上规模的大型民营企业，目前并不存在贷款难问题；但值得注意的是，绝大部分民营企业是中小企业，治理不规范，信息不透明，信用水平低（见表 4 – 15），面临严重的融资约束。例如，从组织形式看，尽管民营企业在逐步完善，但仍有相当多的民营企业不具备现代企业制度（见表 4 – 16）。民营企业大多采用家族式治理模式，这在民营企业发展初期具有一定的优势；但随着企业规模的扩大，家族式治理模式必须向现代企业治理模式转变。而我国民营企业发展过程中这一转变比较缓慢。随着企业规模的扩大，企业所有者完善治理机制的意愿越强烈，但在现实中，真正能成功做到这种转变的很少。在这种情况下，银行获取信息比较困难、单笔贷款成本偏高。在缺乏竞争的条件下，国有银行不愁资金贷不出去，因此更愿意贷款给风险小的国有企业，而不愿意贷款给中小民营企业。相对于转轨背景下的融资体制而言，民营企业的治理机制并不是最根本的；随着市场化融资体制的逐步确立，民营企业的治理问题将变得更加突出。因为在转轨过程中，造成民营企业融资难的原因既有民营企业自身的问题，更是外部环境的制约。

表 4 – 15　　　　　　　部分省份中小民营企业资信评级情况

是否参加资信评级	是		其中评定等级					
省市	样本数（个）	比例（%）	A 样本数（个）	比例（%）	B 样本数（个）	比例（%）	C 样本数（个）	比例（%）
福建	113	51.13	76	67.26	31	27.43	6	5.31
广东	61	51.69	30	49.18	29	47.54	2	3.28
湖南	56	40.58	28	50	18	32.14	10	17.86
江西	118	76.13	96	81.36	21	17.8	1	0.85
辽宁	24	35.82	13	54.17	11	45.83	0	0
四川	39	72.22	14	35.9	18	46.15	7	17.95
湖北	108	39.85	46	42.59	47	43.52	15	13.89

注：A 样本：AA 级及以上；B：A 级以下（含 A 级）及 BB 级以上；C：B 级以下（含 B 级）。

资料来源：根据国家统计局 2001 年企业调查总队调查数据整理。样本数为企业首要和次要资金来源为相应选项的企业个数，比例为相应企业数除以该省全部样本数。

表4 – 16　　　　　　我国民营企业组织形式的演变

年　份	1991	1993	1995	1997	1999	2001
单一业主制	56.2	48.4	46.0	40.3	34.7	43.1
合伙制	37.6	23.8	18.1	13.6	7.0	8.2
有限责任公司	6.2	27.8	35.9	46.1	58.3	48.7

资料来源：李丽霞等：《我国中小企业融资体系的研究》，科学出版社2005年版。

4.2.2　制度租金变化与民营企业融资选择：实证分析

从整体上看，随着制度租金的降低，民营经济从金融机构包括国有银行中获取的贷款趋于增加。但民营经济发展速度很快，而贷款增加缓慢，因而银行贷款并未对民营经济发展起到充分的促进作用，民营企业融资中银行贷款比例偏低。在我国的市场化改革进程中，不同地区的制度租金规模及其降低速率是不同的，这会对当地的民营经济发展状态及其获取的金融机构贷款产生重要影响。下面运用1999~2001年的跨省数据[①]，通过实证分析来探究制度租金水平及政府权力和市场化水平变化对民营经济贷款融资的影响。

一、数据来源与变量定义

数据包括29个省、自治区、直辖市。限于数据原因，未包括海南和重庆。数据来源于2000~2002年的《中国统计年鉴》、《中国私营经济年鉴》、《中国人口统计年鉴》、《中国商业年鉴》、《中国工商行政管理统计年鉴》、《中国农业年鉴》、《中国金融年鉴》、《新中国五十五年统计资料汇编》等。对于个别无法获得的数据，我们根据其他替代性指标作了相应的调整。

为了衡量民营企业从国有金融机构获得的贷款数额，在具体的统计数据无法获取的情况下，我们用各地区国有银行贷款剔除当地国有经济部门贷款的方法，来近似表示民营经济获取的国有银行贷款额，然后用该值除以当地民营经济产值，得出单位民营经济产值中国有银行贷款份额。在后面进行分析时，用这个值作为独立的被解释变量。如果单位民营经济产值中国有银行贷款越高，说明当地国有银行贷款对民营经济的贡献越大，民营经济越容易获取国有银行贷款。国有

---

①　之所以选择1999~2001年间的数据，主要考虑的因素是：1992年邓小平南行讲话为民营经济发展提供了更好的政策和市场环境，而1999年之前的个体私营经济详细数据无法获得，同时1999年之后统计口径发生了变化，1999年及以后国有经济包括国有及国有控股企业。

银行机构包括中国银行、中国农业银行、中国建设银行、中国工商银行、中国农业发展银行，用这五大银行1999～2001年各地贷款额表示当地国有金融机构贷款额；国有经济部门的贷款额用国有及国有控股企业工业总产值衡量。根据1999～2001年全国国内生产总值与全部金融机构贷款余额的关系，国内生产总值与全部金融机构贷款之间的比例基本为1:1，在此我们就假定每一单位国有工业产值也相应地包含一单位国有银行贷款，据此就可以估计出国有经济部门占用的国有银行贷款额，然后用国有银行贷款总额减去国有及国有控股企业工业总产值的方法来衡量民营经济获得的国有银行贷款额。此处的民营经济产值用各地个私总产值加乡镇企业产值衡量。限于数据原因，我们只能用这个指标进行近似分析，但由于金融机构贷款是企业融资的一个重要外部来源，而且在我国这一渠道的融资数额与地区禀赋和意识形态变化等因素密切相关，因而通过该指标进行分析仍具有重要的启发意义，同样可以说明民营企业融资中的一些重要现象。其他解释变量的定义参见前章变量定义部分，在此不再重述。

二、初步检验

根据上面方法的测算，1999～2001年间，所有样本省份五大国有银行贷款总额为181 141.06亿元，其中共向民营经济提供的贷款总额为64 942.26亿元，占35.85%。这与樊纲（2000）估算的非国有经济使用的全部银行信贷资产大约为30%很接近，因而使用上面的估算方法测算的民营经济获取的国有银行贷款额数据基本能反映真实的情况。

从表4-17国有银行向民营经济部门提供的贷款的绝对数看，东部地区远高于中部和西部地区，而西部地区最低。而且从时间上看，贷款额均趋于增加，但东西部差距有进一步扩大的趋势。这可能与国有银行收缩战略有关，其业务主要集中于经济发达地区和城市；同时，民营经济越发达地区，越容易获取国有金融机构贷款。单位民营经济产值中国有银行贷款份额的地区比较显示，在1999～2001年间，该值最高的是西部地区，东部次之，中部最低。同时，随着时间的推移，普遍趋于提高。2000年的偏低主要与国有商业银行处理不良贷款（如债转股）和结构调整政策有关。这表明在民营经济越不发达的地区，对国有银行贷款的依赖性越高；越是发达的地区，民营经济也比较容易获得金融机构贷款；而处于中间阶段的民营经济，却急需金融机构贷款支持。这可能是因为在民营经济发达地区，民营企业资信水平高，国有金融机构市场化意识强，也愿意向民营经济提供金融支持，但贷款增速远低于民营经济发展速度，因而单位民营经济产值中贷款份额偏低；在欠发达地区，民营经济自身积累能力弱，融资方式单一，只能依靠金融机构贷款获取资金；而在中间阶段，国有金融机构不太愿意向尚不成熟的民营企业提供金融支持，地方政府的作用也难以满足民营企业旺盛的资金需求，因而民营经济发展只能依靠自身积累等融资方式。随着民营经济和金融市场的发展，国有金融体系对民营经济的金融支持趋于提高。

表 4 - 17　　　　　　　　单位民营经济产值中国有银行
贷款份额的地区比较

地　　区	1999 年		2000 年		2001 年	
	绝对额	相对值	绝对额	相对值	绝对额	相对值
东部	11 044.9	0.2934	9 763.3	0.2510	12 259.56	0.273
中部	7 816.14	0.3365	5 645.31	0.2189	6 283.43	0.2347
西部	4 262.42	1.4422	3 705.07	1.0967	4 162.13	1.1854

注：此处的东、中、西是对 29 个样本省区划分的，未包括海南等省市。
资料来源：作者整理。

从分部门来看，国有银行贷款主要流向了国有经济部门和民营经济部门，在此，我们首先以国有银行贷款总额为被解释变量，以国有经济产值和民营经济产值为解释变量，来初步检验一下国有企业和民营企业对国有银行贷款的依赖情况。回归结果见表 4 - 18。结果显示，国有经济产值和民营经济产值系数均显著为正，但系数存在很大差别。这说明虽然国有银行贷款对国有经济和民营经济均有一定的促进作用，但国有经济更依赖于国有银行贷款。这表明国有银行贷款主要流向国有企业，民营企业获取的贷款额比较少。当被解释变量是单位民营经济产值国有银行贷款额时，国有经济产值和民营经济产值系数均为负，但民营经济产值系数不具有统计显著性。这表明国有经济规模越大，单位民营经济产值获得的国有银行贷款越少；民营经济越发达的地区，民营经济对国有银行贷款的依赖性越小。

表 4 - 18　　　　　国有银行贷款额与国有经济产值、
民营经济产值回归结果

解释变量	国有银行贷款总额	单位民营经济产值 国有银行贷款额
C	404.43 *** ［0.00］	1.18 *** ［0.00］
国有经济产值	1.101 *** ［0.00］	- 0.0003 * ［0.06］
民营经济产值	0.045 *** ［0.01］	- 4.61E - 5 ［0.14］
R^2	0.82	0.16

注：1. ***、* 分别表示在 1%、5%、10% 水平下显著；括号内为相应变量的显著性水平；2. 样本数为 87。

三、模型与回归分析

下面，我们用单位民营经济产值中的贷款额为被解释变量，以制度租金等变量（变量具体定义见第三章和第四章相应变量定义部分，限于数据原因，变量略有调整）为解释变量，来探讨影响民营经济获取国有金融机构贷款额的影响因素。所用模型为：

$$Y_{it} = C + \beta X_{it} + \delta_{it}$$

首先，我们来验证一下制度租金变化速度与民营经济获取国有金融机构贷款的关系。回归结果见表4-19，制度租金变化速度系数显著为负。制度租金降低速度越快，单位民营经济产值所依赖的金融机构贷款越少。

表4-19　　　　　单位民营经济获取金融机构贷款份额与
制度租金变化速度回归结果

解释变量	系数
C	0.99 [0.24]
制度租金变化速度（r_r）	-4.00*** [0.00]
r_1 地区虚拟变量	-2.18*** [0.00]
r_2 地区虚拟变量	0.53** [0.02]
r_3 地区虚拟变量	0.34 [0.20]
r_4 地区虚拟变量	0.66** [0.03]
r_5 地区虚拟变量	0.41* [0.10]
R^2	0.60

注：1. ***、**、*分别表示在1%、5%、10%水平下显著；括号内为相应变量的显著性水平；2. 样本数为87。

我们认为上述回归结果并不表明制度租金下降越快，国有银行越不愿意向民营经济提供贷款。而是由于制度租金降低速度越快，民营经济发展速度越快；而在这种情况下，民营经济融资渠道相对较多，此时虽然金融机构贷款绝对额较大，但由于民营经济发展速度大于金融机构贷款增加速度，因而单位民营经济产值中的国有金融机构贷款却更少。这也可以从单位民营经济获得的国有金融机构贷款额与民营经济产值之间呈负相关关系看出（相关系数为-0.35）。民营经济越发达的地区，单位民营经济产值中的国有金融机构贷款额越少。这一方面可能表明民营经济发展的速度快于国有金融机构对其提供贷款的增加速度；另一方面也从一个侧面表明民营经济发展另有其他资金来源支撑。国有金融机构未能满足民营企业发展所需的资金支持。

为了验证民营企业获取国有金融机构贷款的具体影响因素，我们用三个模型来进行检验。各个模型中被解释变量 Y_{it} 均表示第 i 省第 t 年度单位民营经济产值中金融机构贷款份额。在第一个模型中，X_{it} 代表制度租金；在第二个模型中，X_{it} 分别代表国有经济影响力、地方政府权力、市场化水平；在第三个模型中，X_{it} 分别代表各个具体变量，如人均国有工业产值等。在此用 1999 ~ 2001 年度的跨省数据，进行普通 OLS 回归分析。回归结果见表 4 - 20。

表 4 - 20　　　　　　　　　　各变量回归结果

变量	模型 I	模型 II	模型 III
C	-4.83^{***} [0.00]	-0.56 [0.46]	-1.02 [0.36]
制度租金（r_t）	4.44^{***} [0.00]		
国有经济影响力（m_1）		-0.51^{***} [0.00]	
地方政府权力（m_2）		27.41^{***} [0.00]	
市场化程度（m_3）		-3.49^{***} [0.00]	
人均金融机构贷款（p_g）			0.10 [0.46]
人均国有工业产值（p_h）			-1.30^{***} [0.00]
未采用大包干比例（p_j）			9.84^{***} [0.00]
人均初始社队工业产值（p_k）			150.07^{***} [0.00]
人均集体固定资产投资（p_m）			-8.59^{**} [0.04]
初始市场化水平（i_m）			-336.4^{***} [0.00]
金融深化度（p_n）			-1.09^{**} [0.04]
产品市场化度（q_q）			-0.004 [0.53]
城镇人口比（p_q）			-2.42^{***} [0.00]
P_v 1999 年度虚拟变量	-0.39^{**} [0.04]	-0.15 [0.20]	0.19 [0.22]
P_w 2000 年度虚拟变量	-0.13 [0.50]	-0.02 [0.41]	0.20 [0.18]
r_1 地区虚拟变量	3.99^{***} [0.00]	0.90^{***} [0.01]	2.54^{***} [0.00]

续表

变量	模型 I	模型 II	模型 III
r_2 地区虚拟变量	0.69 *** [0.00]	0.11 [0.35]	0.46 * [0.10]
r_3 地区虚拟变量	− 0.07 [0.65]	− 0.10 [0.31]	0.48 ** [0.04]
r_4 地区虚拟变量	0.13 [0.34]	0.41 *** [0.01]	0.74 *** [0.00]
r_5 地区虚拟变量	0.39 * [0.10]	0.36 ** [0.03]	0.55 ** [0.04]
R^2	0.65	0.88	0.82

注：1. ***、**、* 分别表示在 1%、5%、10% 水平下显著；括号内为相应变量的显著性水平；2. 样本数为 87；3. 各模型的 DW 值、F 统计量均符合相应检验，变量之间不存在自相关和多重共线性问题。

在模型 I 中，当用制度租金作为解释变量时，其系数显著为正。这个结果与前面的结论有所不同。我们认为，这可能与所用数据的年份有关。改革开放初期，全社会在意识形态上非常排斥民营经济，国有经济影响力较大。受此约束，金融机构不愿向民营经济提供资金；同时，当时的地方政府也不敢过于积极地帮助民营经济获取金融资源。因此，制度租金越高的地区，金融机构向民营经济部门提供的贷款越少。而在该模型中所用的 1999～2001 年份数据时，经过多年的改革和市场化发展，一方面全社会对待民营经济的观念转变了，国有经济尽管仍对经济发挥主导作用，但影响力减弱；另一方面金融机构贷款的市场化倾向有所增强，愿意向符合条件的民营企业贷款，而民营经济增长更快，因而单位民营经济产值中的贷款份额反而较低。在制度租金低的地区，市场化程度高、政府权力小，民营经济发展很快，自身融资能力更强，此时金融机构市场化倾向也更强，但总的来说贷款增加速度低于民营经济发展速度，因而单位民营经济获取的金融机构贷款更少。另外，在制度租金高的地区，市场化程度低、政府权力大，一方面此时的民营经济发展缓慢，融资方式单一；另一方面地方政府也更加积极地利用自身优势帮助民营经济获取发展资金，造成单位民营经济产值中贷款份额更大。

在模型 II 中，我们用国有经济影响力、地方政府权力和市场化水平作为解释变量，来进一步分析这些因素对民营经济融资的影响。在该模型中，国有经济影响力和市场化水平系数显著为负；地方政府权力系数显著为正。这表明，尽管我国的市场化改革已努力多年，但国有经济的体制惰性仍然存在，国有经济主要依靠国有银行贷款，而国有金融机构的资源也主要投向国有经济部门。国有经济影响力越大，国有企业与国有银行之间的关系越紧密，民营经济越难获取金融机构贷款。随着时间的变化，地方政府权力对民营经济获取金融机构贷款的影响发生变化，地方政府权力对民营经济获取金融机构贷款具有显著正向作用。这与地方政府的行为特征有关：随着市场化改革的推进，经济预期趋于稳定，地方政府的意识形态顾虑消除，为了发展民营经济特别是集体经济，往往会利用自身优势帮助其获取国有金融机构贷款，因而地方政府权力越大，越有利于集体经济获取金融机构贷款。这同时也意味着当地的民营经济仍处于较低的发展阶段。而市场化程度越高，地区制度安排和意识形态越有利于民营经济发展；此时虽然金融机构的市场化运作意识也越强烈，从绝对量上向民营经济发放的贷款增加，但增加的速度低于民营经济增长的速度，因而单位民营经济产值上的国有金融机构贷款份额仍然越低。

在模型Ⅲ中，我们用各具体指标，来进一步具体分析各种制度租金因素对民营企业融资的影响。在该模型中，国有经济影响力中的人均金融机构贷款系数为正，但不具有统计显著性；人均国有工业产值系数显著为负，这进一步表明，国有经济比重越高，越不利于民营经济获取金融机构贷款；而国有金融市场越发达，金融资源越多，越有利于民营经济获取金融机构贷款，但国有金融资源的配置往往与高国有经济比重相联系，因而又不利于民营经济融资。地方政府权力中的未采用大包干比例和人均初始社队工业产值系数显著为正；人均集体固定资产投资系数均显著为负。这表明行政权力越强，地方政府越有动力去帮助其获取金融机构贷款；而地方政府发展集体经济的积极性越高，民营经济发展的速度越快，因而单位民营经济产值中的贷款份额反而下降。这表明了地方政府在发展民营经济中的两面性。市场化程度中的初始市场化水平和金融深化度系数显著为负；产品市场化度系数为负，但不具有统计显著性；城市化水平系数显著为负。这可能意味着初始市场化水平越高，民营经济发展中自我积累能力越强，同时可以利用的其他资金来源较多，民营经济发展速度很快，国有金融机构贷款的贡献度较小。金融深化度越高，个人资本积累能力越强，相对来说，对金融机构贷款的需求就小些。而产品市场化程度越高，越有利于民营经济发展和整个地区市场化水平的提高，金融机构也会更加愿意为其提供信贷支持，但民营经济自筹资金的能力也更强，因而这种关系比较模糊。城市化水平越高，民营经济发展越快，其他金融机构会相应地比较发达，融资工具也会较多，民营经济的融资环境也会比较宽松，因而民营经济从国有金融机构的贷款会相应较少。各虚拟变量系数在此不再详述。

四、研究结论

通过上面的分析，可以得出以下几点结论：

第一，民营企业获取金融机构贷款是与国有企业融资制度变迁紧密相连，是同一市场化进程中的两个不同方面。在体制外改革的引致下，国有企业融资趋向银行贷款主导的多元化趋势，国有银行也逐步趋向于向符合条件的民营企业贷款。在这一过程中，制度租金的变化具有重要影响。制度租金的下降速度，一方面对民营经济发展速度产生关键影响，同时决定了民营企业的融资选择。制度租金下降越快，民营经济发展速度越快，可供选择的融资方式也越多；而在市场机制发育较快的情况下，国有银行的市场化取向也越强，向民营经济提供的贷款会增加。当然，这种贷款额增加速度仍然低于民营经济发展速度，因而单位民营经济产值中贷款额会较低。

第二，不同的制度租金水平对民营企业能否获取金融机构贷款具有重要影响。制度租金水平越低，单位民营经济产值中国有金融机构贷款额越低。具体地说，国有经济影响力越大，民营企业越难以获取金融机构贷款；而在市场化进程中，地方政府权力越大，民营经济越会在地方政府的帮助下获取更多的金融机构贷款，这也表明当地民营经济仍处于较低的发展阶段；市场化程度越高，金融机构的市场化取向会越强，民营经济获得的金融机构贷款额绝对数会有所增加；但由于民营经济发展速度高于贷款增加速度，因而导致单位民营经济产值中国有金融机构贷款额仍然较低。这也表明，在我国市场化发展中，国有金融机构的市场化进程远远滞后于民营经济的市场化进程；在民营经济越发达的地区，对国有金融机构贷款的依赖越小。

第三，在市场化进程中，地方政府的作用非常关键。在市场化程度低的情况下，为了发展民营经济，地方政府可以通过培育市场体系，利用自身与国有金融机构的联系，帮助民营企业获取发展所需的资金；而随着市场化程度的提高，地方政府就应适时减少对经济的参与程度，着重协调市场机制的健康运行。

第四，民营企业融资渠道的扩展依赖于国有企业融资机制的优化。国有企业的改革和国有银行的改革，关键是要提高其融资上的硬约束。随着市场化机制的逐步完善和非国有经济的发展，体制外融资方式的增加为国有企业提供了可以利用的融资途径；而民营经济较高的资金利用效率，也会为国有企业造成外在的压力，迫使其提高资金利用效率；民间资本的积聚和融资渠道的增加也对国有银行形成了一定的竞争压力。在这种情况下，适时发展民营金融，鼓励民间资本进入金融业特别是银行业，对国有银行和国有企业实施产权改革，这即有利于解决民营企业融资问题，提高资金利用效率，同时也会极大地促进国有银行和国有企业产权改革，实现诱致性市场化融资制度变迁。而国有企业融资制度的变迁和国有银行市场化机制的确立，反过来会极大地促进民营经济发展和融资机制优化。

这些结论具有重要的启发意义。在民营经济发达地区，民营企业融资渠道较多，融资能力较强，政府的主要职能应在于塑造良好的发展环境，引导内生于民营经济发展进程的各种融资机制；而在民营经济欠发达地区，由于民营企业融资能力弱、渠道单一，政府必须努力培育区域市场化水平，拓宽民营企业融资渠道，以促进民营经济快速发展。

第三节　金融主体民营化的模式选择及其治理

如果根据股本结构来判断，在我国不乏民营金融机构。城市信用社、城市商业银行以及农村信用社，都属于非公有制企业和个人占绝大多数股份的民营金融机构。

城市信用社是 20 世纪 80 年代设立的，以集体经济和个体工商户为主的信用合作组织。此后 10 年，城市信用社发展到 5 000 多家。但是城市信用社在非公有制经济的控制下，并没有如人们所期望的那样，发展得更好；相反，当时的城市信用社潜藏了很大风险。20 世纪 90 年代中期，政府决定改组城市信用社，以城市信用社为基础，组建城市商业银行，目前城市商业银行有 108 家。各地在组建城市商业银行的时候，地方政府一般入股 25%～30%，其余 75%～70% 是企业股份，特别是非公企业和个人持股。因此，根据股权结构判断，"这些城市商业银行仍然以民营资本为主，应该属于民营银行"[①]。

另外，我国 1996 年成立的民生银行，以及 2004 年成立的浙商银行，因其股权结构百分之百属于私营企业，所以当属典型的民营银行。

农村信用社的发展历史则更加久远，可以追溯到 20 世纪 20 年代中外合办的"中国华洋义赈救灾会"和浙江农民协会建立的信用合作社。以后，在中央苏区、抗日战争和解放战争各个时期，共产党领导的信用社都得到了一定的发展，到 1947 年，全解放区已有 880 多个信用社。新中国成立后信用社的发展作为整个合作运动的一部分，其命运与经济总体模式的选择密切相关，发展经历曲折。直至 1996 年 8 月国务院颁布了《关于农村金融体制改革的决定》，确立了以"重建合作制"为主要内容的市场型合作金融体制建设目标，要求按照合作制原则对我国的农村信用社进行规范的操作：农村信用合作社与农业银行彻底"脱钩"，全部按基层农信社为一级法人恢复合作金融性质。随之在 1997 年出台的《农村信用合作社管理规定》中，信用合作社被规定为"由社员入股组成、实行社员民主管理、主要为社员提供金融服务"；1998 年《国务院转发中国人民银行〈关于进一步农村信用社改革整顿规范管理工作的意见〉的通知》，把合作制原

[①]　吴晓灵：《中华工商时报》，2003 年 1 月 24 日。

则解释为"自愿入股、民主管理和主要为入股社员服务"。2003 年，根据国发〔2003〕15 号文和国办发〔2004〕48 号文的规定，农村信用社，开始了侧重于产权制度建设和完善治理结构的农村合作银行以及农村商业银行的改制工作，从 8 个试点省份逐步扩展到全国①。配合此次改革，国家给予了包括财政补贴、税收减免、利率浮动、央行再贷款等一系列优惠政策。农村信用社改革也取得了阶段性成果，截至 2006 年 9 月末，全国各地农村信用社共组建银行类机构 85 家，其中农村商业银行 12 家、农村合作银行 73 家。

据测算，我国民营资本控制着股份制商业银行总资产的 14.6%；民营资本在保险业中所获得收入占保险公司保费收入比例不低于 7.4%；民营资本对证券公司的参股和控股程度超过 13%；全国 12 家金融租赁公司中约半数由民营企业控股；此外，我国 40 多家信托投资公司中有 3 家民营控股（金新信托、金信信托和爱建信托）；全国 70 多家财务公司中有 2 家民营财务公司（东方集团财务公司和万向财务公司）。

因此，我国民营资本所控制的金融机构为数并不少。但若以是否按照市场经济原则操作、是否具有不同于国有金融机构的公司治理机制，服务对象是否以民营企业为主这三个原则来判断，则还没有真正意义上的民营金融组织。

4.3.1 民营金融市场准入的路径选择

引导民营资本进入金融领域是金融深化的必然结果，但是对于新兴市场经济国家，在金融制度、金融体系尚未完备的情况下，民营金融的市场准入显得尤为谨慎。我国目前金融民营化的政策导向还不清晰，尚未制定统一的民营金融机构市场准入规则，政策环境有待改进，金融监管亟待加强。当前，推进民营金融发展主要应采取以下政策措施：

第一，渐进推行金融主体的民营化战略。为解决民营经济的融资障碍，同时引导民间资本合规运行，发展民营金融是建立金融基础设施的必要内容，也是完善金融宏观调控的有效措施。但是金融业的技术复杂性和高风险性，要求进入的门槛不能过低，否则会造成金融行业的过度拥挤。

我国台湾于 20 世纪 70 年代开始推行金融自由化政策，其中一项重要内容就是从严格管制的金融体系转向自由开放的金融体系，从公营银行市场结构转向公有民营和民营银行为主的市场结构，整个自由化的发展过程历经利率自由化、汇率自由化和资本流动自由化，并分别于 20 世纪 90 年代初完成利率自由化、汇率

① 除西藏没有农信社外，全国 30 个省市自治区均开展了农村信用社改革的试点。

自由化和资本流动经常项目下的自由可兑换。之后金融机构的民营化趋势加快。1989 年修正的《银行法》大大放宽市场准入标准，取消了对新机构设立的限制，允许公营银行私有化，允许民间设立商业银行。2000 年通过《银行法》修正案和《信托业法》，允许银行业跨业经营。2001 年又推出了"七大改革方向"和"六项金融法案"，以推动中国台湾金融体系和金融制度向"股权集中化、组织大型化、经营多元化、监理透明化"的现代金融体系迈进。公营银行民营化运动减少了公营银行数量，大大增加了民营银行数量。在台湾地区金融自由化和民营化活动的推进过程中，银行体系出现了许多问题，突出表现在：资产质量恶化，盈利能力降低，资信等级下降，基层金融机构违规操作问题严重。出现上述问题的主要原因是在监管体系尚未健全、监管制度薄弱的前提下，向民间资本过度开放了金融领域，导致无序竞争，并进而引发金融危机。我国在 20 世纪 80 年代中期城市信用社的市场准入问题上，也出现过由于进入门槛过低，导致机构膨胀、"银行过度"的现象。

为避免因过度开放民营金融引发恶性、无序竞争的情况在我国重演，首先应该从法律上对投资人的资格、准入资金范围和最低注册资本金数额等做出明确规定。对于农村民营金融机构的设立，可以根据地区差异，区别规定，并应低于城市标准，以填补金融服务的空白。允许民营金融设立的模式多样化，主要分为新设和改造两种方式。依托大型民营企业集团或财务公司，由民营企业和个人出资组建，这种从无到有的设立方式要求比较大的初期投入，会增加社会成本，导致金融机构过多；但是新设的机构没有历史包袱，产权清晰，在组织的股权架构、公司治理结构方面比较容易按照规范的模式进行设计。对已有的金融机构进行民营化改造。包括在城市信用社、城市商业银行的基础上组建民营中小银行；对现有的城市商业银行引入民营资本，进行增资扩股和改造；用同样的方式改造农村信用社和农村商业银行；国有银行的一些分支机构出售给民营资本，由其组建新的社区银行（史晋川，2003）。对现有的金融机构通过资本运作实行民营化改造，是充分利用原有金融的资源的方案，弊端在于可能会遗留历史问题，而原有金融机构的产权和资产评估会相对困难。从政策方向来看，既要鼓励对原有金融机构进行民营化改革，又要支持按市场规则建立新的市场化程度较高的民营金融组织。发展民营金融的经验表明，凡是鼓励和允许外商投资进入的金融领域，均应鼓励和允许民间投资进入。

第二，按照市场化规则运行，促进金融同业竞争，提高金融效率。比如，发展民营证券公司，可利用民营企业资金，将有助于证券公司之间的良性竞争，完善证券公司结构，促进证券公司的规范发展。再比如，民营保险公司采取股份公司制形式经营，产权明晰且多元化，容易建立规范的法人治理结构。此外，针对个体投资风险大的特点，可以建立一批规范运作、由专业人才管理的民营产业投资基金，将众多分散的资金集中起来参与桥梁、道路等社会基础设施和公用事业的投资（钱小安，2003）。渐进实现利率和汇率的市场化，2002 年 3 月 21 日，中国人民银行在浙江、福建、吉林、黑龙江、内蒙古 5 省、自治区的 8 家农村信用社率先实行了利率市场化试点，规定存款利率的浮动范围是 30%，贷款利率的浮动范围是 100%。利率市场化试点的平稳运行表明，民营金融机构的发展需要市场化规则，而且利率市场化还使民间资金转变为民营金融机构的正常业务，发挥了民营金融机构的中介作用，规范了民间金融活动，增强了民营金融机构的实力，促进了民营经济和民营金融的发展。

4.3.2　民营金融稳健运行的制度保障

民营金融抵御金融市场风险的能力是中央银行对民间开放金融业的主要顾虑。为保证金融秩序的稳定，为使民营金融机构能够在国有、外资金融林立的激烈竞争环境中求得生存，相应的制度保障措施必须完备而且先进。这些制度保障措施包括存款保险制度、最后贷款人制度、社会信用体系以及公司治理机制等。

一、构建完善的存款保险制度

存款保险（Deposit Insurance）制度是保护存款者利益、稳定金融体系和金融机构的事后补救措施。美国政府在 1929～1933 年经济危机爆发后，为了保护存款者的利益、恢复公众对银行体系的信心，于 1934 年 1 月 1 日正式组建成立了联邦存款保险公司（Federal Deposit Insurance Corporation，FDIC），专门为商业银行存款提供保险。20 世纪 60 年代以后，许多国家也都建立了适合本国国情的存款保险制度。

我国民营金融与国有金融的信用基础不同，不可能依靠国家为存款者提供最后的信用担保。为了增强公众对民营金融的信心，可以通过立法，建立初步的存款保险机构，由人民银行负责管理，不以营利为目的，明确规定我国存款保险的目的（旨在保护存款人利益，维持公民对农村民营金融机构的信心）、保险原则、参保对象、保险资格等。资金来源一部分由政府拨款，另一部分由银行缴纳保证金；在存款保险制度设立之初可以确定一个较低的费率，待条件成熟之后，可根据各银行机构资本金充足率、资产流动性和风险资产比率等指标来确定不同的保险费率，定期审查调整。然后将保险范围拓展，设立全国范围的存款保险机构，并要求国有银行也逐步参加存款保险机构，以逐步削弱国有商业银行对国家信誉的依赖，保证民营中小银行面对公平的市场竞争环境，同时保证存款保险的资金来源。另外，在保险市场上，也可以成立民营的存款保险公司，要求所有从事吸收存款业务的民营银行必须参加由民营银行同业公会组建的民营性质的存款保险机构，使整个银行体系更加安全。当确定金融机构进入破产清算程序后，金融监管当局可以根据相关法律，运用自身的权力、权威和较强的专业知识安排金融机构退出，并将其转交给存款保险机构，由存款保险机构具体负责清偿工作。

二、建立最后贷款人制度

最后贷款人（the lender of last resort）制度是中央银行作为最后贷款者对有问题的银行进行财务援助和实施抢救行动的一种制度安排。这主要是在商业银行经营出现资金周转不灵，甚至支付困难时，通过向中央银行贷款来解决其清偿能力的不足的唯一途径。当然，对于经营混乱、清偿能力出现问题、经营风险相当大的银行，需采取接管、限制业务开展、停业整顿、实施兼并甚至破产等强制性措施，而不宜使用最后贷款人制度。

我国在允许民营资本进入金融领域后，对于民营金融机构，需要建立最后贷款人制度，中央银行作为最后贷款者。这样做不仅可以保证民营银行有足够的清偿能力，维持金融体系的稳定，而且有利于加强中央银行对民营银行的监管，并对其业务进行指导。对于最后贷款人制度的建立，也可以采取多种形式。一是由中央银行独自充当最后贷款人，对问题民营银行进行救助；二是由中央银行和民营银行共同设立基金来行使最后贷款人的职责；三是由大银行组成财团，作为最后贷款人对有问题的民营银行进行救助（张庆亮，2005）。

当然在金融主体民营化以后，金融机构可能出现饱和的状态，而经营不善、风险积累的民营机构被接管、解散、撤销甚至被宣告破产的情况亦将出现。所以，金融机构的退出机制与最后贷款人实施援助的机制，二者应有明确的界限。应该进入破产清算程序的就不宜再实施最后贷款人制度，这样可以对其他金融机构形成逆向示范效应，即经营不善、风险过大，可能就意味着退出。

三、构建社会信用评价体系

支持民营金融发展，还要努力创造良好的信用环境。构建社会信用评价体系，以降低企业与金融机构、金融机构与监管部门之间的信息不对称程度。

信用制度和法律制度是市场经济良性发展的基础，建立国内统一、公开、有效的企业与个人信用评级制度和评估体系是金融业健康发展的基本条件，也是民营中小银行健康发展的重要保证。转型时期中国社会信用普遍缺失，中小企业融资困难和银行惜贷现象同时并存，反映了企业和银行同时处于各自的困境中。要解决这一矛盾，需要整个社会制度和经济制度的共同改进。通过社会信用评价体系的构建，民营中小银行可以通过企业的信用记录和可抵押资产来选择客户，从而大大降低民营中小银行的经营风险。而民营企业信用及担保体系的建立，亦帮助民营企业突破融资障碍，从而为整个民营金融的发展创造良好的信用环境。

四、实施审慎监管措施

由于民营金融透明度较低，金融监管的有效性较弱，容易积累金融风险。而金融风险具有传递性，单个民营金融机构的不良运作可能会给整个金融体系产生风险传递。因此，发展民营金融要加强对民营金融的监管，使完善金融监管和发展民营金融同步进行（樊纲，2002）。

实施审慎监管措施，包括市场准入、退出、监管理念、综合监管等方面，公司治理状况、董事及高管人员的任职资格等均应在监管范围内。具体来说：在民营金融机构市场准入方面，要根据不同种类金融机构特点和金融集团化发展现实，制定适当的市场准入规则和有效的市场退出机制；为了防止发生道德风险，建立适当的金融机构保障制度，逐步建立显性保障措施（如存款保险制度），防止民营金融机构将风险转嫁给政府（钱小安，2000）；处理好监管与创新之间的关系，在加强风险防范的基础上，鼓励民营金融机构进行业务创新，开发新产品，提高经营效率；根据金融创新的最新发展，不断完善金融监管指标和措施，充分利用现场监管和非现场监管等手段，加强对民营金融的监管，防止出现民营金融监管空白，确保民营金融的稳健运行。

五、完善民营金融机构公司治理

金融机构的公司治理存在诸多特殊性，完善的公司治理是民营金融组织科学决策的重要保证，也是防范金融风险的重要措施。

第一，民营金融的公司治理应更多地关注利益相关者的利益，而不能仅仅局限于股东本身（李维安，2003）。在公司治理领域，公司应为股东利益最大化服务还是应该更多地考虑利益相关者的利益的争论由来已久。主流的公司治理观点认为，股东是公司的所有者，公司控制权自然属于股东所有，这种理论逻辑往往被称为"股东至上主义"。在此理论下，实行的是以股东为主体的委托人模式。这种委托人模式的公司治理主要研究所有者与经营者、债权人与股权人的相互关系问题，这方面的讨论都是建立在股东在董事会决策中的权利和天赋特权基础之上的。新兴的"利益者相关理论"则认为"所有权"是共同的，公司应尽可能地照顾到利益相关者（Stakeholders）的利益，股东只是相关利益者中的一员。利益相关者理论的主要依据是：（1）与股东一样，债权人、职工、供应者、客户及社区都承担了公司的相应风险，故应分享公司的所有权；（2）股东，特别是分散和被动的股东在一个大型公司里通常是处于劣势地位，但其他的相关利益者特别是职工，却可能会处于一个优势地位来行使与所有相关的权利和职责。基于以上原因，该理论将企业理解为利益相关者的合约，并由此将公司目标理解为公司价值最大化。

如果说"股东至上主义"和"利益相关者理论"在一般公司治理领域还存在争议，那么在金融机构的公司治理问题上，我们应该坚决支持"利益相关者理论"的观点，这是源于金融机构的特殊性。作为国民经济重要支柱的金融机构，它的风险损失以及由此引发的巨大金融风险会严重威胁社会经济生活的各个方面，对于民营金融组织尤其应更多地考虑利益相关者的利益。在银行业，巴塞尔委员会就要求公司治理应解决以下问题：（1）确立明确的银行目标；（2）确保每天正常的业务运转；（3）充分考虑利益相关者的利益；（4）在司法与监管体系下确保银行安全、稳健地运行；（5）确保储户的利益。

第二，民营金融的公司治理目标不应仅仅是公司价值的最大化，还应包括组织本身的安全和稳健。金融机构不仅是工商企业重要的融资渠道和全社会不可或缺的支付体系，而且还要在特殊的市场条件下提供信贷和流动性支持，因此金融组织作为国民经济的关键部门往往被纳入政府安全体系而成为政府调控的重点目标。从经营目标来看，金融公司与一般公司存在着巨大差异。公司经营的目标是实现公司价值（尤其是股东财富）的最大化；而金融业作为国民经济特殊行业的重要组成部分，除追求自身利益最大化之外，还应照顾到宏观经济的稳定和金融体系的稳健。民营金融机构由于没有政府信用作保证，更应关注自身经营的安全和稳健。

第三，由于外部治理机制的作用有限，民营金融的治理机制应偏重内部治理，有选择地审慎运用外部治理机制。金融机构的外部治理机制存在以下缺陷：（1）不充分的市场竞争会削弱产品市场竞争机制作为外部治理机制的基础性作用。（2）在公司治理方面，债权具有与股权不同的独特作用，而金融业特殊的资本结构所导致的债权人监督的缺位，使资本市场的外部治理机制作用无从发挥。（3）巨大的并购成本也会限制控制权市场的外部治理机制作用。鉴于外部治理机制的若干争议和不同公司治理模式对于外部治理机制重视程度的差异，因此审慎运用外部治理机制是符合理论规范的，再加上我国转轨经济和市场体系建设的渐进特点，这样的考虑也符合现实的理性选择（李维安，2003）。

目前，对于民营金融机构应从以下几点完善公司治理：（1）强化董事会的职能。这方面的主要工作有：增强董事会的权威性和独立性，尤其重要的是引进一定数量的独立董事；建立董事评价制度，明确董事的职责；完善董事会的内部组织结构，建立董事会下设的风险管理委员会、提名委员会、薪酬委员会及审计委员会。（2）健全激励机制，尤其是建立高级管理人员的激励手段。（3）强调监督和约束。这方面的改革包括两项具体内容：一是建立和健全内部和外部的监督体系，并保证这些监督机构的公正性和客观性；二是促进信息公开，特别是会计报表应尽可能地公开，以便接受广泛的社会监督。（4）改革高级管理人员的任免和考核体制，逐步尝试市场化的运作机制。

本章参考文献

1. Anders Isaksson. *The Importance of Informal Finance in Kenyan Manufacturing*. the United Nations Industrial Development Organization （UNIDO） Working Paper, 2002, No 5, www. unido. org/en/doc/5003.

2. Avery R. B. , Bostic R. W. & Samolyk K. A. , *The Role of Personal Wealth in Small Business Finance*. Journal of Banking and Finance, 1998, 22 （3）, pp. 1019 – 1061.

3. Barbosa, E. & Moraces C. , *Determinants of the Firm's Capital Structure：the Case of the Very Small Enterprises*. Working Paper from Econpapers, 2003.

4. Brau J. C. , *Do Banks Price Owner – manager Agency Costs? An Examination of Small Business Borrowing*. Journal of Small Business Mamagement, 2002, 40 （4）, pp. 273 – 286.

5. Cole R. A. & Walranen N. , *Banking Consolidation and the Availability of Credit to Small Business*. Board of Governors of the Federal Reserve System Working Paper, 1998.

6. Grossman s. , Hart O. , *One – Share – One – Vote and the Market for Corporate Control*. Journal of Financial Economics, 1988, 20, pp. 175 – 202。

7. Helwege J. &Liang N. , *Is There a Pecking Order? Evidence from a Panel of IPO Firms*. Journal of Financial Economics, 1996, 40, pp. 429 – 458.

8. Horworth C. A. , *Small Firms' Demand for Finance：A Research Note*. International Small Business Journal, 2001, 19 （4）, pp. 78 – 86.

9. Modigliani F. & Miller M. , Corporation Income Taxes and the Cost of Capital：A Correction. *American Economic Review*, 1963, 53, pp. 433 – 443.

10. Myers S. C. , Capital Structure. *Journal of Economic Perspectives*. 2001, 15, pp. 81 – 102.

11. Otsuka, Keijiro. Rural Industrialization in East Asia. Mimeo, Tokyo Metropolitan University, 1996.

12. Petersen M. A. & Rajan R. G. , Dose Distance Still Matter? The Information Revolution in Small Business Lending. Journal of Finance, 2002, 57 （6）, pp. 2379 – 2403.

13. Jean C. Oi. Rural China Takes Off：Incentives for Industrialization . Berkeley：University of California Press, 1997, pp. 191 – 204.

14. Scherr F. C. , Hulburt H. M. , The Debt Maturity Structure of Small Firms ［J］, *Financial Management*, 2001 （Spring）：pp. 85 – 111.

15. Shaw, Edward S. Financial Deepening in Economic Development. Oxford U. Press, 1973；

中文版《经济发展中的金融深化》，中国社会科学出版社 1989 年版。

16. Stiglitz J. and A. Weiss. Credit Rationing and Markets with Imperfect Information. *American Economic Review*, 1981, 71, pp. 393 – 411.

17. Stiglitz, Joseph E. The Role of the State in Financial Market. *The World Bank Economic Review*, 1994, 8, pp. 57 – 68.

18. Strahan, Philip E. Weston, James P. Small Business Lending and the Changing Structure of the Banking Industry. Journal of Banking and Finance, 1998, 22, pp. 821 – 845.

19. Timothy Besley, Stephen Coate, and Glenn Loury. The Economics of Rotating Savings and Credit Associations. *American Economic Review*, Sep, 1993, Vol. 83, No. 4, pp. 792 – 810.

20. Tucker J. Lean, J. Small Firm Finance and Public Policy. *Journal of Small Business and Enterprise Development*. 2003, Vol. 10, No. 1. pp. 42 – 54.

21. 曹晋生：《企业发展中的银行融资》，经济管理出版社 2002 年版。

22. 陈晓红、郭声琨主编：《中小企业融资》，经济科学出版社 2002 年版。

23. 陈岩：《中国民营银行行动纲领》，经济管理出版社 2003 年版。

24. 成思危主编：《改革与发展：推进中国的农村金融》，经济科学出版社 2005 年版。

25. 樊纲：《金融发展与企业改革》，经济科学出版社 2000 年版。

26. 方晓霞：《中国企业融资：制度变迁与行为分析》，北京大学出版社 1999 年版。

27. 胡小平：《中小企业融资》，经济管理出版社 2000 年版。

28. 姜旭朝：《中国民间金融研究》，山东人民出版社 1996 年版。

29. 景学成、沈炳熙：《中国利率市场化进程》，中国财政经济出版社 2000 年版。

30. 李扬、杨思群：《中小企业融资与银行》，上海财经大学出版社 2001 年版。

31. 林汉川：《中国中小企业发展机制研究》，商务印书馆 2003 年版。

32. 刘红梅、王克强：《中国企业融资市场研究》，中国物价出版社 2002 年版。

33. 史晋川等：《中小金融机构与中小企业发展研究——以浙江温州、台州地区为例》，浙江大学出版社 2003 年版。

34. 谭力文：《融资策划》，民主与建设出版社 2001 年版。

35. 田国强：《现代经济学与金融学前沿发展》，商务印书馆 2002 年版。

36. 王宁：《企业融资研究》，社会科学文献出版社 2002 年版。

37. 杨瑞龙：《"中间扩散"的制度变迁方式与地方政府的创新行为——江苏昆山自费经济技术开发区案例分析》，载于《中国制度变迁的案例研究》第二集，中国财政经济出版社 2002 年版。

38. 张杰：《中国金融制度的结构与变迁》，山西经济出版社 1988 年版。

39. 张杰：《中国国有金融体制变迁分析》，经济科学出版社 1998 年版。

40. 张杰：《制度、渐进转轨与中国金融改革》，中国金融出版社 2001 年版。

41. 朱德林、胡海鸥主编：《中国的灰黑色金融》，立信会计出版社 1997 年版。

42. 中国金融学会编：《中国金融年鉴》（2000～2003）。

43. 中国经济年鉴编辑委员会：《中国经济年鉴》，中国经济年鉴社 2003 年版。

44. 中华全国工商业联合会：《中国私营经济年鉴》（1996），中华工商联合出版社 1996

193

年版。

45. 中华全国工商业联合会：《中国私营经济年鉴》（1997～1999），华文出版社 2000 年版。

46. 中华全国工商业联合会：《中国私营经济年鉴》（2000～2001）. 中华工商联合出版社 2003 年版。

47. 中华人民共和国国家统计局编：《2003 中国发展报告》，中国统计出版社 2003 年版。

48. 蔡昉：《乡镇企业产权制度改革的逻辑和成功的条件》，载于《经济研究》，1995 年第 10 期，第 35～40 页。

49. 陈晓峰、林求：《我国民营企业信贷融资过程中的"市场失效"》，载于《经济问题探索》，2003 年第 8 期，第 53～57 页。

50. 陈伟鸿：《民营企业"关系融资"及其拓展》，载于《管理世界》，2004 年第 10 期，第 143～144 页。

51. 程蕾：《民间金融实证研究》，载于《财贸经济》，2004 年第 2 期，第 39～42 页。

52. 程蕾：《解读民营企业融资行为——兼评温州民营企业融资实践》，载于《温州大学学报》，2002 年第 1 期，第 31～35 页。

53. 崔砺金、李江、吴亮：《浙、闽、粤地下金融市场的调查与思考》，载于《记者观察》，2002 年第 3 期，第 18～21 页。

54. 方健等：《我国中小企业债券融资模式探讨》，载于《中国软科学》，2003 年第 10 期，第 52～57 页。

55. 冯曲：《从资金筹集机制看乡镇企业改制：制度变迁动力学的一个案例》，载于《改革》，2000 年第 5 期，第 58～64 页。

56. 郭斌、刘曼路：《民间金融与中小企业发展：对温州的实证分析》，载于《经济研究》，2002 年第 10 期，第 40～46 页。

57. 贺力平：《克服金融机构与中小企业之间的不对称信息障碍》，载于《改革》，1999 年第 2 期，第 14～16 页。

58. 何嗣江：《区域经济发展中的制度扭曲与金融安排：温州案例》，载于《浙江社会科学》，2003 年第 3 期，第 42～47 页。

59. 侯利：《从美国企业融资方式的变化看我国民营企业融资》，载于《经济理论与经济管理》，2002 年第 12 期，第 52～54 页。

60. 黄家骅、谢瑞巧：《台湾民间金融的发展与演变》，载于《财贸经济》，2003 年第 3 期，第 91～94 页。

61. 金祥荣、朱希伟：《专业化产业区的起源与演化——一个历史与理论视角的考察》，载于《经济研究》，2002 年第 8 期，第 74～82 页。

62. 李富有：《民营经济内生性融资的东西部地区差异》，载于《改革》，2006 年第 1 期，第 100～105 页。

63. 李维安、曹廷求：《股权结构、治理机制与城市银行绩效——来自山东、河南两省的调查证据》，载于《经济研究》，2004 年第 12 期，第 4～15 页。

64. 林汉川、管鸿禧：《中小企业财务融资现状与对策探析：湖北、广东中小企业问卷调查报告》，载于《数量经济技术经济研究》，2002 年第 2 期，第 107～110 页。

65. 林毅夫、李永军：《中小金融机构发展与中小企业融资》，载于《经济研究》，2001年第1期，第10~18页。

66. 林毅夫、孙希芳：《信息、非正规金融与中小企业融资》，载于《经济研究》，2005年第7期，第35~44页。

67. 刘静、郑震龙：《制度变迁中的民间金融》，载于《金融与经济》，1999年第7期，第18~20页。

68. 刘伟：《当代中国私营资本的产权特征》，载于《经济科学》，2000年第2期，第5~14页。

69. 刘勇、李善同：《国外中小企业融资方式及其启示》，载于《金融信息参考》，2001年第10期，第12~13页。

70. 罗正英等：《信誉链：中小企业融资的关联策略》，载于《会计研究》，2003年第7期，第50~52页。

71. 钱小安：《金融民营化与金融基础设施建设》，载于《金融研究》，2003年第2期，第1~11页。

72. 史晋川等：《浙江民营金融业的发展》，载于《浙江社会科学》，1998年第5期，第23~28页。

73. 孙莉：《中国民间金融的发展及金融体系的变迁》，载于《上海经济研究》，2000年第5期，第62~65页。

74. 王汀汀：《民营企业发展中的金融支持分析》，载于《金融与保险》，2002年第8期，第14~16页。

75. 王霄、张捷：《银行信贷配给与中小企业贷款：一个内生化抵押品和企业规模的理论模型》，载于《经济研究》，2003年第7期，第68~75页。

76. 王小鲁、樊纲：《中国地区差距的变动趋势和影响因素》，载于《经济研究》，2004年第1期，第33~44页。

77. 王小鲁、樊纲：《中国收入差距的走势和影响因素分析》，载于《经济研究》，2005年第10期，第24~36页。

78. 王宣喻等：《信息披露机制对私营企业融资决策的影响》，载于《经济研究》，2002年第10期，第31~39页。

79. 魏守华、刘光海、邵东涛：《产业集群内中小企业间接融资特点及策略研究》，载于《财经研究》，2002年第9期，第53~60页。

80. 应展宇：《中国中小企业融资现状与政策分析》，载于《财贸经济》，2004年第10期，第33~38页。

81. 于光远：《由温州模式谈到"一制多式"》，载于《大公报》，1992年1月28日。

82. 于立、姜春海：《中国乡镇企业吸纳劳动就业的实证分析》，载于《管理世界》，2003年第3期，第76~82页。

83. 于立、姜春海：《中国乡镇企业产出增长来源实证分析》，载于《产业经济研究》，2003年第5期，第1~12页。

84. 于立、吴绪亮：《纵向限制的经济逻辑与反垄断政策》，载于《中国工业经济》，2005

年第 8 期，第 20 ~ 26 页。

　　85. 曾德明、龚红：《基于企业制度和企业理论的利益相关者评价方法》，载于《南开管理评论》，2004 年第 1 期。

　　86. 曾德明、周蓉：《环境动态性、资本结构与公司绩效关系的研究》，载于《财经研究》，2004 年第 3 期，第 67 ~ 74 页。

　　87. 张承惠：《民营企业融资现状调研报告》，载于《中南工业大学学报》，2001 年第 3 期，第 242 ~ 250 页。

　　88. 张改清：《我国企业债券市场发育与民营企业融资》，载于《商业研究》，2003 年第 10 期，第 127 ~ 128 页。

　　89. 张建华、卓凯：《非正规金融、制度变迁与经济增长：一个文献综述》，载于《改革》，2004 年第 3 期，第 36 ~ 41 页。

　　90. 张建军、袁中红、林平：《从民间借贷到民营金融：产业组织与交易规则》，载于《金融研究》，2002 年第 10 期，第 101 ~ 109 页。

　　91. 张杰：《民营经济的金融困境与融资次序》，载于《经济研究》，2000 年第 4 期，第 3 ~ 10 页。

　　92. 张杰：《中国体制外增长中的金融安排》，载于《经济学家》，1999 年第 2 期，第 38 ~ 43 页。

　　93. 张捷：《中小企业的关系型借贷与银行组织结构》，载于《经济研究》，2002 年第 6 期，第 32 ~ 37 页。

　　94. 张捷、王霄：《中小企业金融成长周期与融资结构变化》，载于《世界经济》，2002 年第 9 期，第 63 ~ 70 页。

　　95. 钟田丽、弥跃旭、王丽春：《信息不对称与中小企业融资市场失灵》，载于《会计研究》，2003 年第 8 期，第 42 ~ 44 页。

　　96. 左柏云：《民间金融问题研究》，载于《金融理论与实践》，2001 年第 5 期，第 21 ~ 22 页。

第五章

民营企业成长中的治理问题

目前对于民营企业治理结构和治理机制的研究中，有关家族治理的探讨占有相对主导的地位。研究者在肯定家族治理模式在民营企业创业和发展初期等特定阶段的优越性的同时，也探讨其对于成长到一定规模的民营企业进一步发展的阻力。这种家族式民营企业生成方式主要是基于个体户等，在计划经济向市场经济过渡过程中，在原有全民企业和集体企业缝隙中新生的企业类型。现存家族企业的研究大多认为：由于家族式民营企业，通常存在产品知识含量较低、市场运作灵活性较强等特征，企业管理者经营能力和水平相对缺乏，企业发展升级中以企业所有者与职业经理人关系演进主线的治理问题的确值得关注。家族治理使企业内部管理便利，决策集中迅速，往往是企业创业时期的首选模式。但家族治理模式难以随着企业的壮大而发展。当企业具备一定规模寻求再发展时，家族治理模式越来越暴露出局限和不足，成为制约企业进一步发展的"瓶颈"，急需向现代公司治理模式转变。

但是，本研究通过调查研究，发现这种对于民营企业发展中的治理问题的整体判断是不全面的。在国退民进过程中转换而成或以风险投资等形式生成的民营企业，往往不具备明显的家族特征。相对来讲，企业管理者的"家长制"、"经验型"色彩较为淡薄，生成和发展过程具有不同特点。

本研究认为，民营企业发展中公司治理关键问题的研究展开，应该基于对于民营企业发展群类和层次的以下认识。

首先，不同群类民营企业的发展特征差异日渐明显。尽管作为民营经济的微观主体的民营企业的治理模式还很不完善，但是，低技术积累的、以自发生成为

197

主要特征的中小民营企业，与基于较高技术资源、以吸引风险投资与科技创业为形成特征的民营科技企业，在企业成长与治理问题方面呈现出各自的鲜明特点。

其次，民营企业发展开始遇到的更深层次的治理结构和治理机制问题。治理结构作为一组制度安排及在这种制度安排下企业各权利主体间相互制衡的一种关系，而治理机制作为保证企业在这样一组制度安排下健康运行的一系列规则与机理的总和，在民营企业进一步发展中，都呈现出新的值得关注的现象。源于血缘和亲缘关系的家族企业治理的控制权代际传递、引入职业经理人过程中的控制权转移，以及基于风险资本投资家与创业管理者之间控制权配置的风险投资企业治理，都出现了新现象。这就需要我们在对民营企业的一般发展状态描述和实例调研的基础上，围绕民营企业新的群类和层级特征，以民营企业所有权和控制权变化，以及影响企业发展的内在治理要素演进为主线，探讨民营企业治理障碍，解析新形势下民营经济发展的微观机理，通过制度创新的研究找到其中民营经济发展的根源，进而提出有效的政策建议。

第一节　民营企业成长的治理"拐点"
——制度障碍与产权关切度

中国民营企业制度创新是支撑中国民营经济发展的微观制度基础。本研究认为，在经济全球化冲击与国有经济转轨的双重背景下分析中国民营企业制度创新参照系的转变，在国有企业改革、外资企业参入与民营经济演进相联系的多元互动框架下探讨民营企业发展模式演进，应运用有别于一般公司治理的企业治理概念，深入研究民营企业发展中面临的治理结构和治理机制问题。

5.1.1　民营企业治理的宏观背景

经过 20 多年改革开放，民营经济已经成为中国经济发展中的重要力量。作为民营经济的基础，民营企业产生于被限制的状态，却显现出旺盛的活力，历经20 余年顽强发展已在整个 GDP 中占据显著比重。据近年的统计，我国民营企业已经有 3 000 多万家，年产值约 5 万亿元人民币，各项经济指标年增长率均在20% 以上。

然而，在外部发展环境日益改善的今天，民营企业的持续发展也遇到严峻挑战。WTO 框架下国际竞争者的进入使在相对封闭的环境及夹缝中成长起来的民营企业遭遇到了具有制度优势对手的挑战。仅仅依靠其灵活的经营机制，已经无法满足国际竞争环境的需要。实现企业制度的提升，已经成为民营企业持续成长的关键。在这方面，大批走出原始积累阶段的民营企业遇到了"个人产权关切度"的"拐点"，以产权制度创新为核心的民营企业治理问题，日益成为制约民营企业发展的瓶颈。

本课题调研资料显示，当前我国民营企业总体治理状态表现为：（1）以封闭式产权为主体，以创业者为主的家族产权结构仍占主导地位。企业主本人拥有资本占企业资本平均比例高达 76.7%；企业股东之间缺乏契约关系所留下的产权纠纷隐患。（2）在业主制、合作制和有限责任公司制三种企业中，有限责任公司比例增加最快。由 1999 年的 58.4% 增加到 2001 年的 68.0%。（3）主要以家族信任维系关系链条，家族治理与家族管理合一导致的企业社会化、公开化程度低。经营者选择上的特殊主义原则形成了社会人力资源的进入壁垒。目前96% 的企业主还是兼任企业的厂长或经理；仅 30% 的高管人员与主要技术人员持有股份，仅占总股本 9%。（4）与上市公司最大的区别，一般民营企业缺乏来自政府证券监管部门、公司控制权市场和众多股东的强制监督机制，通过低度信息披露，尽量保护非规范化的市场运作的企业机密。（5）相当一部分的有限责任公司，是企业主在形式上的策略选择，公司的董事会职能很大程度上虚化，在治理结构中不具有核心地位。

约束条件的变化改变了民营企业的博弈支付，这就要求它的企业价值驱动方式应从个人创业向团队生产转变；外部扩张方式由单一资本向联合产权转变。民营企业这些治理障碍已经成为限制民营企业规模化成长的关键，直接影响了企业产权的内融合与外融合，不仅使企业内部难以形成满足产权兼容条件的团队激励机制，而且导致制约企业成长的融资障碍。因此，民营企业急需在其机制灵活优势的基础上，如何从原有的相对于国有企业的机制灵活优势，跃迁为适应现代市场竞争中先进的企业制度优势，是新时期民营企业面临的最大挑战。实现灵活机制与规范制度的"双翼齐飞"，是民营企业治理所追求的、迫切而现实的目标。

民营企业的治理障碍有着其鲜明的时代背景。中共十六大以来，在价值理论、民生民本思想、私有产权保护等方面实现了一系列的理念突破，使民营企业产权界定的理论基点正发生着显著的位移，民营企业初始生成状态和运行制度环境正发生着实质变化。以成长性、创新性为突出特征的民营企业，其技术特征决定了其资本结构中人力资本愈来愈重要的地位，实现人力资本与货币资本关系的协调，成为完善其治理机制的关键。也就是说，中国民营企业突破发展瓶颈的关键，不仅仅是货币资本意义上的产权调整，而主要是引入人力资本产权概念后的治理结构重建。

经济制度演进是政府、企业、市场多元互动的结果。研究多种经济形态间的博弈互动模式，是探索民营企业制度演进机制的必然命题。民营经济发展模式一度成为经济研究的热点，但现在看来，不管是由民间商人为主的自发扩展的温州模式，还是以由集体企业发展过来的苏南模式，或是借助于引进外资实现较快发展的珠江三角洲模式，以及以民营科技企业为主体的中关村模式等，在拓展中都面临着日益突出的地域局限性。我们认为，中国民营经济发展模式既不是单靠政府强制推动而成的，也并非是简单的民间自发演进，而是综合政府政策、国企转轨、民营企业寻利驱动的一种模式。将国有企业改革、外资企业参入与民营经济演进相联系，在一种超越地域模式局限性的多元互动的背景下，民营企业制度演进必须从填补制度空白的"制度补缺"向内生性"制度创新"转变。

在当前我国加入 WTO，国有企业对民营企业发展的挤压和互补的双重作用及外资企业进入后竞争的激化，使得民营企业、外资企业和国有企业之间的"生产率竞赛"空前激烈——民营企业发展面临着严重的"制度瓶颈"。只有通过治理结构和产权制度的创新，才能增强民营企业的竞争力，实现和国际市场的成功接轨。

5.1.2 民营企业制度障碍和产权关切度

民营企业治理的许多问题可以用"产权"和"家族制"两个关键词高度概括。就产权而言，我国民营企业问题比较复杂：私营企业总体产权明晰，但在内部核心成员之间也存在产权界定问题，因而也出现所有权明晰但缺乏产权效益的状况。本研究调查发现，以创业者为主的封闭式产权主体的家族结构仍占主导地位。企业主本人拥有资本占企业资本平均比例高达 76.7%。乡镇企业模糊产权曾导致初期的高速增长，又成为新时期发展的障碍。从制度障碍与产权关切度角度研究民营企业发展中的治理障碍，是新背景下进行民营企业的激励相容制度设计的最主要基础。民营企业产权问题是研究的热点之一，它是公司治理的基础。目前，对于民营企业产权问题的研究，主要是从不同类型民营企业的产权这一问题为出发点进行研究的。

一、乡镇企业产权问题

民营企业的产权不清问题表现在初始产权、增值资产、"挂靠"产权等多方面。李稻葵（1995）认为乡镇企业模糊产权论解释了在市场不完善、法律体系不健全条件下乡镇企业经营高效率的原因；魏茨曼（Weitzman, 1995）等则从中国乡镇企业模糊产权结构所形成的合作博弈"合作社"来解释其增长，认为中国乡镇集体企业的高效率是建立在东方式的合作文化基础上的；田国强认为由于经济的自由度和市场的不完善程度均处于中间状态，才使得集体所有制的产权安排成为最优；石磊（2000）通过分析江苏华西村的组织形态，揭示了组织演进的历史的路径依赖性和组织形态的复杂性；还有的学者从产权改革角度研究了苏南模式的进一步发展问题（范从来，1995，2001）。

二、私营企业产权问题

一般而言，私营企业产权比较清晰，但是，私营企业的产权问题也引起了理论界的关注。私营企业总体产权明晰，但在内部核心成员之间存在产权界定问题，因而也出现所有权明晰但缺乏产权效益的状况；毛三元则认为私营企业的产权结构是其生命周期较短的原因所在；刘伟则强调了产权界定对中国私营资本发展的重要性；有的学者对家族控制权进行了国际比较（苏启林等，2003）；王连娟等（2000，2001）从产权角度研究家族企业制度变迁；其他一些学者侧重分析了家族企业的制度锁定与制度创新的关系；还有的学者对地区性的民营企业产权制度进行了研究。

三、民营企业家族化

从 20 世纪 90 年代后半段开始，家族企业成为中国民营经济研究的一个热点领域。相当一部分学者认为家族企业应当逐步走向现代企业制度；也有学者认为家族企业的存在有其合理性；有的学者从产权角度研究家族企业制度变迁；有的学者则从泛家族主义及其与社会资本融合的角度研究家族企业；有的学者则通过协调博弈模式研究了既定文化制度环境下从信任与治理成本结构的关系，指出信任和忠诚因素导致了家族企业招聘经理人的困境；有的学者则重点研究了中国农村及乡镇企业中的家族企业。

5.1.3 民营企业治理障碍的分析框架

本研究分析民营企业治理障碍的思路是，突破现有企业理论的局限性，从以制度创新为中心的企业自组织过程，探索民营企业所有权安排与治理机制的优化设计，提出完善民营经济发展的制度创新政策建议，如图 5 - 1 所示。

就民营企业家族制特征而言，目前的研究主要从信任机制、组织方式、信息网络等多方面进行，家族治理模式日益引起较多的关注。然而，民营企业治理方面呈现出明显的区域复杂性、类型异质性和阶段差异性，民营企业治理面临的主

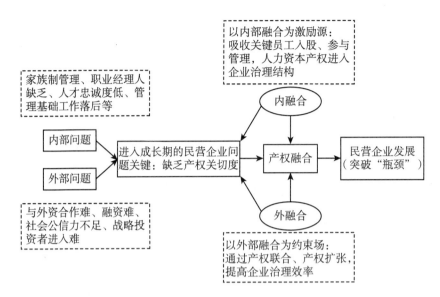

图 5 – 1　民营企业治理障碍的分析框架

要问题不是一般意义的委托—代理链条下的职业经营者监督问题，而是其自身内部科学决策障碍和产权扩张过程中的内融合与外融合困难。民营企业的外部管理制度的健全，最终必须基于企业内部治理机制的需要；民营企业内部管理行为的改进，也日益依赖于其内部治理机制的完善。对于现实中不同类型的民营企业中人力资本与货币资本之间的消长与转换，进行系统的理论论证、典型的案例剖析及有效的实证分析，是认识当前民营企业治理问题的关键。我们认为，应该正视民营企业治理不同于委托—代理链条复杂、产权公众化的主流公司治理的特点，通过系统的理论探索和广泛的实证分析方法，有效识别民营企业发展过程中面临的内部治理和外部治理障碍，并在此基础上提出解决问题的思路。

　　一大批经历持续高速发展的民营企业，开始遇到企业主"个人资产关切度"的"拐点"，从而面临着日益突出的内部治理障碍。民营企业发展问题突出表现为：产权模糊引发的纠纷，内部人控制对于股东权益的侵蚀，内部管理的失控，企业经营方向的多变，企业效益大幅下滑甚至解体。民营企业迫切需要通过制度创新寻求进一步发展机遇。面对加入 WTO 后国际竞争者的进入，在相对封闭市场环境下成长起来的民营企业遭遇到新的竞争挑战，其中更为关键的是制度环境的巨大反差。如何从原有的相对于国企的机制灵活的优势跃迁为适应现代市场竞争中的企业制度先进的优势，如何在发挥民营企业机制灵活优势基础上塑造民营企业能够参与国际竞争的制度优势，将是新形势下克服民营企业治理障碍的关键。

5.1.4 民营企业治理——从治理结构到治理机制

目前关于民营企业公司治理的研究主要是围绕民营企业的家族制特征，从信任机制、组织方式等方面进行。从公司治理角度看，吴敬琏（2001）认为民营企业也存在"一股独大"；蔡继明等（2000）将民营企业治理模式分成两类：一类是市场导向型，另一类是网络导向型，强调家族企业不存在治理问题，只有规模较大的民营企业和集体企业才存在治理问题；陈凌的观点则是家族企业为了实现规模化，可能会利用人际关系向战略网络组织方向发展；有的学者则从公司治理的体系角度对治理模式进行了归纳与概括，如对家族治理模式的研究；曹远征（2000）则指出，要进一步发展民营经济，必须改善其治理结构；有的学者则从不同所有制企业比较的角度研究了民营企业治理问题；有的学者研究了乡镇企业转制过程中的治理结构安排；在公司治理中人力资本与货币资本关系处理上，有的学者指出不应该过分强调人力资本与货币资本所有者的某一方，对于双方利益的保证都必须纳入公司治理的范畴；也有学者对民营科技企业和中小企业的治理问题进行了研究。

整体来看，目前国内外对于民营企业公司治理的研究主要以微观层面的产权制度与企业治理结构为主，对于民营企业治理机制并未重视，这就容易形成民营企业公司治理的"类国有化"制度回归。

中国民营企业公司治理的关键问题并不在于建立形式上的制度或结构，而是要在企业中形成对治理行为具有直接作用的治理机制。对于民营企业而言，需要重视的治理机制主要包括决策机制、激励机制和约束机制。

一、决策机制

目前，在民营企业内部治理决策机制中，投资人决策（主要反映为老板一人决策和家族决策）占据了主导地位，高管层决策占有一定比例，董事会决策比例最少。这反映出民营企业的决策机制还有待优化。当然这也可能与全国私营企业规模相对偏小有一定关系。

总的来看，多数民营企业尚未建立科学的决策机制，家族经营式企业大多采取家长式管理模式，凡事一个人说了算，缺乏来自内外部有效的监控、反馈和制约，使得决策的正确性和准确性大打折扣。企业经营者如果一时头脑发热，做出错误决策，而部下又只作为执行者，就很容易酿成恶果。这种凭经验，甚至拍脑门的决策，会给企业经营带来很大的决策风险。凭个人经验决策、主观随意性决策是民营企业普遍存在的问题。

民营企业决策机制方面的基本改革方向是由家族治理走向董事会治理，包括：实现投资决策及决策程序的合理化，推动和监督企业内部各个运作环节的制度建设和组织建设，使这些环节运作程序化、透明化、合理化，推动内部控制机制的制度化、合理化。在重大决策管理流程上，强调模板化决策程序，规则化管理机制。董事会决策主要包括的三大内容是：发展战略、产权调整（如员工持股等）、风险控制。

公司治理要求专业化的技巧，这些技巧最好通过董事会层次的委员会得到执行。董事会下可设若干委员会。包括审计委员会、薪酬委员会、提名委员会、发展战略委员会、投融资委员会、公司治理委员会等，这些委员会的成员应主要由外部董事和独立董事组成。在此过程中，提高其战略决策和投资决策的科学性。

在民营企业中，可成立由外部专家组成的决策咨询委员会，它可以是董事会的一部分（如顾问董事会）。

从国外经验来看，美国引入独立董事制度之初，主要是用来协助公司进行战略决策，也就是说，独立董事（其主要来源是在职或退休企业、注册会计师和律师）主要是配合首席执行官进行战略决策的。因此，我们认为民营企业（包括非上市的公司制民营企业）也应注意引进独立董事问题，但其主要目的可能不是监控职能，而是参与战略管理。

特别需要指出的是，非家族成员应在董事会中应占有一定的比例，除了外部专家以外，还应包括一部分高管层。

此外，决策机制的优化与产权开放和人才引进也有一定关系。通过引入社会资本，改变产权结构，可以完善企业决策制度。而通过引进人才，也能弥补民营企业家决策能力不足的缺陷，优化决策机制。但与此同时，民营企业也可能会出现控制权丧失的风险（见图5-2）。

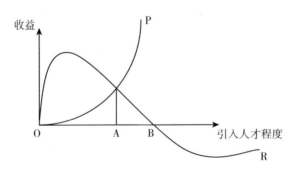

图5-2 决策机制优化与人才引进的关系

在图5-2中，曲线P代表民营企业治理成本增加，而曲线R代表的是引入人才所导致的企业收益变化。从图中可以看出，引入人才初期，导致收益增加；

而随着民营企业引入人才程度的加深，风险因素开始凸显，人才开始以权谋私，它所带来的收益是在下降。其主要原因在于中国民营企业大部分都是在自身能力已经不适应企业发展时才引入人才，对人才的控制能力较弱，约束机制不健全，因此存在一定的风险因素。

从图中可以看出，民营企业引入人才存在一个度，即在 A 点最佳，而在超过 B 点以后，引入人才所导致的只是负收益。

民营企业引入人才的最佳点与民营企业家的掌控能力是相互协调一致的，民营企业家控制力越强，A 点就越靠右。需要说明的是，这只是一个理论分析，与中国具体情况有密切联系。在具体实践中，不同民营企业的选择将会有所不同。特别是如果加入子公司化的因素之后，引入人才与决策机制优化的关系就更为复杂。此处不做过多讨论。

二、激励与约束机制

对于民营企业而言，激励机制尤其重要。本章认为，民营企业整体上之所以能够高速增长，是与其高强度激励机制分不开的。但是，随着经济背景的转换和竞争对手的调整，民营企业的激励机制也应有所变化，其基本方向是加强长期激励。由于激励机制涉及面较广，本章重点分析民营企业的股权激励。实际上，与国有企业相比，民营企业更具备实施股权激励的条件，因为国有企业实施股权激励还存在诸多障碍，如容易被指责为国有资产流失等。民营企业应当抓住机遇，打造自己的制度优势。

良好的公司治理机制不仅要有一套好的激励机制，更需要一套完备的约束机制。约束机制涉及的范围很广，本章在这里主要分析对民营企业内部人控制的约束。内部人控制是用来特指转轨时期国企改革中经理层控制企业的情况。本书借用它来特指民营企业职业经理人将企业所有者架空的情况。

对于民营企业而言，大多是在所有者感觉能力不适应企业发展时开始引入外部人才。但是，如果引进了各方面素质均比所有者强的人，这时就会出现素质低下的所有者控制素质较高的经理人，一旦控制不好，就有可能失去企业的资源，变成内部人控制。随着企业规模的发展，所有者与经理人的能力差距会越来越大，也就是说，所有者控制经理人的难度越来越大，所有者失去企业的危险也越来越大。

根据民营企业主的个人能力及企业产权的开放程度（特别是经营控制权的开放程度），本章构建出四种组合，如图 5-3 所示。在图中的左上象限，企业主能力较强，但企业产权封闭，最终表现为企业主自己一人控制企业。在右上象限，企业主能力较强，但企业产权开放，最终表现为企业主和职业经理人共同控制企业的状态。在左下象限，企业主能力较弱，但企业产权封闭，最终表现为企业主自己一人控制企业，但其目的主要是为了防范风险（这类民营企业通常处于发展停滞的平台期）。在右下象限，企业主能力较弱，但企业产权开放，最容易出现内部人控制的现象（见图5-3）。

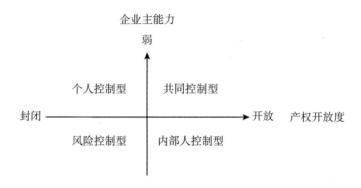

图5-3 民营企业产权能力组合

民营企业主与职业经理人之间的信任程度分析内部人控制有着内在的关联。从图5-4中可以看出，随着企业价值的上升，民营企业主和职业经理人之间的信任有可能出现下降趋势。在企业规模较小时，如成长期，双方之间往往能保持高度的信任，共同把企业做大。相反，一旦企业达到一定规模，两者之间就容易发生信任危机。而这时也是最容易出现内部人控制的时候（见图5-4）。

图5-4 民营企业中的信任与内部人控制

民营企业为了防范内部人控制，可以尝试以下策略组合：

（1）民营企业在采取两权分离或引进职业经理人之前，首先应该完善企业的内部控制制度（包括财务审计制度）。

（2）民营企业在雇佣经理人之前，应扫清在雇佣经理人上的障碍，即企业先要规范化运营。例如民营企业的违规行为有可能成为职业经理人手中的一个把柄，一旦经理人要求没得到满足或与所有者利益产生冲突，经理人就会利用其把柄进行要挟。

（3）所有者要设法提高经营岗位的可替代性，以降低经理人讨价还价的能力。其目的就是降低所有者对经营者的依赖程度。也就是说，企业不能过于依赖单个的经理人，应该形成一个经理人的团队。一旦出现异常情况，可以有第二梯队。但需要注意的是，它也会降低经理人的积极性，经理人与所有者之间的信任难以长期化。所以，民企所有者应该掌握好激励与约束职业经理人的程度。

第二节　家族企业内的委托—代理关系及控制权转移

现代家族企业在全球范围内是一种比较普遍的组织形态。中国家族企业是中国民营经济的重要组成部分。我国大量的民营企业是以家族企业或准家族企业的制度形式生成和存在的。学术界的主流认为家族企业只有实现根本性制度化变革才能保证可持续发展；然而现实中，我国的家族企业已经开始经历两代人之间财富和权力的转移。血缘继承和职业经理人继承的争论逐渐被学术界和实业界所关注。本章试图通过家族企业经营控制权内、外部传递驱动因素和条件的对比分析，为我国家族企业经营控制权继承模式提供有益的借鉴。

5.2.1　家族治理模式的有效性——对企业内部控制和成长的作用

家族企业在世界范围内的普遍存在，激发了学者们从产权理论、企业组织理论、企业生命周期等不同角度对家族治理模式的有效性进行分析。家族治理模式对企业发展的有效性表现在四个方面：

第一，两权合一有效降低委托代理成本。所有权和控制权的分离产生了代理关系。但是代理关系并不天然产生代理问题。代理人的目标与委托人完全一致时，代理问题就不会产生。在家族企业中，两权合一使得所有者的个人利益与企业目标完全一致，共同所有权使所有者及其家族成员拥有完全的剩余索取权，可以保障家族组织内部不受机会主义的侵害。

第二，企业的凝聚力强。家族企业所具有的家族和企业合一的特征，使得家族成员把企业资产视为家族财产，把企业的业务看做是家族事物的一部分，形成了企业是家族的延伸和模拟的家族的观念意识。在这种观念意识作用下，建立在血缘、亲缘和姻缘关系基础上的家族成员把家族内的伦理和情感融入了企业，更容易和能够为了家族利益而相互配合、团结奋斗，因此在企业内部形成了较强的凝聚力。

第三，企业的稳定程度高。在家族企业中，由于家族成员控制了企业的所有权和经营管理权，企业的核心层领导及企业下属的核心事业的领导由家族成员担任，使得企业的经营管理层在亲情的制约下，必须按照家族的伦理道德规范行事。正是由于家族伦理道德规范的制约，使得家族企业能够像家庭和家族一样存在并保持较高的稳定性。

第四，企业决策迅速。由于家族企业是在家族伦理道德规范制约下进行运作和管理的，因此，家族中辈分、资历、权威最高的成员便成为企业的最高领导人，他可以独裁式地指挥家族企业的事业，并对家族企业的重大事务做出决策，这在决策程度上节约了决策时间，保证了决策过程的迅速性。同时，由于家族成员在利益、观念和对问题认识上的一致性，以及家族成员对作为家族和家族企业最高领导人所具有的绝对服从的伦理规范，使得家族企业最高领导人做出的重大决策很容易为家族成员所理解，并能很快地在企业中得到贯彻和执行，从而避免了企业决策在执行过程中的扯皮和时间延误现象，这在一定程度上保证了企业决策在执行过程中的迅速性和决策执行效果反馈的迅速性。

5.2.2 家族企业经营控制权的内部传递

家族企业经营控制权内部传递是指这种权力在家族范围内的代际传递，即由家族的掌门人传递给具有血缘关系的继承人的过程。创业者对家族企业的绝对或相对控制是一种基于所有权或创业者才能、商誉的经营指导和监督权力，这个传递过程实际上是家族的财产、声望和社会地位的传递过程，这个过程以继承人进入家族企业为开始点，以老掌门人完全退出企业，继承人接掌企业大权为终点，其目的在于保障家族企业的延续。

国际上，强生、福特、沃尔玛、宝洁、摩托罗拉、IBM、惠普、迪斯尼等都成为家族企业控制权稳健交接的成功典范；中国家族企业的成熟期始于 20 世纪 90 年代。在这一时期，一些家族企业的领导权也开始向家族成员第二代传递。例如，鲁伟鼎（鲁冠球之子）成为万象集团的总裁，徐永安（徐文荣之子）担任横店集团的董事长。

这些家族企业之所以要保留对企业的家族控制，关键在于这种家族治理的模式对企业的内部控制和成长是有效的。李维安（2001）认为，家族治理模式是指企业所有权与经营权没有实现分离，企业与家族合一，企业的主要控制权在家族成员中配置的一种治理模式。在这种治理模式下，企业的所有权主要控制在由血缘、亲缘和姻缘为纽带组成的家族成员手中，主要经营管理权由家族成员把持，企业决策程序按家族程序进行。[①] 因此，家族企业经营控制权的内部传递，便作为延续这种治理模式的一种较优化的途径。

一、家族企业经营控制权内部传递的驱动因素

1. 产权特征与激励相容性

所有权与控制权合一是家族企业在产权方面的显著特征之一。现代公司两权分离的出现，导致了企业委托—代理关系的产生，从而生成了代理成本。家族治理模式下，不存在委托—代理链条，从而有效地保证了经营者和所有者目标的基本一致性。同时，经营者会受到来自家族利益和亲情的双重激励和约束。对于第一代创业者而言，他们的经营行为往往是为了光宗耀祖或使自己的家庭更好地生活，以及为自己的子孙后代留下一份产业。对于家族企业第二代经营者来说，发扬光大父辈留下的事业、保值增值作为企业股东的家族成员资产的责任、维持家族成员亲情的需要，是对他们的经营行为进行激励和约束的主要机制。因此，与非家族成员继承者相比，家族成员继承者的道德风险、利己的个人主义倾向发生的可能性较低，从而降低了用规范制度对经营者进行监督和约束的治理成本。

2. 情感基础与信任关系

家族是以血缘关系为纽带形成的群体。控制权的内部传递可以保证家族企业所具有的家族和企业合一特征的延续。"子承父业"式继任模式，可以一直追溯到人类出现家庭开始。兰斯贝格认为对父母来说，将他们的希望和梦想永续的最好方式，就是将他们一生所从事和建立的事业传递给他们的子孙，并代代相传，这是人类的天性。家族成员彼此间的信任及了解的程度远高于其他非家族企业的成员，因此，他们之间仅仅负担较低的心理契约成本。家族化的作用机制会形成亲和力与亲情网，从而构建一种家族成员间特有的信任关系和相对低的沟通成本，这是其取得竞争优势的一个有力保证。特别是在创业初期或外部环境恶劣的条件下，家族企业更能抵御外来的影响和冲击。"子承父业"的接班人选择方式源于中国传统社会注重家庭、家族伦理的基础观念。正如费孝通先生所说，中国的社会是一种以自己为中心，以血缘为纽带，层层外推的同心圆波纹，即"差序格局"。人际关系的远近以血缘关系自然分明。与此同时，家族企业是创业人长年艰苦创业的成果和见证，大多数创业者对其家族企业有着深厚的感情，将其

---

① 李维安：《公司治理》，南开大学出版社 2001 年版，第 197～198 页。

看做是本家族安身立命之本，因此，家族企业的所有权和控制权通常都由一家族牢牢控制，并在家族内代代相传。方太集团董事长茅理翔便毫不避讳选自己的儿子做接班人，他认为，刻意选其他人接班也许是虚伪的做法。

3. 管理风格与决策方式的继承性

家族企业是在家族伦理道德规范制约下进行运作和管理的，因此，家族成员中的权威者，作为家族企业的领导人可以独裁式地指挥家族的事业，保证了决策过程的迅速性。在这种企业内部控制模式既定的情况下，家族企业的创业者愿意延续自身的管理风格和管理政策，寻求尊重长辈权威，又能在决策事务上很好沟通的后代成为继承人。可以说，这是家族文化在企业经营管理行为中的移植，控制权内部传递在继承这种文化移植的前提下，使得家族成员比较容易形成利益、观念和对问题认识上的一致性，因此，继承者在经营控制企业过程中的重大决策更容易为家族成员所理解，并能很快在企业中得到贯彻执行。

4. 完善的经理人市场和社会信用体系的缺失

职业经理人市场的培育和选拔不是依靠某个企业或某个企业群体来实现的，它是在较为成熟的市场机制的作用下而逐渐形成和完善的。专家指出：我国当前尚未建立起职业经理人市场，不单单是家族企业，其他组织形态的企业也无法从市场上获得具备专业管理能力和经理人操守的职业经理人。创业者选择这种控制权向家族外部传递的继承方式，是要承担经理人主观上诱发的道德风险和逆向选择问题。家族企业本身无法依靠自己的力量对经理人实施有效的激励和控制。

德鲁克曾提出：家族企业要能生存和保持有效运作，在高层管理人员中，无论有多少家族成员，也无论他们多么出色，也至少要有一位非家族成员。但本书认为这种做法是要以建立相对完善的社会信用体系和经理人市场为前提条件的。向职业经理人授权的过程实际上是一个企业机密资源和机密信息与人分享的过程。尽管由于文化传统的原因和社会转轨状态的特性，华人家族企业主更倾向于成为企业机密资源和信息的集中垄断者，但是，社会信用体系缺失的情况下，无法用成熟的声誉机制来实现对经理人阶层的激励、监督和有效的评价。

因此，无法制约经理人背叛企业主的难题，迫使家族企业的创业人不敢任用和授权给家族外经理，即便他们具备较强的管理经验和专业能力。力帆集团曾因重用了"外人"经理，将企业的技术核心机密泄露出去，给企业造成了难以挽回的损失。

二、控制权内部传递过程中的关键要素分析

家族企业的领导权在传递给第二代、第三代后可能导致企业分裂、解散和

破产的风险。一些家族企业的创业者在把企业领导权传递给第二代时，由于承接领导权的第二代人选没有得到家族成员的拥护，就会导致企业的分裂危机。在家族权力转移的过程中，家族成员内部矛盾将会带来企业能量的消耗，使公司的日常经营陷入困境。那么，究竟有哪些因素会影响到控制权内部传递的成败呢？

1. 原始产权主体的界定

家族企业原始产权主体界定模糊主要表现在两个方面：一是家族成员之间产权界定不清。家族企业创立之初，企业发展急需资金和人力，吸收家族成员进入企业是大多家族企业的共同做法。但很少的家族企业在创业之初，对家族成员之间的产权进行界定，这就埋下了日后企业在家族成员自然人间产权不清的隐患。二是家族企业与外界产权关系的不清。家族企业为获得各种国家或地方政府的政策支持，往往挂靠国有或集体单位，即我们平常所说的"红帽子"企业。

在家族企业发展的初期，家族成员之间产权不做出明确界定有其存在的必然性与合理性。必然性表现在，这种产权安排深受文化传统中家族观念的影响。与西方国家崇尚个人主义不同，我们国家的文化传统极为重视家族观念，家庭、家族的财产应归整个家族所有，无须在个人之间做出划分。这一产权安排的合理性表现在，它能有效利用家族成员廉价的人力资本，较低的监督成本和低廉的融资成本来完成企业早期的资本积累。但随着企业发展到一定规模，家族成员之间产权界定不清的弊端就充分暴露出来。虽然家族和家庭在社会结构中被视为最稳定、最具凝聚力的结构。但家族成员间的亲缘关系是可以被经济利益关系冲击而松动的，家族或家庭成员间的忠诚也可以被资产利益所侵蚀而出表现叛逆。原始产权主体不清晰的情况下，势必会影响到控制权传递的对象选择问题。多数情况下，创业型家族企业的经营控制权是基于所有权来进行配置的，也就是说，家族成员中，谁在所有权方面占有绝对或相对优势，就相应占有绝对或相对的对控制权的分配和处置权力。因此，我们认为内部产权不清晰的状况下，会形成控制权代际传递时出现纷争的隐患，加剧家族内部矛盾。单个成员之间界定产权的要求同样是兄弟姐妹之间难以逾越的。

家族企业戴"红帽子"可以获得一定的利益，如政策上的优惠，可担保的贷款，减少各方的摊派，获得良好的声誉和降低经营风险。但"红帽子"使企业的产权模糊，使企业的资产成为人们争相获取的目标，造成了许多法律纠纷，使企业陷入"产权官司"陷阱，企业的生产经营因而受到干预。在继承人选择方面，自然难免会出现由政府委派候选人还是家族内部传递控制权的纷争。

2. 创业者的退出意愿

瑞士 IMD 商学院研究家族企业的乔基姆·施瓦斯教授认为，导致控制权代际传递失败的一个重要因素是家族企业的创业者不愿意放弃控制权，以及没有有意识地培养继承人。在许多华人家族企业中，继承人的选择是企业创始人的个人决策，至于自己何时退位，也是看情况而定，无章可循。在华人家族企业中，多数创业者的思维模式深受中国传统文化的影响，希望持续保持企业权威和控制强度，对退位感到心理上的极大失落感。"眷恋控制权"的行为往往会产生两种不良的后果：一是"垂帘听政"，对继承者的发展战略和经营行为指手画脚；二是心理上和现实中回避继承问题，一旦出现意外，使企业陷入错综复杂的内部矛盾和经营困境。相反，掌权人有计划地培养接班人，并适时地退出企业控制角色，无疑对控制权的顺利传递和家族企业的持续兴旺起到关键的作用。

3. 继承人的能力与继承动机

家族化机制采取的是用"指定接班人"的方式来解决家族继任的问题。但"指定接班人"的方式会使权力交接出现错位，指定的人并不适合继位，组织存续出现危机。在第一代与第二代权力交接之中，两代人之间的关系往往很紧张，矛盾多数集中在待继承人是否愿意成为家族企业的继承人，以及是否具备专业知识和管理经验来保证企业的存续。曾撰写过有关洛克菲勒、摩根、沃伯格商业帝国兴衰历史的荣·切乐诺指出："进入家族企业不但意味着维持昔日经营水平困难不小，而且接班人大多倾向独立，在心有旁骛的状况下搞经营，结果可想而知。"

企业家的才干并非书本知识可以替代，一些家族继承人常常用非所长。一些接班人既缺乏父辈的才干和眼光，又急于求成，常盲目扩张，终至动摇根基。而接班人缺乏足够的权威与魄力时，家族企业内部容易出现分裂和派系斗争，创业者个人的关系网随其谢世而瓦解。创办香港海外信托银行的张明添 1982 年突然逝世后，身后庞大的商业王国三年间土崩瓦解，海外信托银行也濒临破产，不得不由香港政府接管。

4. 经营控制权代际传递时机的选择

经营控制权的代际传递通常不仅在家族内部造成震动，还会对企业中的非家族成员造成一定的影响，因此，选择合适的时机来实现权力的完全转换就显得极为重要。通常，当企业具有一定规模，生产经营状况较佳时，企业内部关系会处于一种相对稳定的状态，这个时候会为创业者提供一个较好的权力交接的环境。此外，在移交阶段前，创业者需要做好接班人继承计划，逐步放手继承者承担重要职责，企业文化和控制权威逐步向继承者过渡，努力营造一种良好的继承氛围，使得继承人和现有的领导团队关系融洽。同时也要把握好退出时机，让继承者自己独立进行经营管理决策，以特殊身份协调新管理层和老管理层之间的关系，保证权力的平衡和团结的氛围。

212

三、家族企业经营控制权内部传递的实施

家族企业经营控制权内部传递有存在的条件和存在的必然，家族企业内部继承方式，不可避免地要面对选拔、培育继承人；协调承接过程中的矛盾关系；以及制订和执行经营控制权传递计划。

1. 内部继承人的选拔与培育

继承人的选拔和培育是一个极为关键的环节。家族企业的创业家长，对经过数十年心血建立起来的王国，当然希望后人能够继承其衣钵，并将之发扬光大。在家族企业中，企业的成败兴衰在颇大程度上取决于创业家长对企业接班人的判断、选择、培养。在创业家长逝世后经营控制权转移到下一代时，如果接班人缺乏足够的权威和魄力，家族企业就很容易出现内部分裂和派系斗争。因此，家族企业继承人的选拔和培养是一个至关重要的问题。

2. 内部继承矛盾的协调机制

为了家族企业权力移交顺利地进行，有必要建立一个健全的移交系统（协调机制）。这个系统必须在家族和企业中营造出团结、开放的氛围和环境。要鼓励家族企业的每一个成员发表看法，邀请他们参与继承人的决策。大家一同讨论彼此的需求和期望，使权力交接在相互沟通中实现。

家族会议是解决继承问题较为简洁、有说服力的方式。家族会议（可邀请部分非家族利益相关者参加）有家族企业主主持，经商讨确定出一个初步方案，再在家族代表会议上补充、完善，直到最后确定，宣布生效；或者直接在家族代表会议上形成正式方案并宣布生效；也可直接召开家族会议，由家族企业主提出继承人候选人或继承计划，由大家投票表决通过，宣布生效。丹尼斯·杰弗为处理家族企业一系列问题的家族会议列出了十项指标。其中一项就是关于"继承和接棒计划的指引"这一内容。可见，家族会议确实不是为解决家族企业继承权问题的较好方式之一。

卡洛克和沃德特别强调了"家族协议"在支持家族公平过程中的作用，指出，家族协议的目的是澄清家族内部处理内容庞杂的家族企业问题的原则。家族协议可能减少摩擦和冲突，条件是：他们建立在家族一致同意的基础上；所有家族成员都知道他们的内容；他们得到始终一致的贯彻执行；家族根据情况的改变按照一定的制度对他们进行修改。家族协议形成了完成家族任务的政策，它使家族依赖个人信用到依赖制度化的信用。家族协议中应包含所有权和控制权交接的相关事宜：研究确定下一任企业主的方式、人选及时间，明确在交接过程中现任企业主和接班人怎样共同承担计划和决策责任，评价下一任企业主的业绩并为她

或他制订工作计划，讨论使老一辈管理者在退休后感到充实的非商业兴趣；等等。①

5.2.3　家族企业控制权的外部传递

家族企业经营控制权代际传递模式对保证家族企业的稳定性和内部可控性是比较有效的一种继承模式。但这种模式也有可能使家族企业在全力交接阶段面临危机，包括：（1）内耗危机。在家族权力转移中，受雇用的管理阶层不可能是"中立"的，他们必然会收到家族成员的威胁利诱，或者卷入家族矛盾旋涡中，或者作为"内部人"乘机挪用企业财产。（2）分裂危机。当多个家族企业继承人激烈地争夺家族企业的财富和权力的时候，往往容易产生某位家族成员带领着自己的追随者另立门户的现象。（3）丧失控制权危机。这类危机在家族股份公司中最容易产生，家族成员的意见不一致，很容易被非家族成员的第三方夺取企业的经营权。

家族企业经营控制权的血缘继承与职业经理人继承的争论是学术界和实业界关注的一个热门话题。家族企业传递经营控制权的模式主要有两种：一是内部继承，即培养自己的儿子接班；二是外部广泛搜寻，即从企业外部寻找职业经理人。从能力角度看，外部寻找要强于内部培养，因为外部的可选择空间较大，选择到能力强的职业经理人的几率要高；而近亲繁衍则容易出现才能萎缩现象。从忠诚和信任角度看，作为"外部人"的经理人群体容易侵害所有者权益而造成管理的失效。中国家族企业是否应该而且能够引入职业经理人来实现管理控制的职业化呢？

一、家族企业经营控制权内部传递的局限性

1. 家族企业内部代理风险的产生

从家族企业的发展过程来看，在家族企业创业初期，所有权和控制权是高度合一的。在两权高度合一的情况下，家族企业创业者既是企业的所有者，又是企业的经营者，企业赢利或亏损多少都由创业者自己分享或承担，因此，在创业初期的家族企业不存在代理问题。但是当家族企业向第二代、第三代传递时，由于家族成员的发散型分布，以及在中国财产均等分配的财产继承制度，从而造成家族中的核心家庭群体越来越多，家族的财产被不断地细分，每一个

---

① 兰德尔·卡洛克、约翰·沃德著，梁卿译：《家族企业战略计划》（Strategic Planning for the Family Business），中信出版社 2002 年版，第 88 页。

家族成员拥有家族企业的所有权的比例会随着家族企业的发展而不断被摊薄。由于家族内部血缘关系的远近以及家族成员之间管理能力的禀赋差异，公司的控制权只能越来越集中在家族中少数的、即与家族企业族长有较近的血缘关系又具有经营能力的家族成员手中，而其他家族成员则会逐渐失去对公司的控制权。这时家族企业中所有权拥有者——家族成员和公司控制权出现分离现象，未拥有企业控制权的家族成员事实上通过书面的或隐形的委托代理契约将企业的控制权转让给部分家族成员。由于拥有家族企业控制权和未拥有家族企业控制权的家族成员在各自的追求目标上的不一致，拥有家族企业控制权的家族成员过多地追求自身核心家庭的利益，有时为了自身的利益通过拥有控制权来侵害未拥有家族企业控制权家族成员的利益。这样，现代企业中的委托代理风险在家族企业中出现了。

2. 家族文化的继承与连续

家庭企业的代际传承是自然规律的必然结果，当然也不排除一些突发事件引起的继任，无论是在哪种情况下发生权杖交接，对家族企业的管理延续无疑都是一种挑战。兰斯贝格认为，在家族企业中领导权的过渡有时仅牵涉到管理人选上的变化，有时则可能涉及公司的结构与文化中的根本改变。盖尔西克进一步将这个改变过程归纳为两个词语：继承和连续。继承反映了一种改变的状态，但这种改变是一种"双刃剑"，一方面带给企业新的东西，避免企业的僵化管理；另一方面权力转移带来的破坏性也非常大。要将破坏性降至最低，就要求企业的继任保持一定的连续，即将企业中的原有一部分保留在新一代中。可见在家族企业的代际传承中，要保证管理的延续性，就必须注意处理继承和连续适当的平衡。从某种程度看，第一代家族企业的企业文化是企业创始人个性的反映，由于个性的无法继承性必然会导致继任的企业文化的变迁。在中国这种文化的冲突显得尤为突出，第一代企业家的文化水平一般都较低，但敢吃苦，善于经营，他们的企业家才能是在创业中形成的；而第二代继任者却大多具有高学历，其中不乏国外的博士和 MBA 精英，他们对行业技术、发展状况、管理模式都有比较深入的了解，他们基本没有创业的经历，在企业家才能的形成过程中知识的含量更高。这种成长历程的不同，必然造成两代人对企业文化和制度的分歧。

可以说，随着第二代企业家的出现，家族企业的非制度管理将会更多地融入制度管理的成分，这是第一代企业家希望的，也是家族企业发展所需要的，事实上国内发展得较好的家族企业无一例外地在朝这个方向发展。但企业文化和制度的变迁在换代中的"继承"和"连续"非常重要，无论是企业的外部环境还是企业的内部环境都无法消化过大的文化和制度的变迁。布鲁诺等人所认为的，权杖交接过程就如接力赛传递接力棒一样，要有一个助跑的过程，即要有一个权力交接期。方太集团董事长茅理翔认为这个权力交接期要 5 年，有的甚至要到 10 年，我们认为这个期限的长短在于何时能找到一个两代文化和制度的衔接点，这个时间的到来意味着老一代企业家可以放手，而将企业真正交到继任者手里了。当然，要成功做到这一点，两代之间有一个共同的目标，并保持良好的沟通非常重要。

3. "近亲繁殖" 与人才选拔制度的封闭性

家族企业是以血缘关系为基本纽带、以追求家族利益为首要目标、以实际控制权为基本手段、以亲情第一为首要原则、以企业为组织形式的经济组织。其高级管理人员的选拔原则不是任人唯贤，而是血缘关系第一，能力第二。在这种高级管理人员选聘原则的约束下，在家族企业中自然形成由具有相互认同感和团结的家族成员组成的"硬核"，以及缺乏认同感与具有离心力的不稳固外人构成的"外围"所形成的企业员工的"二元结构"。在这种"二元结构"中，外人选聘采用的标准多是特殊主义原则。虽然科学的社会招聘机制越来越在家庭企业选拔人才时发挥作用，使其人才选拔的封闭性有了进一步的开放，但总体上讲，还是以特殊主义的用人规则为主。家族企业一般根据"管理岗位机密程度的分配序"来对外人开放家族企业的管理岗位，一般是开放机密程度较低的生产技术部门和例行公事的管理部门，而对财务、销售等机密程度较高的部门则紧紧掌握在自己手中。家族企业人才选拔的双重标准严重制约了外部人才流入。而对"二元结构"中的家族成员来说，在这种准则的约束下，家族式企业的高级管理人员的选择范围呈现出一种以血缘关系为约束条件的有限区域的发散型模式。在这种发散型模式下，当家族企业成长起来时，家族企业业主就会将企业的经营管理权分配给众多子女，比如父亲做董事长，儿子做总经理，女儿则做财务总监等；这种人际关系具有对一些人群的聚集力，相对地，也意味着对另一些人群的排斥力。其封闭性和不规范性，使得这种企业对人力资源的引进具有排他性，那些具备企业家才能却游离于信任圈子以外的人很难被任用，即使被任用，也容易产生内外有别的心理隔膜，难以真正发挥才干，容易产生"近亲繁殖"的人力资本增长模式，从而造成人力资本的质量递减。因为特定的人际关系圈子在一定程度上限制了企业对人力资本选择的范围。

二、中国家族企业实施委托代理机制的困境

经理人市场是一个特殊的人力资本市场，在一定意义上，这是一个"职业"企业家的雇佣市场。企业和经理人双方的家族主义取向导致双方缺乏相互信任，家族企业在某种程度上的"隐私"经营给企业从外部引入经理人带来风险。同时，经理人的非职业性，或在自己创业与作为经理人之间转移的成本很低，导致

经理人市场的不稳定性。① 家族企业融和社会人力资本的方式是通过建立委托—代理机制实现的。然而，阻碍家族企业委托—代理机制有效运行的因素是多重的：业主"集权情结"的强度、企业内部信息的机密等级、业主与职业经理人之间的信任、职业经理人市场的发育状况等，这些都直接或间接地影响了委托—代理机制运行的效率，从而设置了经营控制权向家族外部传递的障碍。

1. 家族企业内部体制与文化制约因素

家族企业在融合经理管理资源这种人力资本时，会碰到一个要害问题，即企业主必须将企业的控制权重新作一次分配，也就是说，必须将企业的一部分经营控制权让渡给职业经理。雷丁和福山对这一问题的研究有广泛的影响。雷丁认为，对于海外华人企业来说，把权力移交给职业经理人员，并把控制权与所有权分离，明显地存在着很大的困难。这也是为什么华人家族企业总也逃脱不了家族控制模式的一个重要原因。福山认为，华人家族企业通常活力旺盛，同时利润也很可观，可是当他们想要使公司制度化，以达到永续经营的目标，而不要依靠创业家族的财力和能力时，通常会碰到很大的困难。企业主多半不愿意为企业引入职业经理人，因为这需要跨出家族联系的圈子，而他们对外人的信任感极低。当前，尽管家族企业主突破人力资本封闭性的动机和行为正日益增强，信息分享的风险和企业主的"集权情结"成为家族企业融合经理人力资本的主要障碍。

第一，创业者权威和集权情结。"创业者权威"阻止了委托代理机制的设立和运行。委托—代理关系可以认为是存在不确定性和信息不对称情况下，委托人和代理人之间签订的一组契约。契约关系的确立必然包含了一个前提，即签订契约的双方在地位上是相互平等的，这和"创业者权威"所赋予业主的绝对权力严重抵触。② 同时，家族成员对创业者个人的忠诚和信任是绝对的，从而阻止了真正合乎理性的和专业的严密管理制度的发展。"要推动华人家族企业通过实行西方所谓的'管理革命'，即把权力移交给职业经理人员并把控制权与所有权分离，明显地存在着很大的困难。"③

"位置观"的存在，致使家族成员难以让出管理"权力"。在家族企业中，根据现代企业制度的框架和管理结构，管理由家族化转向专业化，管理人员由亲属化转为专家化，对企业的监督由守法化转为市场化，实现经理革命，将是一个痛苦而又困难的过程。所谓困难，是由于这是对企业管理权力的重新配置，要让部分企业初创时期的功臣，让出自己的权力，交由专业人士进行管理，本能地会产生抵触，从而增加权力转移的成本和风险。所谓痛苦，不仅仅是指一般家族成

---

① 李新春：《经理人市场失灵与家族企业》，载于《管理世界》，2003 年第 4 期。

② 郭强：《企业中个人绝对权力和企业的衰败》，载于《管理世界》，2001 年第 3 期，第 163 页。

③ 雷丁：《海外华人企业家的管理思想——文化背景与风格》，上海三联书店 1993 年版，第 240 页。

员失去在企业管理权网络中的位置而产生的痛苦，更主要的是企业的核心人物能否超越自我，自觉地从企业发展的需要出发，合理地确定自己的位置，自觉地将管理企业的权力交给更能胜任者去掌握。战胜家庭、家族的亲情远比战胜一般人际关系中的人情困难，而战胜自我又远比战胜亲情艰辛。

第二，注重血脉继承的文化根基。兰斯贝格认为对父母来说，将他们的希望和梦想永续的最好方式，就是将他们一生所从事和建立的事业传递给他们的子孙，并代代相传，这是人类的天性。在中国，传统"家文化"千百年积淀的影响是深远的，"家族化"和"泛家族化"将会在很长时间内，仍是家族企业内部整合的主要选择方式，从而为家族企业经营控制权外部传递设置了障碍。但我们也注意到，中国家族化管理的延续并不仅仅局限于"子承父业"这一模式，中国文化传统在今天已有了一些根本的改变，计划生育制度的推进，西方文化的渗透，使得建立在血亲关系上的传统家族文化逐步被一些新的关系网络所替代。在一些发达的中心城市，家族、社区等概念不断淡化，甚至亲属的联系也在弱化（李新春，1998）。这些改变对家族企业的代际传承影响，将表现为内部培养的范围逐步扩大，由儿子，可能会向亲戚、朋友、同学、同乡延伸，同时职业经理人"家族化"也是一个不容忽视的现象，许多家族企业的"非家族化"管理本质上仍未能摆脱家族控制的本质。

第三，信息体制的制约。信息是知识经济时代的基本单位，是现代生产力的重要组成要素。信息的重要特征是信息的规范度和分散度。信息的规范度是指在交易时有关信息的明确程度和具体程度，信息的分散度是指能够促成交易达成的相关信息为社会公众掌握的程度。在相对集权的经济体制下，与交易有关的信息通常掌握在少数人手中，并且信息的流动往往受到严格的制度约束，而在一个分权的经济社会中，有助于交易形成的信息分散在市场经济中的各个角落，任何人都可以自由地利用这些信息参与市场交易。通常来讲，信息的规范度和分散度是成正比的。家族企业的主要成员来源于家族，由血缘关系联系起来，纠纷在家族外部通常按利己主义的原则通过契约解决，而在家族内部则是按照利他主义的原则以一种更高效率的服从或默契解决。在此意义上，在这样的企业组织形式中，信息集中且不规范，信息的交流受到极大的限制，信息的扩散只能借助于面对面的实际接触。信息集中于创业者手中，并依靠其个人魅力建立起一种人际关系基础上的等级结构，很难与以规范契约为基础的委托代理机制相互融合。

2. 外部经理人市场环境制约因素

第一，经理人市场发育状况。中国市场经济发育的历史阶段性，使得中国的人才市场，特别是经理市场处于一种刚刚起步的状态。从研究资料可以看出，认为中国当前经理人市场需改进和不成熟的家族企业主超过了半数①。尽管这组数据反映的是企业主对我国当前经理人市场发育状况的主观认识，但某种程度上可以说明经理人市场所处的阶段，以及对其进行发展和完善的必要性。

从发展趋势上看，会有越来越多的家族企业主意识到，企业毕竟不是家族；充满商业竞争和一定程度市场化的现代社会，也毕竟不是传统的家族社会。因而，在用人上必然要向着注重人才的素质、技术和受教育水平等各种普遍注意的标准发展，向社会招聘人才，将亲情、忠诚和才能三者结合起来，将逐渐成为私营家族企业最重要的融合社会人力资本的手段。然而，真正完全以普遍主义的规则吸纳、整合人力资本，在中国可能是一个比较长的过程，也可能不会成为华人企业组织行为的普遍模式。从实际情况看，有相当多的家族企业在突破用人家族制的变革中受到重创，兰州黄河集团就是一个典型。由于缺乏有效的制度资源的支撑，那些在突破用人家族制方面碰了壁的企业又返回来强化了家族制，形成了企业家族化的路径依赖。目前，多数企业主仍旧对职业经理式管理运作不看好。

中国目前还没有形成职业经理这个阶层，其原因在于：中国的绝大多数企业，还没有做到所有权、法人财产权和经营权的分离，而这正是产生职业经理人阶层的必要条件。中国目前没有形成职业经理人市场，这个职业经理人市场包括社会市场和企业内部市场，职业经理是企业在职业经理人市场中聘任的，职业经理要实现自己的人生规划，也要通过职业经理人市场去竞争到企业经营管理者的职位的。职业经理是一个职业。社会对职业经理的职业角色认同缺位，而且职业经理自身的综合素质总体水平不高。在这些原因当中还有一个原因直接制约了中国职业经理人阶层的出现，这就是职业经理人的职业信用问题。现有市场缺乏对职业经理人的道德、法律两者合一的约束机制，对职业经理的监督机制不健全，保障、激励机制也不完善，从而使职业经理人的信用无法保障，阻碍了中国经理职业化的进程。

经理人市场的不完善状况给家族企业外部寻找代理人至少造成两方面的困难；一是缺少市场渠道，多数情况下经亲朋好友的推荐，缺乏选择比较的社会性、程序性，难以保证代理人的适宜性；二是缺乏竞争性的统一经理市场，经理人可以逃避市场监督和市场处置，这无疑给家族企业在经营控制权外部传递过程中，选择代理人的有效性和可监督性带来极大的困难。

中国目前面临的一个非常现实的状况是企业间、企业与客户之间缺乏商业道德、商业规则和商业秩序，企业与职员包括经理人之间缺乏契约意识，整个社会信用关系缺乏刚性，信用链条十分脆弱，"不守信用"是普遍的社会现

---

① 张厚义等：《中国私营企业发展报告（2001）》，社会科学文献出版社 2001 年版，第 72 页。

象，而法律还奈何不得，因此从某程度上讲，家族式管理变成了一个自卫措施。

第二，经理人约束机制的缺失。职业经理人阶层有待形成的另一个原因在于市场化的经理人约束机制不完善，导致对代理人的信任危机。西方企业信奉"人之初，性本恶"的人性假设，承认人的利己性，但委托—代理制在西方企业却颇为盛行，这说明人的利己性并不构成企业对职业经理人的信任危机。原因在于西方企业在肯定了人的利己性的基础上，构筑了有效的防范制度，塑造了只有利他才能利己的行为方式，从而使企业目标与个人目标在相互满足的前提下达成一致，实现制衡。中国家族企业初创阶段的非制度化管理特征非常明显，我们可以发现，中国几乎所有成功企业的基本特点，就是对优秀企业家个人素质和创业能力的强烈依赖，而不是依靠某种体制结构所特有的优越性。[1] 从而，我国家族企业在意识到别人的利己性的同时，对家族外人员的不信任感却随之被强化了。

在市场经济体制正在形成的过渡时期，社会道德约束较为软弱，个人信息情况无从获取，在家族企业产权保护不够完全的情况下，作为代理人的经理和所有者的目标函数通常是不相同的，存在着利益上不一致和信息的非对称性，必然导致委托人对代理人监督成本增加。在我国现阶段，这种监督成本会特别昂贵。因为委托人（所有人）与代理人（经理人）既没有血缘、亲缘关系的维系，又没有与代理人相匹配的专业能力；既没有共同一致性的利益目标，又没有完整的仁义君子上的志同道合，监督成本自然很高。约束手段的缺乏，代理成本的攀升，意味着委托—代理制失去了现实的实行依据。

第三，家族企业主与职业经理人的关系。解决家族企业主和职业经理人之间冲突的药方，目前理论界的注意力集中在如何调节双方的目标追求上，并认为信息不对称的问题实际上是无法解决的。而在调节双方的目标追求不一致上，国内理论界的目光主要集中在两个方面：一是要求职业经理人提高自己的职业道德；二是通过设计激励机制来激励职业经理人与企业老板保持一致。而国外理论界则进一步考虑了如何通过企业资本结构的设计来减轻职业经理人与企业老板的冲突。[2] 在竞争和国际化中，对传统家族企业的改造势在必行，但在经理人引入上是谨慎的，较为普遍的模式是家族和经理人共同分割企业的控制权。[3] 股票期权激励机制在学术界被很多学者所认同，但笔者认为，当经理人不得不退出家族企业的问题发生时，由企业承担的风险和损失将会更大。声誉机制的缺失也加大了

---

[1] 刘小玄：《中国的古典企业模式——企业家的企业》，载于《管理世界》，1999 年第 6 期，第 35 页。
[2] 余斌：《民营企业委托代理机制的基石基于监督的约束激励》，载于《经济学家》，2003 年第 2 期，第 68 页。
[3] 李新春：《经理人市场失灵与家族企业》，载于《管理世界》，2003 年第 4 期。

经理人"道德风险"的倾向。这同时意味着企业委托代理成本升高，而且为职业经理人淘汰机制的建立制造了障碍。

三、家族企业经营控制权外部传递的实施

1. 非家族成员管理者进入家族企业的途径

依据家族企业和家族治理模式的界定，家族成员在家族企业中掌握绝对或相对的控制权。但即便如此，家族企业中仍然会有大量的非家族成员管理者存在。非家族成员的管理者进入公司的途径主要依靠内部提拔、社会招聘和朋友推荐的方式来实现。然而，对于不同类型的非家族成员，企业主的选用标准是不同的。

创业者对经理人和其他类型员工的选用标准不同，其直接原因在于经理人在企业经营发展中的重要作用。其间接原因在于，我们前面所探讨的经理人信任危机现阶段还将长期存在，这个问题的解决需要依靠经理人市场的完善，从而建立市场化的经理人甄选、激励和约束机制来实现。

2. 职业经理人的内部激励和约束

前面文章论述了我国职业经理人市场发育状况还很不成熟，因此我国家族企业激励和约束职业经理人的市场力量会比较软弱，在现有的外部条件下，家族企业充分发挥内部激励约束机制的作用显得尤为重要。

5.2.4 家族企业继任——基于控制权理论的分析

一、家族民营企业发展中控制权问题的提出

当民营企业发展到一定的规模后，可能会遇到了管理上的瓶颈，仅靠创始人的创业精神已不能有效地管理企业。家族企业需要建立规范的决策、人力资源、财务等制度，但是，创业和一般管理是不同的两种管理活动，一个成功的创业企业家很有可能并不是一个很好的管理者。许多民营企业希望从家族外部引入职业经理人来解决这种管理上的瓶颈。但是，在引入职业经理人上家族企业遇到了很多问题。一方面，引入职业经理人后，企业家就必须充分授权，只有这样职业经理人才能最大程度地发挥其管理才能，但是授权又容易引发职业经理人的机会主义行为。例如，转移企业资产、窃取企业核心的技术和信息、"另立山头"、"集体叛变"、大量的在职消费等行为。另一方面职业经理人的这些行为导致了极高的代理成本。因此，许多引入职业经理人的家族企业最后陷入了"授权—失控—收权"这样的困境。

对于职业经理人来说，如果想在家族企业中发挥其管理才能，创始人就应该

对其充分信任，授权他对企业进行变革。但是，职业经理人经常抱怨的是，他得不到创始人和家族其他成员的信任，甚至连一些日常的决策都不能做主。最后，由于才能得不到发挥，职业经理人只好辞职。

家族企业在引入职业经理人的过程中经常出现的这种两难困境可归因于职业经理人可能存在的机会主义行为导致的高昂的代理成本，以及家族对企业控制权的看重（如由家族成员管理可以给家族带来荣誉感）。代理成本高低则由法律法规是否完善、执法的力度、经理人市场是否成熟、企业内部的组织结构是否完善等因素决定。随着经理人市场的发展，法律制度的不断完善，家族企业与职业经理人之间的代理成本在不断降低。拥有企业的控制权可以给创始人和家族其他成员带来私人收益（Private Benefits），家族可能非常看重企业的控制权，他们把企业视为家族财产的一部分，并不希望外人来掌控企业，而聘用职业经理人不可避免地要授权给外人，这会导致私人收益的损失。

因此，尽管家族非常希望通过"外脑"来帮助企业提升管理水平，但是，家族和职业经理人之间的代理问题以及家族对控制权带来的私人收益的消费影响了家族企业聘请职业经理人的决策，这导致在目前"子承父业"仍是家族企业继任的主要模式。

李新春（2000）以及储小平、李怀祖（2003）把家族企业引入职业经理人出现的这种两难困境归结为中国社会目前缺乏信任。他们认为，华人社会是一种低信任度的社会，由于信任不足，家族企业很难把外部的管理资源吸收到企业中，从而制约了家族企业的成长。但是，对东欧各国及越南等转型国家的研究（McMillan & Woodruff, 2000；Johnson, McMillan & Woodruff, 2002）表明，在法律制度不完善的国家，法律对交易、产权保护较弱，契约的执行和产权保护主要依靠关系型契约（Relational Contract）和社会网络来实施的。关系型契约是自我执行的（Self-enforcing），社会网络往往是封闭的，这样违约的信息可以很快在网络中传播，这样就可以通过把违约方从网络中驱逐出去而实施惩罚机制。中国以及东南亚家族企业主要是通过种族、血缘或婚姻形成的社会网络替代法律制度来对交易和产权进行保护的。因此，家族企业继任中的两难困境的根本原因不是华人社会中信任的缺乏，而是华人所在国家和地区法律制度的不完善。

伯卡特、潘纳茨和菲尔佛（Burkart, Panunzi & Shleifer, 2003）提供了一个类似本章的家族企业继任的模型。家族企业所面临的一个关键问题就是创业者必须要在雇佣职业经理和由其继承人来管理企业之间选择，同时还必须决定在证券市场出售股份的多少。在不同的法律环境下，创始人有不同的选择：（1）法律对产权保护非常好时，创始人完全出售企业所有权，使之成为由职业经理人管理的分散持股公司；（2）法律对产权保护处于一般程度时，创始人会雇佣职业经理人，但同时保留大股东地位来监督职业经理人；（3）法律对私人产权保护较弱时，继续保留企业的家族性质，由自己或家族成员管理企业，即使这两者的才能远逊于职业经理人。但是，Burkart 等人同样没有考虑控制权给家族带来的私人收益，而且没有区分创始人继续经营和选择家族成员作为继承人经营之间有什么不同。

格鲁斯曼和哈特（Grossman & Hart，1986）、哈特和摩尔（Hart & Moore，1990）和哈特（Hart，1995）将所有权分为剩余收益权和控制权。阿金和蒂雷尔（Aghion & Tirole，1997）、贝克、吉伯恩和墨菲（Baker，Gibbons & Murphy，1999）将控制权进一步细分为"名义控制权（Nominal Control Right）"与"实际控制权（Real Control Right）"或者"正式权威（Formal Authority）"和"实际权威（Real Authority）"。在或家族完全控股的企业中，名义控制权和实际控制权是统一的。在公开上市公司中，股东将控制权授权给（Delegate）经理层，股东只享有部分控制权，只对公司的一些重大事项，如选举董事、修改公司章程、破产重组、合并等拥有最后的表决权利，也就是说，股东只享有名义控制权。因此，人们通常所说的"两权分离"，即所有权和控制权相分离根本就是一种不规范的说法，准确的说法应该是所有权与实际控制权的分离（Hansmann，1996）。控制权的分布是多维的，比如，经理拥有决策建议权和决策执行权，而所有者拥有决策控制权和监督权（Fama & Jensen，1983）。

在家族企业中，创始人聘请职业经理人经营企业，将企业的（部分）实际控制权授权给了职业经理人，但保留了名义控制权，而且随时可以收回职业经理人手中的实际控制权。这样，职业经理人和创始人共享企业的（实际）控制权。李新春（2003）也同样认为由于经理人市场的不完善，家族和职业经理人共同分割企业控制权的"折中治理"是规避代理成本的一种制度安排。

本书考虑的是家族企业在保留剩余索取权的情况下是否向职业经理人转移实际控制权的问题。模型假设家族可以从家族成员内部和从经理人市场上寻找企业管理者。从家族企业内部提拔的好处是家族成员之间相互熟悉，不存在信息的不对称，而且利益高度一致，因此管理者与家族之间的代理成本非常低。但是，家族内部并不一定有合适的人选。如果从外部寻找经理人，虽然企业必须要支付相当高的薪酬，职业经理人可能有机会主义行为，家族也必须放弃一部分实际控制权，但是如果职业经理人可以带来企业管理上很大的改善，引入职业经理人就是值得的。家族企业就在引入职业经理人和提拔家族内部成员之间进行权衡。

在一定的条件下，从家族内部提拔接班人也许要优于从经理人市场寻找合适的人选。但是，当企业的规模越来越大，家族和外部经理人之间的代理成本的降低，引入外部职业经理人就变得更有吸引力。

二、模型框架

下面我们用一个简单的模型来描述家族企业创始人在选择继任者时的决策。考虑这样一个家族企业，由于企业已达到一定规模，企业内部需要创始人做出的决策也越来越多。另外，一个成功的创业企业家很有可能并不是一个很好的管理者。因此，为了企业的长远发展，许多民营企业希望从家族外部引入职业经理人来解决这种管理上的瓶颈，给企业建立规范的决策、人力资源、财务等制度。

但是，如果要让职业经理人充分地发挥其专业技能，不仅要支付职业经理人一定的薪酬，还必须授予其一定的控制权。控制权的丧失导致创始人丧失控制权带来的私人收益，以及职业经理人可能的机会主义行为带来的代理成本。因此，如果家族企业想通过引入职业经理人来提升企业的管理时，就必须在企业绩效的改善和失去控制权而损失的私人收益以及引发的代理成本之间做出权衡。只要家族企业预期引进职业经理人的收益大于可能遭受的损失，家族企业就会引入职业经理人。

控制权的分布是多维的，比如，经理拥有决策建议权和决策执行权，而所有者拥有决策控制权和监督权。本研究中为了分析的简化，假设控制权是一维分布的。假设家族向职业经理人转移控制权为 i，$0 \leqslant i \leqslant 1$。$i = 0$，$1$ 分别表示完全由家族和职业经理拥有企业控制权，本报告进一步假设，如果家族企业选择职业经理人，转移的控制权必须大于下界值 $\underline{i}$，这是因为如果要引入职业经理人，就必须给予其人事、财务、投融资等方面一定的权力，这样职业经理人才能发挥其才能。引进职业经理人带来管理上的改善为转移的控制权的函数，$R(i)$，$R(i)$ 满足 $R'(i) > 0$，$R''(i) < 0$。也就是说控制权的转移越多，职业经理人就越有可能发挥其管理才能，给企业带来管理上的改善也就越大。但是，这种管理上的改善增幅越来越小。

另外，控制权向经理的转移也意味着创始人和家族丧失一部分私人收益 $B(i)$，$B'(i) \geqslant 0$，$B''(i) > 0$，$B'''(i) < 0$，$B'(0) = 0$，$B'(1) = 0$。这里面的经济意义是，控制权转移带来的私人收益的边际损失从 0 开始递增然后递减为 0。当控制权转移的量只有很小的规模时，家族丧失的边际私人收益较小；当控制权转移的量越来越大时，家族丧失的边际私人收益逐渐增大；当控制权转移的量达到一定程度时，家族丧失的边际私人收益达到最大值；然后，丧失的边际私人收益开始降低，直到控制权完全转移到经理，这时控制权转移给创始人带来的边际成本为零。直观的意义是：当控制权的转移只有很少量时，创始人并不觉得授权给他带来多大的损失。当控制权的转移达到临界值后，进一步转移控制权会使创始人感觉他将失去对企业的控制。尽管他拥有企业的正式控制权，但是一旦职业经理

人拥有了企业的人事任免权、投资和融资的决策权后，罢免职业经理人，收回控制权会给企业带来很大的震动，带来不可估量的损失。这时，转移控制权带来的边际成本达到最大值。

同理，经理拥有更多的控制权，也意味着其更有可能采取机会主义的行为。假设创始人和经理之间的代理成本为 $A(i)$，$A'(i) \geqslant 0$，$A''(i) > 0$，$A'''(i) < 0$，$A'(0) = 0$，$A'(1) = 0$。这里的解释类似于控制权转移带来的私人收益的边际损失：控制权转移带来的边际代理成本从 0 开始递增，然后递减为 0。

因此，转移控制权给创始人带来的总成本为 $C(i) = B(i) + A(i)$，$C'(i) \geqslant 0$，$C''(i) > 0$，$C'''(i) < 0$，$C'(0) = 0$，$C'(1) = 0$。

当然，除了从外面聘用职业经理人，创始人也可以选择培养自己的亲属，这样做的好处是，创始人和亲属之间存在的代理成本大大低于创始人和职业经理人之间存在的代理成本。由于控制权还掌握在家族手中，向亲属转移控制权所造成的私人收益的损失也比较低。但是，家族中并不一定存在胜任的管理者，因此，相比从家族外部聘请职业经理人，选择亲属做经理就要损失一部分效率。假设选择亲属做经理带来管理上改进的收益、私人收益的边际损失和边际代理成本分别为 $r(i)$，$b(i)$，$a(i)$，$r(i) < R(i)$，$b(i) < B(i)$，$a(i) < A(i)$。对 $0 \leqslant i \leqslant 1$，$c(i) = b(i) + a(i)$。

三、家族企业引入职业经理人的成本收益分析

1. 静态框架

创始人在选择亲属和聘请职业经理人，即在"亲（可靠）"和"贤（能干）"之间进行选择。如果雇佣职业经理人，最优的控制权转移量就为以下方程的解：

$$C'(i) = B'(i) + A'(i) = R'(i)$$

其解为 i^*，转移控制权获得的净收益为：$\Pi^* = \int_0^{i^*} R'(i) - [B'(i) + A'(i)] di$。

如果选择亲属，最优控制权转移量就为以下方程的解：

$$c'(i) = b'(i) + a'(i) = r'(i)$$

其解为 i^{**}，对于创始人来说转移控制权获得的净收益为：$\Pi^{**} = \int_0^{i^*} r'(i) - [b'(i) + a'(i)] di$。

如果 $\Pi^* > \Pi^{**}$，创始人会引入职业经理人。如果 $\Pi^* < \Pi^{**}$，创始人会选择亲属来管理企业。本报告下面将在引进职业经理人优于选择亲属的基础上分析控制权如何转移到职业经理人手中。

如图 5 - 5 所示，RR 曲线为家族企业引入职业经理人后管理改善带来的预期收益。假设家族企业刚开始向经理转移控制权时，管理的改善带来的收益是很大的，随着控制权逐渐向经理转移，增加的收益逐渐减小。CC 曲线表示家族企业放弃控制权而必须承受的成本，它包括转移控制权而损失的私人收益，以及经理

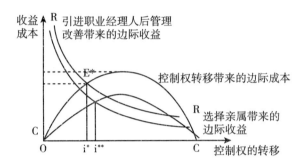

图 5 - 5　家族企业控制权转移的成本收益分析—部分转移控制权

可能从事损害所有者利益的活动带来的预期成本。根据假设，CC 曲线呈倒 U 型，即控制权刚转移时，由于大部分控制权还掌握在家族中，控制权转移带来的损失是很小的，当转移的控制权越来越多时，家族丧失的私人就越大，经理与所有者之间的代理成本就越大。当控制权的转移达到一定的比例，由于家族已经丧失企业绝对或相对的控制权，进一步转移控制权带来的损失达到最大值后将呈下降趋势。

（1）部分转移控制权。当引入职业经理人后家族企业和职业经理人之间的代理成本较大，管理改善带来的预期收益也不是很大时，创始人最优的控制权转移点在 E 点，此时转移的控制权为 i^*。

（2）控制权的转移不可行。当家族企业对私人收益的个人评价非常高，或者家族与职业经理人之间的代理成本非常高时，控制权转移带来的成本相对引进职业经理人带来管理效率的改善就比较高。均衡时转移的控制权就比较少，图 5 - 6 中为 i_1。但是，如果控制权的转移不是完全可分的，比如说如果家族企业引入职业经理人最低必须转移大于 i 的控制权。但是，在 i_1 点右侧，转移控制权带来的成本大于管理改善带来的收益，因此控制权的转移就是不可行的。这时，家族企业不会引入职业经理人。在现实中，尽管家族非常希望通过"外脑"来帮助企业提升管理水平，但是，家族和职业经理人之间的代理问题，以及家族对控制权带来的私人收益的消费影响了家族企业聘请职业经理人的决策，这导致在目前"子承父业"仍是家族企业继任的主要模式。

（3）完全转移控制权。当管理带来的效率改善远高于控制权转移造成的成本，如图 5 - 7 所示，RR 曲线高于 CC 曲线，那么控制权转移在任何时候都是可

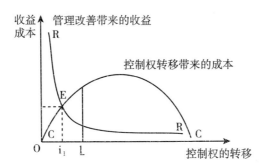

图 5-6　家族企业控制权转移的成本收益分析——控制权不转移

行的。这对应于企业已经达到了较大的规模，企业的组织也变得庞大，单靠创始人的冒险精神已无法引导企业成长，必须引入职业经理人，建立完善的管理规章制度，企业才能度过快速成长阶段，进入平稳期。

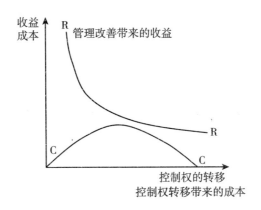

图 5-7　家族企业控制权转移的成本收益分析
——控制权的转移不可行

因此，在民营企业发展的生命周期中，在企业的早期阶段，企业主要依靠创始人的冒险精神，企业的所有权与（名义）控制权是统一的。当企业发展到一定阶段，就需要规范的管理，这时候就必须引入职业经理人，创始人和职业经理人共享控制权。当企业达到相当的规模，法律对产权的保护非常完善时，引入职业经理人的收益就大于由此带来的损失，控制权的转移到职业经理人手中，实现了所有权与经营权的"两权分离"。

2. 动态视角

当企业规模越来越大时，相对于引进职业经理人带来的管理上的改善，引进职业经理人带来的代理成本就显得越来越小；当法律制度越来越完善，执法力度越来越严时，职业经理人侵吞企业财产的机会主义行为收到严格的限制；当经理

227

人市场越来越规范时，经理人员的机会主义行为将会对其声誉造成严重影响。顾及其经理人市场上的声誉，职业经理人在一定程度上会自我约束其行为。上述情况的改变都利于家族企业引进职业经理人。在图中表现为控制权转移带来的边际成本曲线的下移，以及引进职业经理人后管理改善带来的边际收益曲线 RR 的上移。

四、结论

当家族企业发展到一定的规模时，可能会遇到管理上的瓶颈，仅靠创始人的创业精神已不能有效地管理企业，创始人决定把权力授权给家族成员人或职业经理人。选择职业经理人会带来管理效率上的改善，但也有可能导致较高的代理成本，而且由于放弃部分控制权，家族会丧失一些私人收益。由于家族内部并不存在合适的经营者，选择家族成员虽然不会产生代理成本，但管理上的改善却非常有限。因此，创始人在让家族成员掌管企业和聘用职业经理人之间权衡。在一定的条件下，尽管向职业经理人转移控制权是有效的，但是，由于控制权不是完全可分的，控制权的转移是不可行的。随着企业规模的扩大、法律制度环境的完善以及经理人市场的成熟，职业经理人管理企业带来的收益越来越大，代理问题也逐渐得到较好的解决，家族企业控制权的转移将倾向于职业经理人。

因此，中国家族企业继任出现的两难困境的根本原因并不是华人社会中信任的缺乏，而是国家和地区法律制度的不完善。为了充分利用现代企业制度两权分离带来的优势，应从法律上加强对私有产权的保护，增加职业经理人窃取企业核心技术的成本；家族企业内部也应完善内部审计和控制机制，从制度上防止职业经理人的机会主义行为；同时也应建立有效的激励机制，包括股权激励、薪酬体系、晋升体系，确保职业经理人与家族企业利益一致。

本章参考文献

1. Aghion P. & J. Tirole, *Formal and Real Authority in Organizations*, Quarterly Journal of Economics, 1997, 105 (1): pp. 1 – 29.

2. Baker G. , R. Gibbons & K. Murphy, *Informal authority in organizations*, Journal of. Law, Economics, and Organization, 1999, 15 (1): pp. 56 – 73.

3. Grossman S. & O. Hart, "The Costs and Benefits of Ownership: A Theory of Vertical and Lateral Ownership", *Journal of Political Economy*, 1986, 94 (4): pp. 691 – 719.

4. Hansmann, Henry, "*The Ownership of Enterprise*", Cambridge: the Belknap Press, 1996.

5. Hart O. , "*Firms, Contracts and Financial Structure*", 1995, Oxford University Press.

6. Hart O. & J. Moore, "Property Rights and the Nature of the Firm", *Journal of Political*

Economy，1990，98（6）：pp. 1119 – 1158.

7. Johnson Simon，McMillan John & Christopher Woodruff，"Courts and Relational Contracts"，*Journal of Law Economics & Organization*，2002，18（1）：pp. 221 – 277.

8. McMillan John & Christopher Woodruff，Private Order under Dysfunctional Public Order，*Michigan Law Review*，2000，98（8）：pp. 2421 – 2458.

9. Tirole，Jean，"Corporate Governance"，*Econometrica*，2001，69（1）：pp. 1 – 35.

10. 蔡继明等：《公司治理结构国际比较：兼论我国民营企业治理结构与企业创新》，载于《南开经济研究》，2000 年第 2 期。

11. 曹远征：《发展民营经济与改善治理结构》，载于《宏观经济研究》，2000 年第 6 期。

12. 陈佳贵、黄群慧：《不同所有制企业治理结构的比较与改善》，载于《中国工业经济》，2001 年第 8 期。

13. 陈凌：《信息特征、交易成本和家族式组织》，载于《经济研究》，1998 年第 7 期。

14. 储小平：《家族企业研究：一个具有现代意义的话题》，载于《中国社会科学》，2000 年第 5 期。

15. 储小平：《职业经理与家族企业的成长》，载于《管理世界》，2002 年第 4 期。

16. 戴园晨：《民营企业发展中的家族制问题》，载于《南方经济》，2001 年第 11 期。

17. 范从来：《苏南模式的发展与乡镇企业的产权改革》，载于《管理世界》，1995 年第 4 期。

18. 范从来等：《乡镇企业产权制度改革模式与股权结构的研究》，载于《经济研究》，2001 年第 1 期。

19. 解树江：《我国民营企业治理结构中存在的若干问题》，载于《天津社会科学》，2001 年第 2 期。

20. 李稻葵：《转型经济中的模糊产权理论》，载于《经济研究》，1995 年第 4 期。

21. 李骥、李麟：《中小企业生存与发展：竞争、治理机制与不完全优势》，载于《改革》，2001 年第 5 期。

22. 李维安、武立东：《企业集团的公司治理——规模起点、治理边界及子公司治理》，载于《南开管理评论》，1999 年第 4 期。

23. 李新春：《信任、忠诚与家族主义困境》，载于《管理世界》，2002 年第 6 期。

24. 李新春：《中国的家族制度与企业组织》，载于《中国社会科学季刊》（香港），1998 年秋季刊。

25. 李亚：《民营企业公司治理》，中国方正出版社 2003 年版。

26. 梁彤缨、陆正华、黄建欢：《乡镇企业转制中的融资安排与治理结构的改善——维达公司案例研究》，载于《管理世界》，2001 年第 6 期。

27. 吕斐适、吴德胜：《公司治理变革中的治理成本研究》，载于《江汉论坛》，2006 年第 12 期。

28. 毛蕴诗：《家族式企业：形成、过渡与变革》，载于《学术研究》，2001 年第 5 期。

29. 潘必胜：《乡镇企业中的家族经营问题》，载于《中国农村观察》，1998 年第 1 期。

30. 苏启林、万俊毅、欧晓明：《家族控制权与家族企业治理的国际比较》，载于《外国经济与管理》,2003 年第 5 期。

31. 唐清泉:《家族企业持续成功经营的挑战与应对方案》,载于《管理世界》,2002 年第 9 期。

32. 王晓毅:《中国乡村的民营企业与家族经济》,山西经济出版社 1996 年版。

33. 王政:《代理成本、家族制度与我国的民营企业》,载于《经济与管理》,2002 年第 9 期。

34. 威茨曼、许成钢:《作为产权模糊的合作社的中国乡镇企业》,载于《经济译文》,1995 年第 1 期。

35. 吴德胜:《一个关于企业所有权和控制权安排的分析框架——从公司治理到企业治理》,载于《第三届公司治理国际研讨会论文集》,南开大学出版社。

36. 吴敬琏:《民营企业也有‘一股独大’》,载于《北京青年报》,2001 年 6 月 25 日。

37. 许经勇:《温州民营企业产权制度变革的回顾与展望》,载于《经济与管理》,2000 年第 6 期。

38. 严若森:《公司治理成本的构成与公司治理效率的最优化研究》,载于《会计研究》2005 年第 1 期。

39. 杨浩:《民营企业性质界定及产权分析》,载于《上海经济研究》,2001 年第 3 期。

40. 杨继国:《人力资本产权:一个挑战公司治理理论的命题》,载于《经济科学》,2002 年第 1 期。

41. 姚贤涛、王连娟:《中国家族企业》,企业管理出版社 2002 年版。

42. 应焕红:《"家族制"与民营企业制度创新》,载于《浙江学刊》,2001 年第 5 期。

43. 应焕红:《浙江民营企业产权制度研究》,载于《中国软科学》,2001 年第 12 期。

44. 于东智:《公司治理效率:一个基于制度经济学的分析》,2005 年版。

45. 余立志:《浙江民营家族企业的制度锁定与制度创新》,载于《浙江社会科学》,2002 年第 7 期。

46. 张克中:《关于中国家族化民营企业跨越转型期制度障碍的思考》,载于《管理现代化》,2000 年第 6 期。

47. 陈凌:《信息特征、交易成本和家族式组织》,载于《经济研究》,1998 年第 7 期。

48. 储小平、李怀祖:《信任与家族企业的成长》,载于《管理世界》,2003 年第 6 期。

49. 储小平:《家族企业研究,一个具有现代意义的话题》,载于《中国社会科学》,2000 年第 5 期。

50. 晁上:《论家族企业权力的代际传递》,载于《南开管理评论》,2002 年 5 期。

51. 储小平:《职业经理与家族企业的成长》,载于《管理世界》,2002 年第 4 期。

52. 储小平、李怀祖:《家族企业变革剖析》,载于《经济理论与经济管理》,2002 年第 10 期。

53. 戴园晨:《民营企业发展中的家族制问题》,载于《南方经济》,2001 年第 11 期。甘德安:《中国家族企业研究》,中国社会科学出版社 2002 年版。

54. 郭强:《企业中个人绝对权力和企业的衰败》,载于《管理世界》,2001 年第 3 期。

55. 金承男:《重新审视韩国经济发展模式》,载于《世界经济》,1999 年第 6 期。

56. 克林·盖尔西克：《家族企业的繁衍》，经济日报出版社 1998 年版。

57. 雷丁（S. B. Redding）：《海外华人企业家的管理思想——文化背景与风格》，上海三联书店 1993 年版。

58. 李维安：《公司治理》，南开大学出版社 2001 年版。

59. 李新春：《家族企业的管理革命》，载于《学术研究》，2001 年第 5 期。

60. 李新春：《经理人市场失灵与家族企业治理》，载于《管理世界》，2003 年第 4 期。

第六章

民营企业国际化发展过程中的制度环境

本章针对民营企业国际化发展进程中遇到的各种制度"瓶颈"问题，首先遵循产业组织理论中经典的"结构—行为—绩效"范式，分析了民营企业出口行为特征与其绩效的关系。其次，从国际分工和价值链的角度，分析民营企业出口中典型的市场"隔层"问题。最后，以浙江省为例，对民营企业外贸出口发展中的制度障碍和供给问题展开研究，得出一些富于启发性的结论并提出相关的政策建议。

第一节 民营企业的出口行为特征

在过去的 20 多年中，民营企业的发展是中国经济持续快速增长的重要支撑力量。民营企业的成长绩效深刻影响着中国经济的发展前景。另一方面，随着经济全球化时代的到来，国际分工与国际市场竞争进一步深化。对外贸易对一国经济增长的影响日益显著。[①] 研究中国民营企业的出口行为及其绩效，将是中国经济增长研究的一个重要方面。本文遵循产业组织理论中经典的"结构—行为—绩效"（SCP）范式，分析中国民营企业出口行为的现状，提出若干问题并给出

---

① 林毅夫和李永军（2003）证明，出口始终是中国经济快速增长的主要贡献之一，外贸出口增长 10%，将导致中国国民经济增长 1%。

相应政策建议。

6.1.1　我国民营企业出口行为现状

经过 20 多年的改革开放，一大批民营企业已由创业阶段进入成熟发展阶段，在积极维持、开拓国内市场的同时，越来越多的民营企业通过向外贸部门提供出口货源或通过外贸代理等间接方式以及自营出口等直接方式参与国际市场的竞争。图 6 - 1 给出了 1994 ~ 2002 年集体及私营企业在我国出口总额中所占比重以及 2000 ~ 2002 年我国集体及私营企业的出口额。

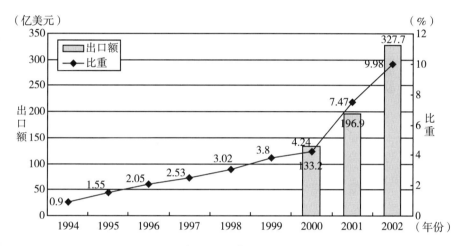

**图 6 - 1　1994 ~ 2002 年集体及私营企业在我国出口额中所占比重以及
2000 ~ 2002 年集体及私营企业的出口额**

资料来源：整理自相关年份中国海关统计年鉴。

从图 6 - 1 可以看出，就全国范围来说，民营企业在我国对外贸易中所占的份额呈稳步上升趋势。考虑到不少乡镇企业与外企合资，以及部分地方外贸企业公司整体改制，集体、私营企业的外贸经营实绩要比海关统计的高一些。值得注意的是，在市场经济比较发达的地区，民营企业在对外贸易中显示出更为重要的地位。以对外贸易和民营经济发展都较为发达的浙江省为例，目前浙江出口经营主体已形成国有、外资、民营企业三分天下的格局。经营主体多元化均衡发展，成为浙江外贸出口乃至国民经济高速增长的主要原因，如图 6 - 2 所示。

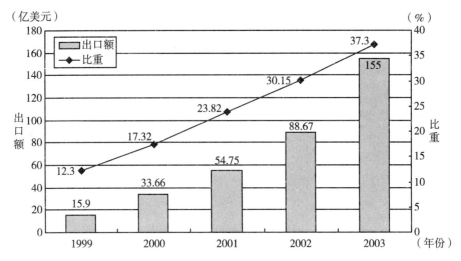

图 6-2   1999~2003 年浙江省集体及私营企业出口额
以及在全省出口总额中的比重

说明：2003 年数据根据 2003 年 1~8 月份数据及增长速度推算。

资料来源：整理自浙江省对外贸易经济合作厅：《浙江省外经贸统计》相关年份内容。

6.1.2   我国民营企业出口存在的问题与分析

我国民营企业大多依靠民间资本原始积累自然演进形成，属典型的传统企业性质，管理体制和治理结构很难给企业创新和进行激烈的市场竞争提供有效的微观制度基础。在面对民营企业出口高速增长的同时，我们也必须正视其中存在的问题。

斯密在 1776 年把垄断下的价格和自由竞争条件下的价格进行比较，强调了市场结构的重要性。古诺（Cournot, 1838）提出了第一个卖方寡头垄断的理论，走出了关于市场结构如何举足轻重的现代理论的最重要一步。20 世纪 50 年代以来，产业组织理论中经典的"梅森—贝恩"范式，也即"结构—行为—绩效"范式强调市场结构对于市场主体行为的影响，而主体行为又决定了市场绩效。产品差异化作为市场结构的一个重要方面，在理论与应用研究中得到了相当的重视。具体地，产业组织理论将产品差异分为水平差异和垂直差异两类，并分别分析了两类差异的伯川德—纳什均衡概念上的市场均衡以及社会福利含义。基于产业组织理论对产品差异化的强调，我们把民营企业出口存在的问题归结为两个方面。同时，结合我国民营企业出口的现实状况，市场集中度也将是我们必须提到的分析要点。

一、产品水平差异化

1. 模仿竞争和恶性价格竞争相当普遍，企业缺乏市场势力

我国民营企业大多接近原子型，产品水平差异化不显著。从单个企业而言，我国民营企业规模普遍较小[①]，生产同类产品的企业众多，以至于其行为对其他生产企业没有明显的影响。再加上企业一般没有能力或不做自己的品牌和建立自我营销体系。企业没有对有限的产品水平差异与其他企业加以区别和专门推销；而且缺乏把这种有限的产品水平差异转化为"市场势力"的能力，也即企业缺乏影响和控制市场价格的能力，只是往往与其他企业开展向下的价格竞争。由于产品的水平差异化得不到正常的利润补偿，滋生企业进行产品的模仿竞争（金祥荣，2003）。而模仿竞争进一步加剧产品的水平同质化，向下的恶性价格竞争则进一步加强。

2. 基于企业集群（Cluster）的水平差异化和基于企业的水平同质化共存

生产同类产品的民营企业往往在特定的地理区域内大规模集聚，在超细密的专业化分工基础上，形成了极为丰富的外部规模经济和范围经济；而且突破了单个企业向市场提供产品种类也即水平差异化的"生产可能性边界"，形成了基于企业集群的较高的水平差异化。在浙江省较大规模的企业集群，其中产品的品种、规格、款色都十分丰富。显然，对整个企业集群来讲，这种水平差异化越高，对丰富外部范围经济和学习经济具有重大作用。但同时，由于数量众多的同类民营生产企业难以形成"价格合谋"，单个企业不能依托企业集群的水平差异化带来的外部经济获得市场势力。譬如，浙江省的许多工业品在全国以至国际市场都占有很大份额，但企业之间只是采用价格竞争战略，以致使价格降到生产费用的水平（金祥荣，2003）。表 6-1 有选择地给出了浙江省主要民营企业集群的分布情况。从表 6-1 可以看出，就企业集群层面来说，浙江省民营经济在国内市场占有很大市场份额。由于这些产品不仅行销国内，而且是我国同类产品出口的主要构成部分，在国际市场也具有一定竞争力。但同时，集群内同类企业数量众多，集群层面的市场势力向企业层面的转移仍是一个有待解决的问题。

[①] 以浙江省为例，2001 年底，全省私营企业户均注册资本只有 80.43 万元/户，市场结构以"小而散"为主要表现形式。

表 6 - 1　　　　　　　　浙江省若干民营企业集群分布

主要产品	所在区域	企业数	产值（亿元）	全国产量比重（%）
领带	嵊州市	1 200	80	80
低压电器	乐清市柳市镇	3 800*	155	66
五金机械	永康市	6 500	190	25
打火机	温州市区	260	20	94
制笔	温州市区	151	16	33
皮革	海宁市	5 688	120.88	25*
塑料制品	台州	10 081*	121*	14.3*
制锁	温州	400	50	65
制鞋	温州市区	6 000*	300	20
眼镜	温州	500*	45	80
木业（胶合板）	嘉善	248*	41.6*	41.3
童装	湖州织里	6 600	25	15
服装	宁波、温州	3 300	333.6	15

说明：* 为 2000 年数据，其余为 2001 年数据。

资料来源：金祥荣等：《工业化进程中的浙江专业化产业区研究》，工作论文，2002 年。

二、产品垂直差异化

1. 向上的垂直差异化激励缺失

我国民营企业大多属于从原发性的"古典企业"发展而来。在市场竞争中以粗放型、内源式、数量扩张为一般特点。很长时期内专注于低质量产品的生产销售。譬如，浙江省的民营企业直到目前仍没有能够走出"三北市场"的低端路线。它们对高质量产品市场缺乏"干中学"经验，试错成本相当大。并且，由于民营经济产业组织小而散，高端产品的研发一定程度上成为某种"奢侈品"消费。以上两个方面导致民营企业向上的垂直差异化成本巨大。同时，由于市场、制度环境的不健全，模仿竞争的普遍存在，致使民营企业向上的产品创新收益很难得到切实保障，创新收益很可能在短时间内散化。因之，我国民营企业向上的垂直差异化激励缺失。

2. 进入壁垒强化低质量的产品垂直差异化

生产高质量的产品对企业有设备、资本、技术、管理以及规模经济等要求。这对于原发性的民营企业来说是高不可攀的。前文已经提到，即使进入壁垒可以逾越，经过成本收益分析，要求利润最大化的民营企业也缺乏进行向上的垂直差异化的激励。这里我们强调，现实经济中更多的民营企业即使愿意进行向上的垂直差异化，它们也很难逾越进入壁垒。另外，目前仍普遍存在的外贸"隔层"从另一个方面加剧了这种进入壁垒，使得民营企业对于市场需求的把握存在很大难度，对于市场机会引致的产品创新、技术创新、体制创新缺乏敏感性，而成为事实上的低质量产品的生产车间。

由此，我国民营企业普遍采取了低质量的产品垂直差异化战略。但问题是以降低品质实现差异最大化的路子会越走越窄。与提高品质相反，降低品质的差异化附加值低；低收入者受严厉的价格、收入预算约束，品牌偏好难以表达，主要追求价格偏好。这也是我国民营企业的出口产品在国际市场上进行价格竞争、"增产不增值"的原因之一。表6-2有选择地给出了我国民营企业若干出口产品在国际市场上的价格变动指数。以1995年的出口价格指数为基准，很多出口产品的国际市场价格呈不断下降趋势。在一份更为详细的调查中，作为样本的25种出口产品在1995~1998年中，价格上升的有10种，价格持平的有1种，价格下降的有14种。到了2002年，出口价格上升的有8种，下降的有17种。而且，低品质产品具有低收入需求弹性的特点，市场份额是逐步收缩的。

表6-2　　　　若干主要出口产品的价格变动指数（1995年=1）

产品名称	1998年	2002年	产品名称	1998年	2002年
缝纫机	1.26	0.71	猪肉罐头	0.95	0.77
皮鞋	1.04	0.90	蘑菇罐头	0.86	0.80
塑料制品	—	0.91	地毯	0.89	0.40
锁	—	0.92	热水瓶	1.08	0.91
伞	1.10	0.81	日用钟	0.71	0.65

资料来源：《中国统计年鉴》相关年份。

值得注意的是，尤其在开放型经济中，我国民营企业的产品差异化进程不容乐观。近年来，依托民营企业及其很强的比较成本优势，出口贸易发展迅速。但从"市场—行为—绩效"这一框架来分析，民营自营出口企业或面向出口的生产企业普遍采用把国内使用的产品差异化战略向国际市场简单延伸，无非是企业换个地方（市场）进行恶性价格竞争。这也部分地解释了为什么我国民营企业在国际市场上遭受频繁的反倾销问题。

三、市场集中度

低度集中的市场结构导致我国民营企业出口缺乏市场势力。市场集中度是市场结构的一个重要方面。市场集中度与市场绩效或者赢利能力之间存在正向关系。我国的民营经济仍以无核心原子型企业为主导，以"小而散"的产业组织为主要特征。企业规模普遍很小，符合原子型假设，产业组织比较松散。仍以民营经济与对外贸易均较发达的浙江省为例，根据2001年基本单位普查库资料，全省工业独立核算法人单位数为154 789家，其中规模以上单位数（包括全部国有和年产品销售额收入500万元以上的非国有工业企业）为18 626个，仅占12%，规模以下工业法人单位数占了88%，这就很好地暗示了浙江民营企业"小而多"、"小而散"的市场结构。我们通过细致整理，同时给出了浙江省1999～2002年最大的四家民营出口企业占全省当年民营企业出口总额的比重。作为一个不很严格的证据，我们可以将这个指标看做浙江省民营企业出口的市场集中度指标CR4。一般认为，CR4大于80%时属于高度集中的市场结构，而小于20%时属于低度集中。从图6-3可以看出，浙江省民营企业出口属于典型的低度集中的市场结构。虽然近几年来最大几家民营出口企业的出口总额迅速上升，但低度集中的市场结构并未得到改善，反而有所加重。而浙江省民营企业的出口状况同时也能很大程度上反映我国民营企业的出口现实。

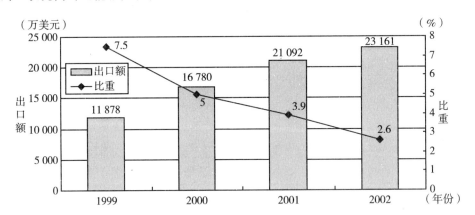

图6-3　浙江省1999～2002年最大4家民营出口企业出口总额以及占全省当年民营企业出口总额的比重

资料来源：整理自浙江省对外贸易经济合作厅：《浙江省外经贸统计》相关年份。

低市场集中度的产业组织结构导致企业以模仿竞争为主，在土地等资源使用上出现拥挤现象，缺乏从家族式传统管理、自然营销向现代管理和现代营销转变的动力和能力，难以获取批发经销（或经营）为主的规模经济优势。并且到目前为止，我国民营经济中尚未出现大规模的核心或龙头企业对其他"小而散"的企业的内部化；甚至，由于众多小企业之间规模相当，以价格竞争为主，一定程度的"价格合谋"都难以形成。同类市场的低度集中，促成我国民营企业在出口行为上展开伯川德竞争，市场势力丧失殆尽，导致市场利润急剧下降，甚至出现恶性价格竞争，在出口亏损的同时招致国外的反倾销诉讼。

6.1.3　结论与若干政策建议

通过前述的市场结构、市场行为分析，我们已经说明，我国民营企业的出口绩效有待于进一步提高，而其中关键问题是推进产品差异化进程，实现基于企业层次的市场势力。

产品差异化是与工业化、市场化以至现代化进程密切相关、交织在一起的，它主要是由企业这个主体来把握。但民营企业出口普遍囿于低质量同质化的价格竞争行为，是一种典型的市场失灵。政府可在完善和优化企业产品差异化有关的环境、政策和条件等方面，推进民营企业产品差异化进程。

对于企业而言，重点在于实施产品差异化战略，提高市场集中度，获取企业的市场势力。第一，组建企业集群中大型企业为龙头的企业联盟，加快企业集群层次的产品水平差异化向企业层次的水平差异化的进程。这方面，温州乐清柳市的低压电器是成功的案例。在生产低压电器的众多中小企业所形成的企业集群基础上，正泰、德力西、三星等龙头企业通过对小企业的控股、参股或生产许可等途径，形成了若干企业联盟或品牌俱乐部，不仅使产品差异化内部化到企业层次，而且大大提高了差异化的水平。柳市的低压电器已经形成了较高的市场集中度和市场势力。第二，正确处理自营出口与代理出口之间的关系；这里有两层意思：一是正确处理自营出口与专业外贸公司代理之间的关系；二是正确处理自营出口与企业间依据品牌形成的共同代理之间的关系。民营企业在短期内不能完全脱离专业外贸公司实现自营出口，但从长远看来，专业外贸公司代理所形成的"隔层"对民营企业出口的阻碍可能越来越大。而基于企业相互之间经过资源整合后形成的龙头企业对某一品牌或产品的"共同代理"则有助于小而散的企业获取市场势力。柳市的低压电器在品牌俱乐部基础上，以品牌为纽带建设自己的营销体系，在经营上同样获得了规模经济。

对于政府而言，重点在于推进企业的产品差异化进程，协助整合松散的产业组织，支持企业获取市场势力。第一，推进商会、行会的改革，加强商会、行会等中介组织对民营企业的行业规范与服务。以同类商品的生产企业也即"产业"概念为基础重组商会和行业协会，培育商会、协会的共同代理"卡特尔"功能，修改《反不正当竞争法》和草拟中的《反垄断法》，给予商会、协会等组织在出口贸易等方面的"垄断"豁免权。第二，建设有利于推进产品差异化进程的区域创新体系。政府应支持大企业建立自己的技术开发机构；在信贷贴息等方面对"技术改造"支持的同时，重点转向对企业"研究与开发"的支持；加大各级政府研究与开发的投入；各级政府应探索建设属于本地区支柱产业或企业集群各类共性技术的研发中心，加强各类共性技术的研发。第三，鼓励和发展各类高等教育尤其是职业技术教育。产品差异化战略实施离不开人才的支持，高等教育尤其是贴近于产业实际的职业技术教育能够迅速有效地降低民营企业生产高品质产品的进入壁垒。第四，把建设和发展各类特色工业园区与推进产品差异化进程有机结合起来。特色工业园区的建设应注意保护已形成的同类产品柔性分工协作体系；注重体制、机制和政策的设计引导，支持和鼓励实施产品差异化战略，例如鼓励建立企业联盟、招引国内外同类著名大企业落园等。要把品牌、市场势力（而不是市场份额）、经济密度、技术创新、国际化等作为衡量特色工业园区建设水平的指标。

第二节　浙江省民营企业外贸出口发展中的制度障碍和制度供给

一国或地区从国际分工与贸易中获取的比较利益，不仅决定于技术层面的出口商品结构的优化，而且依赖于组织层面的外贸经营主体的制度创新。面对经济全球化背景下内外贸易一体化的竞争态势，重新参与国际竞争的微观主体，拓展民营生产企业出口，是中国建立开放型外经贸体制的必然选择。立足于浙江非公有制民营经济发展的肥沃土壤，浙江对外贸易尤其是出口贸易的发展在全国独树一帜，民营生产企业的出口构筑了浙江外贸出口的新增长点，在今后的更长一个时期看，也将是浙江省出口贸易持续增长的力量源泉。但在民营企业出口发展过程中，还存在着进入壁垒过高、出口退税滞后、出口商品配额难以获得和融资困难等一些制度性的障碍，需要在政府、企业和中间组织等方面实现制度供给与创新。

6.2.1　外贸管制放松与民营生产企业出口

从非市场经济体制向现代市场经济体制的转变，就是一个政府放松进入管制、竞争规则形成的过程。研究外贸领域政府如何放松进入管制、竞争性经营体制如何形成，对分析我国外贸组织制度变迁、重塑参与国际竞争微观主体有着重要的理论和现实意义。外贸管制广义上是指政府直接地干预外贸活动，包括了从宏观到微观的各个领域；狭义上则是指外贸经营活动由政府主导的外贸经营体制。不论是资本主义国家年轻时期的重商主义的贸易政策，还是传统社会主义国家的对外贸易国家垄断制，均属于外贸管制的范畴。外贸领域管制的放松，广义上就是贸易自由化的进程，狭义上则是放松外贸行政管制即外贸的经营权下放的过程，从政府主导型向企业主导型转变。

改革开放以前中国的外贸体制是以指令性计划为基础的外贸国家统制，外贸的所有权、领导权和经营管理权都集中在中央政府。中国政府对外贸管制的主要形式是限制进入、进出口数量限制。一些从事政府鼓励的经济活动，如现代工业部门的出口和消费品进口替代的企业被赋予优先地位，政府使用国内政策手段鼓励其偏好的贸易活动；具有优先地位的企业一般比一般企业从贸易体制中获得更多的保护。

我国经济体制改革的不断推进，已日益化解了放松贸易管制的外部约束条件，实现有效竞争的条件逐步成熟。外贸经营权放开与经营秩序维护之间的困境日益解除。放松外贸管制所奉行的原则是：第一，削减外贸产业进入壁垒，使支配性国有外贸企业的市场份额下降，其他经营企业的进入变得比较容易，从而形成可竞争性的市场结构；第二，消除供给瓶颈，逐步废除配额、许可证等行政性的干预措施；第三，推进外贸体制民营化。民营化的方式主要有两种：一是实行公有制企业的产权制度创新；二是允许非公有制民营企业的进入，构筑与市场经济相适应的外贸微观基础。

在从国内市场经营向国际市场经营跨越中，民营生产企业采取何种产销组织形式，主要取决于交易成本的高低。任何一项商品的成本都可以分为两大部分：一是所交换商品本身的生产成本；二是为了组织实施商品交换活动而产生的一系列交易费用。交易费用主要有：（1）调研活动费用，即买卖双方互相搜寻，调研产品质量、厂商信誉过程中的费用；（2）谈判签约活动的费用，具体确定供货条件的讨价还价过程中的管理费用；（3）合约执行费用，对对方履行合同情况的监督，违约或纠纷产生时的法律的和非法律的调解仲裁活动及其开支等。以往生产企业将出口贸易的风险转移给外贸公司，通过外贸公司间接出口的交易成本最低，但是企业对交换活动的控制程度和利润也最低。而随着市场环境的变化，经济全球化背景下中国开放型经济的推进，企业日益将出口销售活动纳入企业的组织体系内。随着企业的跨国经营经验日益累积，随着民营企业出口品牌竞争的实施和商业信誉的建立，选择高控制的自营出口方式就越有优势和重要性日渐显现。

参与国际经济竞争的传统主体是国有专业外贸公司，它们也是生产企业通往国际市场的唯一管道。政企不分造成主体地位残缺，使外贸在实现出口创汇规模不断扩张的同时，也落入了对外贸易经济效益低落所呈现的要美元还是要人民币的两难境地。外贸体制改革的推进是以外贸经营管理体制改革为突破点的，外贸经营主体日渐沿着国家—地方—企业的轨迹发展，专业外贸公司从原来的行政机构附属物转变为中介服务组织，经营模式逐步由收购制向代理制转变。具有高效率的贸易体制正在消除竞争进程中的各种进入壁垒，可以大大提高我国企业的外贸操作效率。许可证和配额等外贸工具的逐步减少，使对政策资源的争夺激烈。从国家垄断经营模式转向多层次、多形式的外贸经营，出现了外贸企业、外商投资企业、生产企业等竞相发展的新格局。与企业制度的演进轨迹相适应，并且随着政府对传统公有制偏好的弱化和以个私经济为主的非公有制地位的提升，外贸领域的制度创新将成为外贸经营主体发育的有效形式。这突出表现为属于强制性制度变迁的外贸经营权的下放，以及获得自营进出口权的门槛不断降低。

民营企业外贸出口市场准入条件的变迁与浙江民营企业出口发展之间具有重要的联系。1988 年国家决定赋予生产企业自营进出口权，将审批权下放至省市。1992 年国务院批转了《经贸部、国务院生产办关于赋予生产企业进出口经营权有关意见的通知》，赋予生产企业进出口经营权的工作开始正常进行。但一直以来，由于政策上的限制，非公有制的民营企业经营外贸业务只能通过假集体、假合资或挂靠等"戴帽子"的方式变相进行。1999 年 1 月 1 日起，有关赋予私营生产企业外贸进口经营权的试点办法颁布实施，民营企业开始获得外贸经营权。2000 年 1 月 1 日，对私营生产企业和科研院所申请自营进出口权的资格条件按国有、集体生产企业和科研院所的同等标准执行。注册资本 500 万元人民币以上的私营生产企业，注册资本 200 万元人民币以上的私营科研院所、高新技术企业和机电产品生产企业，均符合申请自营进出口权的申报条件，同时取消原有的销售收入和出口供货额等考核标准。2001 年 7 月 10 日原外经贸部进一步降低了对非公有制经济外贸领域的准入限制，颁布了《关于进出口经营资格管理的有关规定》，对各类所有制企业（外商投资企业，商业物资、供销社企业，边境小额贸易企业，经济特区、浦东新区企业除外）进出口经营资格实行统一的标准和管理办法，并把企业进出口经营资格审批制改为登记和核准制。2003 年商务部进一步放宽外贸经营权，颁布实施了《关于调整进出口经营资格标准和核准程序的通知》，统一内资企业进出口经营资格管理，注册资本 50 万元人民币以上的私营生产企业，均符合申请自营进出口权的申报条件。

外贸经营权对民营企业的放开有益于民营企业更直接、更广泛地参与我国外贸活动，这对促进民营企业发展具有非常重要的推动作用。随着国家对外贸经营权管制的放开，市场进入限制不断放宽，浙江省民营企业外贸出口经历了从无到有、不断壮大的历程。1999~2000 年浙江省批准获得外贸经营权的企业约 2 500 家，是前 20 年累计数的 2 倍，其中集体、私营企业占 4/5。到 2003 年 10 月底，拥有自营进出口权的生产企业累计达到 9 573 家，占全省拥有外贸权企业总数的 81.3%，其中80% 以上为民营生产企业（见表 6-3）。在专业外贸公司、自营生产企业和外商投资企业三分天下的格局中，生产企业出口的地位日益提升，2002 年 10 月，浙江生产企业的月出口量首次超过专业外贸公司，稳坐第一的位置（见表 6-4）。

表 6-3　　　　　　　浙江省外贸经营权登记核准情况　　　　　　单位：家

企业类型	累计数（截至 2003 年 10 月底）	2003 年 1~10 月新批数
全省合计	11 773	3 519
流通公司	2 156	813
外贸公司	1 948	809
商业物资供销	79	4
生产企业进出	129	0
生产企业	9 573	2 702
其他	41	1

资料来源：浙江省外经贸厅统计。

表 6-4　　　　　　　浙江省三种类型公司出口额的比较　　　　　　单位：亿美元

时　　间	专业外贸公司	自营生产企业	外商投资企业
2002 年 3 月	7.58	5.80	7.10
2002 年 10 月	9.10	9.17	8.08
2003 年 4 月	10.96	12.02	10.42

资料来源：浙江省外经贸厅统计。

6.2.2　民营企业出口发展中的制度障碍

民营生产企业获得自营进出口权以后，享有与国有、集体自营进出口生产企业同等的待遇，所有制的偏见和外贸政策上的不平等状况正在逐步消除。但从营造市场经济各主体公平竞争的政策环境来看，在市场准入限制、法制环境、出口代理、中介组织、退税制度和国民待遇等方面，还存在着一定的制度障碍。

一、市场准入限制

1. 民营企业获得外贸流通经营资格的标准高于一般国企

外贸专业公司的行业垄断依旧，主要允许国有资本准入，对外资的进入已开始试点如在上海浦东已试点设立中外合资外贸公司，但对于设立民营专业外贸企业仍然严格限制。这种市场准入的限制对于民营企业发展是不公平的，从我国加入 WTO 融入国际经济全球化的趋势来衡量，这种政策歧视也是不符合国际贸易统一规则的。

2. 对民营企业在对外投资权以及工程劳务承包权方面还没有完全放开

民营企业"走出去"的合法渠道不通畅，从而制约了民营经济参与对外经济活动的积极性，制约民营企业以海外投资带动出口贸易。民营企业海外投资项目审批"部门多、手续繁、效率低、周期长"，国家和地方部门层层把关，使民营企业耗时费力，疲于报批，坐失商机。

3. 国内市场的进入壁垒

由于受历史的限制，民营企业发展还存有较多的限制条件，包括行政性准入管制的进入壁垒、所有制歧视的进入壁垒、地方保护的进入壁垒、部门行政性垄断的进入壁垒等。民营企业进入产业范围比较狭窄，主要集中在技术含量低的劳动密集型传统产业，如纺织、服装、制造加工、餐饮等行业，而在石油、天然气、矿产开采、基础产业等30多个行业对民营企业有一定的准入限制。国内市场的进入壁垒导致民营生产企业出口产品结构只能以一般贸易为主，市场风险较大。以浙江省为例，民营工业企业主要集中于纺织业、服装及其他纤维制品制造业、普通机械制造业、电气机械及器材制造业、金属制品业等制造行业。2002年这五个行业总产值占全部私营工业总产值的比重分别为 21.6%、8.1%、7.7%、7.3% 和 6.1%，五大行业合计所占比重达 50.8%。受产业结构的影响，浙江省民营企业出口增量主要来自于一般贸易。

4. 进行出口贸易的进入成本

民营企业开展出口贸易的进入成本主要有：一是信息成本。无论是出口或海外投资，民营企业的信息来源方式比较原始，政府部门提供的综合服务十分有限，致使民营企业出口或海外投资有相当的盲目性，加大了参与对外贸易的风险。从信息咨询和辅助系统来看，政府有关服务部门的设立和运作主要面向国有企业，民营企业难以有效获得海外经济信息、商业咨询等服务。二是摊位成本。广交会参展摊位的供给与分配机制导致民营企业无法通过正规途径参展。部分民营企业只有通过私下交易的方式向国有企业买卖摊位，入场参展，大大增加了经营的成本和风险。三是招标成本。现行招标、配额分配制度导致民营企业出口产品的配额供给严重不足，只有通过地下交易的方式高价购买所需的配额指标。企业出口成本大增。四是融资成本。民营生产企业融资难导致企业的资金成本高。国内上市困难，只能寻求海外融资以解决资金缺口。五是非生产性成本。城建税、教育附加等城乡不统一，"三乱"现象屡禁不止。据调查，一家账目健全的民营企业，规费支出占销售额的 1.5% ~ 2%，各种基金占 2.5% ~ 3%，各种乱集资、乱摊派占 1% ~ 2%，总的规费支出占销售总额的 5% ~ 7%，企业成本不断增加。

二、法制环境

良好的法制环境是企业健康发展的基础，但是我国现有法律对民营企业的有效覆盖还很不够，法律对民营企业的保护尚显不足。例如，多边投资保障体系是政府为保护企业对外投资的经济利益而设立的措施，一般由政府、保险机构企业、互助基金、特定企业组成，现阶段我国政府出面建立的多边投资保护协定所覆盖的民营企业微乎其微，民营企业海外投资的风险防范还难以得到政府政策的有效保护。民营企业相对于外资企业竞争，缺乏相应的政策保护。在中国外国投资企业有享受着越国民待遇政策优惠的倾向，而民营企业则承受着非国民待遇的政策歧视，两者的反差在行业准入和税收优惠上体现得十分明显，这正是两者不公平竞争的现实，使民营企业在走向国际市场过程中显得更为困难重重。

此外，民营企业产品知识产权的保护不够。如一般新产品能在广交会上卖出好价钱，但到下一届广交会往往是遍地开花，什么厂都在卖。有些新产品虽然申请了外观设计的专利，但根据我国的法律，从申请到正式批准、拿到专利证书，一般需要一年的时间，加上国内企业对知识产权的保护意识非常淡薄，很多企业在你还没来得及拿到专利证书之前，就开始仿制，在下一届广交会中大量展出，使权利企业遭受严重的损失。

三、出口代理制度

国有外贸公司的外贸代理制在提高我国经济的整体效益和国际竞争力，促进进出口业务的发展方面曾经起到了积极的作用。但随着外贸企业和私营企业在组织结构、生产经营范围以及活动功能等方面发生的变化，加上国内政策的调整，使外贸代理制的弊端也日益明显。

2001 年 7 月 10 日原外经贸部进一步降低了对非公有制经济外贸领域的准入限制，颁布了《关于进出口经营资格管理的有关规定》，对各类所有制企业（外商投资企业，商业物资、供销社企业，边境小额贸易企业，经济特区、浦东新区企业除外）进出口经营资格实行统一的标准和管理办法，并把企业进出口经营资格审批制改为登记和核准制。但申请外贸流通经营权的企业和自营进出口权的生产企业仍须拥有不低于 300 万~500 万元的注册资金。由于发展时间短，生产规模较小，能达到申请条件的民营企业较少。没有自营进出口权的生产企业要进行对外贸易，就必须请国有外贸公司代理，程序繁杂，时间长，费用高，信息闭塞，这极大地抑制了中小民营企业参与对外贸易的积极性。同时外贸公司控制了中间产品来源、最终产品销路，使中小民营企业难以和国外的企业直接接触，不能直接进入国际市场，导致了中小出口企业与市场的"隔层"现象。企业丧失直接接触市场作出反应的创新能力，这种企业最后往往会退化为只是国有外贸公司的生产车间。

四、中介组织服务

虽然改革开放 20 多年来，我国已经建立了一些外贸中介组织，如中国国际商会和进出口商会及其成员机构，但进出口商会主要是从行业主管部门中剥离出来的，很不适应当前激烈的国际市场竞争，亟须在改进服务方式、充实服务内容、完善组织体系、建立有效的协调监督机制等方面有新的突破。目前我国外贸中介组织发展存在的主要问题有：一是政企不分、政事不分。作为协调性中介组织的出口商会，对配额管理、限制经营单位、海关审价等行政性协调措施依赖过重，在招标、配额商品的协调中具有强制性，承担了过多的政府职能。二是进出口商会职能界定不明，重协调，轻服务。缺乏统一、规范的协调制度；企业自律、行业自律及其他经济、法律协调工作薄弱；协调范围狭窄，尤其是对非配额管理的家电、玩具、箱包。鞋类等出口大宗商品，协调力度尤为不够；主动服务、优质服务意识不强；为政府和企业提供全方位服务的能力不够，服务的时效性和有效性较差。严重忽视了对外贸出口企业和贸易公司的服务、咨询功能。商会成员仍然以国有外贸公司为主，占中国外贸出口 70% 以上的外资企业和民营生产企业大多被排除在商会之外，严重影响了如行业自律、商品协调、维护进出口经营秩序等商会职能的充分发挥。三是出口商会划分不合理，尚未建立起一套系统、高效的协调和服务机制。按照计划经济条件下原有外贸专业公司的商品经营范围组建的，其划分缺乏科学性和合理性，没有形成以商品为基础并能充分代表行业特点的组织形式和运作机制，不利于商会积极发挥中介职能。总的来看，现有外贸中介组织仍以国有外贸公司为服务对象，客观上形成民营企业出口发展的制度障碍。现有行业协会仍然承担大量政府职能，对民营企业的发展关注不足。

五、金融支持

浙江省虽然民营企业发达，民资殷实，但由于民营企业特别是中小民营企业从银行获得贷款存在抵押担保难，银行对民营企业存在跟踪监督难和债权维护难等问题，四大国有银行和一些大的商业银行发放贷款的对象主要是国有企业和大中型企业，加上缺乏非国有小型金融机构和民间融资渠道，民营中小企业"融资难"问题相当突出。一方面是银行惜贷；另一方面是急需资金的民营企业得不到贷款。根据所有制性质划分，浙江省的产出结构与融资结构是极不对称的。

金融制度结构和相关政策歧视限制了民营企业的助资渠道和利用国外资本的范围规模。利用国际资本市场，发展中外合资合作，是民营企业增强规模实力、引进先进技术、改善经营管理水平、提高市场综合竞争力的一个重要手段和途径。但是，长期以来我国大多数民营企业是通过自筹资金或非正规融资渠道来创业、扩大生产和经营。通过国内银行贷款和资本市场融资的比例很低；国外资本介入民营企业的则是寥寥无几；通过国际资本市场渠道进行融资，如海外上市、发行债券的民营企业几乎没有，更谈不上国外金融机构对民营企业有什么信贷业务。据国家经贸委与国际金融公司1999年对北京、温州等城市民营企业的抽样调查显示，只有3~4家民营企业在国内股票市场上市，还没有一家被调查企业曾从国外资本市场获取资本。而有15%的企业计划通过股票市场进行融资，有23%的企业希望跟外国公司建立合资企业，有11%的企业表示愿意向外国银行借钱。

六、出口退税制度

从1999~2002年，我国出口退税额三年的年均增长率为36.3%，但同期中央财政收入实际增长率只有18.2%。据国务院发展研究中心统计，到2002年底为止，国家财政积欠的出口退税额已达人民币2 477亿元；预计到2003年底，出口退税的欠税累积金额，将超过人民币3 400亿元。

退税拖欠款致使民营企业出口面临资金周转不灵和资金成本增加的双重压力。1999年以来随着浙江省出口贸易的高速增长，退税拖欠款愈滚愈大，从1999~2002年的连续4年间，应退未退税额从47.25亿元一直上涨到2002年的408亿元，以超过100%的速度在增长。此外，浙江省出口退税指标严重不足，不能实现征多少，退多少，出口退税率不稳定，出口退税严重滞后。税务部门在审核退税时，优先考虑国有企业和外资企业，民营企业排在最后。民营企业出口退税滞后更长达一年半左右，这不仅占用了民营企业原本十分紧张的大量资金，更增加了经营成本。在银行出口信贷支持不足的情况下，出口退税滞后导致资金周转困难，中小民营企业出口持续增长激励不足，部分企业已经通过压缩生产、出口规模来规避日益增加的资金压力。2003 年 10 月 13 日国务院发布了"关于改革现行出口退税机制的决定"，从 2004 年 1 月 1 日起，我国平均出口退税率下调 3%。虽然大部分出口商品退税率降低，以一般贸易为主的浙江省民营企业，自营出口收益受到较大影响，据商务部调查，出口退税率每下调 1 个百分点，就相当于一般贸易出口成本增加约 1 个百分点，出口增速将下降 4.9 个百分点。但相对于高额的退税拖欠款，许多民营企业宁可少拿一点出口退税，也希望财政部门能加速退税的发放，以缓解资金压力。

七、国有民营企业间不平等竞争环境

民营企业在与国有外贸公司竞争中，由于制度的不平等，民营企业往往遭受低国民待遇。

1. 民营企业获得出口商品配额的难度较大

我国仅对部分出口商品实行出口配额管理，分为主动配额管理和被动配额管理。经营出口主动配额管理商品的企业必须是有该项商品的经营权、有经营实绩或经营能力的外贸企业、生产企业或"三资"企业。被动配额主要是纺织品配额，它的分配原则是出口企业上半年配额的使用率、售价水平的高低、对纺织品出口贡献的大小和执行纺织品配额规定的好坏。有纺织品经营权并有出口实绩的企业才有纺织品配额的申请资格。面对实力雄厚的国有企业和外资企业，民营企业大多数规模较小，获得外贸经营权的时间较短，一般缺乏三年以上的出口经营业绩，不能获得配额商品的经营权。同时，要获得配额商品的经营权还必须加入相关的进出口商会。

2. 民营企业获得广交会摊位困难

广交会每年成交额占当年我国一般贸易出口额的1/3强，一直是专业外贸公司和生产企业拓展海外市场的重要方式。虽然近年来展位不断增加，广交会展位供给仍然严重不足。广交会的展位分配方式仍计划分配为主，造成了民营企业与国有企业、外资企业事实上的不平等，限制了民营企业出口的渠道。其中保证性摊位用于确保有发展前途的、高附加值的名优新特展品参展（年出口额 5 000 万美元以上）；保持性摊位用于保持一批具有规模经营能力、经营创汇效益型商品的外贸骨干企业的摊位数量不减少（必须达到年出口金额在 4 000 万美元以上，边穷省区须达到 1 500 万美元以上），前两类由外经贸部指定给大公司、大企业；招展摊位指不宜进行分配而实行单独招展的摊位，由六大商会进行招商；分配摊位是由交易团按现行办法分配到各参展单位的摊位，即将展位分配权下放到省市，由其分配，主要面向外贸公司、三资企业。2001 年第 90 届广交会上，在所

有参展企业中，民营企业的数量不足 1%（广东省除外）。

6.2.3 民营企业出口发展中的制度供给

随着区域经济一体化进程的深入和我国正式加入世贸组织，民营经济的发展面临新的市场环境和发展机遇，同时，浙江省民营经济的发展也开始进入"二次腾飞"的关键性阶段。浙江在发展开放型经济、加快民营企业出口发展的过程中，我们认为需主要从企业、政府和中间组织等层面实行制度供给与创新。

一、企业层面：确立民营企业在市场经济发展中的基础主体地位，将外贸活动的组织重心定位于民营生产企业或集团

1. 建立新型的外贸代理制

在市场经济条件下，生产企业产品是向外贸供货、代理或自营出口，要以比较优势和经济绩效为准则而择优选择。生产企业在生产、技术、科研等方面具有较强的优势，而外贸公司在客户、人才、信息等方面也具有明显的优势，因而工贸、技贸和科贸相结合，是我国各类出口企业实现优势互补、增强整体竞争力，在国际竞争中立于不败之地的必由之路。生产企业拥有自营进出口权，并不意味着每一件自产产品的出口和自己生产所需的原料与设备零部件的进口都要自己经营，而是要在成本核算的前提下，选择是自营还是由外贸公司代理，这样就可以形成工贸间产销合理分工的长期性经济关系。

2. 实施品牌竞争战略

核心竞争力是指生产企业开发独特的产品、技术以及营销的能力，是核心技术、企业管理水平、组织学习能力以及市场营销策略的有机结合。面对以品牌为主导的国际非价格竞争，生产企业应逐步培育核心竞争力优势，不断提高品牌的知名度和市场占有率。积极采用国际标准和国际质量认证体系，增强竞争能力；有一定规模的企业应开展独家代理或经销，做好售后服务工作；并借助国际连锁网络，扩大出口。

3. 推进"走出去"的国际化经营战略

同时，民营企业可利用当地优势组织生产，开展境外带料加工，带动出口。民营生产企业以自产自销为基础，通过组建以资产为纽带的企业集团，以及设立下属进出口公司，使出口产品由单一发展为系列，向商品经营型转变；一些大型自营生产企业更应逐步在国外设立子公司或分支机构，从事对外直接投资，在不断寻求动态比较优势和竞争优势的进程中，真正实践中国企业的国际化战略。

二、政府层面：实现外贸管理体制的创新，构建符合 WTO 规则的外经贸促进体系

按照"规范、统一、效能、服务、透明"的原则，建立符合 WTO 要求的高效的政府管理体系，为民营企业参与国际竞争提供便捷、周到的服务。

1. 改革外贸行政管理体制

在浙江省外经贸的宏观管理体制上，各级外经贸主管部门要按照"管方针、管政策、管规则、管监管"的原则，根据开放的市场经济要求，弱化对微观经济的行政干预，强化间接宏观管理，强化对外经贸的指导性规划、政策导向、行政服务和监督等方面的工作，把政府工作重点从审批及管理具体事务为主，转向为拟订外经贸发展规划和政策、完善行政规章制度和运作规范上来，为民营出口企业营造良好的体制条件。对在一定时期内继续实施的有关政策，如进出口商品的配额、广交会的摊位招标等要加以规范，并以政府公告的形式公开发布。强化服务意识，加强与海关、出入境检验检疫、税务等部门的协调和合作，做到政务公开，实施统一、透明的政策法规和行政规章制度，共同营造一个为民营企业发展服务的外经贸大环境。

2. 构建民营企业出口发展的外经贸促进体系

具体来说：一是运用税率、汇率和利率等经济手段调节外经贸活动，让不必要的行政权力逐步退出市场，完善出口退税机制，实现退税及时足额到位，保证对民营企业与其他企业一视同仁。二是建立和完善出口信贷制度、调整外贸发展基金的使用方向，建立出口创汇与信贷规模的同步增长机制，为中小民营生产企业扩大出口提供必要的资金支持；扩大出口信用保险的规模和领域，为民营企业提供全面的政策性投资贸易保险业务；建立政策性的出口企业融资担保基金，解决民营企业融资担保不足的问题。三是在外汇管理、外事管理等方面为浙江省企业尤其是民营企业实施"走出去"战略提供优质服务和政策支持。为鼓励开展境外实物投资、境外带料加工业务，鼓励在境外设立贸易窗口等，将投入一定的人力，多渠道广泛收集境外投资信息，为企业服务。四是采取一定的财政扶持措施。如实施出口贴息扶持政策，以优化出口结构和扩大出口规模；企业参加各类境外交易会、博览会等，其摊位费用由外经贸和财政部门组织、确认，给予一定的补贴；对于企业在境外注册、使用自有商标，实施奖励，以鼓励品牌竞争。

3. 实现内外开放并举的发展战略

在对外开放方面，通过"以民引外"的各项政策措施，提高区域经济开放度的进一步提升；在对内开放方面，以民间资本和民营企业为主体和载体，积极推动长三角一体化进程，实现主动接轨上海的区域发展战略。其中，加强长三角

一体联动的对内开放政策，是形成浙江民营经济高层次、多领域、全方位开放格局的政策体系的重要组成部分。

三、中间组织层面：建立和健全民间性质的行业协会和商会组织，完善外经贸中介服务体系

随着国家外贸垄断制的打破，政府与企业之间的关系发生了变化，政府主要通过经济手段和法律手段来间接管理企业，这在客观上要求在国家宏观管理和微观经营之间建立一个中间环节来实现协调服务，以防止外贸经营权下放以后出现的外贸秩序失控现象。由于政府组织的"自上而下"的行业协会、中介组织远远不能提供民营经济发展所需的协调与服务功能，在民营经济发达的浙江省，特别是温台地区，一种新的"自下而上"的中介组织形式——民间商会承担了民营经济发展中所必须的行业协会、中介组织功能。以民间自治性、服务性以及专业化为特点的民间商会代表行业整体利益，通过协调有关各方关系，以追求整个行业或集团的总体利益最大化。从 1988 年第一批民间商会——温州市三资企业联合会、温州食品工商企业同业公会、温州百货同业商会等宣告成立至今，已经15 年的发展历程。这些逐步完善的民间商会组织，是推动浙江省民营经济的繁荣发展、民营企业出口持续快速增长的关键因素。因此，应借鉴浙江经验，推进商会、协会的改革，以生产同类商品的生产企业也即"产业"为概念基础，重组商会、协会，要注意培育商会、协会的共同代理、卡特尔等重要功能，修改《反不正当竞争法》和草拟中的《反垄断法》，给予商会、协会等组织在出口贸易方面的"垄断"豁免权。同时注重以下功能的培育：

目前世界各国的外贸促进中介机构及其活动方式包括：（1）协会，主要活动方式为咨询与顾问、小型座谈会、讲座与讨论会、贸易促进与沟通等；（2）商会，作为经营同类商品进出口活动者之间的合作协调机构，其活动方式是协调、监督和仲裁等；（3）交易会、展销会和洽谈会等；（4）贸易代表团、商务旅行团和项目考察团等；（5）专业事务所、咨询服务公司等。中介组织作为政府与企业、企业与企业之间的桥梁和纽带在中观层面进行协调服务，为政府推动外贸设计政策方案、拟定战略、评定企业资信和促成外贸谈判等，组织会员企业实行自我管理、自我约束。推动进出口商会的改革，进一步发挥研究咨询机构的信息服务功能，为民营出口企业提供以下服务：产品和市场开发，包括贸易信息服务、外国市场和机会分析、市场资料情报准备、出口促销项目设计等；出口管理辅助，包括营销管理、运输与包装管理、出口服务管理，以及提供国际市场上的外贸交易会辅助人员、组织销售商代表团、寄发进口商联络邀请函等；其他服务，如中小民营企业支持项目、专业技能培训服务和质量标准控制服务等。

今后行业协会要尽快实现职能转变，从注重管理和控制的行政角色，转变为一种具有协调功能、谈判功能和行业约束功能的经济共同体。发挥行业协会作用，加强立案前辅导工作；完善官方与协会结合的产业损害预警机制，发挥其对产业和企业的服务功能；加强对外联系与交流，逐步与主要国家有关机构建立联系制度；加强与 WTO 有关机构的联系，积极参与争端解决有关事务。努力使行业协会成为真正的自律组织，充分利用其在实施反倾销、反补贴和保障措施过程中的发动者和举证者的地位，发挥其在保护国内产业、支持国内企业增强国际竞争力方面的重要作用。

四、构建外经贸信息服务体系，为外经贸体制创新提供技术平台

1. 启动出口企业上网工程，积极支持和引导民营出口企业上网开展国际电子商务，推动企业走信息化的道路

帮助企业制订和采用通用性强的信息化解决方案，开拓国际市场，扩大网上交易。加快国内外企业间大型电子商务交易平台的建设，协助企业建立相对可靠、稳定的贸易供需链，增强企业获得商务信息的能力。与海关、银行、外汇管理局、税务等部门共同研究解决在电子商务过程中的电子支付、外汇结算、税收等问题，建设良好的电子商务环境。改进电子商务中的物流环境，建立对外贸易运输网络，使货物运输的订舱、单证传输、集装箱管理、船舶管理、货物跟踪、财务结算等重要业务采用国际标准的 EDI 单证传输，建立网上货物跟踪系统，简化交易程序，降低交易成本。

2. 健全外经贸等政府主管部门的电子政务体系

建立和完善外经贸各项业务管理的应用网络系统和各级政府外经贸主管部门机关办公自动化系统，建立政府和企业之间高效、便捷的沟通反馈机制，提高各级外经贸管理部门的政策透明度、管理效率和服务水平。加强外经贸重要数据库的建设，围绕外经贸管理、对外贸易、招商引资、信息服务等工作，为包括民营企业在内的进出口企业提供及时、准确的经贸政策法规、商务信息、市场行情等综合信息服务。

本章参考文献

1. 金祥荣：《浙江产品差异化进程中存在的问题与对策》，载于《温州论坛》，2003 年第 4 期。

2. 金祥荣等：《工业化进程中的浙江专业化产业区研究》，工作论文，2002 年。

3. 林毅夫、李永军：《出口与中国经济的增长：需求导向的分析》，载于《经济学季刊》，

2003 年第 2 卷第 4 期。

4. 孙早、鲁政委：《从政府到企业：关于中国民营企业研究文献的综述》，载于《经济研究》，2003 年第 4 期。

5. 梁能：《国际商务》，上海人民出版社 1999 年版。

6. 杨圣明：《中国对外经贸理论前沿》，社会科学文献出版社 1999 年版。

7. 乔治·J·施蒂格勒：《产业组织与政府管制》，上海三联书店 1989 年版。

8. 金祥荣等：《加入 WTO 与浙江经济体制创新》，浙江大学出版社 2001 年版。

第三篇

民营经济与企业
发展状况评价与
对策

第七章

民营上市公司治理状况评价

　　加入 WTO 以来我国民营经济得到迅猛发展，作为民营经济载体的民营企业无论在数量上、还是在质量上都取得重要突破，企业的制度形式从改革之初较单一的业主制、合作制向公司制发展。1992 年，香港华源电子科技有限公司发起的深圳华源实业股份有限公司正式在深交所上市，成为我国第一家民营上市公司，标志着我国民营企业进入到公司治理的新阶段，到 2006 年底，在深沪两市上市的民营企业已经达到 197 家。

　　日益增加的民营上市公司群体，有一个突出的现象非常引人关注，即民营上市公司在上市后绩效趋于下降，投资回报低。根据表 7 - 1 的绩效统计，从纵向上看，民营上市公司在上市后绩效存在波动，总的趋势是趋于下降。加权平均每股收益由 1993 年的 0.3956 元下降到 2004 年的 0.0674 元；加权净资产收益率由 1993 年的 13.44% 下降到 2004 年的 - 0.8051%，下降幅度很大。从横向上看，在 2000 年以前，民营上市公司的加权平均每股收益均高于总体上市公司；而 2001 年后局面出现了变化，民营上市公司的加权平均每股收益低于总体上市公司，加权净资产收益率也表现出同样的趋势。谢百三、谢曙光（2003）的研究表明民营上市公司的整体绩效低于非民营上市公司，在现有市场制度下没有表现出比国有上市公司更有效率。张俊喜、张华（2003）则认为在运营状况、盈利、资本结构和市场评价四个方面民营上市公司具有优势，不过良莠不齐、面临的风险大（参见表 7 - 1）。

表 7 - 1　　　　　　民营上市公司整体绩效（均值）表现
及其与全部上市公司比较

年份	加权平均每股收益（元）		加权净资产收益率（%）	
	总体	民营	总体	民营
1993	0.33	0.3956	13.55	13.44
1994	0.32	0.4720	14.06	14.96
1995	0.25	0.3862	10.8	14.15
1996	0.23	0.2938	9.59	11.31
1997	0.2726	0.2828	11	11.37
1998	0.1993	0.2349	7.97	9.69
1999	0.2069	0.2417	8.31	10.42
2000	0.1754	0.2170	6.95	8.71
2001	0.1369	0.0420	5.56	1.76
2002	0.1481	0.096	5.82	3.22
2003	0.1953	0.128	7.37	4.63
2004	0.1421	0.0674	4.59	- 0.8051
2005	0.1434	0.0683	4.23	- 0.7702

注：数据是我们根据南开大学民营上市公司数据库（2004）及谢百三、谢曙光：《关于中国民营上市公司低绩效问题的深层思考》（《财经科学》，2003 年第 1 期）和谢百三、陆梅婷：《深圳中小企业板的实质是民营企业板》（《价格理论与实践》2004 年第 7 期）以及 2006 年上市公司年报整理。

市场竞争是影响企业绩效最直接的因素，民营上市公司主要来自家族企业或是民营化的中小型国企，这些企业往往都是处于竞争性行业，与具有不同程度的政府依赖性（Nee，1992）非民营上市公司相比，在资源取得上具有劣势，这可能在一定程度上影响了其绩效的提升。但是，民营上市公司由于解决了"产权不清"、"所有者缺位"的原国有企业存在的问题，比非民营上市公司具有更强的"企业家精神"会在一定程度上抵消外部环境的消极影响，因此，有必要把分析的视角转移到影响民营上市公司绩效的组织因素上。谢百三、谢曙光（2003）曾提出股权分置产生大股东与小股东之间的"代理问题"，进一步影响了企业绩效的提高，但没有对其内在的机制进行深入分析。谢玲芳、吴冲锋（2003）以沪深两地 276 家民营上市公司为样本检验了治理结构与绩效之间的关系，得出董事会中控股股东所占席位与公司价值负相关关系得结论。这些研究表明民营上市公司的公司治理已经成为影响企业绩效的不可忽视的组织因素，这也是民营企业成长过程中必须要解决的一个问题。

民营企业成为上市公司说明已经寻找到自己的"生态位"（Hannan and Freeman，1998），这也是缩减外部环境不确定性的过程，此时，能否有效地通过内部组织因素的调整适应环境的变化已经成为关键因素，而其中起决定作用的就是公司治理，公司治理有问题往往会降低组织的这种调整能力。如唐清泉（2002）指出民营企业存在着由于缺乏对"外人"的信任机制而产生"任人唯亲"的现象。这一方面会提高"任人"的机会成本，带来组织调整能力弱化，而对外人产生信任的基础就是健全的治理机制。储小平（2002）从信息取得的角度分析了民营企业在组织上的封闭性，即业主不会轻易让非家族成员的经理掌握全面的信息，而影响了组织效率。但确实存在另一种情况，一旦非家族成员的经理获得信息可能会另立门户成为竞争者，因此在家族与非家族成员之间的委托代理上存在着严重问题。而最近的研究指出在民营上市公司的家族内部也存在"代理问题"，如王志明、顾海英（2004）对 94 家民营上市公司进行了实证研究，得出民营上市公司初期"契约治理"发挥了积极作用，但由于"利他主义"产生了家族成员间的"代理问题"而影响组织绩效。王明琳、周生春（2006）进一步验证了民营上市公司中"利他主义"对企业绩效的负项影响。

通过上述对民营上市公司的进行的理论与经验研究结果的分析，种种迹象表明我国民营上市公司的公司治理是一个复杂而又尚须深入研究的课题。复杂性体现在多重利益相关者网络产生的多重代理问题，目前我们对这种复杂问题背后的内在机理还缺乏清晰而全面的认识。因此，作为认识问题的逻辑起点，客观评价民营上市公司的公司治理机制，发现、归纳特定的规律，对于我们正确认识民营上市公司治理的本质特征是至关重要的。

第一节　民营上市公司治理的分析框架

1992 年深华源（000014）上市，标志我国第一家民营上市公司诞生。1998年民营企业希望集团经过股份制改造后成为上市公司（新希望，000876），标志着民营企业进入证券市场有了实质突破，民营上市公司的数量逐渐增加，但民营企业上市仍受到"额度管理"的限制。自 2000 年开始，我国的上市方式从审批制转为核准制，推动了股票市场发行制度的市场化进程，为民营企业上市创造了良好的制度环境，民营上市公司进入快速增长阶段。

259

7.1.1 民营上市公司的基本特征

一、多种上市方式并存

民营上市公司的上市方式可以分为三种：首次公开募股（Initial Public Offering, IPO）、买壳上市、管理层收购（MBO）。1997 年以前，IPO 一直是民营企业上市的主要方式，以支持国有企业解困融资为指向的证券市场对于民企具有较高的进入壁垒，到 1996 年民营上市公司仅占全部上市公司的 4.24%。民营企业往往面临着资金约束，对证券市场的直接融资具有很强的需求，为了克服 IPO 的障碍，买壳上市作为一种新的手段被部分民企采纳，1994 年开始出现民营企业买壳上市，1997 年后通过买壳上市的民营企业上市的数量逐渐增加。随着国有经济的战略性调整、"抓大放小"战略的实施，部分中小型国有企业通过 MBO 进行了民营化改制，以 MBO 方式上市的民营企业开始在 1999 年出现，这部分比例一直很低，这主要是由于国家还未颁布相关法规、政策，今后 MBO 的具体实施方式还有待于进一步探讨。

表 7 - 2 简要描述了 1992~2002 年民营上市公司的发展历程。10 年中，上市民营数目以年均增长率 83.8% 的速度高速增长。在所有的 197 家民营企业中，通过 IPO 直接上市的有 71 家，占总数的 36%；通过管理层收购（MBO）而间接上市的有 6 家，占总数的 3%；通过买壳上市的有 120 家，占总数的 61%。

表 7 - 2   1992~2002 年民营上市公司概况

年份	IPO	买壳	MBO	总计	上市公司总数	民营公司数	民营所占比例
1992	1	0	0	1	53	1	1.89
1993	2	0	0	2	183	3	1.64
1994	4	2	0	6	291	9	3.09
1995	0	0	0	0	323	9	2.79
1996	10	4	0	14	530	23	4.24
1997	9	12	0	21	745	44	5.91
1998	5	22	0	27	851	71	8.34
1999	9	22	2	33	949	104	10.96
2000	18	23	2	43	1 088	146	13.42
2001	12	10	1	23	1 160	169	14.57
2002	2	25	1	28	1 224	197	16.09

资料来源：张俊喜、张华：《民营上市公司的经营绩效、市场价值和治理结构》，载于《世界经济》，2004 年第 11 期，第 2 页。

二、泛家族控制特征

我国的民营企业中往往具有家族企业色彩，上市后家族股份往往占有很大的比例（图7-1），如"天通股份"是我国首家以自然人身份控股的上市公司，潘广通及其子潘建清共以21.48％的持股比例成为第一大股东，他们通过改制成为企业实际控制人。

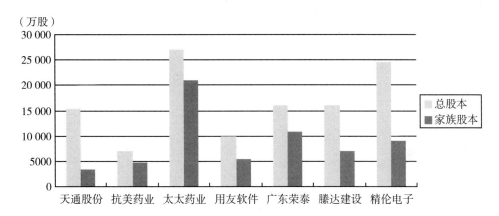

（万股）

图例：
- 总股本
- 家族股本

天通股份　抗美药业　太太药业　用友软件　广东荣泰　滕达建设　精伦电子

图7-1　几家民营上市公司中家庭股本在总股本中的比例

在这种情况下民营上市公司体现出家族控制的特征，家族性控股股东行使决策权的积极性较高，因此民营上市公司的董事长或者总经理多是大股东的直接代表或者控股股东本人，因此经理人的利益与控股股东的利益高度一致。而且民营上市公司可以解决国有企业存在的"所有者缺位"的问题，可以最大限度地降低经理人的"道德风险"，实现预算的硬约束。据统计，2002年民营上市公司的平均资产负债率为23％，远低于国有控股上市公司40％的资产负债率，显示出民营上市公司投资风险比较小。因此，在民营上市公司中，主流委托代理理论所强调的代理成本是很低的。而董事会、监事会以及经理层的大多数成员也由家族性控股股东或者相关家族成员担任，民营上市公司的家族性控制体了"资合"和"人合"的双重特征（见表7-3）。

同时，为了强化控制能力，民营上市公司可能会排斥大量非家族成员进入公司的核心管理层，例如香港创业板上市的民营企业浙江玻璃的两名原执行董事退出后，现有董事会执行董事已经全部为家族成员构成。此外，民营上市公司的连锁高管的现象十分普遍，即上市公司的董事、监事等高管同时担任关联公司的高管，基于连锁高管，民营上市公司与相关企业构成了广度和密度都在不断加剧企业群。

表7-3　　　　　　　　部分民营上市公司家族控制状况

上市公司名称	家族成员	职务	持股比例（%）	持股方式
广东榕泰	杨启昭	董事长	37.5	间接
	朴索娟（妻）	—		
	李林楷（婿）	副董事长，总经理	27.81	
	杨翕静（女）	监事	1.88	
	黄勉（婿）	副总经理		
健康元（原太太药业）	朱保国	董事长	47.54	间接
	刘广霞（妻）	副董事长	4.90	
	刘苗（母）	深圳销售副经理	19.19	
	朱保安（弟）	董事	2.33	
天通股份	潘广通	董事长	11.03	直接
	潘建清（子）	副董事长兼总经理	10.45	
	潘美娟（女）	深圳销售副经理	1.35	
	潘建忠（子）	采购部原材料采购副经理	1.20	
	杜海利（媳）	总经理办公室副主任	0.89	
传化股份	徐冠巨	董事长	24.58	直接
	徐冠巨	董事	14.71	
	徐传化（父）	—	13.75	

资料来源：张建伟：《政治结构、关系网络与证券市场治理结构转型》及相关资料整理。

三、普遍采用集团治理结构

我国民营上市公司一部分来自国企民营化过程中由经营者持大股或 MBO 转型而来，另一部分是民营企业的 IPO 或买壳上市，无论是哪一类民营上市公司的所有者面临着资本约束，这与可以得到行政资源支持的国有资产代理人存在很大的差异，也面临着更大的来自环境的不确定性，因此，在克服资源依赖、缩减环境中的不确定性目标的指引下，民营企业具有较强的上市激励，这个过程中集团结构成为一个重要的手段。所谓集团结构，就是指投资人通过层层控股、交叉持股形成的控制形态。

集团结构能够产生对资源控制的杠杆效应，即控制权不用依靠过半数股权，通过少数股权权益形成的所有权就可以维持合法的控制权，控制巨额的财富。如伯利和米恩斯（Berle &Means，1932）举的例子，斯沃灵根兄弟通过集团控制用不到 2000 万美元的投资控制了 20 亿美元的 8 家一级铁路公司。黄福广、齐寅峰（2001）也论证了随着集团控制中的层级越高、杠杆效应就越强。因此，利用集团控制的杠杆效应就成为民营企业突破资源依赖的重要手段，而采取交叉持股、层层控制的集团控制形态，可以减低投资风险、更易于管理环境中的不确定性。因此，在民营上市公司中多存在着家族集团治理的现象，如德隆系的家族集团治理。唐氏四兄弟在 1996 ~ 2001 年的五年时间里，通过股权收购成为"新疆屯河"、"湘火炬"、"合金投资"、"ST 中燕"，每个上市公司的治理结构已经嵌入在以家族控制为基础的集团网络中，形成错综复杂的集团治理结构。

20 世纪 90 年代以来，集团控制受到人们的批判，指出集团控制存在着资源分配的非效率（Scrfstein and Stein，2000）。尤其在亚洲的家族企业集团中，史莱佛和维什尼（Shleifer &Vishny，1997）指出，控制性家族通过处于集团顶端的家族企业直接或间接地控制多家上市公司实施治理行为，此时的代理问题已经从所有者与经营者之间转移到控制性家族股东与中小股东之间，尤其是当控制性家族股东在企业中拥有较少股权时，会采取管理者沟壑行为（management entrench-ment）来追求家族目标和私人权益。而默克和杨贤（Morck &Yeung，2004a，2004b）进一步指出，集团结构中控制性家族股东的代理问题比一般公司治理中的职业经理人代理问题更加严重，因为一般上市公司中职业经理人受到资本市场、产品市场的约束，敌意接管、股东诉讼与问责等压力都会迫使经理人离职。但是，在家族集团结构中，当家族直接或间接控制的股权超过 50% 时，由于"家族契约"以及家族股东强力控制的存在，控制性股东与经理人往往存在"合谋"，而中小股东无法驱逐背离自身利益的控制性家族股东及经理人，上述公司治理机制就会失效。

家族集团控制往往会诱发"隧道行为"（Tunneling）的产生（Johnson and La Porta，2002），即在控制性家族的授意下，集团内部公司之间会发生有利于家族利益的资产转移，把现金流主要指向社会股东的成员公司资产转移到现金流主要指向控制性家族股东的成员公司。产生"隧道行为"的根源，一方面来自个体因素，由于企业家精神和天赋不能继承，因此控制性家族的继承人更愿意借助自身的财富和影响力，通过侵占外部小股东利益、政治寻租等途径，而不是通过创新来获取竞争优势（Morck & Yeung，2003）。另一方面来自组织因素，即集团结构会对控制性家族的收益结构产生影响，如约翰森和拉波塔（Johnson & La Porta，2000）指出的控制权和现金流权的偏离越大越会激励控制性家族追求私人收益。

7.1.2 民营上市公司中的代理关系

一、家族企业代理关系的"三环模型"

从更为宽泛视角来看，无论哪一种民营上市公司都是一个泛家族企业（李新春，2005），塔格里荷和戴维斯（Tagiurihe and Davis，1982）构建的家族企业治理三环模型（见图7-2），为分析民营上市公司的代理问题提供了一个参考框架。图7-2中，上环表示所有者，左下环表示家族成员，右下环表示经营者；F表示单纯家族成员，O表示单纯所有者，M表示单纯经营者；FO表示家族所有者，FM表示家族经营者，OM表示外部所有—经营者，FOM表示家族所有—经营者。

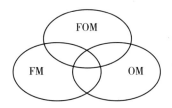

图7-2　家族企业治理三环模型

资料来源：Tagiuri, R. & J. Davis, 1982, "Bivalent attributes of the family firms", Working paper, Harvard Business School, Cambridge, MA.

依据三环模型，可以归纳出家族企业中主要存在以下几种代理关系：

（1）家族所有者（FO、FOM）与家族经营者（FM）之间的代理关系；（2）家族所有者中的控制性股东（FO、FOM）与其他家族所有者（FO、FOM）之间的代理关系；（3）家族所有者（FO、FOM、FM）与非家族经理人（M）之间的代理关系；（4）作为控制性股东的家族所有者（FO、FOM）与作为中小股东的非家族所有者（O、OM）之间的代理关系。（5）非家族中小股东（O、OM）与家族经理人（FOM、FM）之间的代理关系；（6）非家族中小股东（O）与非家族经理人（M）之间的代理关系；（7）家族经理人（FOM、FM）与非家族经理人（M）之间的代理关系。

二、我国民营上市公司复杂的代理关系

在我国民营上市公司中主要的代理问题是控股股东与中小股东之间（第（4）类）以及家族成员之间（第（1）类、第（2）类）。如邵国良、田志龙

（2005）以 114 家民营上市公司为样本进行的实证分析表明，以控股股东与中小股东为主要代理问题的占 31.3%；以所有者与经理人为主要代理问题（三环模型中的第（5）类）的占 7.83%。而所有权、控制权与经营权高度集中的占到 57%，作者据此得出民营上市公司多数不符合现代企业制度的要求，但从主流委托代理来看，这部分应该是代理成本最小的、最有效的治理模式。如果我们回到三环模型，就会发现这样的分析忽视了家族成员内部的代理问题。舒尔茨（Schulze et al.，2001）基于 1376 家家族企业相关数据的实证研究表明，由于存在利他主义和业主的自我控制问题，家族成员内部同样存在着代理问题。

家族成员把家庭中的利他主义带入民营上市公司，有利于培养彼此的忠诚并对企业长期目标做出承诺，降低代理成本。利他主义会促使在家族企业中供职的每一个家族成员成为事实上的企业所有者，每个家族成员都怀着拥有家族资产剩余索取权的信念，有效运用家族内部的人力资源、个人积蓄以及家族成员的外部社会资本。由于利他主义的存在，因此就像管家理论所认为的那样家族代理人会像所有者那样尽心尽职，委托人和代理人之间具有完美的双向利他主义，视对方的利益为自己的利益。但是，舒尔茨（Schulze et al.，2000；2002；2003a）认为，在企业度过初创期以后，尤其是成为上市公司之后，利他主义会产生"逆利他"现象，即家族代理人搭便车、"自我控制"等代理问题，并且与所有者控制和经理人控制交织在一起导致一系列复杂的代理问题，此时的代理成本会抵消利他主义所节省的费用。

因此，在我国民营上市公司中存在着更为复杂的代理关系，这种复杂的代理关系会如何影响上市公司的治理结构，上市公司的治理机制会体现出哪些特征和规律，这是研究民营上市公司必须要面对的富有挑战性的课题。

7.1.3　治理结构、终极控制人行为与企业绩效：理论框架

民营上市公司的集团控制形态产生以后如何影响终极控制人的行为、如何影响上市公司的治理结构，只有对这些问题进行深入的分析，才能够更准确地把握集团控制的内在机理。行为主体的效用函数决定了其行为选择，作为问题的研究起点，先从影响终极控制人行为的收益目标入手。

一、收益结构、收益成本与终极控制人行为

终极控制人在上市公司中的收益结构包括两个部分：一是控制权收益；二是现金流收益。控制权收益是终极控制人通过对上市公司控制权的行使而占有的全部价值，包括自我交易、对公司机会的利用、利用内幕交易所获得的全部收益、

过度报酬和在职消费等（Grossman & Hart，1988），Dyck and Zingales（2001）把它定义为公司中只能由终极控制人享有而中小股东不能分享的利益。现金流收益则为因对公司持有股份而获得的股息收入。很多研究表明当控制权收益占终极控制人收益结构中较大比例时，其行为具有很强的侵占效应；现金流收益占较大比例时，其行为具有监督效应。如拉波塔（La Porta，1998）等的研究结果证明了控股性股东的现金流收益越大就越会致力提升公司的价值，中小股东可以搭便车享受其监督努力带来的好处（监督效应）；而当控股性股东控制收益越大时，就会激励其采取"隧道行为"，损害上市公司的价值（侵占效应）。因此，可以通过控制权收益与现金流收益二者的比较来衡量终极控制人的行为具有监督效应还是侵占效应。

对于民营上市公司终极控制人而言，无论选择什么行为都是追求自身效用最大化的结果，其民营性质的大股东身份决定了其既不能追求纯粹的控制权收益、也不会追求纯粹的现金流收益，而是二者的组合，这样它的效用函数为 $u(R_x, R_y)$，R_x、R_y 分别为控制权收益与现金流收益的数量[①]，由于其受到资源的约束，有 $\Delta R_x/\Delta R_y < 0$，控制权收益的增加会带来其现金流收益的减少。

终极控制人面临的问题是：

$$\max u(R_x, R_y)$$
$$s.t.\ C_1 R_x + C_2 R_y \leqslant I$$
$$R_x > 0$$
$$R_y > 0$$

这里 I 为民营上市公司终极控制人投入的资源，$C_1 R_x + C_2 R_y \leqslant I$ 表示其面临的资源约束，无论是掌握控制权还是经营权，在获得收益的同时都要支付成本（Burkart，Gromb & Panunzi，1997），C_1、C_2 分别为民营上市公司终极控制人为获得一单位控制权收益、现金流收益的努力（成本），这样，终极控制人最优的效用均衡点为效用曲线与约束线的切点。

图 7-3 是关于终极控制人如何实现均衡收益的说明，为了客观的分析终极控制人行为的内生性，假定其对两种收益的偏好是一致的，即效用曲线 U 关于 OB 对称，其中，OB 线是控权收益与现金流收益相等点的轨迹。按照给定的前提条件，OB 线以左为侵占效应占优区；OB 线以右监督效应占优区。AB 是资源约束线，当终极控制人把所有资源用于控制权收益的获得时，可以得到 I/C_1 个

[①] 由于上市公司壳资源的稀缺，民营上市公司终极控制人往往具有较强的"保壳"动机，其追求控制权收益的最大限度为不使现金流收益为零，若上市公司出现亏损，终极控制人会通过盈余管理扭亏，因此假设 $R_y > 0$，显然 $R_x > 0$。

单位；而把所有资源用于现金流收益的获得时，可以得到 I/C_2 个单位。当均衡点为 E_1，即其行为在侵占效应区时，此时，$I/C_1 > I/C_2$，即 $C_2 > C1$，可见，收益成本是影响终极控制人行为选择的主要因素。若此时通过外在的压力促使其选择 E_2，虽然其行为产生了正效应，但降低了终极控制人的效用水平，显然是不稳定的。只要 $C_1 < C_2$，终极控制人为了实现自己的效用最大化，必然会追求更多的控制权收益，其行为产生更大的侵占效应。

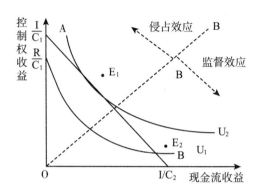

图 7－3　收益均衡模型

对收益成本的影响，一方面来自外部监管的力度及市场竞争压力因素（Nickell，1996）；另一方面来自民营上市公司终极控制人内部组织方面，包括集团控制及上市公司治理结构等因素。本部分下面将重点分析集团控制、治理结构因素对收益成本的影响。这样，通过收益成本把集团控制与上市公司的治理结构有机地联系起来。

二、集团控制对终极控制人行为的影响

在集团控制结构下，由于存在控制权与现金流权的偏离[①]（La Porta，1999），使得一单位资源的投入产生的控制权收益大于现金流收益，即产生一单位控制权收益的投入小于产生一单位现金流收益的投入——$C_1 < C_2$，因此有 $I/C_1 > I/C_2$，此时，民营上市公司终极控制人的收益结构曲线如图 7－3 中 AB 所示。在既定资源的约束下，终极控制人在 E_1 点达到最大化的效应水平 U_2，此时，E_1 位于 OB 曲线的左侧，表明终极控制人的行为具有很强的侵占效应。若终极控制人选择具有正外部性的行为，如 E_2 点，此时达到的效应水平为 U_1

---

①　按照拉波塔（La Porta，1999）提出的计算方法，控制权为 CON = min（α_1，α_2，…，α_n），α_1，α_2，…，α_n 分别为控制链上各公司间控股比例，现金流收益为 CASH = $\prod \alpha_i$（i = 1，2，…，n），i 为控制层级，在集团控制条件下，随着控制层级增加出现 CON > CASH，称之为控制权与现金流权的偏离。

（$U_1 < U_2$），没有实现其效应最大化的目标，因此，选择 E_1 点是其理性的选择。可见，在集团控制结构下，随着控制权与现金流权的偏离程度越大，控制权收益的成本就越低，越激励终极控制人采取侵占效应行为而损害公司绩效（即在图 7-3 中，随着控制权收益的成本 C_1 下降，均衡点 E_1 距 OB 越远，终极控制人行为的侵占效应就越强）。

三、治理结构与集团控制对终极控制人行为效应的综合影响

良好的治理结构能够对终极控制人的行为产生约束，本部分将在集团控制的基础上进一步引入股权结构、董事会结构两方面因素，探讨集团控制条件下民营上市公司的治理结构会对终极控制人的行为产生什么影响。

仅从上市公司这一层面而言，依据股权制衡理论，集中的股权结构难以产生制衡力量，控股股东实施增加控制权收益但对企业无效率的项目的成本就会降低，带来控制权私人收益的增加。而当有多个大股东存在时，股东间的制衡会增加控制性股东的控制权收益的成本，使之采取监督效应的行为（Gomes & Novaes，2005）。许多实证研究表明，股权在大股东间的分布越平均产生的制衡力量越强（Laeven & Levine，2004；Maury & Pajuste，2005）。但股权结构的内生性表明一个公司股权是集中的、还是分散的，取决于控股股东效用最大化的目标。一般情况下，股权结构即是控股股东在由股权分散所带来的股票二级市场流动性收益与股权集中所形成的对经理人有效监督的收益二者间选择的结果，是风险承担与控制的权衡。

已有对股权结构与公司绩效关系的实证研究往往忽视了集团控制的因素，如图 7-4 所示，从股权制衡的角度出发，对于上市公司用友软件的第一大股东北京用友而言，其他几位大股东能够对他形成有力的约束，但事实上这些大股东同北京用友是"一致行动人"，他们同属一个终极控制人——王京文，因此不存在制衡力量。

民营上市公司的终极控制人出于对上市公司的有效控制、同时分散风险的考虑，主动选择了如下的股权结构：股权结构中既有几个大股东同为一个终极控制人控制（称之为：内部股东集团）；也存在与终极控制人无关的其他大股东（称之为：外部股东集团）。

在集团控制条件下，当外部股东集团具有很强的力量时，就会促使终极控制人采取正效应行为，正如尼克尔、尼克里特塞斯和德赖登（Nickell，Nicolitsas & Dryden，1997）等提出外部控股股东比内部控股股东更能确保企业实现价值最大化目标，此时，终极控制人行为的均衡点（见图 7-4）由 E_1 移至 E_2，终极控制人的效应水平由 U_1 下降到 U_2。而当内部股东集团占有很大的比例或大股东最

后同为一个终极控制人支配，导致成本增加的股权制衡因素就不存在了，反而会进一步降低控制权收益成本，进而强化终极控制人行为的侵占效应，控制权收益成本由 C_1 降到 C''_1 时，终极控制人为了达到更高的效应水平 U_3，其行为的均衡点由 E_1 移至 E_3。

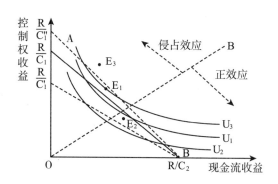

图 7 - 4　均衡收益的变动

因此，在集团控制结构下，当内部股东集团占有很大比例时会进一步降低取得控制收益的成本，强化终极控制人行为的侵占效应而损害公司绩效（即在图 7 - 4 中，随着内部股东集团比例增加，促使取得控制权收益的成本由 C_1 下降到 C''_1，均衡点由 E_1 移至 E_3，终极控制人行为的侵占效应进一步加强）。

下面，进一步引入董事会因素，来分析在股权结构、董事会结构共同作用下，集团控制如何影响民营上市公司终极控制人的行为。董事会作为解决组织内部契约问题的内生机制，在监督公司的长期战略和聘任、考核与激励高管人员等方面发挥着作用，董事会监督可以提高公司的决策质量（Fama & Jensen，1983；Hermalin & Weisbach，2001）。我国的公司治理改革一直是以董事会的制度建设为核心向前推进，由于屡屡发生的大股东"掏空"事件，2002 年中国证监会和国家经贸委联合颁布《中国上市公司治理准则》，正式提出提高董事会独立性的要求。如果董事会具有很高的独立性，外部董事占有很高的比例并能有效地代表其他股东的利益，此时终极控制人的任何私利行为都面临着暴露的风险，这样就增加其获得控制权收益的成本。

如图 7 - 4 中控制权收益成本由 C_1 升到 C'_1，其行为的均衡点由 E_1 移至 E_2，E_2 点表明终极控制人的收益结构中现金流收益大于控制权收益，行为具有较强的监督效应，但此时终极控制人的效用水平由 U_1 降到 U_2，因此 E_2 点是不稳定的，终极控制人会强化对董事会的控制以此来降低控制权收益成本，提升其效用水平。拉波塔（La Porta，1998）曾指出终极控制人强化其控制权的重要方式就是掌握董事会一定比例的席位、亲自担任董事长等，此时终极控制人行为的均衡

点为 E_3 而不是 E_2。随着外部董事比例增加，促使取得控制权收益的成本由 C_1 下降到 C''_1，均衡点由 E_1 移至 E_3，终极控制人行为的侵占效应进一步加强。

在集团控制条件下，终极控制人会加强对董事会的控制来降低控制权收益的成本，因此，外部董事的比例越高则越强化其行为的侵占效应而损害公司绩效。

第二节　民营上市公司股权结构与股东行为评价

股权结构是有效公司治理的基础，对其他治理机制的运作及公司绩效的提高均有重要的影响。随着公司发展中所有权与控制权的分离，公司治理就面临着两类委托代理问题。第一类是由于两权分离所产生的代理问题，即所有者——管理者之间的代理问题。特别地，在股权结构高度分散的条件下，由于任何单个股东都难以对经理层实施有效监控，而分散股东又难以联合起来采取一致行动，此时经理层掌握了公司实际控制权，机会主义行为严重。在这种情况下，公司代理成本较高，并会对公司绩效带来不利影响。此时公司治理的目标就是如何使作为代理人的经理层能够从股东利益的角度实施行动，从公司价值最大化的角度进行决策，努力实现股东价值最大化，降低所有者—管理者代理成本。第二类是由于股东结构的多元化和股东结构的不对称性所致，即大股东—小股东之间的代理问题。特别地，在股权结构高度集中并存在控股股东的条件下，一方面，控股股东要承担由公司经理层做出有损公司价值的决策而导致的大部分成本（Demsetz & Lehn，1985），因此他们有动力和能力去监督经理层，并承担监督行为的全部成本，而收益则由所有股东共同分享，其他股东可以"搭便车"，这就是控股股东的"援助之手"。另一方面，由于控制权私有收益的存在，控制股东有动机利用其控制权来干预企业采取有利于自己而不利于其他非控股股东利益的行为，即"隧道行为"，从而侵蚀到整体的公司价值。当控股股东凭借其控制地位获取私有收益的动机增强，引发侵占公司资源、损害公司价值的行为时，控股股东就会独享侵占所获的全部收益，而成本却由所有股东共同分摊，其他股东利益会因此而受损。这就是控股股东的"攫取之手"。控股股东到底会采取何种行为，须视具体的公司治理机制和外部监管环境条件下这两种行为的成本—收益关系而定。因此，分散的股权结构会引致较高的所有者—管理者代理成本，适当集中的股权结构可以有利于股东对代理人实施有效的监督，降低所有者—管理者代理成本；但同时，股权的高度集中又会产生另一种交易成本，即隧道效应。所以，有效的公司治理机制要综合权衡股权分散和股权集中所带来的代理成本问题，以使总的代理成本最小化。

基于上述视角的分析所隐含的假设是，只有公司第一层股东间的股权结构会对公司治理及公司绩效产生影响，忽视了公司终极控制问题及其可能对公司治理和绩效的影响。在存在终极控制股东的情况下，终极控制股东可能通过复杂的持股形式对公司实施间接控制，此时仅仅考虑第一层股权结构就难以科学分析其对公司治理及其绩效的影响。一般情况下，在不存在终极控制即只存在一层股权结构的情况下，股东的现金流权与控制权是相对称的；即使不一致，其偏离程度一般较小。在存在终极控制的情况下，由于终极控制股东大多采用交叉持股或塔式持股而对公司进行控制，从而导致其现金流权和控制权发生偏离。在现金流权和控制权不对称的情况下，终极控制股东侵蚀公司利益的成本更低，而获得的收益更大，因此其侵占动机会更强。终极控制股东的行为会对公司治理和公司绩效产生重要影响。

7.2.1 股权结构对公司绩效的影响：文献综述

针对股权结构可能带来的各种代理成本问题，学者们分别从不同角度进行了探讨。合理的股权结构应该与特定的制度环境相适应，有助于总代理成本的最小化。股权结构与公司绩效关系的研究可总结见表 7－4。

表 7－4　　　　　　关于股权结构与公司绩效的研究

研究者	研究结论
Berle & Means（1932）；Jensen & Meckling（1976）；Grossman & Hart（1988）	股权结构高度分散会降低公司绩效
Shleifer & Vishny（1997）；Holderness & Sheehan（1988）；许小年等（1997）；孙永祥（1999）；张红军（2000）；施东辉（2000）；徐晓东、陈小悦（2003）	适度的股权集中有利于公司价值的提高
Baraclay & Holderness（1989）；Wolfenzon and Daniel（1998）La Porta 等（1999）；Johson 等（2000）；Harris and Raviv（1988）；Claessens 等（2000）；叶银华 等（2002）；苏启林等（2003）；徐晋等（2005）	控股股东控制权和现金流权偏离度越高，越不利于公司价值的提高

研究者	研究结论
李维安等（2004，2006）；徐伟、武立东（2005）	股东行为指数越高，越有助于公司价值的提高
Winton（1993）；Bennedsen and Wolfenzon（2000）；Edwards and Weichenrieder（1999）；Volpin（2001）	存在多个大股东的竞争性股权结构有助于提升公司价值
Stulz（1998）；Morck，Shleifer，and Vishny（1988）；McConnell and Servaes（1990）；	管理层持股与公司绩效间存在非线性关系

资料来源：作者整理。

7.2.2 民营上市公司股权结构与公司绩效关系的实证分析

一、数据来源与变量定义

本部分的样本为 2005 年深市和沪市的 235 家民营上市公司，其中深市 85 家，沪市 150 家；数据来源于公司年报等公开披露的信息。在选取样本过程中，我们剔除了 ST 公司和深市中的中小企业板块。

根据上面的理论分析，为了验证股权结构与公司绩效间的关系，我们构造以下一些股权结构和公司绩效变量：

现金流量权（xjllq）：根据 La Porta（1999）提出的计算方法，在存在多层控股的情况下，终极控制股东的现金流权 $CASH = \prod \alpha_i$（$i = 1，2，\cdots，n$）。若有多重持股，则终极控制股东的现金流权等于所有每条控制链现金流权之和。

偏离度（pld）：在存在层层控制的情况下，其中一个上市公司可能被另一个（上市）公司所控制，而后者的控股份额反过来又可能直接或间接地通过这样类似的链条而落在某个终极所有者手中。终极控制权即指这种情况下终极控制股东对上市公司的控制权。按照拉波塔（La Porta，1999）提出的计算方法，金字塔式持股结构终极控制权为 $CON = \min（\alpha_1，\alpha_2，\cdots，\alpha_n）$，$\alpha_1，\alpha_2，\cdots，\alpha_n$ 分别为控制链上各公司间控股比例。有多重持股时，终极控制权比例等于所有的每条控制链投票权最小值之和。终极控制权和现金流权的偏离程度可以用终极控制权/现金流量权来衡量。

赫芬达尔指数（hindex）：指公司前五位大股东的持股比例的平方和。该指标的效用在于对持股比例取平方后，会出现马太效应，即比例大的平方后与比例小的平方后之间的差距拉大，从而突出股东持股比例之间的差距。普遍认为赫菲达尔指数是一个比较理想的指标，因为它一方面考察了股权集中度的高低和分布是否均匀，另一方面将持股人的持股比例转化成了无量纲的量，避免了单位量纲上的问题。本部分借鉴德姆塞茨（Demsetz）和莱恩（Lehn）的方法，也采用了该指标。H 指数越接近 1，说明前五位股东的持股比例差距越大。于东智（2001）用前五大股东计算了赫芬达尔指数，将 0.3 作为分界线，若大于 0.3 则认为前五大股东的持股比例不均衡。

内部股东人数（nbgdrs）：用终极控制股东一致行动人数表示。

贷款担保比例（dkdbbl）：用公司对外担保总额/公司净资产来衡量。

股东大会次数（包含临时股东大会）（gddhcs）：年度内召开的股东大会次数。

年度股东大会会议的出席率（gddhrsbl）：参加股东大会股东持股数/公司总股本。

另外，为了衡量公司绩效水平，我们采用如下两个指标：

托宾值（Tobin-Q）：对于企业价值指标，国外学者大多采用 Tobin'Q 来衡量公司价值，这是经济学家托宾（Tobin）提出的一个衡量公司绩效的参数，它等于公司的市场价值与公司资产的重置价值之比值。计算公司的市场价值时，应该为（公司股票价格乘以公司总股本）。由于我国上市公司的总股本中包含流通股和非流通股两类，如用每股市价乘以非流通股总数难免会高估非流通股份的市值。因此，本部分用每股市价的 0.8 乘以非流通股总数来计算非流通股份的市值，从而得到修正的托宾值。

总资产收益率（ROA）：对会计利润率指标，目前使用较多的绩效测量方法为净资产收益率（ROE），但该方法有容易被人为操纵的缺陷。一个明显的例子是，为了符合中国证监会配股公司 3 年净资产收益率必须超过 10% 的要求，许多公司人为操纵其数据（孙永祥、黄祖辉，1999）。而 ROA 与 ROE 相比则具有一定的不可操纵性，能够在一定程度上缩小企业盈余管理的空间。所以我们选取总资产收益率，其计算公式为：ROA = 净利润/总资产。

表 7 - 5　　　　　　　　　　变量名称及定义

变量名称	代号	定　义
托宾值	Tobin - Q	（权益市场价值 + 负债市场价值）/总资产账面价值
总资产收益率	ROA	净利润/总资产
现金流量权	Xjllqg1	$CASH = \prod \alpha_i$（i = 1、2、…，n）

273

变量名称	代号	定 义
偏离度	Pldg2	现金流量权/终极控制权
赫芬达尔指数	Hindexg3	公司前五位大股东的持股比例的平方和
内部股东人数	Nbgdrsg4	终极控股股东一致行动人数
贷款担保比例	Dkdbblg5	贷款担保额/净资产
股东大会次数	Gddhcsg6	年度召开的股东大会次数
年度股东大会会议的出席率	Gddhrsblg7	出席会议股东持股额/总股本

二、描述性分析

根据样本公司数据，分别对各变量进行初步统计分析，从中可以看出民营上市公司治理状况及其绩效分布。

1. 现金流量权

民营上市公司现金流量权分布和描述性统计如图 7－5 和表 7－6、表 7－7 所示。结果显示，样本公司现金流量权最小值为 0.01，最大值为 0.66，均值为 0.19，标准差为 0.12，公司间差异较小。57.02% 的样本公司现金流量权处于 0～0.2 之间，91.49% 的样本公司现金流量权处于 0～0.4 之间，现金流量权普遍较低。随着现金流量权的增加，样本公司越来越少。

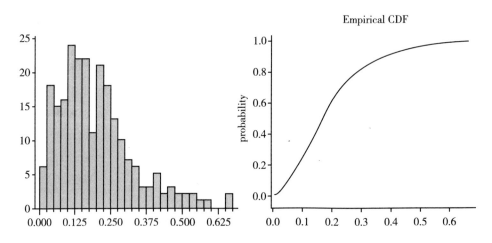

图 7－5 直方图和经验累积分布函数图形

表 7－6　　　　　　　　　　描述性统计量

均值	最小值	最大值	中间值	标准差	偏度	峰度
0.19	0.01	0.66	0.16	0.12	1.08	4.2

表 7 – 7 现金流量权分布状况

Value	Count	Percent	Cumulative Count	Cumulative Percent
[0, 0.2)	134	57.02	134	57.02
[0.2, 0.4)	81	34.47	215	91.49
[0.4, 0.6)	18	7.66	233	99.15
[0.6, 0.8)	2	0.85	235	100.00
Total	235	100.00	235	100.00

2. 内部股东人数

民营上市公司内部股东人数分布和描述性统计如图 7 – 6 和表 7 – 8、表 7 – 9 所示。结果显示，样本公司内部股东人数最小值为 0，最大值为 6，均值为 1.69，标准差为 1.21，公司间差异较大。64.68% 的样本公司内部股东人数为 1 人，84.68% 的样本公司内部股东人数为 1~2 人，内部股东现象比较普遍。

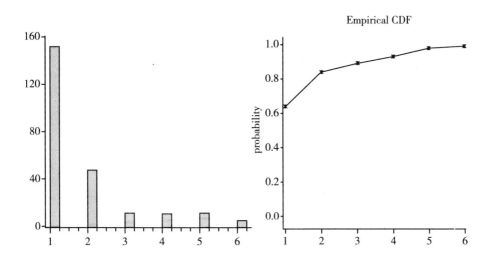

图 7 – 6 直方图和经验累积分布函数

表 7 – 8 内部股东人数描述性统计

均值	最小值	最大值	中间值	标准差	偏度	峰度
1.69	1	6	1	1.21	1.96	6.04

表 7 - 9　　　　　　　　内部股东人数分布状况

Value	Count	Percent	Cumulative Count	Cumulative Percent
1	152	64.68	152	64.68
2	47	20.00	199	84.68
3	11	4.68	210	89.36
4	10	4.26	220	93.62
5	11	4.68	231	98.30
6	4	1.70	235	100.00
Total	235	100.00	235	100.00

3. 偏离度

民营上市公司控制权与现金流量权偏离度描述性统计与分布如图 7 - 7 和表 7 - 10、表 7 - 11 所示。结果显示，样本公司偏离度最小值为 0，最大值为 0.61，均值为 0.15，标准差为 0.12，公司间差异较小。72.34% 的样本公司偏离度低于 0.2，95.32% 的样本公司偏离度低于 0.4。尽管部分样本公司偏离度较低，但整体来看，大量样本公司都存在严重的控制权与所有权偏离度，民营上市公司偏离状况普遍较高。偏离度越高，公司分布越多。

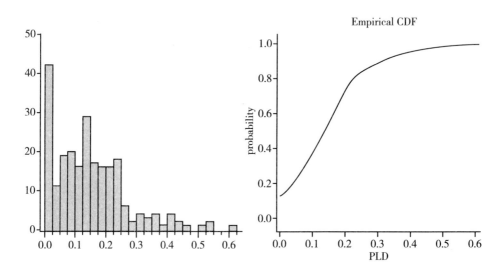

图 7 - 7　直方图和经验累积分布函数

表 7 - 10　　　　　　　　偏离度描述性统计值

均值	最小值	最大值	中间值	标准差	偏度	峰度
0.15	0	0.61	0.14	0.12	1.05	4.2

表 7 –11   偏离度分布状况

Value	Count	Percent	Cumulative Count	Cumulative Percent
[0, 0.2)	170	72.34	170	72.34
[0.2, 0.4)	54	22.98	224	95.32
[0.4, 0.6)	10	4.26	234	99.57
[0.6, 0.8)	1	0.43	235	100.00
Total	235	100.00	235	100.00

4. 贷款担保比例

民营上市公司贷款担保比例描述性统计与分布如图 7 –8 和表 7 –12、表 7 – 13 所示。结果显示，样本公司贷款担保比例最小值为 0，最大值为 16.11，均值为 0.3，标准差为 1.18，公司间差异较大。99.15% 的样本公司贷款担保比例处于 0 ~ 5 之间。尽管部分样本公司偏离度较低，但整体来看，大量样本公司都存在严重的控制权与所有权偏离度，民营上市公司偏离状况普遍较高。样本公司均存在不同程度的担保行为。

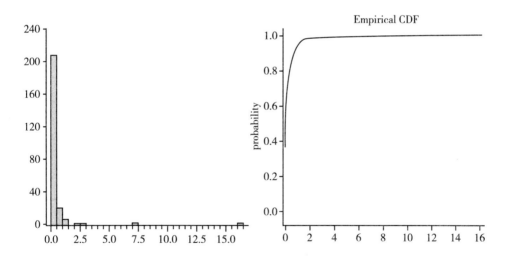

图 7 –8   直方图和经验累积分布函数

表 7 –12   贷款担保比例描述性统计

均值	最小值	最大值	中间值	标准差	偏度	峰度
0.3	0	16.11	0.06	1.18	11.14	142.18

表 7 - 13　　　　　　　　　　贷款担保比例分布状况

Value	Count	Percent	Cumulative Count	Cumulative Percent
[0, 5)	233	99.15	233	99.15
[5, 10)	1	0.43	234	99.57
[15, 20)	1	0.43	235	100.00
Total	235	100.00	235	100.00

5. 股东大会次数

民营上市公司股东大会次数描述性统计与分布如图 7 - 9 和表 7 - 14、表 7 - 15 所示。结果显示，样本公司股东大会次数最小值为 1，最大值为 8，均值为 2.27，标准差为 1.08，公司间差异较大。27.23% 的样本公司年度召开 1 次股东大会，60.85% 的样本公司年度股东大会召开次数为 1 ~ 2 次，88.51% 的样本公司股东大会次数为 1 ~ 3 次。超过 10% 的样本公司年度股东大会次数为 4 ~ 8 次。股东大会次数的增加虽然增加了股东间的协调成本，但同时表明了股东特别是中小股东参与治理的作用加强，公司不存在绝对控股股东 "一言堂" 现象，这会对公司绩效产生积极影响。

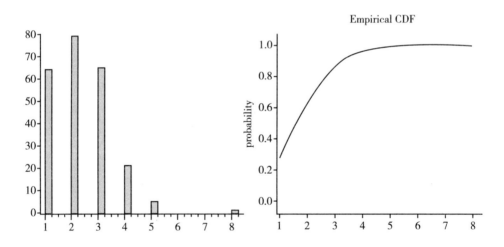

图 7 - 9　直方图和经验累积分布

表 7 - 14　　　　　　　　　　股东大会次数描述性统计

均值	最小值	最大值	中间值	标准差	偏度	峰度
2.27	1	8	2	1.09	0.96	5.3

表 7-15　　股东大会次数分布状况

Value	Count	Percent	Cumulative Count	Cumulative Percent
1	64	27.23	64	27.23
2	79	33.62	143	60.85
3	65	27.66	208	88.51
4	21	8.94	229	97.45
5	5	2.13	234	99.57
8	1	0.43	235	100.00
Total	235	100.00	235	100.00

6. 年度股东大会出席率

民营上市公司贷款担保比例描述性统计与分布如图 7-10 和表 7-16、表 7-17 所示。结果显示，样本公司年度股东大会出席率最小值为 0.1，最大值为 0.8，均值为 0.55，标准差为 0.14，公司间差异较小。15.32% 的样本公司年度股东大会出席率处于 0.2~0.4 之间，44.26% 处于 0.4~0.6 之间，40% 处于 0.6~0.8 之间。样本公司股东大会出席率普遍不高。这可能与我国普遍存在的"一股独大"和中小股东参与治理机制不完善有关。在这种情况下，控股股东往往可以操纵股东大会，更容易做出侵蚀中小股东利益的行为。

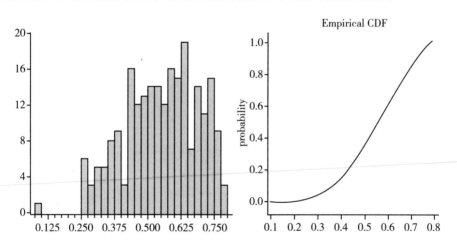

图 7-10　直方图和经验累积分布

表 7-16　　年度股东大会出席率描述性统计

均值	最小值	最大值	中间值	标准差	偏度	峰度
0.55	0.1	0.8	0.57	0.14	-0.36	2.5

表 7 -17　　　　　　　　年度股东大会出席率分布状况

Value	Count	Percent	Cumulative Count	Cumulative Percent
[0, 0.2)	1	0.43	1	0.43
[0.2, 0.4)	36	15.32	37	15.74
[0.4, 0.6)	104	44.26	141	60.00
[0.6, 0.8)	94	40.00	235	100.00
Total	235	100.00	235	100.00

7. 赫芬达尔指数

民营上市公司赫芬达尔指数描述性统计与分布如图 7 - 11 和表 7 - 18、表 7 - 19 所示。结果显示，样本公司赫芬达尔指数最小值为 0.01，最大值为 0.46，均值为 0.15，标准差为 0.09，公司间差异较小。32.77% 的样本公司赫芬达尔指数处于 0 ~ 0.1 之间，48.83% 处于 0.1 ~ 0.2 之间，14.89% 处于 0.2 ~ 0.3 之间。样本公司赫芬达尔指数普遍较高，股权相对比较集中。

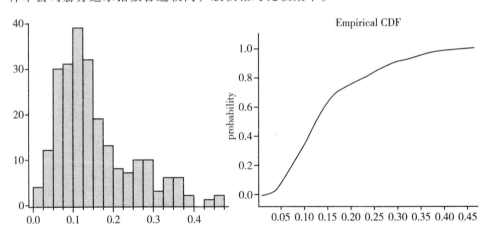

图 7 - 11　　直方图和经验累积分布

表 7 - 18　　　　　　　　赫芬达尔指数描述性统计

均值	最小值	最大值	中间值	标准差	偏度	峰度	JB 统计量
0.15	0.01	0.46	0.13	0.09	1.12	3.79	55.52

表 7 - 19   赫芬达尔指数分布状况

Value	Count	Percent	Cumulative Count	Cumulative Percent
[0, 0.1)	77	32.77	77	32.77
[0.1, 0.2)	103	43.83	180	76.60
[0.2, 0.3)	35	14.89	215	91.49
[0.3, 0.4)	17	7.23	232	98.72
[0.4, 0.5)	3	1.28	235	100.00
Total	235	100.00	235	100.00

最后，我们将股权结构和股东行为指标描述性统计量汇总见表 7 - 20。

表 7 - 20   股权结构和股东行为指标描述性统计量汇总表

	均值	最小值	最大值	中间值	标准差	偏度	峰度	JB 统计量
Xjllq	0.19	0.01	0.66	0.16	0.12	1.08	4.2	45.69
nbgdrs	1.69	1	6	1	1.21	1.96	6.04	240.68
Pld	0.15	0	0.61	0.14	0.12	1.05	4.2	62.69
Dkdbbl	0.3	0	16.11	0.06	1.18	11.14	142.18	194 536
Gddhcs	2.27	1	8	2	1.09	0.96	5.3	88.4
gddhrsbl	0.55	0.1	0.8	0.57	0.14	- 0.36	2.5	7.4
hindex	0.15	0.01	0.46	0.13	0.09	1.12	3.79	55.52

三、回归分析

下面根据样本公司各变量数据，对股权结构和股东行为指标与公司绩效间的关系进行回归分析，以寻求股权结构指标与公司绩效间的关系。在回归分析中，考虑到行业对公司业绩和成长性也有一定的影响，我们在模型中加进了按行业分类[1]的 13 个控制变量 $Indus_i$（I = 1，2，3，4）；同时，为了控制公司规模对其绩效的影响，我们用公司总资产的自然对数 LnA 作为控制变量；为了控制区域环境对公司绩效的影响，加入了区域虚拟变量 AR1、AR2[2]。回归模型如下：

---

 ① 此处的行业分类是在证监会和深交所行业分类的基础上，进行一定的调整，最终分成了 14 个行业。为了排除多重共线性问题，在此我们在模型中加入了 13 个行业虚拟变量。

 ② 按照地区区划，将我国分为东部、中部和西部，并在模型中加入了两个虚拟变量。

$$\text{Tobin} - Q(\text{ROA}) = C + \rho X + \alpha_i \sum_{i=1}^{13} \text{Indus}_i + \pi \text{LnA} + \Phi_1 \text{AR1} + \Phi_2 \text{AR2} + \bar{o}$$

其中 X 分别为各股权结构与股东行为变量，下面分别对各变量进行回归分析。在此进行回归分析主要是验证各股权结构变量与公司绩效间的关系，以为后面的评分提供依据，因此我们主要考查相应股权结构变量的系数，虚拟变量在此不再讨论。

1. 现金流量权与公司绩效

现金流量权与公司绩效回归结果见表 7 - 21。在分别以 Tobin-Q 和 ROA 为被解释变量时，现金流量权系数均显著为正。现金流量权与公司绩效间存在正相关关系，现金流量权越高，公司绩效越好。这表明在我国民营上市公司中，终极控制股东现金流权越高，越有利于公司绩效的提高。

表 7 - 21 现金流量权与公司绩效回归结果

回归结果	Tobin-Q		ROA	
	Coefficient	Prob.	Coefficient	Prob.
C	6.73	0.00	− 0.18	0.06
现金流量权	0.0014	0.02	0.0004	0.11
R − squared	0.28		0.03	

2. 偏离度与公司绩效

偏离度与公司绩效回归结果见表 7 - 22。在分别以 Tobin - Q 和 ROA 为被解释变量时，偏离度系数均显著为负。偏离度与公司绩效间存在负相关关系，偏离度越高，公司绩效越低。这表明在我国民营上市公司中，终极控制股东现金流权与控制权偏离程度越高，越不利于公司绩效的提高。

表 7 - 22 偏离度与公司绩效回归结果

回归结果	Tobin-Q		ROA	
	Coefficient	Prob.	Coefficient	Prob.
C	− 6.74	0.00	0.18	0.07
偏离度	− 0.37	0.01	− 0.01	0.13
R − squared	0.28		0.025	

3. 赫芬达尔指数与公司绩效

根据前面的理论分析，在股权分散的情况下，适度的股权集中有利于降低管理者代理成本，从而有助于公司绩效的提高；而当第一大股东持股比例较高，达到控股地位时，股权的适当分散有助于降低大股东—小股东代理成本，从而有助于公司绩效的提高，因此，公司绩效与赫芬达尔指数间应该存在一种非线性关系。基于此，我们在分析赫芬达尔指数与公司绩效关系时，加入了第一大股东持股比例控制变量，以考察剔除第一大股东持股比例影响后股权集中度对公司绩效的影响。赫芬达尔指数与公司绩效回归结果见表 7 - 23。在以 Tobin-Q 为被解释变量时，赫芬达尔指数系数显著为负；在以 ROA 为被解释变量时，赫芬达尔指数系数为负，但不具有显著性。因此，总的来看，赫芬达尔指数与公司绩效间存在负相关关系，赫芬达尔指数越高，公司绩效越低。这表明在我国民营上市公司中，股权集中不利于公司绩效的提高。这种现象可能与我国股权结构普遍存在的"一股独大"现象有关。由于第一大股东持股比例偏高，股权结构可以认为是股权集中型，因此，具有竞争性的股权结构将可以降低控股股东的侵占动机，从而更有利于公司绩效的提高。

表 7 - 23 赫芬达尔指数与公司绩效回归结果

回归结果	Tobin-Q		ROA	
	Coefficient	Prob.	Coefficient	Prob.
C	6.82	0.00	- 0.18	0.07
Hindex	- 0.78	0.04	- 0.02	0.18
R - squared	0.28		0.02	

4. 内部股东人数与公司绩效

在内部股东人数与公司绩效回归过程中，内部股东系数均不具有统计显著性。考虑到二者之间可能存在一种非线性关系，我们在模型中加入内部股东人数的二次项，同时将第一大股东持股比例作为控制变量。回归结果见表 7 - 24。在分别以 Tobin-Q 和 ROA 为被解释变量时，内部股东人数与公司绩效间均存在一种倒 U 形曲线关系，只是与 Tobin-Q 之间具有显著性，与 ROA 之间不具有显著性。总的来看，内部股东人数与公司绩效间存在倒 U 形关系。随着内部股东人数的增多，公司绩效先上升，而后趋于下降。这表明在我国民营上市公司中，当控股股东为保持一定的控制力而通过多种途径控制部分其他股东时，其正向作用较强；而当控股股东控制很多其他股东时，甚至达到完全控制公司时，其侵占公司利益的动机会增强，这不利于公司绩效的提高。

表7-24 内部股东人数与公司绩效回归结果

回归结果	Tobin-Q		ROA	
	Coefficient	Prob.	Coefficient	Prob.
C	6.70	0.00	-0.18	0.07
内部股东人数	0.22	0.03	0.004	0.19
内部股东人数^2	-0.32	0.05	-0.0004	0.22
R - squared	0.30		0.03	

5. 贷款担保比例与公司绩效

贷款担保比例与公司绩效回归结果见表7-25。在分别以 Tobin-Q 和 ROA 为被解释变量时，贷款担保比例系数均为负。贷款担保比例与公司绩效间存在负相关关系，贷款担保比例越高，公司绩效越低。这表明在我国民营上市公司中，贷款担保比例越高，终极控制股东对公司利益的侵占越严重，从而越不利于公司绩效的提高。

表7-25 贷款担保比例与公司绩效回归结果

回归结果	Tobin-Q		ROA	
	Coefficient	Prob.	Coefficient	Prob.
C	6.73	0.00	-0.18	0.05
贷款担保比例	-0.0007	0.00	-0.0002	0.00
R - squared	0.31		0.14	

6. 股东大会次数与公司绩效

股东大会次数与公司绩效回归结果见表7-26。在分别以 Tobin-Q 和 ROA 为被解释变量时，股东大会次数系数分别为负、正，但只在第一个模型中具有显著性。总的来看，股东大会次数与公司绩效间呈负相关关系。适度的股东次数有利于公司价值的提高，而过于频繁的股东大会则是公司治理机制不完善的表现，这会对公司绩效带来不利影响。

表7-26 股东大会次数与公司绩效回归结果

回归结果	Tobin-Q		ROA	
	Coefficient	Prob.	Coefficient	Prob.
C	6.84	0.00	-0.17	0.08
股东大会次数	-0.02	0.08	0.001	0.28
R - squared	0.28		0.02	

7. 股东大会出席率与公司绩效

股东大会出席率与公司绩效回归结果见表 7 – 27。在分别以 Tobin – Q 和 ROA 为被解释变量时，股东大会出席率系数分别为正、负，但只在第一个模型中具有显著性。综合来看，股东大会出席率与公司绩效间存在正相关关系，股东大会出席率越高，表明股东参与度越高，这有利于公司绩效的提高。

表 7 – 27   股东大会出席率与公司绩效回归结果

回归结果	Tobin – Q		ROA	
	Coefficient	Prob.	Coefficient	Prob.
C	6. 83	0. 00	– 0. 18	0. 07
股东大会出席率	0. 0005	0. 09	– 0. 0003	0. 28
R – squared	0. 28		0. 027	

7.2.3 民营上市公司股权结构与股东行为指标评分系统

一、股权结构与股东行为指标评分原则说明

基于上述实证模型得出的评价指标及其与公司绩效的关系，我们可以确定民营上市公司股权结构与股东行为治理指标的最终评分依据与具体原则，详见下表。具体来讲就是：终极控制股东现金流量权：与公司绩效呈正相关。世界各国的实证结果表明，现金流量权是衡量最大股东正的诱因效果的良好指标。据此以 5% 为组间距，根据终极控制股东现金流量权进行赋值。内部股东人数：其与绩效间存在倒 U 形曲线关系，但由于峰值小于 1，因此以有一位内部股东为最高分，内部股东人数越多，得分越低。最大值为 6，故将 6 赋为 1，依次将 5 赋为 2，4 为 4，3 为 6，2 为 8，1 为 10。最大股东投票权偏离现金流量权的幅度：与公司绩效呈负相关。据此以 5% 为组间距，根据偏离幅度进行赋值。

担保额度占净资产的比例：与公司绩效呈负相关。其中有四个大于 100% 的数值，列为异常值。然后以 10% 作为组间距，划分为 10 组，其中将 90% 作为一组，并按由高到低进行赋值。股东大会次数：其与绩效间存在负相关关系，因此以一次股东大会为最高分，次数越多，得分越低。

年度股东大会会议的出席率：与公司绩效呈正相关。0.095188 异常值特殊处理，组间距由 0.7924 – 0.2583/10 = 0.05341。赫芬达尔指数：与公司绩效呈负相关。据此以 5% 为组间距，依据赫芬达尔指数进行赋值。具体情况见表 7 – 28 和表 7 – 29。

285

表 7-28   股权结构与股东行为评价指标及评分原则

指标名称	与绩效关系	评价标准
现金流量权	正相关	越高越好
偏离度	负相关	越低越好
赫芬达尔指数	负相关	越低越好
内部股东人数	倒 U 形曲线关系	先升后降，1 人最好，越多越差
贷款担保比例	负相关	越低越好
股东大会次数	负相关	1 次最好，越多越不好
股东大会出席率	正相关	越高越好

表 7-29   股权结构与股东行为指标评分原则说明

评分	现金流量权（%）	内部股东人数	偏离度（%）	担保比例	股东大会次数	出席率	赫芬达尔指数（%）
组间距	5	1	5	10	1	0.053	5
1	0~5	6	45	90	10	~0.311	45
2	5~10	5	40~45	80~90	9	0.311~0.364	40~45
3	10~15		35~40	70~80	8	0.364~0.417	35~40
4	15~20	4	30~35	60~70	7	0.417~0.470	30~35
5	20~25		25~30	50~60	6	0.470~0.523	25~30
6	25~30	3	20~25	40~50	5	0.523~0.576	20~25
7	30~35		15~20	30~40	4	0.576~0.629	15~20
8	35~40	2	10~15	20~30	3	0.629~0.682	10~15
9	40~45		5~10	10~20	2	0.682~0.735	5~10
10	45	1	0~5	0~10	1	0.735~	0~5

二、股权结构与股东行为治理评价指标得分的描述性统计

对于民营上市公司股权结构与股东行为治理评价指标最终得分，我们分别采用了直方图和表格两种方式。这里需要特别说明的是这一部分所给出的直方图，横坐标代表评分，纵坐标代表得到相关分数的企业个数；而表格中汇总的是评价指标得分的描述性统计量。

1. 终极控制股东现金流量权（XJLLQFS）

终极控制股东现金流量权评价指标得分描述性统计结果如图 7 - 12 所示。该指标得分均值为 4.24，中间值为 4.00，标准差为 2.40，公司间差异较大。整体上看，民营上市公司终极控制股东现金流量权指标得分普遍较低，大部分样本公司得分未超过 5 分。从样本公司看，民营上市公司现金流量权普遍较低，这可能与民营上市公司普遍存在的交叉持股、塔式持股有关。

2. 内部股东人数（NBGDRSFS）

内部股东人数评价指标得分描述性统计结果如图 7 - 13 所示。该指标得分均值为 8.62，中间值为 10.00，标准差为 2.39，公司间差异较大。整体上看，民营上市公司内部股东人数指标得分普遍较高，大部分样本公司得分超过 7.5 分。从样本公司看，民营上市公司内部股东人数普遍较少，这可能与中国上市公司普遍存在的"一股独大"现象有关。由于控制股东持股比例较高，因而无须寻找更多的内部股东支持即可实施对公司的控制。

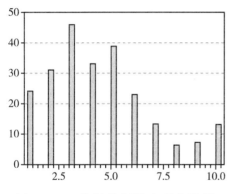 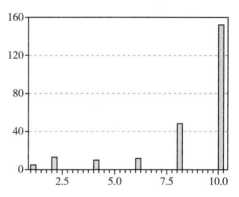

图 7 - 12　终极控制股东现金流量　　　图 7 - 13　内部股东人数指标得
　　　　　权指标得分柱状图　　　　　　　　　　分柱状图

3. 终极控制股东投票权与现金流量权偏离幅度（PLFDFS）

终极控制股东投票权偏离现金流量权评价指标得分描述性统计结果如图 7 - 14 所示。该指标得分均值为 7.56，中间值为 8.00，标准差为 2.21，公司间差异较大。整体上看，民营上市公司偏离度指标得分普遍较高，大部分样本公司得分超过 5 分。从样本公司看，多数民营上市公司偏离度并非特别严重。

4. 贷款担保比例（DKDBBLFS）

贷款担保比例评价指标得分描述性统计结果如图 7 - 15 所示。该指标得分均值为 8.43，中间值为 10.00，标准差为 2.50，公司间差异较大。整体上看，民营上市公司贷款担保比例指标得分普遍较高，大部分样本公司得分超过 8 分。从样本公司看，多数民营上市公司贷款担保比例较低。

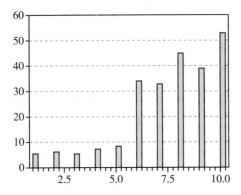

图 7 –14　终极控制股东投票权与
现金流量权偏离幅度指标得分柱状图

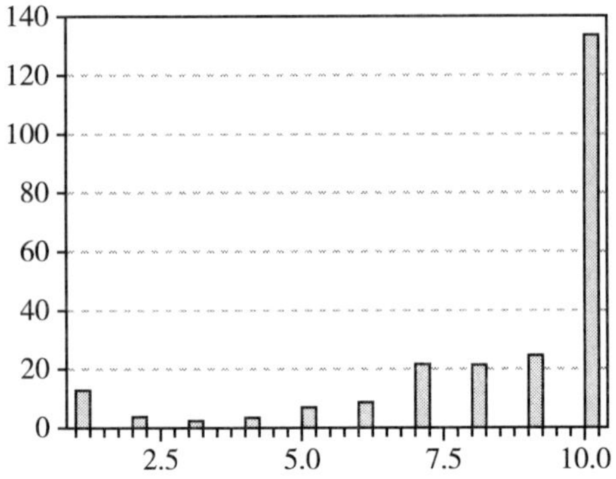

图 7 –15　贷款担保比例指标得
分柱状图

5. 股东大会次数（GDDHFS）

股东大会次数评价指标得分描述性统计结果如图 7 –16 所示。该指标得分均值为 8.73，中间值为 9.00，标准差为 1.09，公司间差异较小。整体上看，民营上市公司股东大会次数指标得分普遍较高，大部分样本公司得分超过 7.5 分。从样本公司看，多数民营上市公司股东大会召开次数比较合理。

6. 年度股东大会会议的出席率（GDDHCXLFS）

年度股东大会评价指标得分描述性统计结果如图 7 –17 和表 7 –30 所示。该指标得分均值为 6.07，中间值为 6.00，标准差为 2.56，公司间差异较大。整体上看，民营上市公司股东大会出席率指标得分比较符合正态分布。

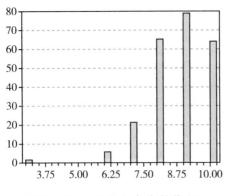

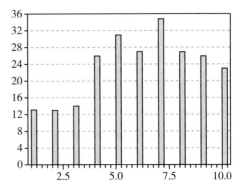

图 7 –16　股东大会次数指标
得分柱状图

图 7 –17　年度股东大会会议出席率
指标得分柱状图

7. 赫芬达尔指数评分（HINDEXFS）

赫芬达尔指数评价指标得分描述性统计结果如图 7 –18 所示。该指标得分均

值为 7.49，中间值为 8.00，标准差为 1.86，公司间差异较小。整体上看，民营
上市公司赫芬达尔指数指标得分普遍较高，大部分样本公司得分超过 7.5 分。从
样本公司看，多数民营上市公司赫芬达尔指数较低。

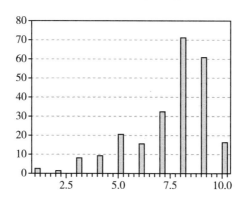

图 7-18　赫芬达尔指数指标得分柱状图

8. 民营上市公司股权结构和股东行为治理指标总得分

民营上市公司股权结构和股东行为治理指标总得分描述性统计结果如图
7-19 所示。数据显示，股权结构与股东行为治理指标总得分均值为 51.23，中
间值为 51.00，标准差为 5.51，公司间差异较大。整体上看，民营上市公司股权
结构与股东行为治理指标得分基本呈正态分布，这也表明本部分的评价方法比较
合理。该指标得分普遍较高，大部分样本公司得分超过 45 分。

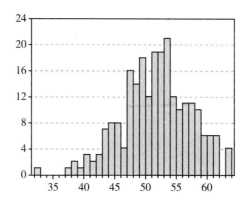

图 7-19　股权结构与股东行为治理指标得分（算术总分）柱状图

9. 股权结构和股东行为评分描述性统计量汇总（表7－30）

表7－30　　　　　股权结构和股东行为评分描述性统计量汇总表

	均值	中间值	标准差	偏度	峰度	JB 统计量
Xjllqfs	4.24	4.00	2.40	0.71	2.93	20.02
Nbgdrsfs	8.62	10.00	2.39	－1.87	5.52	199.71
Pldfs	7.56	8.00	2.21	－1.03	3.74	47.07
Dkdbblfs	8.43	10.00	2.50	－1.80	5.37	181.51
Gddhfs	8.73	9.00	1.09	－0.96	5.30	88.40
Gddhcxlfs	6.07	6.00	2.56	－0.25	2.16	9.36
Hindexfs	7.49	8.00	1.86	－1.10	3.84	54.73
Gdxwzf	51.23	51.00	5.51	－0.26	3.07	2.69

从民营上市公司股权结构与股东行为治理评价指标直方图和描述性统计量我们可以发现，除民营上市公司在现金流量权方面得分较低之外，均值低于5分，其余的指标得分均较高，均值均在6分以上。从整体上看，民营上市公司在股权结构与股东行为治理评价指标方面表现较好。

三、股权结构和股东行为治理指标得分的地区差异和行业差异

下面采用民营上市公司股权结构与股东行为治理指标的总分作为研究对象，来具体分析民营上市公司股权结构与公司行为治理指标得地区差异与行业特征。图7－20中的直方图依然是横坐标为评分，纵坐标为公司个数。

1. 民营上市公司股权结构与股东行为治理指标得分的地区差异

我们采用分类指数来表示地区差异，东部为1，中部为0，西部为－1[①]。设定完地区分类指数之后，我们在下面给出了民营上市公司股权结构与股东行为治理指标总得分的地区差异（见表7－31）的描述性统计量和各地区得分的直方图（见图7－20）。

---

① 关于东、西、中部地区的省份定义：东部包括8省3市：辽宁、河北、天津、北京、山东、江苏、上海、浙江、福建、广东、海南；中部包括8省：黑龙江、吉林、山西、河南、安徽、湖北、湖南、江西；西部包括6省1市5自治区：陕西、甘肃、宁夏、青海、新疆、四川、重庆、云南、贵州、西藏、内蒙古、广西。

表7-31　　　　股权结构和股东行为评分的地区差异

	均值	中间值	最大值	最小值	标准差	偏度	峰度	JB统计量
东部（135）	51.57	52.00	63.00	32.00	5.74	-0.42	3.32	4.60
中部（47）	50.50	50.00	63.00	40.00	5.38	0.13	2.41	0.82
西部（53）	51.00	52.00	63.00	39.00	5.03	-0.17	2.98	0.27

注：在第一列括号中的数字为所属地区上市公司的个数。

从上表中我们可以发现民营上市公司在股权结构与股东行为评价指标总得分在地区之间的差异并不是很大，东、中、西三个地区得分的均指比较接近，均值分别为51.57、50.50和51.00，东部地区民营上市公司股权结构与股东行为治理得分比中、西部地区的评价指标得分稍高，且东部发达地区的民营上市公司数量上明显超过中、西部地区。三个地区样本公司的最大值都一样，均为63.00，最小值分别为：东部32.00，中部40.00，西部39.00。东、中、西地区样本公司股权结构与股东行为指标得分的标准差分别为5.74、5.38和5.03，东部地区标准差较大。三个地区在一般平均水平和差异变化上都比较相似。

图7-20分别给出了东、中、西三个地方民营上市公司股权结构与股东行为治理指标得分的直方图。直方图显示，东部地区样本公司呈现出右偏的正态分布趋势，多数样本公司股权结构与股东行为治理指标得分较高。中部地区呈现出左偏的正态分布趋势，多数样本公司股权结构与股东行为治理指标得分较低。西部地区呈现出比较标准的正态分布趋势。

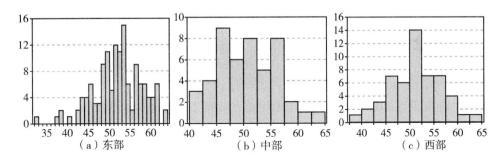

图7-20　股权结构和股东行为的地区差异柱状图

2. 民营上市公司股权结构与股东行为治理指标得分的行业差异

我们按照CSRC行业分类标准①对民营上市公司进行行业划分，同样采用分

---

① CSRC行业分类标准是由中国证监会发布的，以在中国境内证券交易所挂牌交易的上市公司为基本分类单位，属于非强制性标准，适用于证券行业内的各有关单位、部门对上市公司分类信息进行统计、分析及其他相关工作。其结构与代码：A农、林、牧、渔业；B采掘业；C制造业；D电力、煤气及水的生产和供应业；E建筑业；F交通运输、仓储业；G信息技术业；H批发和零售贸易；I金融、保险业；J房地产业；K社会服务业；L传播与文化产业；M综合类。在赋值过程中，将A赋为1，B赋为2，以此类推。

类指数来表示行业差异，字母与数字对应。例如，在 CSRC 行业分类中以 A 开头的上市公司的行业属性赋予 1。表 7 - 32 给出了民营上市公司股权结构与股东行为治理评价指标得分的行业差异的描述性统计表。

表 7 - 32　　　　　　　股权结构和股东行为评分的行业差异

	均值	中间值	最大值	最小值	标准差	偏度	峰度	JB 统计量
1（7）	51.29	53.00	61.00	41.00	7.32	-0.19	1.82	0.45
3（143）	51.00	51.00	63.00	32.00	5.58	-0.26	3.33	2.26
5（6）	53.83	54.50	61.00	47.00	5.15	-0.05	1.86	0.33
7（16）	52.81	52.50	60.00	44.00	5.04	0.05	1.90	0.81
8（12）	51.33	52.00	59.00	40.00	5.18	-0.54	3.15	0.60
10（14）	49.57	51.00	56.00	38.00	5.40	-0.99	3.02	2.28
11（6）	55.00	56.00	63.00	47.00	6.07	-0.14	1.73	0.42
13（22）	50.91	51.50	58.00	42.00	4.80	-0.24	1.91	1.29
其他①（9）	50.89	51.00	60.00	43.00	5.97	0.11	1.74	0.62

注：在第一列括号中的数字为所属行业上市公司的个数。

从表 7 - 32 中我们可以发现，民营上市公司在社会服务业和建筑业内股权结构与股东行为治理指标得分较高，均值分别为 55.00 和 53.83，均高于在其他行业的民营上市公司。得分最低的是房地产业，均值为 49.57。中间值最大的是社会服务业，达到 56.00，其他行业比较接近且都较低。标准差最大的是农林牧渔业，为 7.32，最小的是综合类公司，为 4.80。同时，我们从表中可以发现民营上市公司大多集中在制造业领域，为 143 家，占了总样本数量的 58%，考虑到这种情况，我们在图 7 - 21 中给出了民营上市公司股权结构与股东行为指标得分在制造行业的分布图。直方图显示，制造业民营上市公司股权结构与股东行为治理指标得分基本呈现右偏正态分布趋势，得分普遍较高且比较合理。

① 其他如下几个行业：B 采掘业；D 电力、煤气及水的生产和供应业；F 交通运输、仓储业；I 金融、保险业；L 传播与文化产业。由于属于这几个行业的上市企业数量都较少，而且行业皆具有垄断属性，故进行了归并。

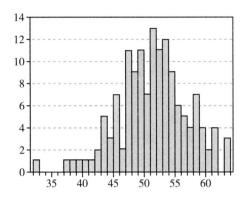

图 7 – 21　制造业样本公司股权结构与股东行为指标得分情况

第三节　民营上市公司董事会的结构和运行

7.3.1　民营上市公司董事会结构、行为、报酬与企业绩效

在本节中，为了提高研究结果的可信度和说服力，根据我们所能获取的数据情况，对本节的实证研究分为两大部分进行：第一部分以 CCER 公开数据库中的 2002～2005 年 4 年的中国民营上市公司数据库对上一节的一些董事会治理指标进行检验；第二部分对于那些在 CCER 数据库中没有的治理指标，我们采用本课题组手工整理的 2005 年中国民营上市公司数据库来进行研究。

一、利用 CCER 数据的实证研究

1. 变量选取

（1）企业绩效：在本部分中，我们选择公司的每股收益（净利润）、每股净资产和资产收益率来表示企业的绩效状况。

（2）董事会治理状况：根据前面的理论和实证分析，我们从董事会的结构、行为和报酬三个角度来衡量董事会在结构、行为和激励等方面的治理状况。具体而言，我们用董事会中独立董事人数占董事会中总人数的比例来表示董事会的独立性，用每一年度内董事会召开会议的次数表示董事会的行为，用报酬最高的前三名董事报酬总和来衡量公司董事所得报酬的水平。

（3）控制变量：为了消除其他可以对董事会治理状况与公司绩效之间关系产生影响的因素的干扰，更准确地探索董事会治理状况与企业绩效之间的关系，我们控制了可能对企业绩效产生影响的其他一些干扰因素，如公司特征及其他一些治理特征。具体而言，控制了年度股东大会出席股东所代表股份的比例、董事会规模、独立董事人数、监事会规模、年度内监事会召开会议的次数、债务资产比例、企业的规模等。

本部分所使用的变量、变量符号及其含义见表7-33。

表7-33　　　　　　　　变量、变量符号及含义一览表

变量分类	变量符号	变量含义
被解释变量	EPS	每股收益（净利润）
	NAPS	每股净资产
	ROA	总资产收益率
解释变量	Independence	董事会的独立性
	SQ_indepd	董事会的独立性的平方
	Times_ds	年度内董事会召开会议的次数
	SQ_times_ds	年度内董事会召开会议的次数的平方
	Lnpay_ds	报酬最高的三名董事的报酬总和的自然对数
控制变量	Attendence	年度股东大会出席股东所代表股份的比例
	Size_dsh	董事会规模
	Number_indp	独立董事人数
	Size_jsh	监事会规模
	Times_js	年度内监事会召开会议的次数
	LEV	债务资产比例
	LnTA	企业的规模的自然对数

2. 数据来源

我们以CCER民营上市公司数据库和一般企业财务数据库为基本数据库，剔除那些本论文所使用变量信息不全的样本，对于那些统计结果明显存在错误（譬如独立董事比例大于1）的样本，我们又从巨潮资讯网对数据信息进行更正，最终获得的2002~2005年的有效样本数为858家公司，分别为2002年126家，2003年186家，2004年245家，2004年301家。因此，本研究选择的是非均衡面板数据，这一方面可以避免由于不可观测的异质性（Heterogeneity）而造成的

偏差，这类问题在截面数据的回归模型中是普遍存在的；另一方面，可以扩大实证检验的样本量，提高检验结果的可信度。

3. 实证分析方法及回归模型

由于面板数据同时具有截面和时间序列两个维度，适宜的回归模型将比单纯的截面数据的回归模型复杂得多。如果可观测的解释变量控制了个体的所有相关特征，那将不会存在相关的非观测特征。在这种情况下，非观测效应被剔除，混合 OLS 回归可以用来合理地估计这个模型，此时把所有时间段的观测值当作一个单一的样本。如果可观测的解释变量并不能控制个体的所有相关特征，非观测效应与可观测的任何一个解释变量存在相关性，被解释变量对可观测变量的回归估计就会受到非观测异质性偏差的影响。即使是在非观测效应与任何一个可观测变量不相关的情况下，非观测效应的存在也会导致 OLS 产生低效估计和无效标准误。在这种情况下，就要根据数据本身的特征采用固定效应或随机效应的回归方法来进行估计。

Hausman 和 Taylor（1981）论述道，固定效应框架为控制面板数据中缺省变量的影响提供了一个一般性的、非偏的方法。在下面的回归分析过程中，我们通过 Durbin – Wu – Hausman 检验来确定适宜的回归方法，是选择固定效应还是随机效应进行估计。

根据上文的研究假设和变量定义，下文实证研究使用的回归方程如下：

$$EPS = b_0 + b_1 * Independence + b_2 * Attendence + b_3 * Size\_ dsh + b_4 * Number\_ indp$$
$$+ b_5 * Size\_ jsh + b_6 * Time\_ js + b_7 * LEV + b_8 * LnTA + e \tag{14}$$

$$EPS = b_0 + b_1 * Independence + b_2 * SQ\_ indepd + b_3 * Attendence + b_4 * Size\_ dsh$$
$$+ b_5 * Number\_ indp + b_6 * Size\_ jsh + b_7 * Time\_ js$$
$$+ b_8 * LEV + b_9 * LnTA + e \tag{15}$$

$$NAPS = b_0 + b_1 * Independence + b_2 * Attendence + b_3 * Size\_ dsh + b_4 * Number\_indp$$
$$+ b_5 * Size\_ jsh + b_6 * Time\_ js + b_7 * LEV + b_8 * LnTA + e \tag{16}$$

$$NAPS = b_0 + b_1 * Independence + b_2 * SQ\_ indepd + b_3 * Attendence$$
$$+ b_4 * Size\_ dsh + b_5 * Number\_indp + b_6 * Size\_ jsh$$
$$+ b_7 * Time\_ js + b_8 * LEV + b_9 * LnTA + e \tag{17}$$

$$ROA = b_0 + b_1 * Independence + b_2 * Attendence + b_3 * Size\_ dsh + b_4 * Number\_ indp$$
$$+ b_5 * Size\_ jsh + b_6 * Time\_ js + b_7 * LEV + b_8 * LnTA + e \tag{18}$$

$$ROA = b_0 + b_1 * Independence + b_2 * SQ\_ indepd + b_3 * Attendence$$
$$+ b_4 * Size\_ dsh + b_5 * Number\_ indp + b_6 * Size\_ jsh$$
$$+ b_7 * Time\_ js + b_8 * LEV + b_9 * LnTA + e \tag{19}$$

$$EPS = b_0 + b_1 * Times\_ ds + b_2 * Attendence + b_3 * Size\_ dsh + b_4 * Number\_ indp$$

$$+ b_5 * Size\_ jsh + b_6 * Time\_ js + b_7 * LEV + b_8 * LnTA + e \tag{20}$$

$$EPS = b_0 + b_1 * Times\_ ds + b_2 * SQ\_ times\_ ds + b_3 * Attendence + b_4 * Size\_ dsh$$
$$+ b_5 * Number\_ indp + b_6 * Size\_ jsh + b_7 * Time\_ js + b_8 * LEV + b_9 * LnTA + e \tag{21}$$

$$NAPS = b_0 + b_1 * Times\_ ds + b_2 * Attendence + b_3 * Size\_ dsh + b_4 * Number\_ indp$$
$$+ b_5 * Size\_ jsh + b_6 * Time\_ js + b_7 * LEV + b_8 * LnTA + e \tag{22}$$

$$NAPS = b_0 + b_1 * Times\_ ds + b_2 * SQ\_ times\_ ds + b_3 * Attendence + b_4 * Size\_ dsh$$
$$+ b_5 * Number\_ indp + b_6 * Size\_ jsh + b_7 * Time\_ js + b_8 * LEV$$
$$+ b_9 * LnTA + e \tag{23}$$

$$ROA = b_0 + b_1 * Times\_ ds + b_2 * Attendence + b_3 * Size\_ dsh + b_4 * Number\_ indp$$
$$+ b_5 * Size\_ jsh + b_6 * Time\_ js + b_7 * LEV + b_8 * LnTA + e \tag{24}$$

$$ROA = b_0 + b_1 * Times\_ ds + b_2 * SQ\_ times\_ ds + b_3 * Attendence + b_4 * Size\_ dsh$$
$$+ b_5 * Number\_ indp + b_6 * Size\_ jsh + b_7 * Time\_ js + b_8 * LEV$$
$$+ b_9 * LnTA + e \tag{25}$$

$$EPS = b_0 + b_1 * Lnpay\_ ds + b_2 * Attendence + b_3 * Size\_ dsh + b_4 * Number\_ indp$$
$$+ b_5 * Size\_ jsh + b_6 * Time\_ js + b_7 * LEV + b_8 * LnTA + e \tag{26}$$

$$NAPS = b_0 + b_1 * Lnpay\_ ds + b_2 * Attendence + b_3 * Size\_ dsh + b_4 * Number\_ indp$$
$$+ b_5 * Size\_ jsh + b_6 * Time\_ js + b_7 * LEV + b_8 * LnTA + e \tag{27}$$

$$ROA = b_0 + b_1 * Lnpay\_ ds + b_2 * Attendence + b_3 * Size\_ dsh + b_4 * Number\_ indp$$
$$+ b_5 * Size\_ jsh + b_6 * Time\_ js + b_7 * LEV + b_8 * LnTA + e \tag{28}$$

模型（1）~（6）用来检验上市公司董事会独立性与企业绩效之间的关系；模型（7）~（12）用来检验上市公司年度内董事会召开会议次数与企业绩效之间的关系；模型（13）~（15）用来检验上市公司报酬最高的三名董事报酬总和与企业绩效之间的关系。

4. 实证结果与分析

（1）描述性统计分析及相关分析。表 7 - 34 列出了本部分中所用到的各变量在 2002 ~ 2005 年 4 年总计的描述性统计分析结果，表 7 - 35 列出了在这 4 年间每年各变量的描述性统计结果。从表 7 - 34 可以看出，每股收益在这 4 年中平均为负，- 0.0275 元，在这几年中的收益状况较差。其中最高的每股收益为 1.3637 元，最低的为 - 14.0837 元，标准差为 0.7852，样本公司间存在着较大的差异。结合表 7 - 35 中各年度的每股收益状况可知，在 2002 年和 2003 年每股收益的平均值均为正，分别为 0.0449 元和 0.0665 元，而在 2004 年和 2005 年则为负，分别为 - 0.1086 元和 - 0.05 元。

根据表 7 - 34 和表 7 - 35 的统计结果，4 年间的每股净资产平均为 2.2981

元/股，最高为 9.2828 元/股，最低为 - 12.4813，标准差为 1.8162，公司间存在着较大的差异。在 2002 年的每股净资产为 2.3573 元/股，随后增加到 2.5252 元/股，2004 年减少为 2.1753 元/股，此后又略有上升，增加为 2.2329 元/股。样本公司的资产收益率在 4 年间平均为 - 0.0229，在分年度的统计分析中，4 年的平均资产收益率均为负，分别为 - 0.0046、- 0.0124、- 0.0359 和 - 0.0266。

表 7 – 34   2002 ~ 2005 年 4 年总计的变量描述性统计结果

	N	Minimum	Maximum	Mean	Std. Deviation
EPS	858	- 14.0837	1.3637	- 0.0275	0.7852
NAPS	858	- 12.4813		2.2981	1.8162
ROA	858	- 1.7874	0.5102	- 0.0229	0.1846
Independence	858	0.125	1	0.5250	0.2064
Times_ds	858	1	29	8.2587	3.5690
Lnpay_ds	858	10.0731	16.7541	12.5980	0.9054
Attendence_gd	858	0.22	1	0.5553	0.1711
Size_dsh	858	1	16	6.02	1.647
Number_indp	858	1	6	2.97	0.799
Size_jsh	858	1	9	3.68	1.159
Times_js	858	1	11	3.6247	1.7049
LEV	858	0.0683	23.7992	0.7147	1.4466
LnTA	858	16.8843	23.1867	20.7535	0.9268

表 7 – 35   2002 ~ 2005 年分年度的变量描述性统计结果

年份		N	Minimum	Maximum	Mean	Std. Deviation
2002 年	EPS	126	- 1.4742	0.7021	0.0449	0.3263
	NAPS	126	- 1.3846	6.0216	2.3573	1.4138
	ROA	126	- 0.9992	0.1517	- 0.0046	0.1208
	Independence	126	0.125	1	0.3720	0.2053
	Times_ds	126	1	16	6.5500	2.8750
	Lnpay_ds	126	10.3859	16.7541	12.1912	0.8718
	Attendence_gd	126	0.22	1.00	0.5524	0.1397
	Size_dsh	126	2	13	6.8400	1.8740

续表

年份		N	Minimum	Maximum	Mean	Std. Deviation
2002 年	Number_indp	126	1	4	2. 3000	0. 7070
	Size_jsh	126	2	8	3. 9200	1. 2170
	Times_js	126	2	8	3. 4800	1. 4240
	LEV	126	0. 1121	10. 3751	0. 6018	0. 9058
	LnTA	126	17. 5534	22. 7588	20. 6164	0. 8919
2003 年	EPS	186	− 3. 3034	0. 9713	0. 0665	0. 4794
	NAPS	186	− 2. 7389	9. 2828	2. 5252	1. 7257
	ROA	186	− 1. 4310	0. 2193	− 0. 0124	0. 1718
	Independence	186	0. 2	1	0. 5150	0. 1248
	Times_ds	186	2	23	9. 3000	3. 3360
	Lnpay_ds	186	10. 1659	15. 3841	12. 4194	0. 8335
	Attendence_gd	186	0. 22	1. 00	0. 5420	0. 1425
	Size_dsh	186	3	12	6. 1500	1. 4610
	Number_indp	186	1	6	3. 0700	0. 7060
	Size_jsh	186	2	7	3. 8200	1. 0800
	Times_js	186	2	9	4. 1300	1. 6810
	LEV	186	0. 0994	23. 7992	0. 7195	1. 7604
	LnTA	186	16. 8843	23. 0414	20. 7569	0. 9177
2004 年	EPS	245	− 14. 0837	1. 3637	− 0. 1086	1. 1730
	NAPS	245	− 9. 8556	7. 9664	2. 1753	1. 8516
	ROA	245	− 1. 7874	0. 5102	− 0. 0359	0. 2416
	Independence	245	0. 333	1	0. 5520	0. 1365
	Times_ds	245	3	27	8. 5400	3. 7390
	Lnpay_ds	245	10. 0731	16. 0773	12. 6460	0. 8995
	Attendence_gd	245	0. 2352	1. 00	0. 5451	0. 1666
	Size_dsh	245	3	16	5. 9600	1. 6060
	Number_indp	245	2	6	3. 1600	0. 6980

年份		N	Minimum	Maximum	Mean	Std. Deviation
2004 年	Size_jsh	245	1	9	3.7500	1.1240
	Times_js	245	1	11	3.6000	1.7860
	LEV	245	0.0683	19.8671	0.7890	1.7952
	LnTA	245	17.0612	23.1535	20.7581	0.9388
2005 年	EPS	301	-5.0098	1.0454	-0.0500	0.6651
	NAPS	301	-12.4813	8.0212	2.2329	1.9785
	ROA	301	-1.5423	0.1441	-0.0266	0.1587
	Independence	301	0.333	1	0.5730	0.2580
	Times_ds	301	3	29	8.1000	3.5660
	Lnpay_ds	301	10.2903	15.4903	12.8397	0.8882
	Attendence_gd	301	0.2709	1.00	0.5730	0.1997
	Size_dsh	301	1	10	5.6500	1.5620
	Number_indp	301	1	6	3.0300	0.8280
	Size_jsh	301	1	7	3.4500	1.1750
	Times_js	301	1	11	3.3300	1.6710
	LEV	301	0.0698	14.4736	0.6984	1.0459
	LnTA	301	17.1219	23.1867	20.8050	0.9357

在 4 年间年度内董事会平均会议次数为 8.2587 次，最多为 29 次，最少为 1 次。从不同年度来看，2002 年年度内董事会平均召开的会议次数较少，为 6.5476 次，而 2003～2005 年的平均次数较多，分别平均为 9.3011 次、8.5388 次和 8.1030 次。2002 年年度内董事会召开的会议次数较多为 16 次，而其他 3 年则较多，在 2003～2005 年分别为 23 次、27 次和 29 次。

年度内监事会会议次数在 4 年间平均为 3.6247 次，从不同年度间的比较来看，在 2003 年监事会平均召开会议的次数最高，为 4.1312 次，其他年度均低于 4 次，在 2002 年、2004 年和 2005 年分别为 3.4841 次、3.6041 次和 3.3256 次。独立董事比例平均为 52.50%，在 2002 年平均为 37.21%，此后独立董事在董事会中的比例迅速提高为 2003 年的 51.49%，在 2004 年和 2005 年分别为 55.23%

和 57.30%。

参加年度股东大会的股东所代表的股份比例平均为 55.53%，在 2002~2005 年间的变化不大，在 2003 年的平均出席比例最低为 54.10%，在 2005 的平均出席比例最高为 57.30%，在 2002 年和 2004 年分别平均为 55.24% 和 54.51%。最大出席比例在 4 年间均为 100%，最小出席比例 4 年间平均为 22%。

在 2002~2005 年的 4 年间董事会的平均规模为 6.02 人，并呈现出平均规模不断减少的趋势，2002 年的平均规模最大，为 6.84 人，此后逐渐减少为 2005 年的 5.65 人，2003 年和 2004 年的董事会平均规模分别为 6.1500 人和 5.9600 人。与此相类似的是，在这 4 年间监事会的平均规模为 3.68 人，也呈现出规模不断减小的趋势，在 2002 年的平均规模为 3.92 人，到 2005 年则降为平均 3.45 人。年度内监事会召开会议次数平均为 3.6247 次，在 4 年间呈现出先增加后减少的趋势，在 2002 年平均召开了 3.48 次，到 2003 年平均召开了 4.13 次，此后两年平均召开的监事会会议次数不断减少，分别为 3.6 次和 3.33 次。

主要变量之间的相关性分析结果在表 7-36 中列出，从中可以看出，年度内董事会会议次数与每股收益、每股净资产和资产收益率均显著正相关，显著性水平均为 5% 或 10%，Pearson 相关系数分别为 0.187、0.144 和 0.080，这说明，年度内董事会会议次数的增加可能与企业的绩效之间存在着的正相关关系。报酬最高的三名董事的报酬总和也与企业绩效显著正相关，且均在 5% 的水平上的显著，与每股收益、每股净资产和资产收益率的相关系数分别为 0.119、0.278 和 0.096。而董事会的独立性程度与企业绩效之间则没有显著的相关关系。

从控制变量与被解释变量之间的相关关系来看，每股收益与民营上市公司年度股东大会出席股东所代表股份的比例、董事会规模和总资产之间存在着显著的正相关关系，与债务资产比例之间存在着显著的负相关关系。每股净资产及资产收益率除与董事会规模的相关关系不再显著之外，与各控制变量的相关关系与每股收益与它们之间的关系相同。

（2）回归结果及分析。我们根据本部分前面列出的回归方程分别进行回归，并对每个回归方程分别采用固定效应和随机效应方法进行回归，回归结果均在表 7-37 中列出，每组方程第一列为固定效应回归结果，第二列为随机效应回归结果，然后通过 Hausman 检验来确定适宜的回归方法。

表7-36

变量之间的相关性检验结果

	(1)	(2)	(3)	(4)	(5)	(6)	(7)	(8)	(9)	(10)	(11)	(12)	(13)
Eps(1)	1	0.652(**)	0.933(**)	0.018	0.076(*)	0.236(**)	0.303(**)	0.007	0.083(*)	0.000	-0.055	-0.400(**)	0.361(**)
Naps(2)	0.560(**)	1	0.499(**)	0.024	0.127(**)	0.309(**)	0.280(**)	-0.008	0.068(*)	-0.034	-0.086(*)	-0.563(**)	0.495(**)
Roa(3)	0.734(**)	0.528(**)	1	0.007	0.088(**)	0.164(**)	0.324(**)	0.001	0.052	0.005	-0.047	-0.486(**)	0.203(**)
Independence(4)	-0.051	0.040	-0.018	1	0.079(*)	0.095(*)	0.068(*)	-0.525(**)	0.571(**)	-0.170(**)	-0.034	0.033	0.049
Times_ds (5)	0.187(**)	0.144(**)	0.080(*)	0.132(**)	1	-0.065	-129(**)	-0.125(**)	0.075(*)	-0.044	0.327(**)	0.149(**)	0.024
Lnpay_ds (6)	0.119(**)	0.278(**)	0.096(**)	0.104(**)	-0.047	1	0.072(*)	0.039	0.180(**)	-0.059	-106(**)	-0.079(*)	0.407(**)
Attendence (7)	0.193(**)	0.300(**)	0.198(**)	0.034	-102(**)	0.073(*)	1	0.026	0.082(*)	-0.037	-0.029	-0.316(**)	-0.031
Size_dsh (8)	0.070(*)	0.017	0.047	-563(**)	-0.065	0.022	0.007	1	0.263(**)	0.322(**)	0.049	0.005	0.074(*)
Number_indp (9)	0.044	0.064	0.079(*)	0.398(**)	0.069(*)	0.190(**)	0.089(**)	0.285(**)	1	0.103(**)	0.089(**)	0.025	0.180(**)
Size_jsh (10)	0.006	-0.015	-0.022	-187(**)	-0.062	-0.070(*)	-0.038	0.309(**)	0.108(**)	1.000	0.064	0.041	0.105(**)
Times_js (11)	-0.012	-0.062	0.028	0.032	0.311(**)	-107(**)	-0.035	0.089(**)	0.112(**)	0.054	1	0.066	-0.003
LEV (12)	-0.216(**)	-0.378(**)	-0.616(**)	-0.041	0.000	-0.068(*)	-125(**)	0.012	-0.060	0.078(*)	-0.039	1	0.020
LnTA (13)	0.237(**)	0.481(**)	0.389(**)	0.030	0.025	0.417(**)	-0.027	0.068(*)	0.189(**)	0.076(*)	-0.001	-0.364(**)	1

注：左下角为 Pearson 相关系数；右上角为 Spearman 相关系数。* 表示在 95% 的置信水平上显著（双尾）；** 表示在 99% 的置信水平上显著（双尾）。

第七章　民营上市公司治理状况评价

按照前面的回归方程（1）和回归方程（2），表7-37中年度内董事会会议次数与每股收益关系的线性和非线性回归的结果。根据 Hausman 检验的结果，应该采用固定效应估计方法，即应该选用模型（A）和模型（C），在模型（C）中，年度内董事会会议次数的一次项和二次项均通过了统计上的显著性检验，显著性水平为1%，由此可以看出，年度内董事会会议次数与每股收益之间存在着显著的非线性关系，更进一步，根据该回归结果，可以得出，在其他条件相同的情况下，当年度内董事会会议次数为7.37次时，企业的每股收益水平最高。

表7-37　　　　　　年度内董事会会议次数与每股收益
关系的回归结果

MODEL	EPS			
	A	B	C	D
Variable	固定效应	随机效应	固定效应	随机效应
Times_ds	-0.0329^{***}	-0.0406^{***}	0.0762^{***}	0.0797^{***}
	0.0118	0.0079	0.0289	0.0230
SQ_times_ds	—	—	-0.0052^{***}	-0.0054^{***}
	—	—	0.0013	0.0010
Attendence	0.6118	0.7960^{***}	0.7765^{*}	0.8386^{***}
	0.4083	0.1653	0.4037	0.1620
Size_dsh	0.0535^{*}	0.0291^{*}	0.0643^{**}	0.0406^{**}
	0.0288	0.0177	0.0284	0.0174
Number_indp	-0.0281	-0.0209	-0.0235	-0.0322
	0.0505	0.0344	0.0497	0.0339
Size_jsh	0.0924^{*}	-0.0012	0.0877^{*}	-0.0067
	0.0521	0.0256	0.0513	0.0251
Times_js	0.0318	0.0262	0.0226	0.0140
	0.0223	0.0160	0.0221	0.0159
LEV	0.0336	-0.0549^{***}	0.0392	-0.0531^{***}
	0.0348	0.0200	0.0343	0.0196
LnTA	0.6163	0.2016	0.6050	0.1949
	0.1244	0.0353	0.1225	0.0344

MODEL	EPS			
	A	B	C	D
Variable	固定效应	随机效应	固定效应	随机效应
Constant	− 13. 6055 ***	− 4. 4906 ***	− 13. 9755 ***	− 4. 9072 ***
	2. 6267	0. 7459	2. 5863	0. 7327
R − sq	0. 1043	0. 2283	0. 1345	0. 2715
F_u_i	1. 77 (0. 0000)	—	1. 78 (0. 0000)	—
F	7. 09 (0. 0000)	—	8. 39 (0. 0000)	—
Wald chi^2	—	127. 19 (0. 0000)	—	163. 11
Hausman	23. 37 (0. 0029)		22. 81 (0. 0066)	

注：*** 表示在 99% 的置信水平上显著，** 表示在 95% 的置信水平上显著，* 表示在 90% 的置信水平上显著；方程系数下面的圆括号中的值为标准误；表格中分别列出了 F 检验、Hausman 检验的结果，其中，固定效应模型使用的是 t 检验，随机效应模型使用的是 z 检验。

按照前面的回归方程（3）和回归方程（4），表 7 – 38 中年度内董事会会议次数与每股净资产关系的线性和非线性回归的结果。根据 Hausman 检验的结果，应该采用固定效应估计方法，即应该选用模型（E）和模型（G）。在模型（E），年度内董事会会议次数与每股净资产存在着显著的负相关关系，但是，在模型（G）中，年度内董事会会议次数的一次项和二次项均不显著，由此可以看出，年度内董事会会议次数与每股收益之间可能存在着负相关关系。

表 7 – 38 　　　　年度内董事会会议次数与每股净资产
关系的回归结果

MODEL	NAPS			
	E	F	G	H
Variable	固定效应	随机效应	固定效应	随机效应
Times_ds	− 0. 0404 *	− 0. 0435 ***	0. 0454	0. 0400
	0. 0145	0. 0128	0. 0361	0. 0339

续表

MODEL	NAPS			
	E	F	G	H
Variable	固定效应	随机效应	固定效应	随机效应
SQ_times_ds	—	—	− 0. 0041	− 0. 0038
	—	—	0. 0016	0. 0014
Attendence	1. 9250 ***	2. 8918 ***	2. 0545 ***	2. 9404 ***
	0. 5040	0. 3252	0. 5035	0. 3250
Size_dsh	0. 0386	0. 0238	0. 0471	0. 0326
	0. 0355	0. 0297	0. 0355	0. 0298
Number_indp	− 0. 0501	− 0. 0472	− 0. 0465	− 0. 0505
	0. 0623	0. 0545	0. 0620	0. 0543
Size_jsh	0. 1905 ***	0. 0689	0. 1868 ***	0. 0662
	0. 0644	0. 0484	0. 0640	0. 0483
Times_js	0. 0722 ***	0. 0406	0. 0649 **	0. 0328
	0. 0276	0. 0250	0. 0276	0. 0250
LEV	− 0. 0187	− 0. 1031 ***	− 0. 0143	− 0. 0990 ***
	0. 0430	0. 0333	0. 0428	0. 0332
LnTA	0. 9749 ***	0. 8666 ***	0. 9660 ***	0. 8618 ***
	0. 1536	0. 0795	0. 1528	0. 0794
Constant	− 19. 7039 ***	− 17. 2530 ***	− 19. 9949 ***	− 17. 5682 ***
	3. 2425	1. 6796	3. 2255	1. 6814
R − sq	0. 2035	0. 3635	0. 2144	0. 3623
F_u_i	6. 60 (0. 0000)	—	6. 67 (0. 0000)	—
F	15. 56 (0. 0000)	—	14. 74 (0. 0000)	—
Wald chi^2	—	312. 18 (0. 0000)	—	320. 43 (0. 0000)
Hausman	47. 57 (0. 0000)		47. 33 (0. 0000)	

注：*** 表示在99%的置信水平上显著，** 表示在95%的置信水平上显著，* 表示在90%的置信水平上显著；方程系数下面的圆括号中的值为标准误；表格中分别列出了 F 检验、Hausman 检验的结果，其中，固定效应模型使用的是 t 检验，随机效应模型使用的是 z 检验。

按照前面的回归方程（5）和回归方程（6），表7-39中年度内董事会会议次数与资产收益率关系的线性和非线性回归的结果。根据 Hausman 检验的结果，应该采用固定效应估计方法，即应该选用模型（I）和模型（K），在模型（K）中，年度内董事会会议次数的一次项和二次项均通过了统计上的显著性检验，显著性水平为 10% 和 5%，由此可以看出，年度内董事会会议次数与资产收益率之间存在着显著的非线性关系，更进一步，根据该回归结果，可以得出，在其他条件相同的情况下，当年度内董事会会议次数为 8.83 次时，企业的资产收益率水平最高。

表7-39　　　　年度内董事会会议次数与资产收益率
关系的回归结果

MODEL	ROA			
	I	J	K	L
Variable	固定效应	随机效应	固定效应	随机效应
Times_ds	− 0.0026	− 0.0039 ***	0.0106 *	0.0093 **
	0.0024	0.0015	0.0060	0.0045
SQ_times_ds	—	—	− 0.0006 **	− 0.0006 ***
	—	—	0.0003	0.0002
Attendence	0.1819 **	0.1486 ***	0.2018 **	0.1528 ***
	0.0835	0.0300	0.0835	0.0298
Size_dsh	0.0105 *	0.0044	0.0118 **	0.0056 *
	0.0059	0.0033	0.0059	0.0033
Number_indp	− 0.0078	− 0.0034	− 0.0073	− 0.0047
	0.0103	0.0065	0.0103	0.0065
Size_jsh	0.0211 **	0.0002	0.0205 *	− 0.0004
	0.0107	0.0046	0.0106	0.0046
Times_js	0.0038	0.0040	0.0027	0.0028
	0.0046	0.0030	0.0046	0.0030
LEV	− 0.0412 ***	− 0.0655 ***	− 0.0405 ***	− 0.0654 ***
	0.0071	0.0037	0.0071	0.0037
LnTA	0.1604 ***	0.0440 ***	0.1590 ***	0.0433 ***
	0.0255	0.0061	0.0253	0.0061

MODEL	ROA			
	I	J	K	L
Variable	固定效应	随机效应	固定效应	随机效应
Constant	− 3. 5334 ***	− 0. 9718 ***	− 3. 5782 ***	− 1. 0188 ***
	0. 5373	0. 1300	0. 5350	0. 1301
R − sq	0. 3266	0. 5198	0. 3345	0. 5286
F_u_i	1. 36 (0. 0000)	—	1. 36 (0. 0008)	—
F	29. 52 (0. 0000)	—	27. 15 (0. 0000)	—
Wald chi^2	—	611. 65 (0. 0000)	—	628. 24 (0. 0000)
Hausman	33. 40 (0. 0000)		33. 40 (0. 0001)	

注：*** 表示在99%的置信水平上显著，** 表示在95%的置信水平上显著，* 表示在90%的置信水平上显著；方程系数下面的圆括号中的值为标准误；表格中分别列出了 F 检验、Hausman 检验的结果，其中，固定效应模型使用的是 t 检验，随机效应模型使用的是 z 检验。

按照前面的回归方程（7）和回归方程（8），表7-40中董事会独立性程度与每股收益关系的线性和非线性回归的结果。根据 Hausman 检验的结果，应该采用固定效应估计方法，即应该选用模型（M）和模型（O），在两个模型中，董事会独立性程度与每股收益均不存在着显著的相关关系，由此可以看出，对于我们的研究样本而言，董事会独立性程度与每股收益之间并没有表现出显著的相关关系。

表7-40　　　　董事会独立性与每股收益关系的回归结果

MODEL	EPS			
	M	N	O	P
Variable	固定效应	随机效应	固定效应	随机效应
independence	− 0. 0116	− 0. 2023	− 0. 6405	− 0. 2786
	0. 3774	0. 2126	1. 0901	0. 6376
SQ_indepd	—	—	0. 2870	0. 0270
			0. 4667	0. 2126

续表

MODEL	EPS			
	M	N	O	P
Variable	固定效应	随机效应	固定效应	随机效应
Attendence	0.6884*	0.9134***	0.7049*	0.9118***
	0.4144	0.1681	0.4155	0.1686
Size_dsh	0.0615	0.0205	0.0429	0.0171
	0.0386	0.0260	0.0491	0.0370
Number_indp	−0.0518	−0.0074	0.0068	0.0000
	0.0724	0.0475	0.1196	0.0756
Size_jsh	0.0891*	0.0059	0.0859	0.0058
	0.0526	0.0263	0.0529	0.0263
Times_js	0.0086	−0.0005	0.0091	−0.0005
	0.0209	0.0155	0.0210	0.0155
LEV	0.0309	−0.0563***	0.0310	−0.0564***
	0.0352	0.0204	0.0352	0.0204
LnTA	0.6037***	0.1981***	0.6046***	0.1980***
	0.1258	0.0365	0.1258	0.0365
Constant	−13.5318***	−4.6303***	−13.3704***	−4.5961***
	2.6859	0.7905	2.7004	0.8327
R − sq	0.0900	0.1756	0.0907	0.1758
F_u_i	1.81 (0.0000)	—	1.81 (0.0000)	—
F	6.02 (0.0000)	—	5.39 (0.0000)	—
Wald chi^2	—	97.69 (0.0000)	—	97.61 (0.0000)
Hausman	20.93 (0.0000)		21.49 (0.0107)	

注：*** 表示在99%的置信水平上显著，** 表示在95%的置信水平上显著，* 表示在90%的置信水平上显著；方程系数下面的圆括号中的值为标准误；表格中分别列出了 F 检验、Hausman 检验的结果，其中，固定效应模型使用的是 t 检验，随机效应模型使用的是 z 检验。

　　表7-41中列出了董事会独立性程度与每股净资产之间关系的线性和非线性回归的结果，这是按照前面的回归方程（9）和回归方程（10）进行的。根据Hausman检验的结果，应该采用固定效应估计方法，即应该选用模型（Q）和模型（S），在两个模型中，董事会独立性程度与每股净资产均不存在着显著的相关关系，由此可以看出，对于我们的研究样本而言，董事会独立性程度与每股净资产之间并没有表现出显著的相关关系。

表7-41　　　董事会独立性与每股净资产关系的回归结果

MODEL	NAPS			
	Q.	R	S	T
Variable	固定效应	随机效应	固定效应	随机效应
Independence	0.2360	0.4165	-0.8159	0.2814
	0.4657	0.3549	1.3447	1.0120
SQ_indepd	—	—	0.4801	0.0518
	—	—	0.5757	0.3630
Attendence	2.0565 ***	3.0190 ***	2.0840 ***	3.0167 ***
	0.5113	0.3253	0.5125	0.3260
Size_dsh	0.0655	0.0675 *	0.0342	0.0624
	0.0476	0.0410	0.0606	0.0543
Number_indp	-0.1139	-0.1334 *	-0.0160	-0.1204
	0.0893	0.0742	0.1476	0.1179
Size_jsh	0.1878 ***	0.0741	0.1825 ***	0.0735
	0.0649	0.0487	0.0652	0.0488
Times_js	0.0444 *	0.0121	0.0452 *	0.0122
	0.0258	0.0236	0.0259	0.0236
LEV	-0.0200	-0.1026 ***	-0.0199	-0.1028 ***
	0.0435	0.0336	0.0435	0.0336
LnTA	0.9662 ***	0.8682 ***	0.9675 ***	0.8681 ***
	0.1552	0.0802	0.1552	0.0802
Constant	-19.9131 ***	-17.8611 ***	-19.6432 ***	-17.8086 ***
	3.3144	1.7255	3.3312	1.7628
R-sq	0.1913	0.3566	0.1925	0.3562

MODEL	NAPS			
	Q	R	S	T
Variable	固定效应	随机效应	固定效应	随机效应
F_u_i	6.60 (0.0000)	—	6.59 (0.0000)	—
F	0.1913 (0.0000)	—	12.87 (0.0000)	—
Wald chi^2	—	298.35 (0.0000)	—	298.17 (0.0000)
Hausman	42.88 (0.0000)		45.52 (0.0000)	

注：*** 表示在99%的置信水平上显著，** 表示在95%的置信水平上显著，* 表示在90%的置信水平上显著；方程系数下面的圆括号中的值为标准误；表格中分别列出了 F 检验、Hausman 检验的结果，其中，固定效应模型使用的是 t 检验，随机效应模型使用的是 z 检验。

表 7-42 中列出了董事会独立性程度与资产收益率之间关系的线性和非线性回归的结果，这是按照前面的回归方程（11）和回归方程（12）进行的。根据 Hausman 检验的结果，应该采用固定效应估计方法，即应该选用模型（U）和模型（W），在两个模型中，董事会独立性程度与资产收益率均不存在着显著的相关关系，由此可以看出，对于我们的研究样本而言，董事会独立性程度与资产收益率之间并没有表现出显著的相关关系。

表 7-42　　董事会独立性与资产收益率关系的回归结果

MODEL	ROA			
	U	V	W	X
Variable	固定效应	随机效应	固定效应	随机效应
Independence	0.2360 0.4657	0.4165 0.3549	-0.8159 1.3447	0.2814 1.0120
SQ_indepd	— —	— —	0.4801 0.5757	0.0518 0.3630
Attendence	2.0565 ** 0.5113	3.0190 *** 0.3253	2.0840 ** 0.5125	3.0167 *** 0.3260

MODEL	ROA			
	U	V	W	X
Variable	固定效应	随机效应	固定效应	随机效应
Size_dsh	0.0655	0.0675	0.0342	0.0624
	0.0476	0.0410	0.0606	0.0543
Number_indp	−0.1139	−0.1334	−0.0160	−0.1204
	0.0893	0.0742	0.1476	0.1179
Size_jsh	0.1878*	0.0741	0.1825**	0.0735
	0.0649	0.0487	0.0652	0.0488
Times_js	0.0444	0.0121	0.0452	0.0122
	0.0258	0.0236	0.0259	0.0236
LEV	−0.0200***	−0.1026***	−0.0199***	−0.1028***
	0.0435	0.0336	0.0435	0.0336
LnTA	0.9662***	0.8682***	0.9675***	0.8681***
	0.1552	0.0802	0.1552	0.0802
Constant	−19.9131***	−17.8611***	−19.6432***	−17.8086***
	3.3144	1.7255	3.3312	1.7628
R − sq	0.3251	0.5166	0.3254	0.5154
F_u_i	1.37 (0.0000)	—	1.36 (0.0007)	—
F	29.33 (0.0000)	—	26.04 (0.0000)	—
Wald chi^2	—	603.54 (0.0000)	—	604.08 (0.0000)
Hausman	35.01 (0.0000)		35.47 (0.0000)	

注：*** 表示在 99% 的置信水平上显著，** 表示在 95% 的置信水平上显著，* 表示在 90% 的置信水平上显著；方程系数下面的圆括号中的值为标准误；表格中分别列出了 F 检验、Hausman 检验的结果，其中，固定效应模型使用的是 t 检验，随机效应模型使用的是 z 检验。

按照回归方程 (13) ~ (15)，对报酬最高的三名董事的报酬总和与企业绩效之间关系的回归在表 7 - 43 中列出。根据 Hausman 检验的结果，应该采用固定效应估计方法，即应该选用模型（Y）、（AA）和（AC），在这三个模型中，报酬最高的三名董事的报酬总和与企业绩效之间存在着显著的正相关关系，具体而言，董事报酬与每股收益的显著性水平为5%，与每股净资产的显著性水平为10%，与资产收益率之间的显著性水平为5%。这说明，报酬最高的三位董事报酬的增加与较高的企业绩效之间存在着较高的相关性，这有可能是因为较高的董事报酬所带来的较充足的激励效果所致。

表 7 - 43　　　报酬最高的三名董事的报酬总和与企业
绩效关系的回归结果

MODEL	EPS		NAPS		ROA	
	Y	Z	AA	AB	AC	AD
Variable	固定效应	随机效应	固定效应	随机效应	固定效应	随机效应
Lnpay_ds	0.1311**	-0.0113	0.1365*	0.0029	0.0266**	-0.0102
	0.0625	0.0354	0.0773	0.0620	0.0127	0.0063
Attendence	0.6354	0.9152***	1.9643***	3.0129***	0.1768**	0.1643***
	0.4095	0.1693	0.5062	0.3256	0.0832	0.0301
Size_dsh	0.0574**	0.0384**	0.0443	0.0345	0.0101*	0.0052
	0.0288	0.0180	0.0356	0.0298	0.0059	0.0033
Number_indp	-0.0286	-0.0364	-0.0554	-0.0746	-0.0047	-0.0034
	0.0512	0.0354	0.0633	0.0555	0.0104	0.0066
Size_jsh	0.0746	0.0063	0.1715***	0.0716	0.0179*	0.0001
	0.0528	0.0265	0.0652	0.0491	0.0107	0.0047
Times_js	0.0016	-0.0004	0.0364	0.0110	0.0006	0.0010
	0.0211	0.0156	0.0261	0.0238	0.0043	0.0029
LEV	0.0383	-0.0546***	-0.0144	-0.1054***	-0.0399***	-0.0647***
	0.0351	0.0206	0.0434	0.0339	0.0071	0.0038
LnTA	0.6425***	0.2064***	0.9998***	0.8597***	0.1672***	0.0486***
	0.1261	0.0397	0.1559	0.0840	0.0256	0.0068
Constant	-12.6310***	-4.7916***	-18.6779***	-17.4567***	-3.3430***	-0.9740***
	2.6715	0.7818	3.3019	1.7080	0.5428	0.1333
R - sq	0.0981	0.1698	0.1961	0.3558	0.3310	0.5092

续表

MODEL	EPS		NAPS		ROA	
	Y	Z	AA	AB	AC	AD
F_u_i	1.85 (0.0000)	—	6.59 (0.0000)	—	1.39 (0.0003)	—
F	6.62 (0.0000)	—	14.85 (0.0000)	—	30.13 (0.0000)	—
Wald chi^2	—	96.48 (0.0000)	—	296.82 (0.0000)	—	598.45 (0.0000)
Hausman	25.49 (0.0013)		53.07 (0.0013)		33.54 (0.0000)	

注：*** 表示在 99% 的置信水平上显著，** 表示在 95% 的置信水平上显著，* 表示在 90% 的置信水平上显著；方程系数下面的圆括号中的值为标准误差；表格中分别列出了 F 检验、Hausman 检验的结果，其中，固定效应模型使用的是 t 检验，随机效应模型使用的是 z 检验。

二、利用手工数据的实证研究

1. 数据、变量及回归方程

根据课题组对 2005 年中国民营上市公司的公开披露信息的手工整理，我们获取了董事会成员在最大股东单位的任职情况、独立董事总报酬和独立董事参会比例三个方面的数据。在本部分，对这三个指标与企业绩效之间的关系进行实证分析。

限于篇幅及避免内容上的重复（在后述内容中会对 2005 年董事治理状况进行描述性统计分析），不再对本部分所使用变量的基本情况进行分析，直接给出我们在下面的实证分析中将会使用的分析方程：

$$EPS = a_0 + a_1 * Ratio\_gdrz + a_2 * Times\_dsh + a_3 * Size\_dsh + a_4 * Diverge$$
$$+ a_5 * Sh1 + a_6 * Sh2 + a_7 * LEV + a_8 * LnTA + e \quad (28)$$

$$NAPS = a_0 + a_1 * Ratio\_gdrz + a_2 * Times\_dsh + a_3 * Size\_dsh + a_4 * Diverge$$
$$+ a_5 * Sh1 + a_6 * Sh2 + a_7 * LEV + a_8 * LnTA + e \quad (29)$$

$$ROA = a_0 + a_1 * Ratio\_gdrz + a_2 * Times\_dsh + a_3 * Size\_dsh + a_4 * Diverge$$
$$+ a_5 * Sh1 + a_6 * Sh2 + a_7 * LEV + a_8 * LnTA + e \quad (30)$$

$$EPS = a_0 + a_1 * Lnpay\_indp + a_2 * Times\_dsh + a_3 * Size\_dsh + a_4 * Diverge$$
$$+ a_5 * Sh1 + a_6 * Sh2 + a_7 * LEV + a_8 * LnTA + e \quad (31)$$

$$NAPS = a_0 + a_1 * Lnpay\_indp + a_2 * Times\_dsh + a_3 * Size\_dsh + a_4 * Diverge$$
$$+ a_5 * Sh1 + a_6 * Sh2 + a_7 * LEV + a_8 * LnTA + e \quad\quad (32)$$
$$ROA = a_0 + a_1 * Lnpay\_indp + a_2 * Times\_dsh + a_3 * Size\_dsh + a_4 * Diverge$$
$$+ a_5 * Sh1 + a_6 * Sh2 + a_7 * LEV + a_8 * LnTA + e \quad\quad (33)$$
$$EPS = a_0 + a_1 * Ratio\_attend\_indp + a_2 * Times\_dsh + a_3 * Size\_dsh$$
$$+ a_4 * Diverge + a_5 * Sh1 + a_6 * Sh2 + a_7 * LEV + a_8 * LnTA + e \quad\quad (34)$$
$$NAPS = a_0 + a_1 * Ratio\_attend\_indp + a_2 * Times\_dsh + a_3 * Size\_dsh$$
$$+ a_4 * Diverge + a_5 * Sh1 + a_6 * Sh2 + a_7 * LEV + a_8 * LnTA + e \quad\quad (35)$$
$$ROA = a_0 + a_1 * Ratio\_attend\_indp + a_2 * Times\_dsh + a_3 * Size\_dsh$$
$$+ a_4 * Diverge + a_5 * Sh1 + a_6 * Sh2 + a_7 * LEV + a_8 * LnTA + e \quad\quad (36)$$

方程（16）~（18）是用来分析董事在大股东单位任职的比例与企业绩效之间的相关关系，回归结果在模型（BA）~（BC）中列出，方程（19）~（21）是用来分析独立董事报酬总额与企业绩效之间的相关关系，方程（22）~（24）是用来分析董事在独立董事参加董事会会议的出席率与企业绩效之间的相关关系。

在表 7 - 44 中列出了本部分所使用变量的名称、符号及含义。

表 7 - 44　　　　　　　　变量、变量符号及含义一览表

变量分类	变量符号	变量含义
被解释变量	EPS	每股收益（净利润）
	NAPS	每股净资产
	ROA	总资产收益率
解释变量	Ratio_gdrz	董事在大股东单位任职的比例
	Lnpay_indp	独立董事报酬
	Ratio_attend_indp	独立董事参加董事会会议的出席率
控制变量	Times_dsh	年度内董事会召开会议的次数
	Size_dsh	董事会规模
	Diverge	控股股东的投票权与现金流权的差值
	Sh1	第一大股东持股比例
	Sh2	第二大股东持股比例
	LEV	债务资产比例
	LnTA	企业的规模的自然对数

2. 回归结果及分析

根据表 7 - 45 对董事在大股东单位任职的比例与企业绩效之间的相关关系的

313

回归结果可知，在模型（BA）中的整个回归方程的显著性检验也没有通过，另外的两个模型中，回归系数一个为正，另一个为负，但没有通过显著性检验。这说明，对于我们所使用的样本而言，在董事会中，上市公司的董事同时在大股东单位任职并未像我们前面理论分析所预期的那样，对企业绩效产生消极影响。这一方面可能与所使用的数据样本偏小有关；另一方面，我们在研究中使用的董事在大股东单位任职的比例及企业绩效指标是同一年的数据，考虑到治理效应发挥的可能存在的滞后性特征，如果用 2006 年的企业绩效指标，或许能够发现这种董事在大股东单位过多任职的不利后果。

表 7 - 45   **董事在大股东单位任职的比例、独立董事报酬与企业绩效的回归结果**

Independent Variable	EPS	NAPS	ROA	EPS	NAPS
Model	BA	BB	BC	BD	BE
Ratio_gdrz	4. 1639	4. 4868	− 0. 0035	—	—
	3. 5415	3. 6327	0. 0331	—	—
Lnpay_indp	—	—	—	0. 6251	0. 4967
	—	—	—	0. 8819	0. 9052
Times_dsh	0. 0675	0. 0704	− 0. 0037 ***	0. 0551	0. 0608
	0. 1216	0. 1247	0. 0011	0. 1236	0. 1268
Size_dsh	0. 3267	0. 3636 *	0. 0015	0. 2663	0. 3139
	0. 2130	0. 2185	0. 0020	0. 2263	0. 2323
Diverge	0. 5034	0. 5115	0. 0234	0. 3114	0. 3791
	3. 9380	4. 0394	0. 0368	4. 0413	4. 1481
Sh1	3. 2237	4. 5046	− 0. 0229	3. 7384	4. 9323
	4. 9857	5. 1141	0. 0465	5. 0867	5. 2211
Sh2	− 1. 2551	− 0. 8913	− 0. 0624	− 1. 9769	− 1. 6287
	5. 9468	6. 1000	0. 0555	6. 0082	6. 1670
LEV	− 6. 9987 **	− 10. 1807 ***	− 0. 1067 ***	− 6. 8620 **	− 10. 1163 **
	2. 5936	2. 6604	0. 0242	2. 6767	2. 7475
LnTA	0. 3021	0. 8828	0. 0165	0. 2803	0. 8795
	0. 5217	0. 5351	0. 0049	0. 5508	0. 5654

314

续表

Independent Variable	EPS	NAPS	ROA	EPS	NAPS
Constant	− 8. 6384	− 17. 4875	− 0. 2570 **	− 8. 2969	− 17. 2350
	10. 7646	11. 0420	0. 1005	11. 0699	11. 3626
R^2	0. 0496	0. 0867	0. 1592	0. 0471	0. 0831
F	1. 47 (0. 1698)	2. 67 (0. 0081)	5. 32 (0. 0000)	1. 37 (0. 2124)	2. 50 (0. 0128)

注: *** 表示在99%的置信水平上显著, ** 表示在95%的置信水平上显著, * 表示在90%的置信水平上显著; 方程系数下面的圆括号中的值为标准误差。

结合表7－45和表7－46中对独立董事报酬与企业绩效之间关系的回归结果可知, 关于两者之间的实证结果也呈现出与董事在大股东单位任职比例与企业绩效之间实证结果的相似性, 解释变量的回归系数均不显著。从表7－46中独立董事参会比例与企业绩效之间关系的回归结果来看, 较高的独立董事参会比例与较好的企业绩效存在着显著的正相关关系, 与每股收益的正相关的显著性水平为5%, 与每股净资产和资产收益率的正相关显著性水平为1%。这与我们在前面理论分析中的预期一致。较高的独立董事在董事会会议中的出席率, 是独立董事有效履行其各项职责的重要保障, 是独立董事战略参与董事会各项决策的重要途径。

表7－46　　　独立董事报酬、独立董事参会比例与

企业绩效的回归结果

Independent Variable	ROA	EPS	NAPS	ROA
Model	BF	BG	BH	BI
Lnpay_indp	− 0. 0057	—	—	—
	0. 0082	—	—	—
Ratio_attend_indp	—	22. 1471 **	25. 6582 ***	0. 0163 ***
	—	8. 7109	8. 9028	0. 0049
Times_dsh	− 0. 0036 ***	0. 0817	0. 0877	0. 0192
	0. 0011	0. 1203	0. 1229	0. 0822 ***
Size_dsh	0. 0018	0. 3357	0. 3747 *	− 0. 0036
	0. 0021	0. 2107	0. 2153	0. 0011

续表

Independent Variable	ROA	EPS	NAPS	ROA
Diverge	0.0254	0.6093	0.6191	0.0015
	0.0374	3.8915	3.9772	0.0020
Sh1	− 0.0266	3.7758	5.1376	0.0232
	0.0471	4.9336	5.0423	0.0367
Sh2	− 0.0622	− 1.2641	− 0.8466	− 0.0226
	0.0556	5.8591	5.9882	0.0466
LEV	− 0.1145 **	− 6.1540 **	− 9.2165 ***	− 0.0612
	0.0248	2.5741	2.6308	0.0553
LnTA	0.0185 **	0.2094	0.7717	− 0.1063 ***
	0.0051	0.5174	0.5288	0.0243
Constant	− 0.2850 **	− 28.4731 **	− 40.4598 ***	− 0.2740 **
	0.1025	13.1787	13.4691	0.1244
R^2	0.1689	0.0705	0.1132	0.1593
F	5.61 (0.0000)	2.13 (0.0338)	3.59 (0.0006)	5.33 (0.0000)

注：***表示在99%的置信水平上显著，**表示在95%的置信水平上显著，*表示在90%的置信水平上显著；方程系数下面的圆括号中的值为标准误差。

三、研究结论与董事会治理状况评价指标

根据前面的理论分析、文献回顾，及对两个数据样本的实证检验结果，我们将从以下几个方面对民营上市公司的董事会治理状况进行评价：董事会结构、董事会激励和董事会行为三个维度。

具体而言，董事会结构包括独立董事比例和董事在最大股东单位同时中任职的比例两个指标，董事会激励包括金额最高的三名董事的报酬总和及独立董事总报酬两个指标，董事会行为也包括两个指标，分别为年度内董事会会议次数和独立董事参加董事会会议的出席率。

7.3.2 民营上市公司董事会治理状况指标

一、董事会治理评价指标的描述性统计

下面我们将对 2005 年中国民营上市公司董事会治理水平评价指标的基本情况做出描述性统计分析。

1. 董事会结构

（1）非执行董事在董事会中所占比例。非执行董事在董事会中所占比例的直方图和经验累积分布函数图形如图 7 - 22 所示，限于篇幅，我们没有列出详细的频数分布表。大多数民营上市公司中，非执行董事比例位于 30% ~ 60% 之间。具体而言，有 20% 的民营上市公司中，非董事比例在 30% 以下，在 52.77% 的公司中，非执行董事比例在 44.4% 以下，在 9.79% 的上市公司中，非执行董事比例在 60% 以上。

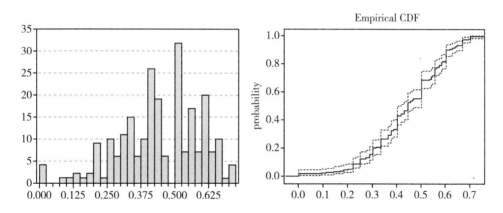

图 7 - 22 非执行董事在董事会中所占比例的直方图和经验累积分布函数图形

表 7 - 47 列出了非执行董事比例的描述性统计量，这一平均比例为 44%，最大值为 79%，标准差为 0.15，不同公司间有比较大的差异。偏度为 - 0.49，标明数据的分布呈右偏趋势。

表 7 - 47   独立董事在董事会中所占比例的描述性统计量

非执行 董事比例	均值	中间值	最大值	最小值	标准差	偏度	峰度
	0.44	0.44	0.79	0.00	0.15	- 0.49	3.04

（2）董事会成员在最大股东单位的任职情况。这一指标，一方面反映了最大股东对董事会的控制情况；另一方面反映了董事的尽职程度。图7－23列出了董事会成员在最大股东单位的任职比例的直方图和经验累积分布函数图形。结合图中的描述性统计量可知，在2005年的民营上市公司中，其董事同时在最大股东单位担任职位的比例平均为27%，最大值为87.5%，意味着绝大多数董事在股东单位兼任其他职位，这必然会对其履行董事职责产生重大影响。偏度为0.87，数据分布呈左偏状态。

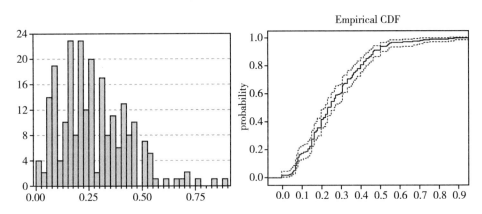

图7－23　董事会成员在最大股东单位的任职比例直方图和
经验累积分布函数图形

表7－48　　　　　董事会成员在最大股东单位的任职
比例描述性统计量

董事会成员在最大股东单位的任职比例	均值	中间值	最小值	最大值	标准差	偏度	峰度
	0.27	0.23	0.00	0.875	0.16	0.87	3.96

2. 董事会激励

（1）金额最高的前三名董事的报酬总额。2005年民营上市公司中金额最高的前三名董事的报酬总额的分布情况如图7－24所示，其基本的描述性统计量在表7－49中列出。平均报酬为64.62万元，最高的为481.6万元，最低为45.35万元，前者为后者的10倍还多，标准差为63.11，显示了不同公司之间的巨大差别，但从图7－24的分布情况来看，大部分公司的报酬总额在100万元以下，只有少数几家公司的报酬远高出市场平均水平。偏度为2.97，说明样本数据的分布呈左偏状态。

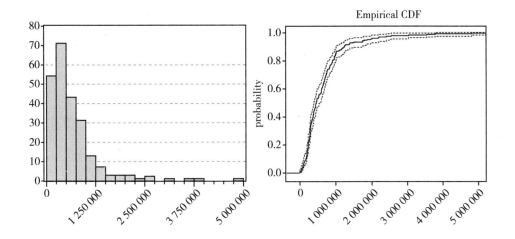

图 7 – 24   金额最高的前三名董事的报酬总额的直方图和经验累积分布函数图形

表 7 – 49   金额最高的前三名董事的报酬总额的
描述性统计量

金额最高的前三名董事的报酬总额	均值	中间值	最大值	最小值	标准差	偏度	峰度
	64.62	45.35	481.6	0	63.11	2.97	15.38

注：均值、中间值、最大值、最小值、标准差的单位均为万元。

（2）独立董事总报酬。独立董事总报酬的直方图和经验累积分布函数图形如图 7 – 25 所示，基本的描述性统计量在表 7 – 50 中列出。从中可以看出，独立董事总报酬的平均值为 11.74 万元，最大值为 28 万元，标准差为 5.34，说明不同公司之间存在着较大的差异。偏度为 0.32，呈略左偏状态。多数公司的独立董事总报酬在 7 万～16 万元之间。相对报酬最高的三名董事的报酬而言，独立董事的报酬水平低得多，同时不同个体之间的差异性也小得多。

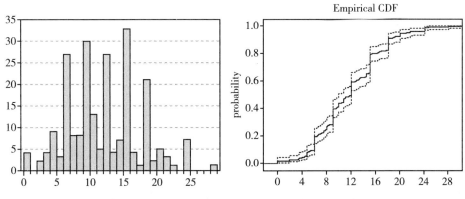

图 7 – 25   独立董事总报酬的直方图和经验累积分布函数图形

319

表 7 - 50　　　　　　　独立董事总报酬的描述性统计量

独立董事	均值	中间值	最大值	最小值	标准差	偏度	峰度
总报酬	11.74	12	28	0	5.34	0.32	2.79

3. 董事会行为

（1）董事会会议次数。图 7 - 26 为样本公司年度内董事会会议次数的直方图和经验累积分布函数图形，表 7 - 51 列出了年度内董事会会议次数的描述性统计量。由此可知，对于样本公司而言，年度内董事会会议次数平均为 8.01 次，中间值为 7 次，召开董事会会议次数最多的为 26 次，这些远远超出常规的会议次数，一方面可能是由于公司的经营战略等面临着重大的调整，需要董事会进行决策的事项急剧增加；另一方面也可能是由于在董事会内部对某些决策存在重要分歧，且难以达成一致意见，不得不反复沟通、协调所致。年度内召开董事会会议次数最少的只有 2 次，标准差为 3.54，偏度为 2.04，数据分布呈左偏状态。

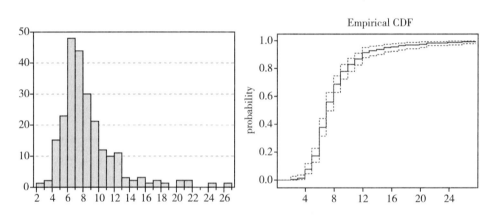

图 7 - 26　　董事会会议次数的直方图和经验累积分布函数图形

表 7 - 51　　　　　　　董事会会议次数的描述性统计量

董事会	均值	中间值	最大值	最小值	标准差	偏度	峰度
会议次数	8.01	7.00	26.00	2.00	3.54	2.04	8.76

（2）独立董事参会比率。样本民营上市公司的直方图和经验累积分布函数图形如图 7 - 27 所示，独立董事参会比率的描述性统计量如表 7 - 52 所示。从中可以看出，独立董事参会的平均比率为 98%，即绝大多数独立董事都积极参加所有的董事会会议，各民营上市公司在 2005 年中，独立董事参会比例最小的为 60%，标准差为 0.05，不同公司之间差别较小，这从图 7 - 27 中也可以直观地

看出这一特征。样本公司的分布的偏度为 -3.87，呈现出非常明显的右偏状态。

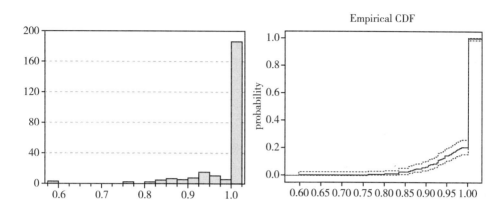

图 7 - 27　　独立董事参会比率的直方图和经验累积分布函数图形

表 7 - 52　　　　　　　独立董事参会比率的描述性统计量

独立董事	均值	中间值	最大值	最小值	标准差	偏度	峰度
参会比率	0.98	1.00	1.00	0.60	0.05	- 3.87	23.57

二、董事会治理评价指标评分的原则

1. 董事会独立性

① 非执行董事所占比例：非执行董事比例越高，治理状况越好。评分原则：以 7% 为组间距。②董监事会成员在最大股东单位的任职情况（gd control）：董事在股东单位任职的比例越低，治理状况越好。评分原则：以 0.09 为组间距。进行从大到小的评分。

2. 董事会激励

① 金额最高的前三名董事的报酬总额：前三位董事报酬的总和越高，治理状况越好。评分原则：以 48 万元为组间距。②独立董事总报酬：独立董事报酬越高，治理状况越好。评分原则：以 2.4 万元为组间距。

3. 董事会行为

① 董事会会议次数：年度内董事会会议次数以 8 次或 9 次为最优，实际会议次数与 8 次和 9 次相差越多，治理状况越差。评分原则：以 2 次为组间距。②独立董事参会比率：独立董事参会比率越高，治理状况越好。评分原则：以 0.02 为组间距。

关于各指标的具体评分标准详见表 7 - 53。

表 7 – 53 董事会的构建与运行指标评分原则说明

评分	fzxdsfs	gcontrolfs	dsbcfs（万）	dldsbcfs	dshcsfs	dldschfs	dshgmfs
组间距	7	0.09	48	2.4	2	0.02	1
1	0 – 7	0.81 –	0 – 48	0 – 2.4	0 – 2	– 0.82	5 – 6
2	7 – 14	0.72 – 0.81	48 – 96	2.4 – 4.8	2 – 4	0.82 – 0.84	6 – 7
3	14 – 11	0.63 – 0.72	96 – 144	4.8 – 7.2	4 – 6	0.84 – 0.86	7 – 8
4	21 – 28	0.54 – 0.63	144 – 192	7.2 – 9.6	6 – 8	0.86 – 0.88	8 – 9
5	28 – 35	0.45 – 0.54	192 – 240	9.6 – 12.0	8 – 10	0.88 – 0.90	9 – 10
6	35 – 42	0.36 – 0.45	240 – 288	12.0 – 14.4	10 – 12	0.90 – 0.92	10 – 11
7	42 – 49	0.27 – 0.36	288 – 336	14.4 – 16.8	12 – 14	0.92 – 0.94	11 – 12
8	49 – 56	0.18 – 0.27	336 – 384	16.8 – 19.2	14 – 16	0.94 – 0.96	12 – 13
9	56 – 53	0.09 – 0.18	384 – 432	19.2 – 21.6	16 – 18	0.96 – 0.98	13 – 14
10	63 – 70	0.00 – 0.09	432 –	21.6 –	18 –	0.98 – 1.00	15 –

三、董事会治理评价结果的描述性统计

对于指标评分的描述统计，分别采用了柱状图和表格两种方式。在下面所给出的柱状图中，横坐标代表评分，纵坐标代表得到相关分数的企业个数。

1. 董事会结构状况的评分

（1）非执行董事所占比例评分。图 7 – 28 中为对非执行董事在整个董事会中所占比例评价结果的分布图，表 7 – 54 列出了董事会的构建与运行状况各分指标及总指标的描述性统计量。从中可以看出对非执行董事所占比例状况评价的均值为 6.82，中间值为 7，偏度为 – 0.45，评价结果呈右偏分布趋势，这一点在图 7 – 28 中也能直观地看出。从表 7 – 55 的非执行董事所占比例评分结果的分布表更可以看出，得分小于 5 的公司有 26.81%，有 44.68% 的公司得分超过 7 分。评价结果得 8 分的公司最多，有 51 家，占样本总数的 21.70%，其次为得 6 分的公司，共有 42 家民营上市公司，占样本总数的 17.87%。

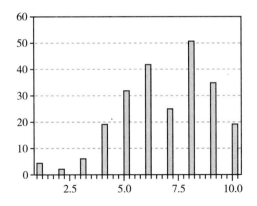

图 7-28　非执行董事所占比例评分

表 7-54　　　　董事会的构建与运行评分描述性统计量汇总

	均值	中间值	标准差	偏度	峰度
非执行董事所占比例评分 fzxdsfs	6.82	7.00	2.05	-0.45	2.75
董监事会成员在最大股东单位 gdcontrolfs	7.55	8.00	1.82	-0.78	3.67
前三名董事的报酬总额 dsbcfs	1.86	1.00	1.41	3.00	14.59
独立董事总报酬 dldsbcfs	5.41	5.00	2.30	0.27	2.26
董事会会议次数 dshcsfs	4.11	4.00	1.67	1.48	5.67
独立董事参会比率 dldschfs	9.25	10.00	1.87	-2.82	10.48
董事会的构建与运行总分 dshzf	39.86	40.00	5.80	-0.14	4.03

表 7-55　　　　　　非执行董事所占比例评分结果分布

Value	Count	Percent	Cumulative Count	Cumulative Percent
1	4	1.70	4	1.70
2	2	0.85	6	2.55
3	6	2.55	12	5.11
4	19	8.09	31	13.19
5	32	13.62	63	26.81
6	42	17.87	105	44.68
7	25	10.64	130	55.32
8	51	21.70	181	77.02
9	35	14.89	216	91.91
10	19	8.09	235	100.00

（2）董事会成员在最大股东单位的任职情况评分。图 7 - 29 为董事会成员在最大股东单位的任职情况评分结果的直方图，结合表 7 - 56 中的数据，我们可知，在 2005 年的民营上市公司的董事会中，对董事在最大股东单位任职状况评分的平均值为 7.55，中位数为 8，标准差为 1.82，偏度为 - 0.78，评分结果呈现出右偏趋势分布。表 7 - 56 列出了董事会成员在最大股东单位的任职情况评分结果的分布，得分在 5 及以下的公司占了样本总数的 11.49%，得分为 10 的公司有 39 家，占样本总数的 16.60%，有 22.13% 的公司得分为 9，另外有 21.28% 的公司的得分为 8，这是公司得分数值分布最多的两个点。

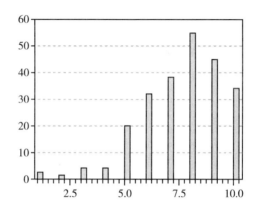

图 7 - 29　董事会成员在最大股东单位的任职情况评分

表 7 - 56　　　　董事会成员在最大股东单位的任职情况
评分结果分布

Value	Count	Percent	Cumulative Count	Cumulative Percent
1	1	0.43	1	0.43
2	2	0.85	3	1.28
3	4	1.70	7	2.98
4	1	0.43	8	3.40
5	19	8.09	27	11.49
6	27	11.49	54	22.98
7	40	17.02	94	40.00
8	50	21.28	144	61.28
9	52	22.13	196	83.40
10	39	16.60	235	100.00
Total	235	100.00	235	100.00

2. 董事会激励的评分

（1）金额最高的前三名董事的报酬总额评分。图 7 - 30 列出了金额最高的前三名董事的报酬总额评分结果的分布情况，结合表 7 - 54 中的数据，我们可知，关于董事报酬的评价得分的平均值为 1.86，标准差为 1.14，偏度为 3，呈现出明显的左偏状态。表 7 - 57 为董事报酬评分结果的分布表，从中可以看出，有 52.77% 的公司的得分只有 1，不到 20% 的公司的得分超过 2，说明我国民营上市公司中董事报酬的激励力度较为薄弱，可能难以发挥有效的激励和约束作用。

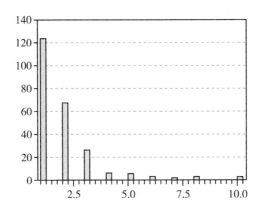

图 7 - 30　金额最高的前三名董事的报酬总额评分

表 7 - 57　　　　　　金额最高的前三名董事的报酬总额

评分结果分布

Value	Count	Percent	Cumulative Count	Cumulative Percent
1	124	52.77	124	52.77
2	68	28.94	192	81.70
3	26	11.06	218	92.77
4	5	2.13	223	94.89
5	5	2.13	228	97.02
6	2	0.85	230	97.87
7	1	0.43	231	98.30
8	2	0.85	233	99.15
9	2	0.85	235	100.00

（2）独立董事总报酬评分。图7-31为独立董事总报酬评分结果的直方图，表7-58列出了独立董事总报酬评分结果的分布状况，结合表7-54中的数据，对独立董事总报酬状况评价的均值为5.41，中位值为5，标准差为2.30，偏度为0.27，评价得分呈现出左偏状态。结合表7-58的分布状况可知，有22.13%的公司的独立董事报酬得分不大于3，有20%公司的得分在8或8以上。公司分布数量最多的得分为5，共有43家，约占样本总数的18.30%，其次为得分为4的公司，共有42家，占样本总数的17.87%。

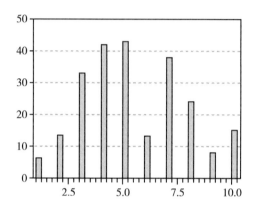

图7-31　独立董事总报酬评分

表7-58　　　　　　　独立董事总报酬评分结果分布

Value	Count	Percent	Cumulative Count	Cumulative Percent
1	6	2.55	6	2.55
2	13	5.53	19	8.09
3	33	14.04	52	22.13
4	42	17.87	94	40.00
5	43	18.30	137	58.30
6	13	5.53	150	63.83
7	38	16.17	188	80.00
8	24	10.21	212	90.21
9	8	3.40	220	93.62
10	15	6.38	235	100.00

3. 董事会行为的评分

（1）董事会会议次数评分。图 7 – 32 为对董事会会议次数评价得分的直方图，表 7 – 59 为董事会会议次数评分结果的分布表，结合表 7 – 54 的统计结果，可以看出，平均得分为 4.11，中位值为 4，标准差为 1.67，偏度为 1.48，评分结果呈现出左偏趋势分布。结合表 7 – 59 可知，有 15.32% 的公司的得分小于 6，有 45.53% 的公司的得分在 8 以上。得分在 8 和 9 上的公司数量最多，分别有 58 家和 56 家，占到样本总数的 24.68% 和 23.83%。

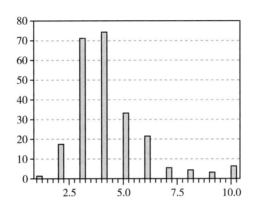

图 7 – 32 董事会会议次数评分的直方图

表 7 – 59　　　　　　　董事会会议次数评分结果分布

Value	Count	Percent	Cumulative Count	Cumulative Percent
1	7	2.98	7	2.98
2	2	0.85	9	3.83
3	1	0.43	10	4.16
4	4	1.70	14	5.96
5	4	1.70	18	7.66
6	18	7.66	36	15.32
7	34	14.47	70	29.79
8	58	24.68	128	54.47
9	56	23.83	184	78.30
10	51	21.70	235	100.00

（2）独立董事参会比率评分。对独立董事参会状况的评价得分的直方图在图7 – 33 中绘出，表 7 – 60 列出了独立董事参会状况得分的具体分布情况。从中

可知，关于独立董事参会状况评价结果的分布非常集中，有 189 家的得分为 10，这占到总样本的 80.43%。得分在 7 以下的公司只有 8.51%。说明在民营上市公司中，绝大多数独立董事都积极参加了几乎所有的董事会会议，这为他们圆满履行其责任和义务奠定了重要基础。

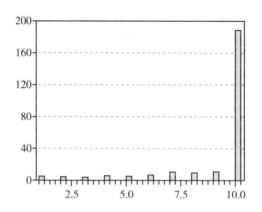

图 7 - 33 独立董事参会比率评分

表 7 - 60 独立董事参会比率评分结果分布

Value	Count	Percent	Cumulative Count	Cumulative Percent
1	3	1.28	3	1.28
2	3	1.28	6	2.55
3	2	0.85	8	3.40
4	4	1.70	12	5.11
5	3	1.28	15	6.38
6	5	2.13	20	8.51
7	9	3.83	29	12.34
8	8	3.40	37	15.74
9	9	3.83	46	19.57
10	189	80.43	235	100.00

4. 董事会的构建与运行总分

图 7 - 34 为董事会治理状况总得分的分布直方图，结合表 7 - 54 的统计结果可知，董事会治理的平均得分为 39.86，中位值为 40，标准差为 5.80，偏度为 -0.14，呈右偏分布。总体得分主要分布在 36 ~ 48 分之间。

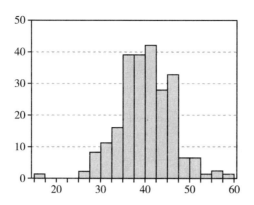

图 7 – 34　董事会的构建与运行总分

四、董事会治理评价结果的地区差异和行业差异

1. 董事会治理指数的地区差异分析

根据不同省份所处的地理位置，我们把所有的省份分为三个大的地区，分别为东部、中部和西部①。然后比较分析这三个地区在董事会治理状况的差异性。表 7 – 61 中列出了不同地区董事会治理指数的描述性统计分析指标，从中可以看出，东部地区共有 135 家民营上市公司，西部地区有 53 家样本公司，中部有 47 家民营上市公司，在西部地区的民营上市公司的董事会治理指数均值最高，为 40.26，中部地区的均值略低，为 39.15，在东部经济相对比较发达地区的民营上市公司的均值最低，为 39.94。但是，所有样本公司中董事会治理状况最好的公司是在东部地区，中部地区的民营上市公司董事会中治理得最好公司得分只有 51。

表 7 – 61　　　　　　　董事会的构建与运行评分的地区差异

	公司数	均值	中间值	最大值	最小值	标准差	偏度	峰度
东部	135	39.94	40.00	58.00	26.00	5.82	0.09	3.30
中部	47	39.15	39.00	51.00	16.00	6.16	-1.07	5.67
西部	53	40.26	40.00	56.00	29.00	5.46	0.36	3.18

从不同地区中董事会治理状况的差异性来看，中部地区的标准差最大，为 6.16，不同公司间的差异性最大，其次为东部地区的为 5.82，差异程度最小的为西部地区的上市公司。从数据分布的正态性来看，东部和西部地区的偏度分别为 0.09 和 0.36，呈现出左偏状态，而中部地区的偏度为 -1.07，呈现出右偏的

---

① 地区省份标准如前统一设置。

状态（见图 7 - 35 ~ 图 7 - 37）。

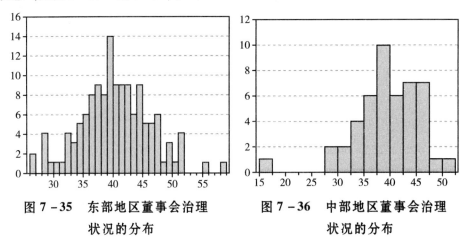

图 7 - 35　东部地区董事会治理
　　　　　状况的分布

图 7 - 36　中部地区董事会治理
　　　　　状况的分布

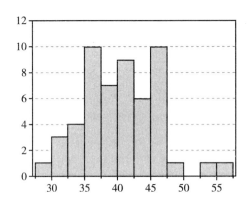

图 7 - 37　西部地区董事会治理状况的分布

2. 董事会治理指数的行业差异分析

按照 CSRC 行业分类标准[①]对上市民营公司进行行业划分，同样采用分类指数来表示行业差异，字母与数字对应，例如，在 CSRC 行业分类中以 A 开头的上市公司的行业属性赋予。

表 7 - 62 列出了不同行业董事会评价状况的基本情况。从该表可以看出，包含 B. 采掘业；D. 电力、煤气及水的生产和供应业；F. 交通运输、仓储业；I. 金融、保险业；L. 传播与文化产业等多个行业的董事会治理总体状况的平均得分最高，为 44.44。从单个行业的情况来看，在 2005 年的民营上市公司中，首先建筑业的董事会治理状况最好，平均得分为 41.17，其次为房地产业，平均得

---

① CSRC 行业分类标准说明如前。

分为 40.50，得分最低的行业为社会服务业，其董事会治理状况平均得分为 37.50，最后为批发和零售贸易，得分为 38.92。图 7 - 38 为民营上市公司制造业董事会治理状况直方图，基本呈正态分布。

表 7 - 62　　　　　　董事会的构建与运行评分的行业差异

	均值	中间值	最大值	最小值	标准差	偏度	峰度
1. （7）农、林、牧、渔业	38.57	39.00	44.00	31.00	4.21	- 0.44	2.55
3. （143）制造业	39.83	40.00	55.00	16.00	5.61	- 0.62	4.80
5. （6）建筑业	41.17	40.5	48.00	38.00	3.71	1.09	3.02
7. （16）信息技术业	39.25	38.00	49.00	30.00	6.14	0.32	1.98
8. （12）批发和零售贸易	38.92	38.00	47.00	32.00	5.66	0.14	1.46
10. （14）房地产业	40.50	40.50	51.00	28.00	5.80	- 0.30	2.99
11. （6）社会服务业	37.50	37.50	41.00	34.00	2.74	0.00	1.64
13. （22）综合类	39.36	39.00	51.00	26.00	6.09	0.11	2.95
其他（9）	44.44	46.00	58.00	32.00	9.84	- 0.09	1.66

注：（1）其他包括如下几个行业：B. 采掘业；D. 电力、煤气及水的生产和供应业；F. 交通运输、仓储业；I. 金融、保险业；L. 传播与文化产业。由于属于这几个行业的上市企业数量都较少，而且行业皆具有垄断属性，故进行了归并。

（2）在第一列括号中的数字为所属行业上市公司的个数。

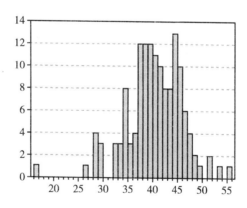

图 7 - 38　民营上市公司制造业董事会治理状况直方图

第四节　民营上市公司监事会治理评价

7.4.1　监事会治理评价问题研究

相对于公司治理评价中的其他组成部分而言，目前对于上市公司监事会治理评价，仅有三个评价系统有所涉及①，即南开大学公司治理评价系统（CCGI[NK]）、中国台湾辅仁大学公司治理与评价系统和鹏元资信评估有限公司与深圳证券信息有限公司合作开发的"上市公司治理评级体系"。其中，南开大学公司治理评价系统将监事会治理作为一个独立的子系统来评价，从其 2003 年和 2005 年连续两次所公布的监事会治理评价指标体系来看，优化前的评价系统相比优化后的评价系统在指标设计上虽然更具有科学性，但是实践中有些数据是难以获得的，因此，对于大样本的评价如果不进行问卷调研，其可行性较差。优化后的监事会治理评价，虽然具有数据可获得性的优势，但是由于在评价中增加了诸如监事会胜任能力等评价指标，使得评价过程中进一步增加了主观判断的维度。两次评价指标体系的比较见表 7-63 和表 7-64。

表 7-63　　　　　**2003 年公布的南开大学公司治理评价系统监事会指标设置状况**

目标层	主因素层	子因素层	指标说明
监事会治理（CCGI[NK][BOS]）	监事能力保证性	非职工代表监事候选人提名	反映监事会成员自身的独立性、积极性
		监事会人员专职程度	
		外部监事在本公司工作时间保证	
		外部监事薪酬水平	
	监事会运行有效性	监事会的结构与规模有效性	反映监事会在运行过程中的效率与效果
		近三年来召集临时股东大会的情况	
		监事会会议的有效性	
		监事会行使监督权的有效性	
		监事会监管记录的完备性	

资料来源：南开大学公司治理研究中心。

---

① 究其原因是多方面的：首先，在以处于国际主流地位的英、美为代表的"一元模式"的公司治理结构中，没有设置监事会。因此，尽管国际上一些知名公司如标准普尔、戴米诺、里昂证券等都已推出了自身的公司治理评价体系，但均未单独涉及监事会治理评价问题；其次，从公司治理结构的角度看，中国公司治理模式更接近于大陆法系的"二元模式"，即在股东大会之下设立与董事会相独立的监事会。但是，由于在国际上以"二元模式"为典型代表的德、日等国的监事会是与德、日两国证券市场不发达、管理层在企业中居于支配性地位为基本特征的公司治理制度相适应的，与中国监事会在性质和职权上有着诸多差异，使得来自"二元模式"国家的监事会治理评价的参考价值也极为有限。

表 7 – 64 　　　　2005 年公布的南开大学公司治理评价系统
优化后监事会指标设置状况

目标层	主因素层	子因素层	指标说明
监事会治理 （$CCGI_{BOS}^{NK}$）	监事会 运行状况	监事会会议次数	考核监事会履行工作职能和发 挥监督作用的实际情况
		监事会发表独立意见情况	
	监事会结构 与规模	监事会人数	考核监事会履行监督职能的人 员基础和监事会代表职工以及 股东利益的情况
		职工监事设置情况	
		中小股东监事设置情况	
	监事胜任能力	监事会主席职业背景	考核监事会成员的学历、职业 背景与持股状况等对胜任能力 的影响
		监事会主席学历	
		监事会主席年龄	
		监事会主席持股状况	
		监事会主席是否发生变更	
		其他监事职业背景	
		其他监事学历	
		其他监事年龄	
		其他监事持股状况	

资料来源：南开大学公司治理研究中心。

　　与南开大学公司治理评价系统不同，台湾辅仁大学公司治理与评价系统和鹏元资信评估有限公司与深圳证券信息有限公司合作开发的"上市公司治理评级体系"并没有把监事会作为一个独立的子系统来予以评价，在评价时是与董事会评价结合在一起的。其中，台湾辅仁大学公司治理与评价系统对监事会治理的评价主要涉及监事会组成，评价的重点在于监事会的专业性与独立性。具体的评价指标是：最大股东成员担任监事席位比率、监事席位数目和其他股东担任监事席位比率（叶银华、李存修、柯承恩，2002）。这两个监事会治理评价系统，相较南开大学公司治理评价系统而言较为缺乏系统性。

7.4.2　监事会治理评价指标选择

　　根据现有评价系统的经验，本书认为监事会治理评价指标的设计，应该充分体现出监事会制度的自身特点与功能，评价指标的科学性是前提，数据的获得是有效实施的保证，只有将这两个方面综合考虑，才能够设计出科学、合理的评价系统。并且,对于民营上市公司监事会治理状况进行评价,在把握其一般性的同时,还要考察其自身的特殊性。例如,李维安、王世权(2005)在构建了监事会治理指数的基础上,实证分析了监事会能力保证性和监事会运行有效性对财务预警系数的影响。认为大股东所有权性质对监事会治理绩效具有显著的影响,并且民营上市公司显著优于国有上市公司。认为可能的原因在于,民营上市公司大都在设立之初就能够按照公司法的要求,并结合自身的特点,设立规范的监事会制度,在非职工代表监事候选人提名、外部监事在本公司工作时间保证以及外部监事薪酬水平等方面较国有企业更具有竞争力。事实上,关于民营上市公司与国有上市公司的监事会治理绩效差异,更可能是来源于两者的行为差异。一个最直接的例子,就是在河北大午农牧集团(非上市公司)的孙大午所设计的"私企君宪制"中,家族通过监事会来监督企业的运营,必然会对监事会行为产生重要的影响。基于此,我们认为,监事会作为公司内部的专职监督机构,以出资人代表的身份行使监督权力,对股东大会负责。其基本职能是以董事会和总经理为主要监督对象,监督公司的一切经营活动以及财务状况,在监督过程中,随时要求董事会和经理人员纠正违反公司章程的越权行为。为此,根据已有研究的结论与启示,根据民营上市公司可能带来的监事会结构、行为特质,以国际公认的公司治理原则、准则为基础,结合中国上市公司所处的特殊历史阶段,综合考虑《中国上市公司治理准则》、《公司法》、《证券法》,以"监督功能的有效发挥"为目标,按照监督的"独立性→积极性→效率性"逻辑内涵的一致性,在南开大学公司治理中心对监事会治理评价指标设计的基础上,构建了民营上市公司的监事会治理评价指标体系,具体来说,包括以下四个指标。

一、职工监事比例

从中国上市公司的监事会成员来源来看,我国的《公司法》第一百一十八条中规定:"监事会应当包括股东代表和适当比例的职工代表,其中职工代表的比例不得低于1/3,具体比例由公司章程规定"。换句话说现阶段我国上市公司监事构成中,既有股东监事,又有职工监事,一些上市公司中还引入了独立监事。股东监事作为股东的代表,常常会导致监事会对董事会、经理层的监督弱化,而独立监事虽然有利于作出独立于监事会其他成员的判断,但由于受在公司内工作的时间以及获得信息途径等因素的限制,他们获得的企业内部信息是不充分的,并且,现阶段还不具备其充分发挥作用的条件(如发达的经理人市场,如果引入需要相应的配套机制)。相反,职工监事属于企业的内部人员,在监督决策过程中他们具有充分的信息优势,当出现董事会、经理层等违规行为时,考虑到相应的后果,他们常常会充分发挥自己的监督职能。同时,职工监事对于企业监督决策的充分参与不但能够增强职工主人翁的责任感，也能够带来决策的科学化和民主化，进而带来监督的强化①。为此，职工监事比例的增加，将会有利于监事会治理。

二、监事会成员在最大股东单位的任职情况

现代公司的典型特征是所有权与控制权相分离，也正是源于此，实践中衍生出了公司治理框架下双重的委托代理问题。其一是股东与经理的代理问题，表现为经营者的道德风险与机会主义行为，即经营者在企业利益的幌子下追求个人利益的最大化。其二是大股东对中小股东的代理问题，即控股股东通过金字塔股权结构侵占中小股东权益的问题。从实践来看，中国上市公司治理中的主要矛盾与英美有着极大的差异。在英美国家，公司治理的主要问题在于股权分散条件下所有权与经营权分离而产生的代理问题，故公司内部监督机关的主要监督对象是作为代理人的执行董事与经理人员损害股东利益的自利行为。而这在中国现阶段并非主要矛盾，主要矛盾存在于大股东与中小股东之间。表现为股权集中条件下，大股东通过控制公司董事会、经理层乃至监事会，从事损害公司及中小股东利益的滥权行为（李建伟，2004）。这种代理问题在民营上市公司中表现得更为突出。裴益政、尹美群、许永斌（2005）研究表明，我国民营上市公司中由于控股股东利用资产、人事等手段实施了对上市公司管理层的紧密控制，通过不公平的关联交易、违规担保等手段侵害其他投资者利益的第二类代理问题已经非常严重。为此，强化对第一大股东的监督制衡，维护中小股东的利益已经成为理论界与实践界的重要课题。

从持股比例看，在第一大股东持股比例占绝对优势的情况下，由于其具有控制公司形式要件的优势和滥用公司独立人格的驱动力，为追求自身利益，他们常常会基于自身的控制地位，通过操纵股东大会，选举产生自己的"亲信董事、监事和总经理"等，作为其在企业中利益的代表，使公司控制权更多地掌握在自己手中。为此，作为上市公司主要监督机构的监事会成员，如果来自最大股东的人数越多，将不利于监督行为的展开，更无法规避大股东对中小股东的侵害。对此，李维安、王守志、王世权（2006）指出，"一股独大"的体制不利于监事会治理，少数几个大股东的联盟治理更有利于监事会治理绩效的改善。为此，上市公司若想从根本上提高监事会治理绩效，必须要以优化股权结构为突破口，形成

---

① 例如，在德国的监事会当中，监事会根据职工的数量由 12 人、16 人或者 20 人构成。其中有一半是资方代表；另一半是劳方代表。劳方代表由劳动者、管理职员以及工会中选出。同时，监事会主席由资方代表选出，副主席由劳方代表选出。表决时票数相同的情况下，监事会主席拥有最终的投票权。这一共同决定制度为德国的资方和劳方创造了一个对立协调的机构。

前几位大股东相互制衡的垄断竞争型的股权结构，以强化公司控制权的竞争。实际上最终还是想从监事会成员构成上来实现有效监督。基于此，我们选用在最大股东单位任职的监事人数占监事成员总数的比例来反映最大股东对监事会的控制情况。

三、监事平均持股数

企业的监事会成员具有经理人性质，决定了其在实现自身的效用最大化的同时，并非总是忠诚地为委托人服务，他们有可能被低效率的代理人收买，与代理人合谋攫取委托人的利益（Tirole，1986）。在所有者与监事之间的这种委托代理关系中[1]，如果所有者能够完全把握监事行为的有关信息，则所有者可以根据观察到的行动对监事实行奖惩。但是，现实中信息是不对称的，所有者并不能完全观测到监事的行为，因此，必须要考虑到对监事的激励相容。Mirrlees（1974，1976）、Holmstrom（1979）运用"分布函数的参数化方法"将委托人对代理人的激励机制模型化，其表达式为[2]：

$$\max_{a, s(x)} \int v(\pi - s(x)) f(x, \pi, \alpha) dx \tag{1}$$

$$s.t. (IR) \int u(s(x)) f(x, \pi, a) dx - c(a) \geqslant \bar{u} \tag{2}$$

$$(IC) \int u(s(x)) f(x, \pi, a) dx - c(a) \geqslant \int u(s(x)) f(x, \pi, a') dx - c(a') \tag{3}$$

其中，$a \in A$ 为代理人的特定行为（例如，作努力和不努力）；π 为产出量（如利润）；$f(x, \pi, a)$ 为分布密度函数；$s(x)$ 为代理人报酬函数；$v(\pi - s(x))$、$u(s(x))$ 为委托人和代理人的效用函数；$a' \in A$ 是委托人希望代理人的行动；$\bar{u}$ 为代理人保留效用；$c(a)$、$c(a')$ 分别为代理人采取行动 a 和 a' 时的效用损失（如投入的时间）。上式表明，委托人的效用最大化，除代理人的参与约束（IR）外[3]，还必须面临着激励相容约束（IC），即必须要给予代理人一定的激励才能够使委托人目标与代理人目标相一致。据此，可见，为了使监事的行为不至于偏离所有者太远，在赋予监事会监督责任的同时还必须对其予以一定的激励，这也是监督效果实现的重要前提条件之一。唯有如此，才能够实现有效监督的目标。从传统的激励方式来看，主要是基本工资加年度奖金，其评定标准通常是公司上一年度的业绩，从某种意义上来讲具有一定的激励作用，但是这种

---

[1] 也有学者认为二者之间应该是信托托管关系。
[2] 该模型本书引自张维迎（2005，第241页），关于模型的假设前提条件请参阅该书第239～241页。
[3] 即代理人接受合同中得到的期望效用不能小于不接受合同时能得到的最大期望效用。

激励效果，可能会使当事者仅仅关心企业当年的经济效益，助长其短期行为，而股票期权却可以弥补年薪制的不足（Chance、Kumar & Todd，2000；Core & Goay，1999）。为此，让监事持有适度的公司股份不但能够为监事的有效监督创造良好的激励机制，同时也有利于让监事认识到"有效监督"不仅符合公司的利益也符合自己的利益，进而增强监事的受托责任。基于以上分析，我们运用"监事平均持股数"来反映监事会成员的积极性。

四、监事会会议次数

众所周知，监事会会议的召开是监事会行权必不可少的过程。监事会会议是监事履行义务以及监督信息充分交流的场所，经常性的监事会会议将有利于外部监事与内部监事之间监督信息的交流，对发现的问题予以及时解决。王世权（2006）通过对监事会治理的效率性的灰色关联分析，也证明了监事会治理的效率性（主要衡量指标为监事会会议次数）对监督绩效具有重要的影响。因此，监事会会议质量对监事会运作效率起着关键的作用。就监事会运行的过程及形式而言，我们采用监事会会议召开的次数来衡量监事会会议的有效性。基于此，我们得到了如表7－65的监事会治理评价指标体系。

表7－65   监事会治理评价指标体系

目标层	主因素层	指标说明
民营上市公司监事会治理评价指标体系	职工监事比例	反映监督决策的民主化
	监事会成员在最大股东单位的任职情况	反映大股东对监事会控制
	监事平均持股数	考察监事会成员的积极性
	监事会会议次数	考察监事会的效率性

7.4.3 监事会治理指数的生成及分析

一、指标的描述性统计

在进行具体评价之前，我们首先对样本公司的职工监事比例、监事会成员在最大股东单位的任职情况、监事平均持股数以及监事会会议次数进行描述性统计分析。

1. 职工监事比例

在235家民营上市公司中，210家上市公司没有职工监事，这不仅不符合我国公司法的相关规定，而且也不利于监事会决策的民主化与科学化。在我国

《公司法》第一百一十八条中规定："监事会应当包括股东代表和适当比例的职工代表，其中职工代表的比例不得低于三分之一，具体比例由公司章程规定"。而在样本公司中只有 10.21% 的公司达到了这一要求。在达到要求的公司中，5.96% 的公司刚达到要求，见表 7 - 66。另外，样本公司中职工监事的分布如图 7 - 39 所示。

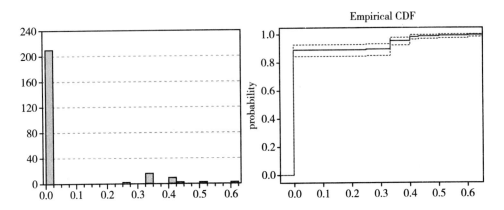

图 7 - 39　职工监事比例分布的直方图和经验累积分布函数图

表 7 - 66　　　　　　　　　职工监事比例分布状况

Value	Count	Percent	Cumulative Count	Cumulative Percent
0.000000	210	89.36	210	89.36
0.250000	1	0.43	211	89.79
0.333333	14	5.96	225	95.74
0.400000	7	2.98	232	98.72
0.428571	1	0.43	233	99.15
0.500000	1	0.43	234	99.57
0.600000	1	0.43	235	100.00
Total	235	100.00	235	100.00

　　进一步，我们又对样本公司中职工监事比例的其他指标进行了统计。其中，最大值为 0.6，均值为 0.04，标准差为 0.12，偏度为 2.76，峰度是 9.19，见表 7 - 67。

表 7 - 67　　　　　　　　　职工监事比例描述性统计量

均值	中间值	最大值	最小值	标准差	偏度	峰度
0.04	0.00	0.60	0.00	0.12	2.76	9.19

2. 监事会成员在最大股东单位的任职情况

样本显示，在我国现阶段的民营上市公司当中，只有 1.7% 的公司监事会成员没有在最大股东单位任职。在有监事会成员在最大股东单位任职的民营上市公司中，任职率最高的达到 87.5%，平均值为 27%。并且，样本标准差比较小，仅为 0.16，见表 7 - 68。如此多的来自于最大股东单位的监事比例，不利于防止大股东对中小股东的侵害行为的监督，即前文所说的第二类代理问题，情况更加突出。另外，关于监事会成员在最大股东单位的任职情况的直方图与经验累积分布状况，如图 7 - 40 所示。

表 7 - 68   监事会成员在最大股东单位的任职情况
描述性统计量

均值	中间值	最小值	最大值	标准差	偏度	峰度
0.27	0.23	0.00	0.875	0.16	0.87	3.96

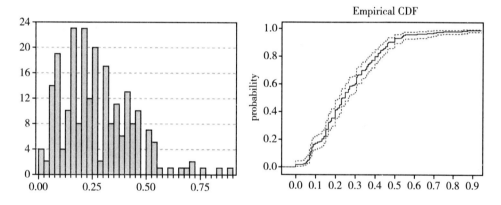

图 7 - 40   监事会成员在最大股东单位任职情况的直方图
和经验累积分布函数图

3. 监事平均持股数

在样本公司中，监事平均持股的最大值为 4 726 033 股，平均值为 78 066.59 股，并且，样本中不同公司间的差异很大。实际上，在 235 家民营上市公司中，占 62.55%（即 147 家）的公司，监事平均持股为 0，见表 7 - 69。为此，民营上市公司监事会股权激励措施虽然较以前有所改进，但是总体上实施效果并不好。监事平均持股数的直方图和经验累积分布状况如图 7 - 41 所示。

表 7-69 　　　　样本公司监事平均持股数的描述性统计量

均值	中间值	最大值	最小值	标准差	偏度	峰度
78 066.59	0.00	4 726 033	0.00	41 925 507	7.84	76.30

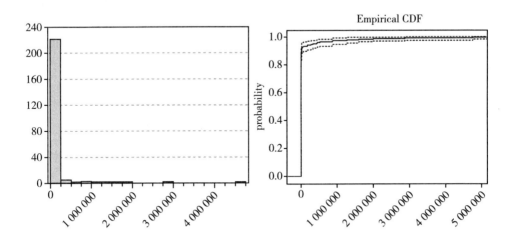

图 7-41　监事平均持股数的直方图和经验累积分布函数图

4. 监事会会议次数

在 235 家民营上市公司中，监事会会议次数在 3 次以下的（包括 3 次），有 155 家公司，占了全部样本的 65.96%。这其中，15.74% 的公司只召开了一次监事会，30.64% 仅召开两次。91.06% 的公司在 5 次（包括 5 次）以下，见表 7-70。同时，关于监事会会议次数的直方图和经验累积分布函数图，如图 7-42 所示。

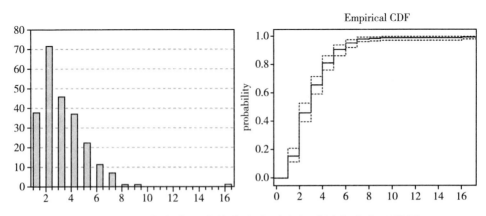

图 7-42　监事会会议次数的直方图和经验累积分布函数图

表 7 - 70 　　　　　　　　**监事会会议次数分布情况**

Value	Count	Percent	Cumulative Count	Cumulative Percent
1	37	15.74	37	15.74
2	72	30.64	109	46.38
3	46	19.57	155	65.96
4	37	15.74	192	81.70
5	22	9.36	214	91.06
6	11	4.68	225	95.74
7	7	2.98	232	98.72
8	1	0.43	233	99.15
9	1	0.43	234	99.57
10	1	0.43	235	100.00
Total	235	100.00	235	100.00

进一步对监事会次数的其他描述统计量进行统计，可以看出，监事会会议的平均值是 3.09 次，最大值是 16 次，标准差是 1.83。据此可见，大多数公司的年度会议频率较低，不利于监事会成员之间的信息沟通。其他统计量见表 7 - 71。

表 7 - 71 　　　　　　　**监事会会议次数的描述性统计量**

均值	中间值	最大值	最小值	标准差	偏度	峰度
3.09	3.00	16.00	1.00	1.83	2.04	12.68

二、监事会治理的指标评分原则及说明

对于监事会治理各评价指标的得分，为了尽可能降低主观判断，我们首先通过判断各指标与绩效指标之间的关系，在统计出各个指标的最大值与最小值的基础上，确定出各个指标的组间距，据此按照 10 分制来确定指标的得分。最后，将各个指标的数值加总即是监事会治理的总得分。

首先，监事会治理评价指标与业绩之间的关系。根据以上分析，进一步可以得到上述指标与监督绩效之间可能的关系。在此，监督绩效作为监事会治理效果与效率的现实表现，从理论上讲，它不同于企业绩效，因为企业绩效是公司治理和管理在一定的环境条件下共同作用的结果，其现实表现是会计报表中的相关指标，如每股收益、每股盈余等。而监督绩效则强调的是监事会监督机能实现的效率与效果以及由此所可能带来的其他影响。从各国内部监督制度安排的实践来看，监督绩效包括体现监督机能的直接监督绩效和由监督过程中所衍生的间接的监督绩效两个方面。直接的监督绩效指的是诸如检查公司财务、监督董事会和经理层的日常经营活动，维护股东合法权益，保障公司决策的科学性、合法性等职责。为此，我们将由监事会治理所产生的直接的监督绩效界定为公司的财务监督水平、信息披露质量、董事会治理水平与经理层治理水平四个方面。而衍生的监督绩效主要强调监督过程中所引致的外部性，从实践来看，监督最可能带来的外部性就是对利益相关者的影响。基于此，将"财务监督水平"、"董事会治理指数"、"经理层治理指数"、"信息披露指数"和"利益相关者治理指数"五个变量作为衡量监督绩效的标准，并据此得出监事会治理水平的各评价指标对监督绩效的可能影响（见表7-72）。

表7-72　　　　　监事会治理各指标与监督绩效之间的关系

	监督绩效				
	利益相关者治理	财务监督水平	董事会治理	经理层治理	信息披露质量
职工监事比例	↗	↗	↗	↗	↗
监事会成员在最大股东单位的任职情况	↘	↘	↘	↘	↘
监事平均持股数	↗	↗	↗	↗	↗
监事会会议次数	↗	↗	↗	↗	↗

注："↗"表示正向影响，"↘"表示负向影响。

其次，组间距的确定与评分原则。第一，职工监事比例（zgjsbl）。职工监事比例应该与监督绩效成正相关。据此我们确定的评分原则是：以10%为组间距，按从小到大进行评分；第二，监事会成员在最大股东单位的任职情况（control）。由于其会对监督绩效产生负向影响。为此，确定的评分原则是：以0.09为组间距，按从大到小进行评分；第三，监事平均持股数（jspcg）。考虑监事平均持股对监督绩效的影响。确定的评分原则是：以4 000股为组间距，按从小到大进行评分；第四，监事会会议次数（jshcs）。如前文所作的判断，由于监事会会议次数对监督绩效呈现出正的影响。所以对于这一指标的评分原则是：以1为组间距，按从小到大进行评分。上述各指标的评分原则说明进一步见表7-73。

表 7 - 73   监事会治理评价指标评分原则说明

评分	zgjsbl	gdcontrol	jspcg	jshcs
组间距	0.1	0.09	4 000	1
1	0 ~ 0.1	0.81 -	0 ~ 4 000	1
2	0.1 ~ 0.2	0.72 ~ 0.81	4 000 ~ 8 000	2
3	0.2 ~ 0.3	0.63 ~ 0.72	8 000 ~ 12 000	3
4	0.3 ~ 0.4	0.54 ~ 0.63	12 000 ~ 16 000	4
5	0.4 ~ 0.5	0.45 ~ 0.54	16 000 ~ 20 000	5
6	0.5 ~ 0.6	0.36 ~ 0.45	20 000 ~ 24 000	6
7	0.6 ~ 0.7	0.27 ~ 0.36	24 000 ~ 28 000	7
8	0.7 ~ 0.8	0.18 ~ 0.27	28 000 ~ 32 000	8
9	0.8 ~ 0.9	0.09 ~ 0.18	32 000 ~ 36 000	9
10	0.9 ~ 1.0	0.00 ~ 0.09	36 000	16

最后，监事会治理指数。实现各评价指标评分后，将各个指标的得分值加总即得到了监事会治理指数，即，监事会治理指数 = zgjsbl + control + jspcg + jshcs。也就是说，监事会治理水平的最高得分为 40 分。

三、民营上市公司监事会治理指数的实证分析

按照上述评分原则，我们对民营上市公司的监事会治理进行了评价。得到了各个指标的得分及监事会治理指数。

1. 监事会治理各评价指标得分的描述性统计

（1）职工监事比例得分的描述性统计。在样本公司中，总体上看监事会治理的职工监事比例得分较低。其中，占 89.36% 的公司职工监事比例得分为 1 分，得 4 分的有 14 家，占了 5.96%，得分最高的公司也仅是 7 分，并且只有一家上市公司。其余的公司分值情况，请见表 7 - 74。

表 7 - 74   职工监事比例评分结果分布状况

Value	Count	Percent	Cumulative Count	Cumulative Percent
1	210	89.36	210	89.36
3	1	0.43	211	89.79
4	14	5.96	225	95.74
5	8	3.40	233	99.15
6	1	0.43	234	99.57
7	1	0.43	235	100.00
Total	235	100.00	235	100.00

（2）监事会成员在最大股东单位任职情况得分的描述性统计。总体而言，样本公司中监事会成员在最大股东单位任职情况得分最高值为 10 分，有 34 家公司（占 14.47%）达到了这一水平。得 8 分的公司占 23.40%，公司数最多，其次是得 9 分的公司占 19.15%。其他的相关得分请见表 7-75。

表 7-75　　　　　　　　监事会成员在最大股东单位的任职
情况评分结果分布

Value	Count	Percent	Cumulative Count	Cumulative Percent
1	2	0.85	2	0.85
2	1	0.43	3	1.28
3	4	1.70	7	2.98
4	4	1.70	11	4.68
5	20	8.51	31	13.19
6	32	13.62	63	26.81
7	38	16.17	101	42.98
8	55	23.40	156	66.38
9	45	19.15	201	85.53
10	34	14.47	235	100.00
Total	235	100.00	235	100.00

（3）监事平均持股数得分的描述性统计。从民营上市公司中监事平均持股数得分来看，最高分的为 10 分，有 18 家上市公司达到了这一水平。同时，为 1 分的占了样本的 79.15%，结合前述分析，这 186 家上市公司绝大多数上市公司（具体是 147 家）根本就没有实行监事成员持股制度。并且，84.68% 的公司这一指标的得分都在 2 分（包括 2 分）以下，这不利于监事积极性的提高。其他具体见表 7-76。

表 7-76　　　　　　　监事平均持股数评分结果分布状况

Value	Count	Percent	Cumulative Count	Cumulative Percent
1	186	79.15	186	79.15
2	13	5.53	199	84.68
3	8	3.40	207	88.09
4	1	0.43	208	88.51
5	5	2.13	213	90.64
6	4	1.70	217	92.34
10	18	7.66	235	100.00
Total	235	100.00	235	100.00

④ 监事会会议次数得分的描述性统计。就监事会会议次数而言，65.96% 的公司得分均在 3 分（包括 3 分）以下。样本中监事会会议次数得 8 分、9 分和 10 分的公司各自只有 1 家，另有 37 家公司得分为 4，22 家公司得分为 5，11 家公司得分为 7。可以看出，在 2005 年度，民营上市公司监事会会议得分状况并不理想。

表 7-77　　　　　　　　监事会会议次数评分结果分布

Value	Count	Percent	Cumulative Count	Cumulative Percent
1	37	15.74	37	15.74
2	72	30.64	109	46.38
3	46	19.57	155	65.96
4	37	15.74	192	81.70
5	22	9.36	214	91.06
6	11	4.68	225	95.74
7	7	2.98	232	98.72
8	1	0.43	233	99.15
9	1	0.43	234	99.57
10	1	0.43	235	100.00
Total	235	100.00	235	100.00

进一步对以上各指标得分的其他统计量进行统计得到表 7-78。表 7-78 显示，职工监事比例的均值是 1.37，标准差是 1.11；监事会成员在最大股东单位任职情况得分的均值是 7.55，标准差是 1.82；监事平均持股数的得分均值是 2，标准差是 2.5；监事会会议次数得分均值是 3.06，标准差是 1.69。相比较而言，民营上市公司监事会治理评价的四个指标中，监事会成员在最大股东单位的任职情况要好于其他三方面，并且职工监事方面最不理想。

表 7-78　　　监事会治理评价各指标评分的描述性统计量汇总

	均值	中间值	标准差	偏度	峰度
zgjsblfs	1.37	1.00	1.11	2.87	10.10
controlfs	7.55	8.00	1.82	-0.78	3.67
jspcgsfs	2.00	1.00	2.50	2.60	8.34
jshcsfs	3.06	3.00	1.69	1.03	4.13

2. 民营上市监事会治理指数的描述性统计分析

① 民营上市公司监事会治理的总体状况。通过对民营上市公司监事会治理指数的描述性统计，我们得到了表7-79的统计结果和图7-43的监事会治理指数状态分布图。总体上来看，民营上市公司监事会治理水平呈现出正态分布的趋势，民营上市公司监事会治理指数的最大值是26分，最小值是4分，其中10分（包括10分）以下的占13.19%，20分（包括20分）以下的占94.47%，只有一家上市公司达到了最大值。在此基础上，进一步运用统计方法求其均值为13.98分，标准差是3.43，上述统计结果说明，现阶段民营上市公司监事会治理水平总体上并不高，如何强化监事会治理已然成为民营上市公司治理水平的关键。

表7-79　　　　　　　监事会成员在最大股东单位任职
情况的评分结果分布

Value	Count	Percent	Cumulative Count	Cumulative Percent
4	1	0.43	1	0.43
7	1	0.43	2	0.85
8	9	3.83	11	4.68
9	3	1.28	14	5.96
10	17	7.23	31	13.19
11	22	9.36	53	22.55
12	28	11.91	81	34.47
13	34	14.47	115	48.94
14	34	14.47	149	63.40
15	21	8.94	170	72.34
16	18	7.66	188	80.00
17	11	4.68	199	84.68
18	7	2.98	206	87.66
19	10	4.16	216	91.91
20	6	2.55	222	94.47
21	9	3.83	231	98.30
22	2	0.85	233	99.15
24	1	0.43	234	99.57
26	1	0.43	235	100.00
Total	235	100.00	235	100.00

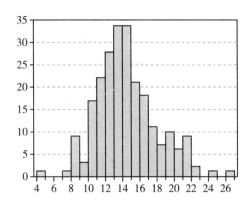

图7-43　民营上市公司监事会治理指数的分布状态

② 民营上市公司监事会治理的地区差异。为了分析监事会治理的地区差异，我们首先将样本中上市公司所在地划分为东部、中部和西部，最终东部有135家上市公司，西部有53家，中部有47家上市公司①，见表7-80。进一步，按照划分后的上市公司所在地对监事会治理指数进行了描述性统计，见表7-81。统计发现，中部地区相较西部和东部而言，监事会治理的整体水平较低，并且西部最好，东部其次。

表7-80　　　　　　　样本民营上市公司分区域划分

地区	省份数量	公司家数（家）	包括的省份（包括直辖市、自治区）
东部	8省3市	135	辽宁、河北、天津、北京、山东、江苏、上海、浙江、福建、广东、海南
中部	8省	47	黑龙江、吉林、山西、河南、安徽、湖北、湖南、江西
西部	6省1市5自治区	53	陕西、甘肃、宁夏、青海、新疆、四川、重庆、云南、贵州、西藏、内蒙古、广西

表7-81　　　　　　　　监事会治理指数的地区差异

	均值	中间值	最大值	最小值	标准差	偏度	峰度
东部	13.81	13.00	24.00	7.00	3.58	0.57	2.85
中部	13.70	14.00	21.00	4.00	3.16	-0.08	3.94
西部	14.66	14.00	26.00	8.00	3.22	0.98	4.80

---

① 地区省份分布依前统一设置。

③ 民营上市公司监事会治理的行业差异。按照 CSRC 行业分类标准①对上市民营公司进行行业划分，我们将民营上市公司监事会治理指数按照行业差异进行了统计分析，形成了表 7 – 82。表 7 – 82 显示，民营上市公司监事会治理指数在不同的行业中表现出了一定的差异。其中，建筑业和房地产业相较其他行业而言监事会治理水平整体上较好（特别是社会服务业、信息技术业）。可能的原因是近年来建筑业和房地产业发展较快，在股东、员工、媒体、政府等利益相关者的关注下，促进了监事会治理水平的改善。这说明，促进除股东外的其他利益相关者（员工）对监事会治理的参与，对于提升监事会治理水平的提升将大有助益。

表 7 – 82　　　　　　　　监事会治理指数的行业差异

	均值	中间值	最大值	最小值	标准差	偏度	峰度
农、林、牧、渔业（7）	13.71	14.00	17.00	10.00	2.14	− 0.26	2.89
制造业（143）	14.04	14.00	26.00	4.00	3.47	0.50	3.73
建筑业（6）	16.33	17.00	21.00	11.00	4.89	− 0.12	1.17
信息技术业（16）	12.19	12.50	17.00	7.00	2.83	0.13	2.29
批发和零售贸易（12）	14.75	14.50	19.00	11.00	2.49	0.44	2.40
房地产业（14）	14.64	13.50	22.00	10.00	3.84	0.59	2.28
社会服务业（6）	11.33	12.00	13.00	8.00	1.97	− 0.85	2.29
综合类（22）	14.05	14.50	21.00	8.00	3.58	0.38	2.64
其他（9）	14.23	14.00	21.00	10.00	3.08	0.92	3.69

注：其他包括如下几个行业：B. 采掘业；D. 电力、煤气及水的生产和供应业；F. 交通运输、仓储业；I. 金融、保险业；L. 传播与文化产业。由于属于这几个行业的上市企业数量都较少，而且行业皆具有垄断属性，故进行了归并。

第五节　民营上市公司经理层治理评价

7.5.1　经理层治理和评价研究回顾

近几十年来，国内外对经理层治理的研究主要集中于报酬激励约束机制效果

---

① CSRC 行业分类说明如前。

的实证分析上。默菲（Murphy，1985）的研究表明经理层的报酬与公司绩效显著相关，阿道比（Adobe，1990）进一步证明前一期的报酬水平与当期的运营业绩敏感性关联，布鲁克和巴克（Bruck & Buck，1996）、迈克雷特和汤姆金斯（Mcknight & Tomkins，1999）的研究证明了股票期权有显著激烈公司业绩的作用。国内学者李维安、张国萍等（2003）构建经理层治理评价指标体系和指数系统，从任免、执行保障、激励约束三个维度对中国上市公司治理的进行评价。李维安、张国萍、牛建波（2003，2004）研究发现中国上市公司经理层的薪酬水平、薪酬的动态激励和经理层的持股比重都与每股收益显著正相关。薛许军、吴晓萍（2004、2005）详细分析了上市公司经理层激励机制的组成并分析了它们之间的相互关系。

民营上市公司是伴随着中国经济的改革和转型发展起来的，是中国上市公司中一股正在不断发展壮大的力量，正扮演着越来越重要的角色。一般人认为，国有企业收入偏低、报酬结构不合理、形式单一，股权、期权等市场化的长期激励不足是导致国有上市公司经理层激励不足的原因，那么作为一股新兴力量的民营上市公司经理层是否克服了这样的问题，与国有上市公司经理层有无区别。国内学者李维安、张国萍（2005）在对中国上市公司经理层治理评价研究中发现第一大股东为民营性质的上市公司的经理层治理评价指数位居前列，高管问题凸现治理风险，合理有效的经理层激励与约束机制可以提高财务安全性，降低公司治理风险和治理成本。田晓霞、程秀生（2006）利用 1998～2002 年民营上市公司经理层替换情况的数据，证明了民营上市公司经理层替换的可能性与绩效呈负相关，内部人继任较外部人继任有更好的绩效的改善。

总体看来，我国上市公司经理层行为研究主要集中在经理层薪酬和持股比例与公司绩效的实证性研究，得出了很多有意义的结论，但共有的一个问题是样本的数量较小，没有对计量结果的稳健性进行检验，而且在民营上市公司经理层行为研究中没有总结出民营上市公司经理层行为的特殊性，因为归根结底民营上市公司经理层治理规律必须将公司治理的一般原则和民营上市公司的特殊性结合起来。已有的上市公司经理层评价指标研究样本均为上市公司全体，目前国内尚没有专门民营上市公司治理评价指标研究的文献，本部分试图从理论和实践上两方面建立起民营上市公司经理层治理评价指标。

7.5.2 经理层治理评价指标理论与实证研究

根据前面的理论研究回顾，民营上市公司经理层治理评价首先是经理层的激励机制，有效地激励使经理层有意愿、有动机、积极地通过自身利益的实现来最大化股东的利益，考虑到数据的收集难度和可得性，我们选择了上市公司年报中披露的激励经理层的两个指标：前三名高管（不包括董事和监事）薪酬之和与总经理持股比例，至于经理层的任免制度和执行保障方面的数据，由于数据的收集比较困难，我们在这次研究中没有涉及；而在经理层治理的约束方面，我们选取了董事会独立性这一指标，考察民营上市公司董事会独立性与经理层激励的关系。为了考察经理层治理与民营上市公司内部股东集团控制特点之间的关系，我们初步考察了代表集团控制程度指标的内部股东比例与经理层报酬的实证关系。

一、变量选取和数据来源

我们的样本总量为 2002 ~ 2005 年 12 月 31 日前上市的民营上市公司，但由于我们在收集民营上市公司数据过程中的非连续性（主要是指在民营上市公司治理指标选取过程中进行了多次修改），同时考虑到计量结果的稳健性，我们将样本分为两个子集，第一个子集为 2002 ~ 2004 年 12 月 31 日前的民营上市公司，总数为 318 家，经过筛选，剔除了标有 "＊ST" 的重点监管公司、2004 年在深圳中小板上市的 30 余个公司以及被华融资产管理公司托管的德隆系公司。另外，还去除了信息披露不完全的几个样本公司，最终剩余 224 家样本作为研究对象。第二子集为 2005 年民营上市公司，同样经过筛选，最终剩余 235 家样本为研究对象。数据主要来源于对南开大学公司治理研究中心民营上市公司治理数据库、北大色诺芬数据库、国泰安数据库以及中国证监会网站发布的上市公司年报等的综合利用。

本部分中公司绩效指标我们用每股收益（EPS）来表示，经理层激励指标我们用经理层持股比例和前三名高管报酬来表示，首先我们来验证经理层激励指标和公司绩效的关系，控制变量我们选取了省份和行业虚拟变量，以及使用对数化的主营业务收入来控制资产规模，用债务资产比例来控制公司财务的杠杆效应。变量符号、变量含义见表 7 - 83。

表 7 - 83 　　　　　　　　变量符号、变量含义一览表

变量分类	变量符号	变量含义
被解释变量	EPS	每股收益（净利润）
解释变量	SR	总经理持股比例
	MR	前三名高管（不包括董事和监事比例）薪酬总和（万元）

续表

变量分类	变量符号	变量含义
控制变量	Sfdum	地区[1]控制虚拟变量
	Hydum	行业[2]控制虚拟变量
	Lnzy	企业规模的自然对数
	LEV	债务资产比例

注：①东部定义为 1，中部为 0，西部为 -1。

② 制造业定义为 3；综合类为 2；信息技术为 1；房地产建筑业为 -1；其他行业为 -2；批发零售为 -3。其他行业包括如下行业：传播文化、电力煤气及水的生产和供应业、运输仓储业、金融保险业、农林牧渔业、社会服务业等行业。

二、实证分析方法及回归模型

我们对两个样本子集分别采用不同的实证分析方法来进行回归，从中来探讨计量实证结果的稳健性。对于 2002～2004 年的民营上市公司样本，我们采用非平衡面板数据模型，对于 2005 年的民营上市公司样本，我们采用截面数据模型，解释变量与被解释变量我们在模型中均设定一致，如果计量结果发现两种模型解释变量系数的估计值正负号一致，这就表明我们模型的计量结果比较稳健，因为我们模型的计量结果不受到时间段的影响。

具体到 2002～2004 年的非平衡面板数据，我们采用非均衡面板数据的计量方法来进行分析，萧（Hsiao，2001）指出面板数据包含 T 个时间段上 N 个个体的观察值，与 T = 1 的横截面数据或者 N = 1 的时间序列数据相比，其自由度自然高很多，因此更有可能避免由多重共线性和自由度过低引发的问题，并能更准确地估计我们所感兴趣的参数。而且，通过将个体之间的差异与这种差异的动态特征相混合，研究者能够建立起比横截面数据或时间序列数据模型复杂很多的行为假设。面板数据模型面临的一个挑战就是如何捕捉到模型中未观察到的异方差的影响，从而对我们感兴趣的变量的影响作出合适的推断，一般来讲解决办法是将模型中未观察到的异方差放到误差项里，根据误差项的分解与解释变量的关系又分为固定影响模型和随机影响模型。在计量意义上，随机影响模型只要模型的设定正确，其估计量就是一致和有效的，其缺点在于当随机影响与被考虑进模型的解释变量之间存在相关性时，其估计量就是不一致和有偏的；而固定影响模型的优势在于允许解释变量之间存在根本差异，还允许考虑模型的解释变量与误差项之间存在着相关性，但缺点是引起了典型的伴随参数问题，即未知参数随着 N

351

和 T 的增大而增大的问题。在本部分中，我们要考察经理层激励指标与公司绩效指标的关系，可以肯定经理层激励指标只是影响公司绩效的一部分，还有很多其他影响公司绩效的指标，从公司治理角度来看就存在着股东制衡、董事会治理、监事会治理状况的影响，这些影响因素在模型中归入残差项，但董事会治理、监事会治理与经理层治理之间存在着监督与约束的关系，即残差项和解释变量存在着相关关系，在这个意义上我们应该选择固定影响模型，但考虑到伴随参数问题，考虑到 T 比较小，我们可以设为时刻固定效应模型。在计量上我们还是得利用 Hausman 检验定出其模型是随机效应还是固定效应模型，模型具体设定如下：

$$EPS_{it} = \alpha_t + \beta_1 MS_{it} + \beta_2 Control_{it}(hydum_{it}, sfdum_{it}, lnzy_{it}, Lev_{it}) + e_{it} \quad (1)$$

$$EPS_{it} = \alpha_t + \beta_1 SR_{it} + \beta_2 Control_{it}(hydum_{it}, sfdum_{it}, lnzy_{it}, Lev_{it}) + e_{it} \quad (2)$$

同时又考虑到经理层治理的特殊性，我们在面板数据回归中给出了混合回归估计的结果。这主要基于民营上市公司经理层样本数据的变异性较小，我们假设三年期样本均来自同一个总体得出上述估计，自然在模型的选取中得用 F 统计量检验模型是混合估计模型还是固定效应模型，混合估计模型设定如下：

$$EPS = \alpha + \beta_1 MS + \beta_2 Control(hydum, sfdum, lnzy, Lev) + e \quad (3)$$

对于 2005 年民营上市公司的截面数据，我们则采用最小二乘法（OLS）回归模型，由于是截面数据，故不必要考虑自相关因素，在模型中我们同样用行业、地区、资产规模、债务资产比率等控制变量对被解释变量进行了控制，但是经过 White 检验发现仍然无法消除异方差的影响。为了消除异方差对估计量一致性的影响，在模型中采用了 Newey - West 在 1987 年发展出来的经典方法来处理模型中的异方差，考虑到样本量较大（235），基本上可以认为在这种方法下，可以得到在模型存在异方差条件下协方差矩阵的一致估计，故估计出来的系数和统计量具有较高的精度，模型设定如下：

$$EPS_i = \alpha + \beta_1 MS_i + \beta_2 Control_i(hydum_i, sfdum_i, lnzy_i, Lev_i) + \varepsilon_i \quad (4)$$

$$EPS_i = \alpha + \beta_1 SR_i + \beta_2 Control_i(hydum_i, sfdum_i, lnzy_i, Lev_i) + \varepsilon_i \quad (5)$$

三、经理层激励模型实证结果与分析

由于数据的收集比较充分，民营上市公司样本的描述性统计量将为我们提供一些直观的认识，表 7 - 84 列出了 2002～2005 年 4 年间每年的描述性统计分析结果，从表中可以看出，由于我们在样本中剔除了 ST 公司，民营上市公司每股收益在这四年中每年平均为正，在 2004 年民营上市公司收益跌至低谷，2005 年开始向上，其中四年中最高的每股收益为 1.95 元，最低的为 - 14.08 元，标准

差最大为 1.73，表明民营上市公司样本公司间存在着较大的差异。

表 7 - 84　　　　　　有关经理层变量的描述性统计结果

年份	每股收益（EPS）			
	均值	标准差	最小值	最大值
2002	0.13	0.39	-3.09	0.92
2003	0.13	0.53	-3.56	1.35
2004	0.02	1.73	-14.08	1.95
2005	0.10	0.38	-2.22	0.86
年份	前三名高管报酬之和（MS）			
	均值	标准差	最小值	最大值
2002	15.33	17.68	1.16	157
2003	18.39	17.32	1.40	163
2004	20.25	19.8	2.20	170.67
2005	39.78	43.92	3.75	345
年份	总经理持股比例（MS）			
	均值	标准差	最小值	最大值
2002	0.0043	0.0244	0	0.2270
2003	0.0071	0.0334	0	0.2915
2004	0.0075	0.0330	0	0.2915
2005	0.0065	0.0309	0	0.2523

　　从经理层激励的两种手段：即薪酬和股权来看，前三名高管的报酬总和从 2002 年就开始呈上升趋势，均值从 2002 年的 15 万元上涨至 2005 年的 40 万元，最大值与最小值均翻了一倍多，但值得注意的是报酬总和的标准差持续上涨，说明样本公司经理层的薪酬差异正在加大；而总经理持股比例从 2002 年到 2005 年上涨幅度较小，从样本数据情况来看，并没有出现较大的变异。

　　民营上市公司绩效与经理层主要激励变量之间的相关关系分析在表 7 - 85 中列出，此表利用 2005 年民营上市公司样本计算得出。

表7-85   公司绩效与经理层解释变量相关系数

	EPS	MS	SR
EPS	1	0.091	0.027
MS	0.091	1	0.037
SR	0.027	0.037	1

　　从表7-85可以看出公司绩效与经理层激励指标：薪酬与股份持有均呈现出正相关的关系，说明经理层的薪酬激励与股份持有激励均与民营上市公司的绩效存在着正相关的关系。从相关系数来看，这两种激励能够有效调动上市公司经理层的积极性，薪酬直接激励着经理人，而股份持有则赋予了代理人经理层一定的企业剩余索取权，使得委托人股东和代理人经理层目标一致，从而使得经理层的努力程度变高，有利于公司绩效的提高。但这里必须注意的是，我们的相关系数并没有通过显著性检验，必须通过计量的实证分析才能够进一步验证通过描述性统计得出的结论。

　　民营上市公司经理层激励与公司绩效两种实证模型的检验结果在表7-86中给出，左边为2002~2004年非平衡面板数据的时刻固定效应模型计量结果，右边为2005年回归分析计量结果：

表7-86   公司绩效与经理层解释变量实证模型回归结果

	EPS		EPS	
Method	非均衡面板模型		最小二乘回归	
Sample	2002~2004年民营上市公司		2005年民营上市公司	
Model	（3）	（1）	（4）	（5）
Variable	混合模型		时刻固定效应	普通最小二乘回归
MS	0.004455 ***	0.006759 ***	0.001434 ***	—
	（0.001664）	（0.001983）	（0.000422）	—
SR	—	—	—	0.279060
	—	—	—	（1.018166）
Sfdum	0.039649	0.045733	—	—
	（0.044870）	（0.045213）	—	—
Hydum	-0.000416	0.015939	—	—
	（0.016387）	（0.018944）	—	—
Lnzy	—	—	—	—

续表

	EPS		EPS	
Method	非均衡面板模型		最小二乘回归	
Sample	2002~2004 年民营上市公司		2005 年民营上市公司	
Model	(3)	(1)	(4)	(5)
Variable	混合模型		时刻固定效应	普通最小二乘回归
LEV	—	—	—	—
	—	—	—	—
Constant	—	-0.108841*	—	0.095054***
	—	(0.060416)	—	(1.018166)
R-squard	0.022	0.036	0.003	0.001

注： *** 表示在 1% 的概率意义上显著，** 表示在 5% 的概率意义上显著，* 表示在 10% 的概率意义上显著；方程系数下面的圆括号中的值为估计量的标准误差；表格中分别列出了 R-squard，但注意到在面板模型中 R-squard 意义并不大；面板模型中 Hausman 和 F 统计量检验结果均表明模型为固定效应模型。由于在 OLS 回归模型中采用了 Newey-West 的方法得到了模型异方差的一致估计量，故在 OLS 模型中控制变量可以舍去。

从模型的实证结果可以发现，面板模型和最小二乘回归模型均表明前三名高管薪酬之和与公司绩效存在着显著的正相关关系，在这个意义上我们可以认为民营上市公司前三名高管薪酬对公司绩效存在正向激励作用的计量结果是稳健的；从最小二乘回归模型中发现虽然总经理持股比例虽然与公司绩效正相关，但是估计值没有通过显著性检验，在前文文献回顾中我们指出韩亮亮、李凯、宋力（2006）以 2004 年深交所 78 家民营上市公司为样本时指出了管理层持股与公司绩效存在非线性的关系，利益趋同效应和壕沟效益交替的现象，我们利用 2005 年的样本数据继续进行验证，尝试建立每股收益与总经理持股比例之间的非线性模型，异方差仍然使用 Newey-West 在 1987 年发展出来的经典方法来处理，拟合模型结果在表 7-87。

表 7-87   公司绩效与总经理持股比例非线性模型
实证回归结果

	EPS
Method	普通最小二乘回归（非线性模型）
Sample	2005 年民营上市公司
Variable	—

续表

	EPS
SR	15. 84006 ***
	(0. 000422)
SR^2 (平方项)	188. 0139 ***
	(66. 07023)
SR^3 (立方项)	507. 8523 ***
	(189. 9252)
Constant	0. 086477 ***
	(0. 026419)
R – squard	0. 028

注：*** 表示在 1% 的概率意义上显著，** 表示在 5% 的概率意义上显著，* 表示在 10% 的概率意义上显著；方程系数下面的圆括号中的值为估计量的标准误差；表格中列出了 R – squard。

从表 7 – 87 的分析结果我们可以看出，民营上市公司总经理持股比例与公司绩效的非线性模型拟合效果比较好，R – squard 有了明显的提高，从（5）中的 0.001 上升到非线性模型的 0.028，且经理层持股比例在非线性模型中的系数估计值全部在 1% 的概率上显著，故在计量结果上，民营上市公司经理层与公司绩效存在非线性关系，最终拟合模型写为：

$$EPS_i = 0.086477 + 15.84006SR_i - 188.0139SR_i^2 + 507.8523SR_i^3 \qquad (6)$$

对上述模型进行一阶求导，得到当总经理持股比例 SR = 5.06% 的时候，公司绩效达到极大值；当总经理持股比例达到 19.62% 的时候，公司绩效达到极小值。当 0 < SR < 5.06% 的时候，总经理持股与公司绩效正相关，公司绩效随着总经理持股比例的增加而提高；当 5.06% < SR < 19.62% 时，公司绩效与经理层持股负相关，即此时随着经理层持股比例的提高，经理层对公司的控制力不断增强，原先来自外部的约束力对经理的约束力越来越弱，故经理层此时可在更大的范围内追求个人利益，从而提高代理成本，降低公司绩效和价值；当 19.62% < SR < 1 时，公司经理层利益与股东利益紧密联系，经理层会在较大持股比例激励下更加努力工作，提高公司绩效和价值。利用 Eviews5.0 得到模型（6）的数值拟合图 7 – 44，从图中可以清楚地看出模型在 0.0506 达到极大值，在 0.1962 达到极小值，考虑到在目前 2005 年民营上市公司年报中总经理持股比例最高为 25.23%，故用模型拟合的图 7 – 44 中的 SR 最大值设为 0.26。

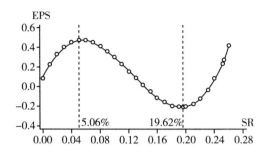

图 7 - 44　公司绩效与总经理持股比例非线性模型（6）数值模拟结果

注：从非线性模型一元三次多项式函数数值模拟图像来看，公司绩效 EPS 就是在 5.06% 和 19.62% 分别达到极大值和极小值，图像中用两条竖线标出，说明公司的股权激励对经理层有着非线性的关系。

从上面民营上市公司经理层薪酬和股权激励的实证结果来看，由于民营上市公司第一大股东具有民营性质[①]，所以这区别于国企上市公司，此外公司治理研究文献表明（李维安，2004），在国企上市公司中由于占绝对比例的国有股和法人股不能流动，故薪酬和股权对经理层的激励作用比较小，而民营上市公司由于产权比较明晰，薪酬和股权的激励能够有效地激励经理层，我们稳健的实证结果也确实表明了产权明晰能够提高经理层的治理水平。

四、经理层薪酬与董事会独立性、集团控制实证结果与分析

前一小节我们证实了产权明晰的民营上市公司经理层的激励作用比较显著。我们紧接着要讨论的一个问题是，在经理层的治理机制上，我们能否和目前民营上市公司的特点结合起来发现民营上市公司经理层治理的特色，我们在这一小节仅仅是做初步实证意义上的探讨，探讨民营上市公司经理层、董事会独立性和集团控制的关系。

李维安（2004）提出了制衡"内部人控制"是贯穿上市公司经理层治理评价指标的主线，这主要是基于占据了董事会大多数席位或被大股东派出的少数人所控制的经理层掌握着企业的最终控制权，并对自我评价进行评估，股东大会和董事会形同虚设。结合民营上市公司的研究（武立东，邵学林等）提出了民营上市公司中家族控制、集团控制现象比较严重，那么经理层与民营上市公司股权结构中终极控制人控制内部股东集团有什么关系，民营上市公司的董事会能否发挥对民营上市公司经理层的监督和约束作用，我们将在计量实证中来探讨上述问题。

----

① 我们在选取样本时往往都追溯到控股民营上市公司的终极控制人。

　　由于民营上市公司经理层指标有限，我们选取了民营上市公司前三名高管薪酬之和（MS）作为模型的被解释变量，考虑到高管薪酬主要与公司绩效有密切的关系，我们在模型中将公司绩效变量每股收益（EPS）控制掉，然后我们再来探讨民营上市公司中董事会独立程度与控制集团对高管薪酬的影响，其中董事会独立程度我们利用董事会独立性（Independence of DB）这个指标来表示，为民营上市公司中外部董事所占比例，控制集团我们使用武立东（2006）内部股东比例（Nbgdbl）这个指标来测度，具体含义为持股比例超过5%为大股东，同属一个终极控制人的大股东与全部大股东比率。最终模型设定为：

$$MS = \alpha + \beta_1 \, Independence + \beta_2 \, Control(EPS) + \varepsilon \qquad (7)$$

$$MS = \alpha + \beta_1 \, nbgdrs + \beta_2 \, Control(EPS) + \varepsilon \qquad (8)$$

　　董事会独立性和内部股东比例的描述性统计量从表7-88中可以看出，民营上市公司内部股东的比例近年来有所下降，从2003年的23%下降到2005年的17%，且最大值从89%下降到60%，但我们同时也发现，民营上市公司中董事会独立性下降得更快，2005年民营上市公司董事会独立性的均值下降了30%。两者结合起来看，民营上市公司集团控制的现象是在缓解还是在加剧，这是一个值得继续研究的问题，自然也有公司年报信息披露的问题在里面。

表7-88　　　　董事会独立性与内部股东比例描述性统计结果

年份	内部股东比例（Nbgdbl）				董事会的独立（Independence）			
	均值	标准差	最小值	最大值	均值	标准差	最小值	最大值
2002	0.19	0.13	0.11	0.89	0.77	0.14	0.43	1
2003	0.23	0.19	0.17	0.86	0.78	0.14	0.45	1
2004	0.20	0.14	0.13	0.87	0.79	0.13	0.45	1
2005	0.17	0.12	0.10	0.60	0.43	0.14	0	0.7

　　在逻辑上，如果民营上市公司经理层直接属于或从属于控制集团中[①]，那么随着内部股东比例的增加，控制集团能够更加有效地控制整个上市公司，获取利益。经理层属于执行高管直接分享控制集团收益，薪酬会增加；同时由于董事会独立性对于内部股东集团控制是一个制衡作用（武立东，2006），随着董事会独立性的增加，对内部股东集团的监督与约束加强，经理层薪酬也会受到制衡，故与董事会独立性应呈现出负相关的关系，计量结果在表7-89中给出。

[①]　目前从民营上市公司年报中尚不能发现公司经理层与内部股东之间的关系，很多信息没有披露。

从表 7 - 89 中我们可以看出，两个时间段的计量模型中民营上市公司经理层薪酬与内部股东比例均呈现出明显的正自相关，表明计量结果比较稳健，所以我们认为民营上市公司的高管与内部控制集团是有一定的关系的，与内部控制集团是紧密联系的。张晓昊（2006）的民营上市公司控制权博弈模型表明在民营上市公司中，内部股东控制集团通过各种方式强化对上市公司的控制，导致经理层不得不接受扭曲的合约，或与控制集团合谋通过侵占效应获得额外收入，我们这里的计量模型给出了上述结论的佐证。至于民营上市公司内部控制集团与经理层如何获取利益，我们需要在后续的工作中进一步研究；但我们的计量结果同时发现，经理层薪酬与董事会独立性并没有出现我们设想的那种负相关关系，两种模型显示董事会独立性的估计系数并不显著，故民营上市公司中董事会独立性与经理层的关系值得继续考察和研究。

表 7 - 89　　　　　经理薪酬与董事会独立性、控制
实证模型的回归结果

	MS		MS	
Method	非均衡面板模型		普通最小二乘回归	
Sample	2002 ~ 2004 年民营上市公司		2005 年民营上市公司	
Model	（7）	（8）	（7）	（8）
Variable	时刻固定效应	时刻固定效应	—	
EPS	3. 389099 ***	3. 524897 ***	9. 831429	9. 227715
	（0. 903075）	（0. 923436）	（8. 999758）	（8. 575025）
Independence of DB	− 5. 689713	—	10. 18667	
	（5. 838037）	—	（18. 22701）	
Nbgdbl		2. 660507 ***	—	42. 01744 *
		（0. 685943）	—	（23. 39070）
Constant	22. 62850 ***	14. 18795 ***	34. 52118 ***	31. 81415 ***
	（4. 620822）	（1. 358789）	（9. 154422）	（4. 596726）
R - squard	0. 022	0. 062	0. 010	0. 022

注：*** 表示在 1% 的概率意义上显著，** 表示在 5% 的概率意义上显著，* 表示在 10% 的概率意义上显著；方程系数下面的圆括号中的值为估计量的标准误差；表格中分别列出了 R - squard，但注意到在面板模型中 R - squard 意义并不大；面板模型中 Hausman 检验结果表明模型为固定效应模型。由于在 OLS 回归模型中采用了 Newey - West 的方法得到了模型异方差的一致估计量，故在 OLS 模型中控制变量可以舍去。

　　本小节只是对民营上市公司经理层治理特点的一个计量意义上的初步考察，我们发现民营上市公司经理层与在民营上市公司中普遍存在的控制集团有一定的联系，但是这里值得指出的是在我们的面板数据模型中，民营上司公司经理薪酬与公司绩效指标显著相关，这充分说明了民营上市公司仍然是从制度上将经理薪酬与绩效紧密捆绑在一起的。至于民营上市公司经理层的治理特点，我们相信随着民营上市公司样本的扩大和信息披露的规范，在后续研究中我们会有更深的发现。

7.5.3　经理层治理评价与现况

　　根据前面我们对民营上市公司治理文献回顾和本部分在理论和实证上的研究结论，我们选取了两个变量来衡量民营上市公司经理层治理状况：总经理持股占总股本的比例（SR）和上市公司前三名高级管理人员薪酬之和（MS）。根据本部分前面的实证研究成果，民营上市公司前三名高管薪酬之和与公司绩效正相关，而总经理持股比例与公司绩效呈非线性关系。在本节中，我们将按照上面两个指标对2005年民营上市公司经理层治理做出评价，首先我们来看一下2005年民营上市公司经理层两个指标的描述性统计。

一、经理层治理评价变量的描述性统计

　　我们选取的民营上市公司样本为2005年深市和沪市的235家民营上市公司样本，其中深市85家，沪市150家，在选取样本过程中，我们剔除掉了ST公司和深市的中小企业板块（参见图7-45、表7-90）。

1. 总经理持股占总股本的比例（SR）的描述性统计量

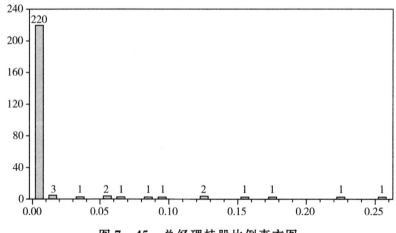

图7-45　总经理持股比例直方图

表 7 - 90   总经理持股比例描述性统计量

均值	中间值	最大值	最小值	标准差
0.0065	0.00	0.2523	0.00	0.0309

从总经理持股比例的描述性统计我们可以看出，民营上市公司总经理持股情况在样本中仍然属于少数，有 180 家民营上市公司总经理持股比例为零，220 家民营上市公司总经理持股比例低于 2.5%，考虑到我们在前面的实证结果中发现总经理持股比例在 0 到 5.06% 时，股权能够有效地激励民营上市公司经理，所以我们应该在民营上市公司中鼓励经理层适当的持股，让那些真正为企业发展做出重大贡献的经理人员得到适当的公司股权，体现他们的价值。

2. 公司前三名高管薪酬之和（SR）的描述性统计量

从民营上市公司前三名高管薪酬之和的描述性统计我们可以看出见图 7 - 46、表 7 - 91，经理层薪酬之和的均值较高，为 41.495 万元，有 183 家民营上市公司经理层薪酬之和在 50 万元之下，结合我们前面模型的实证结果，薪酬

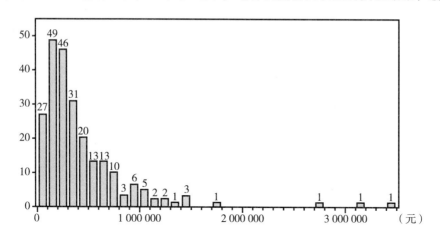

图 7 - 46   民营上市公司前三名高管薪酬之和直方图

注：在本部分前面计量模型中民营上市公司前三名高管薪酬之和单位为万元，而本图中的结果描述单位为元，从计量模型角度来看，不会改变计量结果的稳健性，相当于将估计系数乘 10 000 进行变换。

表 7 - 91   民营上市公司前三名高管薪酬描述性统计量

均值	中间值	最大值	最小值	标准差
414 950	289 200	3 452 600	4 300	438 800

能够有效地激励经理层，与公司绩效正相关，所以从这个角度来看，我们认为产权清晰的民营上市公司对经理层的薪酬激励比较充分。但从直方图我们也同时发现，薪酬分布呈右偏，且标准差较大，说明公司在经理层薪酬激励方面差异较大。

二、经理层治理评价指标评分原则说明

（1）总经理持股占总股本的比例（SR）：由于总经理持股比例与公司绩效之间的非线性关系，我们采用两个不同的原则进行评分。

原则一：依照图 7-45，考虑到 224 家企业持股比例在 5.06% 以下，只有少数企业的总经理持股比例超过 5.06%，评分结果公布在表 7-92 中；原则二：其他企业因为数值差异较大，采用 10 的数量级为组间距，按从小到大顺序进行赋分。例如，10^{-6} 赋予 4。

（2）金额最高的前三名高级管理人员薪酬之和（MS）：由于实证模型表明高管薪酬之和与公司绩效成正相关，采用如下评分原则：以 10 000 元绝对值为组间距，从小到大进行赋值，见表 7-93。

表 7-92　　　　　　　　总经理持股比例特殊的企业评分

股票代码	公司全称	持股比例	评分
600570	G 恒生	0.057314402	10
600527	G 高纤	0.057340549	10
600537	G 海通	0.064272590	8
600352	G 龙盛	0.089220212	7
600330	G 天通	0.098262105	6
600594	G 益佰	0.122388060	4
600499	G 粤科达	0.128206811	3
600405	G 动力源	0.159161606	2
600446	G 金证	0.175660070	1
600355	G 精伦	0.227060053	2
600521	G 华海	0.252281252	3

表 7 – 93 　　　　　　　　**经理层治理指标评分原则说明** 　　　　　单位：万元

评价指标	总经理持股比例（SR）	高管薪酬之和（MS）
组间距	10^{-1}	1
得分	—	—
10	$(3 \sim 5) \times 10^{-2}$	$\geqslant 90$
9	$(1 \sim 2) \times 10^{-2}$	$80 \sim 90$
8	10^{-3}	$70 \sim 80$
7	10^{-4}	$60 \sim 70$
6	$(6 \sim 9) \times 10^{-5}$	$50 \sim 60$
5	$(1 \sim 5) \times 10^{-5}$	$40 \sim 50$
4	10^{-6}	$30 \sim 40$
3	—	$20 \sim 30$
2	—	$10 \sim 20$
1	0	$0 \sim 10$

三、经理层治理指标得分描述性统计量

这一小节给出民营上市公司经理层治理指标评分的描述性统计。这里需要说明的是这一部分所给出的柱状图，横坐标代表评分，纵坐标代表得到相关分数的民营上市公司数目。

1. 总经理持股占总股本的比例（SR）治理指标评分直方图情况

观察经理持股比例指标得分情况直方图（图 7 – 47），我们可以发现民营上市公司在经理层的股权激励方面尤为不足，得分都偏低。其中有181家公司得到了最低分1分，占样本比例的77%。这再次说明了民营上市公司在经理层股权激励这一块有较大的提升空间。因为股权激励属于长期激励手段，所以必须重视股权激励这一块，要体现出经理层的长期努力与企业绩效及企业价值的动态性关系，在企业顺利发展的同时也给经理人员带来丰厚的报酬，因为，民营上市公司可以考虑适当提高经理层持股比例，以激励他们的长期经营行为。

2. 前三名高管薪酬之和（MS）治理指标评分直方图

观察图 7 – 48 可以发现，民营上市公司高管薪酬得分分布较股权激励得分有

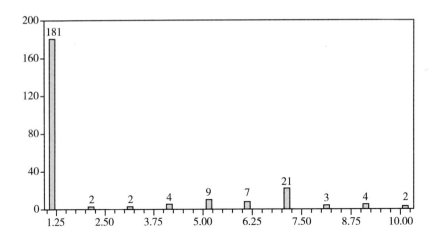

图 7 - 47　总经理持股比例指标得分直方图

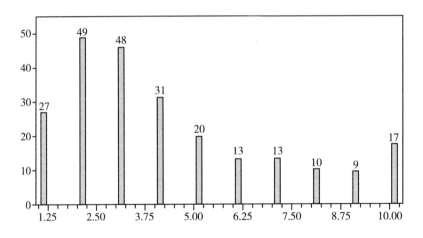

图 7 - 48　民营上市公司前三名高管薪酬治理指标得分直方图

了很大的改进，说明民营上市公司比较重视薪酬对经理层的显性激励。

3. 经理层治理指标总评分直方图

观察图 7 - 49 我们可以发现，经理层治理指标总得分分布较为均衡，但仍然属于右偏分布，仍然有很大的提升空间。

4. 经理层治理指标评分描述性统计量汇总

表 7 - 94 给出了民营上市公司经理层治理指标评分描述性统计量汇总。从图中可以看出经理层评价指标得分的均值均较低，说明民营上市公司经理层治理与公司治理的理想状况存在较大差异，迫切需要进一步完善民营上市公司经理层的治理，因为从经理层治理指标总得分与公司绩效的回归模型结果来看，经理层治理指标评分每增加 0.1 分，公司绩效提升 0.0013428 元，见表 7 - 95。

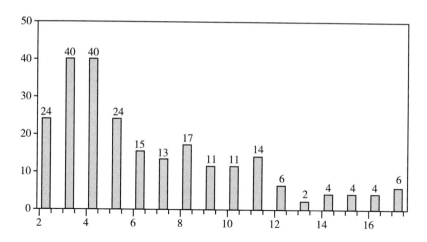

图 7 - 49　民营上市公司经理层治理指标总得分直方图

表 7 - 94　　　　民营上市公司经理层评价指标得分描述性统计

	均值	中间值	标准差	偏度	峰度
总经理持股比例指标得分	2. 22	1. 0	2. 39	1. 67	4. 17
高管薪酬指标得分	4. 10	3. 00	2. 66	0. 85	2. 65
经理层指标总得分	6. 42	5. 00	3. 93	1. 01	3. 20

表 7 - 95　　　　公司绩效与民营上市公司经理层指标
总评分实证回归结果

	EPS
Method	普通最小二乘回归（非线性模型）
Sample	2005 年民营上市公司
Variable	—
经理层治理指标总评分	0. 013428 ***
	（0. 0004447）
Constant	—
	—
R - squard	0. 006

注：*** 表示在 1% 的概率意义上显著，** 表示在 5% 的概率意义上显著，* 表示在 10% 的概率意义上显著；方程系数下面的圆括号中的值为估计量的标准误差；表格中列出了 R - squard，其中截面模型中的异方差用 Newey - West 的方法修正。

四、经理层治理评价指标得分的地区差异和行业差异

这部分考察民营上市公司经理层治理评价指标得分的地区差异和行业差异，来加深我们对经理层治理评价指标得分的理解。我们采用的民营上市公司样本仍为 2005 年深市和沪市的 235 家民营上市公司样本，其中深市 85 家，沪市 150 家，在样本选取过程中，我们剔除掉了 ST 公司和深市的中小企业板块。下面皆采用加权总数为评判标准。横坐标为评分，纵坐标为公司个数。

1. 经理层治理评价指标得分的地区差异

我们采用虚拟变量来表示地区差异，东部为 1，中部为 0，西部为 -1[①]，其中东部、中部、西部具体含义，见表 7 - 96。

在设置完虚拟变量之后，经理层治理评价指标得分的地区差异见表 7 - 97 和图 7 - 50，从中我们可以看出东部的平均分最高，中间值也是最高，符合我国经济发展水平的地区差异，在经理层治理相对比较好的企业都集中在东部；西部公司经理层治理指标得分最低，说明经理层治理指标与地区发展水平、市场成熟度都具有一定的关系。

表 7 - 96　　　　　民营上市公司经理层评价指标得分描述性统计

地区	省份数量	包括的省份（包括直辖市、自治区）
东部	8 省、3 市	辽宁、河北、天津、北京、山东、江苏、上海、浙江、福建、广东、海南
中部	8 省	黑龙江、吉林、山西、河南、安徽、湖北、湖南、江西
西部	6 省、1 市、5 个自治区	陕西、甘肃、宁夏、青海、新疆、四川、重庆、云南、贵州、西藏、内蒙古、广西

表 7 - 97　　　　民营上市公司经理层评价指标得分的地区差异

	均值	中间值	最大值	最小值	标准差	偏度	峰度
东部（135）	6.76	6.00	17.00	2.00	3.98	0.83	2.78
中部（47）	6.32	4.00	17.00	2.00	4.08	1.05	3.13
西部（53）	5.64	5.00	17.00	2.00	3.63	1.54	5.21

[①] 这种虚拟变量的设置不会影响最终计量结果，与一般 1、0 二元虚拟变量设置区别就是在最终计量模型标度上的差异，即产生标度效应，见 Intriligator：*Economitric models，Techniques，and Applications*。

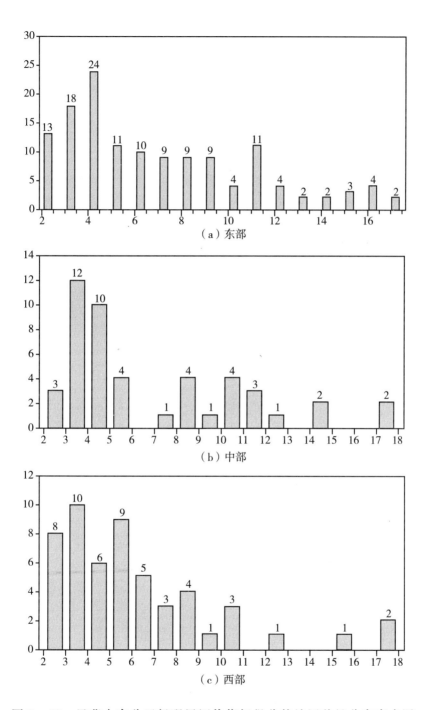

图 7 - 50　民营上市公司经理层评价指标得分的地区差异分布直方图

2. 经理层治理评价指标得分的行业差异

按照 CSRC 行业分类标准①对上市民营公司进行行业划分，同样采用虚拟变量来表示行业差异，字母与数字对应。例如，在 CSRC 行业分类中以 A 开头的上市公司的行业属性赋予 1，同样这里的虚拟变量设法只会带来标度差异。

在设置完行业差异的虚拟变量之后，我们在表 7-98 中给出了经理层治理评价指标得分的行业差异情况，观察表 7-98，我们发现，经理层治理指标得分较高在建筑业和制造业当中，结合到我国目前是世界上最大的工业基地，建筑业和制造业发展已有一段历史，相对来讲在这个产业链上的公司已经发展到一个阶段，故经理层激励也比较完善，所以在制造行业经理层治理评价得分比较高。同时，我们还发现在信息技术业、交通运输服务业中的民营上市公司经理层评价得分较高，而在社会服务业等部门经理层评价指标得分较低。

表 7-98 　　　民营上市公司经理层评价指标得分的行业差异

	均值	中间值	最大值	最小值	标准差	偏度	峰度
1（7）	5.57	3.00	15.00	2.00	4.61	1.39	3.53
3（143）	6.88	5.00	17.00	2.00	4.16	0.98	3.03
5（6）	7.17	7.50	14.00	2.00	4.26	0.31	2.14
7（16）	6.87	6.00	14.00	3.00	3.56	0.58	2.16
8（12）	6.33	6.00	13.00	2.00	3.39	0.34	2.24
10（14）	4.93	4.00	11.00	2.00	2.81	1.02	2.97
11（6）	4.50	4.00	9.00	3.00	2.26	1.60	3.88
13（22）	4.91	4.00	12.00	2.00	3.34	0.97	2.53
其他（9）	5.89	4.00	12.00	3.00	3.72	0.74	1.80

注：其他 9 个行业为 B. 采掘业；D. 电力、煤气及水的生产和供应业；F. 交通运输、仓储业；I. 金融、保险业；L. 传播与文化产业。由于属于这几个行业的上市企业数量都较少，而且行业皆具有垄断属性，故进行了归并。

① CSRC 行业分类标准是由中国证监会发布的，以在中国境内证券交易所挂牌交易的上市公司为基本分类单位，属于非强制性标准，适用于证券行业内的各有关单位、部门对上市公司分类信息进行统计、分析及其他相关工作。其结构与代码：A. 农、林、牧、渔业；B. 采掘业；C. 制造业；D. 电力、煤气及水的生产和供应业；E. 建筑业；F. 交通运输、仓储业；G. 信息技术业；H. 批发和零售贸易；I. 金融、保险业；J. 房地产业；K. 社会服务业；L. 传播与文化产业；M. 综合类。在赋值过程中，将 A 赋为 1，B 赋为 2，以此类推。

第六节 民营上市公司信息披露评价

7.6.1 信息披露机制的内涵、国外经验与国内政策

一、信息披露理论

由于公司治理结构中存在信息不对称现象和道德风险，这些现象可能会损害到公司所有者的利益，信息披露制度是解决这些问题的重要手段。信息披露制度可以迫使公司经营者公布公司的详细状况，投资者可以进行有效决策，使证券市场达到效率较高的状态。

信息具有外部性、垄断供给和不对称等特点，信息披露制度作为外部公司治理机制，可以使信息使用者获得所需的信息，提高市场的透明度和运作效率。一般来说，信息披露制度有利于保护投资者，可以加强对经营者的激励和约束、促进控制权市场的发展。信息披露质量的核心应该是真实性、及时性和完整性。

二、国外关于信息披露制度的机制设计

20 世纪 90 年代以来，世界各国公司治理改革浪潮愈演愈烈，大量的公司治理准则、指引等法规相继出台，同时相应的会计准则也在不断更新。随着资本市场的发展，信息披露的内容范围逐渐扩大，不仅限于财务信息的披露，非财务信息已经在信息披露中占有非常重要的地位。

2002 年的《索克斯法案》要求美国证券交易委员会（SEC）应尽快采取如下措施：（1）制定规则，披露对公司财务状况具有重大影响的所有重要表外交易和关系，且不以误导方式编制模拟财务信息；（2）负责对特殊目的实体等表外交易的披露进行研究，提出建议并向国会报告；（3）强制要求公众公司年度报告中应包含内部控制报告及其评价，并要求会计师事务所对公司管理层的评价出具报告；（4）强制要求公司审计委员会至少应有一名财务专家，并且做出披露。SEC 根据《索克斯法案》的要求，制定了一系列关于强化信息披露的法规。

纽约证券交易所（NYSE）的上市公司标准要求在该交易所上市的公司必须做到：确保定期披露能够影响股票价值和投资决策的信息，以保护股东、公众和交易所的利益；及时、规范地发布符合公认会计准则的财务报告等。2004 年底，NYSE 修订的公司治理标准（303A）还要求披露公司的公司治理准则和董事、高管的行为及道德准则。

经济合作组织（OECD）的公司治理原则①规定，公司治理框架必须确保公司能够及时、准确地披露公司的相关信息，包括财务信息、绩效状况、股权结构和公司治理机制。该治理原则规定披露信息的内容包括：财务和经营成果、公司目标、主要股东和选举权、董事和高管的情况（包括薪酬，董事的标准和选择程序，是否在其他公司担任董事及其独立性）、内部交易、风险因素、雇员和其他利益相关者的情况以及公司治理结构和原则（包括公司治理原则的内容以及执行程序）。

三、我国上市公司信息披露的相关规章制度

20世纪90年代初到21世纪初的十余年，是证券法规体系逐步建立、完善的重要阶段。我国证券市场的信息披露机制，是通过一系列强制性法律、法规来保障信息披露内容和披露行为的合法性。这些法律、法规分为下面几个层次：国家法律、行政法规、企业会计制度和会计准则。

1. 国家法律

《公司法》②是在国内经营的所有形式的公司都必须遵循的基本法规，约束公司经营活动和融资行为。《公司法》明确规定，公开发行股票的股份有限公司必须公告其财务会计报告。《证券法》③是规范证券发行和交易行为的基本法律，该法规定了上市公司信息披露制度的基本内容。

2. 行政规章

为了规范信息披露的具体操作方式，证监会和两个证券交易所还分别出台了很多关于信息披露的行政法规。例如《公开发行证券的公司信息披露内容与格式准则》的系列法规有22个，对国内上市公司信息披露机制的建立起到了决定性的作用。

3. 企业会计制度和企业会计准则

财政部颁布的《企业会计制度》和《企业会计准则》系列，是国内所有企业会计工作的基本依据。上市公司进行财务信息和经营信息披露时，都是依据《企业会计制度》和《企业会计准则》来编制各类财务报表。

---

① OECD Principles of Corporate Governance 2004，http：//www.oecd.org.
② 《中华人民共和国公司法》，2006年1月1日起施行。
③ 《中华人民共和国证券法》，2006年1月1日起施行。该法关于信息披露制度还有许多规定，具体内容此处不再著述。

7.6.2　中国民营上市公司中信息披露与企业绩效的关系研究

一、变量选取

1. 企业绩效

在本部分中，我们选择公司的每股收益（净利润）、每股净资产和资产收益率来表示企业的绩效状况。

2. 信息披露状况

根据前面的理论研究，信息披露质量的核心应该是真实性、及时性和完整性。考虑到数据的收集难度和可行性，我们选择了两个测量指标：第一个是上市公司年度报告披露的实际时间与证监会要求的截止日期之间的时间差，用来表示信息披露的及时性；第二个指标是对公司年度报告所出示的审计意见，用来表示信息披露的真实性和完整性。

3. 控制变量

为了消除其他可以对信息披露状况与公司绩效之间关系产生影响的因素的干扰，更准确地探索信息披露状况与企业绩效之间的关系，我们控制了可能对企业绩效产生影响的其他一些干扰因素，如公司特征及其他一些治理特征。具体而言，控制了年度股东大会出席股东所代表股份的比例、年度内董事会召开会议的次数、年度内监事会召开会议的次数、董事会的独立性、控股股东控制权与现金流权之间的偏离程度、报酬最高的三名董事的报酬总和、报酬最高的三名高管人员的报酬总和、审计费用、债务资产比例、企业的规模等。

本部分所使用的变量、变量符号及其含义见表 7 - 99。

表 7 - 99　　　　　　　　变量、变量符号一览表

变量分类	变量符号	变量含义
被解释变量	EPS	每股收益（净利润）
	NAPS	每股净资产
	ROA	总资产收益率
解释变量	Days	上市公司年度报告披露的实际时间与证监会要求的截止日期之间的时间差
	Opinion_audit	审计意见，1 = 非标准审计意见；0 = 标准无保留意见

371

续表

变量分类	变量符号	变量含义
控制变量	Attendence	年度股东大会出席股东所代表股份的比例
	Times_ds	年度内董事会召开会议的次数
	Times_js	年度内监事会召开会议的次数
	Independence	董事会的独立性
	Diverge	控股股东控制权与现金流权之间的偏离程度
	Lnpay_ds	报酬最高的三名董事的报酬总和的自然对数
	Lnpay_jl	报酬最高的三名高管人员的报酬总和的自然对数
	Lnfee	审计费用的自然对数
	LEV	债务资产比例
	LnTA	企业的规模的自然对数

二、数据来源

我们以 CCER 民营上市公司数据库和一般企业财务数据库为基本数据库，剔除那些本书所使用变量信息不全的样本，对于那些统计结果明显存在错误（譬如，独立董事比例大于 1）的样本，我们又从巨潮资讯网对数据信息进行更正，最终获得的 2002～2005 年的有效样本数为 858 个公司年，分别为 2002 年 126家，2003 年 186 家，2004 年 245 家，2004 年 301 家。因此，本研究选择的是非均衡面板数据，一方面可以避免由于不可观测的异质性（Heterogeneity）而造成的偏差，这类问题在截面数据的回归模型中是普遍存在的；另一方面，可以扩大实证检验的样本量，提高检验结果的可信度。

三、实证分析方法及回归模型

由于面板数据同时具有截面和时间序列两个维度，适宜的回归模型将比单纯的截面数据的回归模型复杂得多。如果可观测的解释变量控制了个体的所有相关特征，那将不会存在相关的非观测特征。在这种情况下，非观测效应被剔除，混合 OLS 回归可以用来合理地估计这个模型，此时把所有时间段的观测值当作一个单一的样本。如果可观测的解释变量并不能控制个体的所有相关特征，非观测效应与可观测的任何一个解释变量存在相关性，被解释变量对可观测变量的回归估计就会受到非观测异质性偏差的影响。即使是在非观测效应与任何一个可观测变量不相关的情况下，非观测效应的存在也会导致 OLS 产生低效估计和无效标准误。在这种情况下，就要根据数据本身的特征采用固定效应或随机效应的回归方法来进行估计。

豪斯曼和泰罗（Hausman & Taylor，1981）论述道，固定效应框架为控制面板数据中缺省变量的影响提供了一个一般性的、非偏的方法。在下面的回归分析过程中，我们通过 Durbin – Wu – Hausman 检验来确定适宜的回归方法，是选择固定效应还是随机效应进行估计。

根据上文的研究假设和变量定义，下文实证研究使用的回归模型如下：

$$EPS = b_0 + b_1 * Day + b_2 * Attendence + b_3 * Times\_ds + b_4 * Times\_js$$
$$+ b_5 * Independence + b_6 * Diverge + b_7 * Lnpay\_ds + b_8 Lnpay\_jl$$
$$+ b_9 * Lnfee + b_{10} * LEV + b_{11} LNTA + e$$

$$NAPS = b_0 + b_1 * Day + b_2 * Attendence + b_3 * Times\_ds + b_4 * Times\_js$$
$$+ b_5 * Independence + b_6 * Diverge + b_7 * Lnpay\_ds + b_8 Lnpay\_jl$$
$$+ b_9 * Lnfee + b_{10} * LEV + b_{11} LNTA + e$$

$$ROA = b_0 + b_1 * Day + b_2 * Attendence + b_3 * Times\_ds + b_4 * Times\_js$$
$$+ b_5 * Independence + b_6 * Diverge + b_7 * Lnpay\_ds + b_8 Lnpay\_jl$$
$$+ b_9 * Lnfee + b_{10} * LEV + b_{11} LNTA + e$$

$$EPS = b_0 + b_1 * Opinion\_audit + b_2 * Attendence + b_3 * Times\_ds + b_4 * Times\_js$$
$$+ b_5 * Independence + b_6 * Diverge + b_7 * Lnpay\_ds + b_8 * Lnpay\_jl$$
$$+ b_9 * Lnfee + b_{10} * LEV + b_{11} * LNTA + e$$

$$NAPS = b_0 + b_1 * Opinion\_audit + b_2 * Attendence + b_3 * Times\_ds$$
$$+ b_4 * Times\_js + b_5 * Independence + b_6 * Diverge + b_7 * Lnpay\_ds$$
$$+ b_8 Lnpay\_jl + b_9 * Lnfee + b_{10} * LEV + b_{11} * LNTA + e$$

$$ROA = b_0 + b_1 * Opinion\_audit + b_2 * Attendence + b_3 * Times\_ds + b_4 * Times\_js$$
$$+ b_5 * Independence + b_6 * Diverge + b_7 * Lnpay\_ds + b_8 * Lnpay\_jl$$
$$+ b_9 * Lnfee + b_{10} * LEV + b_{11} * LNTA + e$$

前三个模型用来检验上市公司年度报告披露的提前的天数与企业绩效之间的关系；后三人模型用来检验上市公司年度报告的审计意见与企业绩效之间的关系。

四、实证结果与分析

1. 描述性统计分析及相关分析

表 7 – 91 列出了本部分中所用到的各变量在 2002 ～ 2005 年 4 年总计的描述性统计分析结果。

表 7 – 92 列出了在这 4 年间每年各变量的描述性统计结果。

从表 7 – 91 可以看出，每股收益在这 4 年中的平均为负，－ 0.0275 元，在

373

这几年中的收益状况较差。其中最高的每股收益为 1.3637 元,最低的为
－14.0837 元,标准差为 0.7852,样本公司间存在着较大的差异。

由表 7－101 中各年度的每股收益状况可知,在 2002 年和 2003 年每股收益
的平均值均为正,分别为 0.0449 元和 0.0665 元,而在 2004 年和 2005 年则为
负,分别为 －0.1086 元和 －0.05 元。

根据表 7－100 的统计结果,4 年间的每股净资产平均为 2.2981 元/股,最
高为 9.2828 元/股,最低为 －12.4813,标准差为 1.8162,公司间存在着较大的
差异。在 2002 年的每股净资产为 2.3573 元/股,随后增加到 2.5252 元/股,
2004 年减少为 2.1753 元/股,此后又略有上升,增加为 2.2329 元/股。样本公司
的资产收益率在 4 年间平均为 －0.0229,在分年度的统计分析中,4 年的平均资
产收益率均为负,分别为 －0.0046、－0.0124、－0.0359 和 －0.0266。

表 7－100　　　　2002～2005 年 4 年总计的变量描述性统计结果

	N	Minimum	Maximum	Mean	Std. Deviation
Eps	858	－14.0837	1.3637	－0.0275	0.7852
Naps	858	－12.4813		2.2981	1.8162
Roa	858	－1.7874	0.5102	－0.0229	0.1846
Days	858	0	104	28.8658	24.4826
Opinion_audit	858	0	1	0.1760	0.3810
Attendence_gd	858	0.22	1	0.5553	0.1711
Times_ds	858	1	29	8.2587	3.5690
Times_js	858	1	11	3.6247	1.7049
Independence	858	0.125	1	0.5250	0.2064
Diverger	858	0	56.5356	11.3698	9.5118
Lnpay_ds	858	10.0731	16.7541	12.5980	0.9054
Lnpay_jl	858	9.9035	16.7541	12.6674	0.8756
Lnfee	858	11.0588	15.5820	12.9102	0.4906
LEV	858	0.0683	23.7992	0.7147	1.4466
LnTA	858	16.8843	23.1867	20.7535	0.9268

关于民营上市公司年度报告实际披露日期与规定期限之间天数情况,从表
7－100 和表 7－101 统计结果可知,在 4 年间平均提前的天数为 28.8658 天,提
前时间最长的为 104 天,最少的则为在规定期限的最后一天才完成年度报告的披
露工作。从 4 年间的比较来看,不同年度间差别较小,2003 年平均提前披露的
天数最多,为 30.4140 天,2005 年提前的天数最少,平均为 27.4817 天,2002
年和 2004 年则分别为 28.4762 天和 29.5943 天。

对民营上市公司年度报告的审计意见状况,在 4 年间大概有 17.6% 的公司

被出示的非标准无保留审计意见，从4年间的变化来看，除2003年外，在其他3年中的被出具非标准无保留审计意见的公司比较基本相同，位于19.05% ～ 19.93%之间，而在2003年的这一比例较低仅为10.75%。

表7–101　　　　2002～2005年分年度的变量描述性统计结果

年份	Variable	N	Minimum	Maximum	Mean	Std. Deviation
2002	eps	126	– 1.4742	0.7021	0.0449	0.3263
	naps	126	– 1.3846	6.0216	2.3573	1.4138
	roa	126	– 0.9992	0.1517	– 0.0046	0.1208
	days	126	0	103	28.4762	24.0299
	audit_opinion	126	0	1	0.1905	0.3942
	attendence_gd	126	0.22	1	0.5524	0.1397
	times_ds	126	1	16	6.5476	2.8750
	times_js	126	2	8	3.4841	1.4240
	independence	126	0.125	1	0.3721	0.2053
	diverger	126	0	33.1485	10.3630	8.2013
	lnpay_ds	126	10.3859	16.7541	12.1912	0.8718
	lnpay_jl	126	10.5532	16.7541	12.2399	0.8276
	lnfee	126	11.9184	15.0964	12.8658	0.5004
	lev	126	0.1121	10.3751	0.6018	0.9058
	lnTA	126	17.5534	22.7588	20.6164	0.8919
2003	eps	186	– 3.3034	0.9713	0.0665	0.4794
	naps	186	– 2.7389	9.2828	2.5252	1.7257
	roa	186	– 1.4310	0.2193	– 0.0124	0.1718
	days	186	0	104	30.4140	25.0227
	audit_opinion	186	0	1	0.1075	0.3106
	attendence_gd	186	0.22	1	0.5420	0.1425
	times_ds	186	2	23	9.3011	3.3362
	times_js	186	2	9	4.1312	1.6815
	independence	186	0.2	1	0.5149	0.1248
	diverger	186	0	42.1035	11.1444	8.9579
	lnpay_ds	186	10.1659	15.3841	12.4194	0.8335
	lnpay_jl	186	9.9035	15.3841	12.4384	0.8657
	lnfee	186	11.6953	15.2506	12.9512	0.4920
	lev	186	0.0994	23.7992	0.7195	1.7604
	lnTA	186	16.8843	23.0414	20.7569	0.9177

续表

年份	Variable	N	Minimum	Maximum	Mean	Std. Deviation
2004	eps	245	−14.0837	1.3637	−0.1086	1.1730
	naps	245	−9.8556	7.9664	2.1753	1.8516
	roa	245	−1.7874	0.5102	−0.0359	0.2416
	days	244	0	102	29.5943	26.8766
	audit_opinion	245	0	1	0.1918	0.3946
	attendance_gd	245	0.2352	1	0.5451	0.1666
	times_ds	245	3	27	8.5388	3.7389
	times_js	245	1	11	3.6041	1.7863
	independence	245	0.333	1	0.5523	0.1365
	diverger	245	0	47.87	12.3696	9.9064
	lnpay_ds	245	10.0731	16.0773	12.6460	0.8995
	lnpay_jl	245	10.6194	15.4016	12.7340	0.8470
	lnfee	245	11.6953	15.5820	12.9026	0.4803
	lev	245	0.0683	19.8671	0.7890	1.7952
	lnTA	245	17.0612	23.1535	20.7581	0.9388
2005	eps	301	−5.0098	1.0454	−0.0500	0.6651
	naps	301	−12.4813	8.0212	2.2329	1.9785
	roa	301	−1.5423	0.1441	−0.0266	0.1587
	days	301	1	96	27.4817	22.2388
	audit_opinion	301	0	1	0.1993	0.4002
	attendance_gd	301	0.2709	1	0.5730	0.1197
	times_ds	301	3	29	8.1030	3.5664
	times_js	301	1	11	3.3256	1.6714
	independence	301	0.333	3	0.5730	0.2580
	diverger	301	0	56.5356	11.1168	9.9895
	lnpay_ds	301	10.29031	15.4903	12.8397	0.8882
	lnpay_jl	301	10.5321	15.4489	12.9337	0.8216
	lnfee	301	11.05879	14.6432	12.9095	0.4944
	lev	301	0.0698	14.4736	0.6984	1.0459
	lnTA	301	17.12187	23.1867	20.8050	0.9357

关于控制变量的基本情况，参加年度股东大会的股东所代表的股份比例平均为55.53%，在2002~2005年间的变化不大，在2003年的平均出席比例最低，为54.10%，在2005年的平均出席比例最高，为57.30%，在2002年和2004年分别平均为55.24%和54.51%。最大出席比例在4年间均为100%，最小出席比例4年间平均为22%。在4年间年度内董事会平均会议次数为8.2587次，最多为29次，最少为1次。从不同年度来看，2002年度内董事会

中国民营经济制度创新与发展

平均召开的会议次数较少，为 6.5476 次，而 2003～2005 年的平均次数较多，分别平均为 9.3011 次、8.5388 次和 8.1030 次。2002 年度内董事会召开的会议次数较多为 16 次，而其他 3 年则较多，在 2003～2005 年分别为 23 次、27 次和 29 次。

年度内监事会会议次数在 4 年间平均为 3.6247 次，从不同年度间的比较来看，在 2003 年监事会平均召开会议的次数最高，为 4.1312 次，其他年度均低于 4 次，在 2002 年、2004 年和 2005 年分别为 3.4841 次、3.6041 次和 3.3256 次。独立董事比例平均为 52.50%，在 2002 年平均为 37.21%，此后独立董事在董事会中的比例迅速提高为 2003 年的 51.49%，在 2004 年和 2005 年分别为 55.23% 和 57.30%。在 2002～2005 年间，控股股东的投票权与现金流量权平均相差 11.3698。各年度间差别不大，在 2002 年为 10.363，2003 年和 2005 年分别为 11.1444 和 11.1168，而 2004 年则为 12.3696。

主要变量之间的相关性分析结果在表 7-102 中列出，从中可以看出，民营上市公司年度报告的提前披露的天数与每股收益、每股净资产和资产收益率均显著正相关，显著性水平均为 1%，Pearson 相关系数分别为 0.275、0.252 和 0.286，这说明，民营上市公司年报披露的积极性与企业的绩效之间的确存在着显著的相关关系，企业绩效较好的公司，可能会较早地进行披露，而绩效较差的公司，则会相对较晚地进行年报信息的披露。对民营上市公司年度报告出具的非标准审计意见与企业绩效呈负相关关系，且通过了 1% 水平上的显著性检验，其与每股收益、每股净资产和资产收益率的 Spearman 相关系数分别为 -0.537、-0.471 和 -0.514。这说明，那些被出示非标准审计意见的民营上市公司的企业绩效往往也是较差的，这可能是绩效较差的公司在公司财务报表的编制上更可能会存在一些处理不当的事项所致。同时，我们可以看出，民营上市公司年度报告的提前披露的天数与其被出示非标准审计意见的可能性之间存在着显著的负相关关系，这说明被出具非标准审计意见的公司，会相对较晚地进行年报披露。

从控制变量与被解释变量之间的相关关系来看，每股收益与控股股东的投票权与现金流量权偏离程度和债务资产比例之间存在着显著的负相关关系，与民营上市公司年度股东大会出席股东所代表股份的比例、年度内董事会会议次数、报酬最高的三位董事报酬总和、报酬最高的三位经理报酬总和及总资产之间存在着显著的正相关关系。每股净资产除了与控股股东的投票权与现金流量权偏离程度之间的负相关关系不再在统计上显著之外，与上述控制变量之间的相关关系相似。资产收益率与控制变量之间的相关关系则和每股净资产与控制变量之间的相关关系相似。

表 7－102　变量之间的相关性检验结果

	(1)	(2)	(3)	(4)	(5)	(6)	(7)	(8)	(9)	(10)	(11)	(12)	(13)	(14)	(15)
Eps(1)	1	0.652(**)	0.933(**)	0.555(**)	-0.537(**)	0.303(**)	-0.076(**)	-0.055	0.018	-0.030	0.236(**)	0.239(**)	0.152(**)	-0.400(**)	0.361(**)
Naps(2)	0.560(**)	1	0.499(**)	0.329(**)	-0.471(**)	0.280(**)	-0.127(**)	-0.086(*)	0.024	-0.007	0.309(**)	0.300(**)	0.215(**)	-0.563(**)	0.495(**)
Roa(3)	0.734(**)	0.528(**)	1	0.569(**)	-0.514(**)	0.324(**)	-0.088(**)	-0.047	0.007	-0.037	0.164(**)	0.168(**)	0.072(*)	-0.486(**)	0.203(**)
Days(4)	0.275(**)	0.252(**)	0.286(**)	1	-0.392(**)	0.171(**)	-0.046	0.04	0.009	-0.035	0.070(*)	0.066	0.023	-0.311(**)	0.131(**)
Opinion_audit(5)	-0.443(**)	-0.482(**)	-0.503(**)	-0.310(**)	1	-0.244(**)	0.032	0.020	-0.043	0.005	-0.095(*)	-0.112(**)	-0.083(*)	0.419(**)	-0.274(**)
Attendance(6)	0.193(**)	0.300(**)	0.198(**)	0.144(**)	-0.231(**)	1	-0.102(**)	-0.029	0.034	0.002	0.073(*)	0.068(*)	-0.081(*)	-0.316(**)	-0.031
Times_ds(7)	-0.187(**)	-0.144(**)	-0.080(*)	-0.059	0.032	-0.129(**)	1	0.311(**)	0.132(**)	0.006	-0.065	-0.003	0.077(*)	0.149(**)	0.024
Times_js(8)	-0.012	-0.062	0.028	0.011	0.025	-0.035	0.079(*)	1	0.032	0.030	-0.107(**)	-0.093(**)	0.018	0.066	-0.003
Independence(9)	-0.051	0.040	-0.018	-0.015	-0.026	0.068(*)	0.079(*)	-0.034	1	-0.006	0.095(*)	0.144(**)	0.054	0.033	0.049
Diverger(10)	-0.122(**)	-0.021	-0.044	-0.032	0.001	-0.002	0.002	0.039	-0.031	1	-0.015	0.000	0.126(**)	0.049	0.102(**)
Lnpay_ds(11)	0.119(**)	0.278(**)	0.096(**)	0.056	-0.076(*)	0.072(*)	-0.047	-0.106(**)	0.104(**)	-0.036	1	0.864(**)	0.284(**)	-0.079(*)	0.407(**)
Lnpay_jl(12)	0.108(**)	0.273(**)	0.107(**)	0.045	-0.110(**)	0.072(*)	0.018	-0.078(*)	0.144(**)	-0.004	0.858(**)	1	0.270(**)	-0.089(**)	0.388(**)
Lnfee(13)	0.072(*)	0.193(**)	0.105(**)	0.023	-0.064	-0.109(**)	0.091(**)	0.043	0.032	0.095(**)	0.340(**)	0.327(**)	1	0.066	0.593(**)
LEV(14)	-0.216(**)	-0.378(**)	-0.616(**)	-0.132(**)	0.298(**)	-0.125(**)	0.000	-0.039	-0.041	-0.022	-0.068(*)	-0.121(**)	-0.085(*)	1	0.020
LnTA(15)	0.237(**)	0.481(**)	0.389(**)	0.108(**)	-0.317(**)	-0.027	0.025	-0.001	0.030	0.087(*)	0.417(**)	0.407(**)	0.591(**)	-0.364(**)	1

注: 左下角为 Pearson 相关系数, 右上角为 Spearman 相关系数。* 表示在 95% 的置信水平上显著 (双尾), ** 表示在 99% 的置信水平上显著 (双尾)。

2. 回归结果及分析

我们根据本部分前面列出的回归方程模型分别进行回归，并对每个回归方程分别采用固定效应和随机效应方法进行回归，回归结果均在表中列出，每组方程第一列为固定效应回归结果，第二列为随机效应回归结果，然后通过 Hausman 检验来确定适宜的回归方法。表 7 - 103 列出了年度报告提前披露天数与企业绩效的回归结果。从对表 7 - 103 的模型（A）~（F）的 Hausman 检验结果来看，均应该选择固定效应回归方法。

根据模型（A）的回归结果，年度报告提前披露天数与每股收益之间存在着正相关关系，且在 1% 的统计水平上显著。这说明，民营上市公司在企业的每股收益较高时，会相对较早地进行年度报告披露。年度报告提前披露天数与每股净资产和资产收益率也都存在着显著的正相关关系，且在 5% 的水平上显著，进一步验证了前面的结论。

表 7 - 103 　　　　　　年度报告提前披露天数与企业绩效
之间的回归结果

MODEL	EPS		NAPS	
	A	B	C	D
Variable	固定效应	随机效应	固定效应	随机效应
Days	0. 0034 ***	0. 0058 ***	0. 0039 **	0. 0062 ***
	0. 0014	0. 0010	0. 0017	0. 0016
Attendence	0. 6410	0. 6743 ***	2. 0479 ***	2. 7844 ***
	0. 3980	0. 1612	0. 5023	0. 3216
Times_ds	- 0. 0279 **	- 0. 0396 ***	- 0. 0351 **	- 0. 0439 ***
	0. 0113	0. 0076	0. 0142	0. 0126
Times_js	0. 0201	0. 0253	0. 0566 **	0. 0380
	0. 0216	0. 0155	0. 0273	0. 0247
Independence	- 0. 2495	- 0. 2359 *	- 0. 2107	- 0. 1217
	0. 2121	0. 1231	0. 2677	0. 2125
Diverge	- 0. 0302 ***	- 0. 0138 ***	- 0. 0316 ***	- 0. 0220 ***
	0. 0053	0. 0028	0. 0067	0. 0053

续表

MODEL	EPS		NAPS	
	A	B	C	D
Variable	固定效应	随机效应	固定效应	随机效应
Lnpay_ds	− 0. 1278	− 0. 0181	− 0. 1492	− 0. 0578
	0. 0851	0. 0561	0. 1074	0. 0935
Lnpay_jl	0. 0228	0. 0093	0. 0106	0. 0672
	0. 0867	0. 0576	0. 1094	0. 0957
Lnfee	− 0. 2890 **	− 0. 0602	0. 0972	− 0. 0782
	0. 1433	0. 0701	0. 1809	0. 1351
LEV	0. 0581 *	− 0. 0437 **	− 0. 0015	− 0. 0857 **
	0. 0340	0. 0197	0. 0429	0. 0336
LnTA	0. 7054 ***	0. 2227 ***	1. 0070 ***	0. 9002 ***
	0. 1240	0. 0424	0. 1565	0. 0901
Constant	− 9. 4780 ***	− 3. 7633 ***	− 18. 8071 ***	− 16. 6240 ***
	2. 8762	0. 8384	3. 6299	1. 9041
R − sq	0. 1764	0. 2842	0. 2352	0. 3796
F_u_i	1. 78 (0. 0000)	—	6. 57 (0. 0000)	—
F	9. 42 (0. 0000)	—	13. 53 (0. 0000)	—
N/group	858 (363)	858 (363)	858 (363)	858 (363)
Wald chi^2	—	196. 07 (0. 0000)	—	350. 84 (0. 0000)
Hausman	44. 54 (0. 0000)		54. 88 (0. 0000)	

注：***表示在99%的置信水平上显著，**表示在95%的置信水平上显著，*表示在90%的置信水平上显著；方程系数下面的圆括号中的值为标准误；表格中分别列出了 F 检验、Hausman 检验的结果，其中，固定效应模型使用的是 t 检验，随机效应模型使用的是 z 检验。

同时，我们还发现，年度内董事会会议次数与企业绩效之间存在着显著的负相关关系，在三个有效回归模型中，均通过了 5% 水平上的显著性检验，这可能说明过多的董事会会议次数与企业绩效之间的反向相关关系。同时，控股股东的投票权与现金流量权偏离程度和企业绩效之间也存在着显著的负相关关系，显著性水平为1%，这可能是由于两权偏离程度越大，民营上市公司的控股股东就越有动力去从事一些危害其他中小股东的利益的隧道行为，从而削弱了公司业绩。

审计费用与每股收益和资产收益率也存在着显著的负相关关系，而与每股净资产则不显著的相关关系。在3年有效回归模型中，民营上市公司的资产规模与企业绩效之间存在着显著的正相关关系，显著性水平为1%。债务资产比例与企业绩效之间的关系不太确定，与每股收益之间存在着显著的正相关关系，显著性水平为10%，与资产收益率存在着显著的负相关关系，显著性水平为1%，而与每股净资产则不存在显著的相关关系。

表 7 - 104　　　　年度报告提前披露天数、审计意见与
企业绩效之间的回归结果

MODEL	ROA		EPS	
	E	F	G	H
Variable	固定效应	随机效应	固定效应	随机效应
Days	0.0006 **	0.0013 ***	—	—
	0.0003	0.0002	—	—
Opinion_audit	—	—	− 0.6196 ***	− 0.7357 ***
	—	—	0.0978	0.0699
Attendence	0.1634 **	0.1158 ***	0.3506	0.4263 ***
	0.0826	0.0278	0.3879	0.1569
Times_ds	− 0.0021	− 0.0036 ***	− 0.0266 **	− 0.0400 ***
	0.0023	0.0014	0.0109	0.0073
Times_js	0.0016	0.0033	0.0198	0.0309 **
	0.0045	0.0028	0.0209	0.0149
Independence	− 0.0476	− 0.0357	− 0.2198	− 0.2386 **
	0.0441	0.0224	0.2054	0.1180
Diverge	− 0.0032 ***	− 0.0014 ***	− 0.0286 ***	− 0.0132 ***
	0.0011	0.0005	0.0051	0.0027
Lnpay_ds	− 0.0134	− 0.0011	− 0.0815	0.0250
	0.0177	0.0101	0.0828	0.0539

MODEL	ROA		EPS	
	E	F	G	H
Variable	固定效应	随机效应	固定效应	随机效应
Lnpay_jl	− 0.0154	− 0.0084	− 0.0061	− 0.0189
	0.0180	0.0103	0.0834	0.0552
Lnfee	− 0.0503 *	− 0.0201 *	− 0.2431 *	0.0044
	0.0298	0.0120	0.1387	0.0673
LEV	− 0.0381 ***	− 0.0639 ***	0.0457	− 0.0297
	0.0070	0.0035	0.0329	0.0189
LnTA	0.1710 ***	0.0489 ***	0.5866 ***	0.1220 ***
	0.0257	0.0070	0.1210	0.0418
Constant	− 2.5673 ***	− 0.6609 ***	− 7.4902 ***	− 2.2855 ***
	0.5972	0.1366	2.7549	0.8120
R − sq	0.3477	0.5906	0.2311	—
F_u_i	1.21 (0.0000)	—	1.71 (0.0000)	—
F	23.50 (0.0000)	—	13.22 (0.0000)	0.3494
N/group	859（363）	859（363）	858（363）	858（363）
Wald chi^2	—	773.38 (0.0000)	—	290.67 (0.0000)
Hausman	41.05（0.0000）		38.67（0.0000）	

注：*** 表示在 99% 的置信水平上显著，** 表示在 95% 的置信水平上显著，* 表示在 90% 的置信水平上显著；方程系数下面的圆括号中的值为标准误；表格中分别列出了 F 检验、Hausman 检验的结果，其中，固定效应模型使用的是 t 检验，随机效应模型使用的是 z 检验。

表 7-104 和表 7-105 列出了年度报告审计意见与企业绩效之间的回归结果。从对模型（G）~（J）的 Hausman 检验结果来看，均应该选择固定效应回归方法。根据模型（K）中解释变量与误差项 F 检验结果，对于年度报告审计意见与资产收益率之间的回归应采用随机效应—模型（L）。

从模型（G）、（I）和（L）的回归结果可以看出，无论是每股收益、每股净资产，还是资产收益率，民营上市公司被出具非标准无保留审计意见的可能性与企业绩效之间均存在着负相关关系，这意味着，在其他条件相同的情况下，被出具非标准无保留审计意见的民营上市公司的绩效会相对较差一些。这可能是因为，那些绩效较差的公司，面临着众多投资者的业绩压力，可以会在编制财务报表时，对某些事项的处理可能不够严谨，没有完全按照既定的有关准则和要求进行处理，致使相关公司在对公司的报告审计时，难以出具标准无保留审计意见。

关于控制变量与企业绩效之间的关系，与前面几个模型中得出的结论基本相似，此处不再赘述。

表 7 - 105   年度报告审计意见与企业绩效之间的回归结果

MODEL	NAPS		ROA	
	I	J	K	L
Variable	固定效应	随机效应	固定效应	随机效应
Opinion_audit	-0.6805^{***}	-0.9371^{***}	-0.1006^{***}	-0.1473^{***}
	0.1244	0.1124	0.0209	0.0129
Attendence	1.7063^{***}	2.3894^{***}	0.1319^{*}	0.0741^{***}
	0.4931	0.3159	0.0826	0.0272
Times_ds	-0.0339^{**}	-0.0434^{***}	-0.0017	-0.0036^{***}
	0.0139	0.0122	0.0023	0.0013
Times_js	0.0563^{**}	0.0406^{*}	0.0018	0.0046^{*}
	0.0266	0.0240	0.0045	0.0027
Independence	-0.1817	-0.0930	-0.0414	-0.0389^{*}
	0.2611	0.2064	0.0438	0.0217
Diverge	-0.0299^{***}	-0.0203^{***}	-0.0030^{***}	-0.0013^{***}
	0.0065	0.0051	0.0011	0.0005
Lnpay_ds	-0.0968	0.0061	-0.0069	0.0079
	0.1053	0.0912	0.0177	0.0098
Lnpay_jl	-0.0230	0.0268	-0.0199	-0.0142
	0.1061	0.0928	0.0178	0.0100
Lnfee	0.1428	-0.0114	-0.0380	-0.0058
	0.1763	0.1311	0.0296	0.0115

续表

MODEL	NAPS		ROA	
	I	J	K	L
Variable	固定效应	随机效应	固定效应	随机效应
LEV	-0.0169	-0.0898 ***	-0.0393 ***	-0.0599 ***
	0.0418	0.0327	0.0070	0.0034
LnTA	0.8664 ***	0.7482 ***	0.1570 ***	0.0303 ***
	0.1539	0.0893	0.0258	0.0070
Constant	-16.3208 ***	-14.0931 ***	-2.4165 ***	-0.4213 ***
	3.5022	1.8520	0.5869	0.1325
R - sq	0.2748	0.4320	0.3713	0.6392
F_u_i	6.36 (0.0000)	—	1.11 (0.1397)	—
F	16.67 (0.0000)	—	26.04 (0.0000)	—
N/group	858（363）	858（363）	859（363）	859（363）
Wald chi^2	—	431.38 (0.0000)	—	916.76 (0.0000)
Hausman	54.49（0.0000）		—	

注：*** 表示在 99% 的置信水平上显著，** 表示在 95% 的置信水平上显著，* 表示在 90% 的置信水平上显著；方程系数下面的圆括号中的值为标准误；表格中分别列出了 F 检验、Hausman 检验的结果，其中，固定效应模型使用的是 t 检验，随机效应模型使用的是 z 检验。

五、研究结论与信息披露评价指标

通过对中国民营上市公司 2002～2005 年 4 年间年度信息披露状况与企业绩效之间关系的实证研究，我们发现：

首先，年度报告提前披露天数与每股收益之间存在着正相关关系，且在 1% 的统计水平上显著。这说明，民营上市公司在企业的每股收益较高时，会相对较早地进行年度报告披露。年度报告提前披露天数与每股净资产和资产收益率也都存在着显著的正相关关系。

其次，民营上市公司被出具非标准无保留审计意见的可能性与企业绩效之间均存在着负相关关系，这意味着，在其他条件相同的情况下，被出具非标准无保留审计意见的民营上市公司的绩效会相对较差一些。这可能是因为，那些绩效较差的公司，面临着众多投资者的业绩压力，可以会在编制财务报表时，对某些事项的处理可能不够严谨，没有完全按照既定的有关准则和要求进行处理，致使相关公司在对公司的报告审计时，难以出具标准无保留审计意见。

同时，我们还发现，年度内董事会会议次数与企业绩效之间存在着显著的负相关关系，这可能说明过多的董事会会议次数与企业绩效之间的反向相关关系。同时，控股股东的投票权与现金流量权偏离程度和企业绩效之间也存在着显著的负相关关系，这可能是由于两权偏离程度越大，民营上市公司的控股股东就越有动力去从事一些危害其他中小股东的利益的隧道行为，从而削弱了公司业绩。

审计费用与每股收益和资产收益率也存在着显著的负相关关系，而与每股净资产则不存在显著的相关关系。民营上市公司的资产规模与企业绩效之间存在着显著的正相关关系，显著性水平为1%。债务资产比例与企业绩效之间的关系不太确定，与每股收益之间存在着显著的正相关关系，显著性水平为10%，与资产收益率存在着显著的负相关关系，显著性水平为1%，而与每股净资产则不存在显著的相关关系。

根据前面的理论和实证研究，我们对民营上市公司信息披露状况的评价指标确定为两个：年度报告提前披露的天数和审计意见。具体而言，上市公司进行年度披露提前的天数越多，我们认为其信息披露的及时性就越高；凡是那些被出具非标准无保留审计意见的民营上市公司，其信息披露的真实性和完整性相对较差。

7.6.3 民营上市公司信息披露评价及现况

一、信息披露评价指标的描述性统计

1. 信息披露的积极性（inffs）

如前文的有关说明，我们采用上市公司发布年报的规定期限与实际日期的差额来反映信息披露的积极性。上市公司发布年报提前的日期越多，那么这个上市公司信息披露的积极性也就越高。图7-51为信息披露的积极性的直方图和经验累积分布函数图形，表7-106列出了信息披露的积极性的描述性统计量。从中可以看出，信息披露积极性评价的均值为29.05，中间值为29，标准差为21.96，不同公司间存在着较大的差异。偏度为0.51，评价结果呈左偏分布。

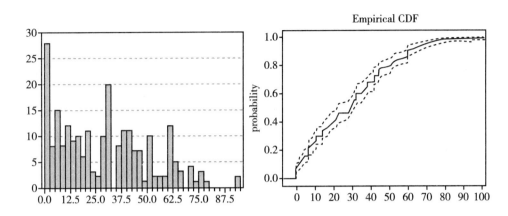

图7-51　信息披露的积极性的直方图和经验累积分布函数图形

2. 审计意见（audit）

由于报表中的审计意见只有两种文字说明：标准无保留意见和有解释性说明无保留意见。所以进行描述性统计的意义不大。这里只做一个简单性的说明，在表7-98中列出了审计意见的描述性统计量。从中可以看出，获得"标准无保留意见"的上市企业有215家，占总数的91%；得到"有解释性说明无保留意见"的上市企业有20家，占总数的9%。

表7-106　　信息披露的时效与质量指标描述性统计量汇总表

	均值	中间值	最大值	最小值	标准差	偏度	峰度
信息披露的积极性 inffs	29.05	29.00	94.00	0.00	21.96	0.51	2.46
审计意见 adfs	483 162	400 000	1 982 000	138 000	281 088	2.55	11.55

二、信息披露评价指标评分的原则

（1）信息披露的积极性：上市公司进行信息披露的积极性越高，治理状况越好。评分原则：以8作为组间距，由低到高给予赋值。

（2）审计意见：因为考虑审计意见的特殊情况。我们确定如下的评分原则：给"标准无保留意见"的公司赋予10分，给"有解释性说明无保留意见"的公司赋予5分。具体的标准和方法见表7-107。

表 7 - 107　　　　信息披露的时效与质量指标评分原则说明

评分	1	2	3	4	5	6	7	8	9	10
信息披露的积极性 inffs	0~8	9~16	17~24	25~32	33~40	41~48	49~56	57~64	65~72	73~
审计意见 adfs	有解释性说明无保留意见					标准无保留意见				
评分	5					10				

三、信息披露状况评价结果的描述性统计

对于指标评分的合理性描述，分别采用了柱状图和表格两种方式。这里需要说明的是，在本部分所给出的柱状图中，横坐标代表评分，纵坐标代表得到相关分数的企业个数。

1. 信息披露的积极性评分（inffs）

图 7 - 52 为信息披露的积极性评分结果的柱状分布图，详细的分布情况见表 7 - 108。从中可以看出，对信息披露积极性评价的结果比较分散，在不同的值上，都有不少数量的公司，首先，得分为 1 的公司数最多，为 52 家，占样本总数的 22.32%，其次为得分 4 的公司数量最多，有 32 家，占样本总数的 13.73%。有 60% 的公司的得分小于 4。得分超过 7 的公司有 14.16%。结合表 7 - 108 的评价结果统计表，各民营上市公司信息披露平均得分 4.1，中间值为 4，标准差为 2.63，偏度为 0.49，整体呈现出左偏分布。

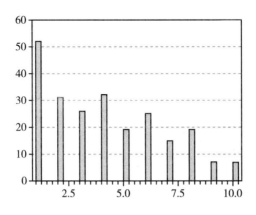

图 7 - 52　信息披露的积极性评分柱状图

表 7 - 108 信息披露的积极性评分结果分布表

Value	Count	Percent	Cumulative Count	Cumulative Percent
1	52	22. 32	52	22. 32
2	31	13. 30	83	35. 62
3	26	11. 16	109	46. 78
4	32	13. 73	141	60. 52
5	19	8. 15	160	68. 67
6	25	10. 73	185	79. 40
7	15	6. 44	200	85. 84
8	19	8. 15	219	93. 99
9	7	3. 00	226	97. 00
10	7	3. 00	233	100. 00

2. 审计意见（auditfs）

表 7 - 109 中列出了信息披露的质量评分结果的分布情况，由此可知，得分为 5 的公司有 20 家，占样本总数的 8.55%，其他 214 家公司均得分为 10，说明大多数公司信息披露的质量还是较高的。结合表 7 - 110 的评价结果统计表，各民营上市公司信息披露质量平均得分 9.57，中间值为 10，标准差为 1.4，偏度为 -2.96，右偏趋势非常明显。

表 7 - 109 信息披露的质量评分结果分布表

Value	Count	Percent	Cumulative Count	Cumulative Percent
5	20	8. 55	20	8. 55
10	214	91. 45	234	100. 00

3. 信息披露评价的总分数

图 7 - 53 为信息披露评价总分数的柱状分布图，表 7 - 110 列出了信息披露状况评分描述性统计量，从中可知，样本民营上市公司在信息披露方面的总体平均得分为 13.67，中位值为 13，标准差为 2.91，不同公司间存在着较大的差异，偏度为 0.03，呈现出略微左偏的状态。

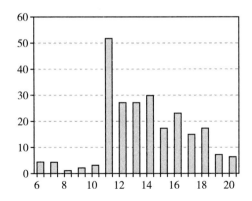

图 7 – 53　信息披露评价的总分数的柱状图

表 7 – 110　　　　信息披露状况评分描述性统计量汇总表

	均值	中间值	标准差	偏度	峰度
inffs	4.1	4	2.63	0.49	2.16
auditfs	9.57	10	1.4	– 2.96	9.79
infzf	13.67	13	2.91	0.03	2.8

四、信息披露状况评价结果的地区差异和行业差异

1. 信息披露指数的地区差异分析

表 7 – 111 列出了信息披露状况评价得分的不同地区①的统计分量指标。结合图 7 – 54 的东部地区信息披露状况的柱状图和图 7 – 55 的中西部地区信息披露状况的柱状图可知，东部地区信息披露状况的平均得分为 13.52，为三个地区中平均值最小的地区，平均值最高的地区为西部，为 13.96，中间值也为三个地区中最高，为 14，其他两个地区的中间值均为 13。东、中和西部地区的标准差分别为 3.03、3.05 和 2.79，相对而言，前两个地区中不同公司间的差异性较西部地区的大。

中部和西部地区信息披露状况分布的偏度分别为 0.12 和 0.26，均呈现出左偏状况，而东部地区的偏度为 – 0.04，呈现出右偏状态。

---

① 地区省份划分标准如前同意设定。

表7－111　　　　　　信息披露状况评分的地区差异

	公司数量	均值	中间值	最大值	最小值	标准差	偏度	峰度
东部	135	13.52	13.00	20.00	6.00	3.03	-0.04	2.90
中部	47	13.77	13.00	20.00	7.00	3.05	0.12	2.49
西部	53	13.96	14.00	20.00	8.00	2.79	0.26	2.56

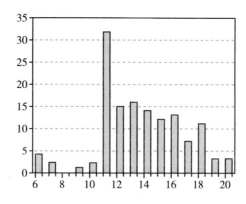

图7－54　信息披露质量的东部地区差异柱状图

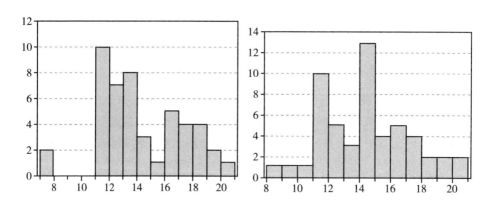

图7－55　信息披露质量的地区差异柱状图（左为中部，右为西部）

2. 信息披露指数的行业差异分析

按照 CSRC 行业分类标准①对上市民营公司进行行业划分，同样采用分类指数来表示行业差异，字母与数字对应，例如，在 CSRC 行业分类中以 A 开头的上市公司的行业属性赋予1。

表7－112列出了不同地区信息披露评价状况的基本情况。从该表可以看出，

① CSRC 行业分类标准如前统一设定。

从单个行业的情况来看，在 2005 年的民营上市公司中，建筑业平均的信息披露治理状况最好，平均得分为 14.50，其次为综合类行业，平均得分为 14.18，得分最低的行业为社会服务业，其信息披露治理状况平均得分为 12.67，其次为信息技术业，得分为 12.81。图 7－56 为民营上市公司制造业信息披露治理状况直方图，基本呈正态分布。

表 7－112　　　　　　　信息披露状况评分的行业差异

	均值	中间值	最大值	最小值	标准差	偏度	峰度
1（7）农、林、牧、渔业	14.14	14.00	18.00	10.00	2.85	－0.25	1.87
3（143）制造业	13.66	13.00	20.00	6.00	3.02	0.14	2.60
5（6）建筑业	14.50	14.50	18.00	12.00	2.07	0.59	2.52
7（16）信息技术业	12.81	13.00	18.00	6.00	3.04	－0.36	2.89
8（12）批发和零售贸易	14.08	14.00	18.00	11.00	1.93	0.43	2.70
10（14）房地产业	13.79	13.00	20.00	7.00	3.70	0.14	2.21
11（6）社会服务业	12.67	13.50	17.00	6.00	3.67	－0.93	3.09
13（22）综合类	14.18	14.00	20.00	11.00	2.63	0.52	2.49
其他（9）	13.00	12.00	18.00	7.00	3.54	0.07	2.33

注：在第一列括号中的数字为所属行业上市公司的个数。

其他如下几个行业：B 采掘业；D 电力、煤气及水的生产和供应业；F 交通运输、仓储业；I 金融、保险业；L 传播与文化产业。由于属于这几个行业的上市企业数量都较少，而且行业皆具有垄断属性，故进行了归并。

3. 红色的表示 JB 统计量通过显著性检验，此统计量分布函数为正态分布

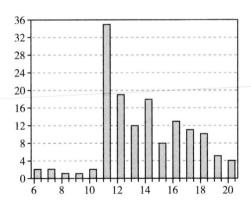

图 7－56　民营上市公司制造业信息披露治理状况直方图

第七节 民营上市公司治理指数分析

7.7.1 民营上市公司总体治理状况描述

一、总体治理状况

我国民营上市公司治理指数总体上呈正态分布趋势，公司间治理指数差异较大。且总体指数偏低（见表7-113），平均分为58.66，公司差距较大，最大值为73、最小值为43.64。为了进一步反映民营上市公司总体治理状况，本部分以3分为组间距把样本共分为10组（见表7-114），分数最高的第1组所在区间为70~73分，仅有3家上市公司。有117家样本公司集中在第5组、第6组，占到全部样本的近1/2，评价指数在55~61分之间。指数分析最低的43~46分的第10组仍有2家样本公司。

表7-113 民营上市公司治理总指数描述性统计

	均值	最小值	最大值	中间值	标准差	偏度	峰度
总体	58.66	43.64	73	44.64	4.86	0.06	3.13

表7-114 民营上市公司治理总指数组间分布

组号	公司样本个数	所在区间
1	3	73~70
2	7	70~67
3	22	67~64
4	36	64~61
5	61	61~58
6	56	58~55
7	33	55~52
8	14	52~49
9	1	49~46
10	2	46~43

    下面我们通过二级指标的分数状况来进一步分析影响民营上市公司治理指数状况的主要因素。从表 7-115 可以看出导致民营上市公司治理指数偏低的主要因素是经理层因素平均分数仅为 32.6 分,其次为监事会因素,平均分数为 33.7 分。股东行为评价分数最高为 73.69 分,信息披露平均分数为 65.55 分,董事会评价平均分为 61.09 分。从各组分布来看,第 1 组,总分均值为 71.21,其中股东行为评价分数为 83.33,董事会评价分数为 74.19,监事会评价分数为 57.5,经理层评价分数为 43.33,信息披露评价分数为 73.33,处在第 1 组的民营上市公司具有较高水平的股东行为规范,但是,监事会治理状况、经理层状况有待于进一步的提升,作为民营上市公司治理龙头的第 1 组企业仅有三家上市公司。样本公司最集中的第 5 组中共有 61 家民营上市公司,平均分数为 59.65,其中股东行为评价分数为 72.09,董事会评价分数为 59.57,监事会评价分数为 35,经理层评价分数为 34.67,信息披露评价分数为 72.21。

表 7-115   民营上市公司治理总指数分组及二级指标
描述性统计

组号	总分指数		股东行为评价分数		董事会评价分数	
	均值	标准差	均值	标准差	均值	标准差
1 (3)	71.21	1.14	83.33	2.18	74.19	2.86
2 (7)	68.57	0.41	81.63	4.47	74.08	7.53
3 (22)	65.52	0.82	80.39	7.57	68.90	6.74
4 (36)	62.34	0.77	76.75	6.31	67.14	5.37
5 (61)	59.65	0.91	73.28	6.22	63.65	5.46
6 (56)	56.38	0.95	72.09	6.41	59.57	6.02
7 (33)	53.50	0.84	67.27	8.00	57.71	7.37
8 (14)	50.75	0.88	65.00	6.28	55.51	5.46
9 (1)	46.82	0.00	67.14	0.00	51.43	0.00
10 (2)	44.09	0.64	70.00	2.02	38.57	12.12
平均	57.88	—	73.69	—	61.09	—

组号	监事会评价分数		经理层评价分数		信息披露评价分数	
	均值	标准差	均值	标准差	均值	标准差
1（3）	57.50	2.50	43.33	10.41	73.33	16.07
2（7）	43.57	9.67	50.71	18.35	71.43	13.45
3（22）	37.73	7.56	50.22	20.09	72.50	14.45
4（36）	37.71	9.53	35.42	20.82	71.25	14.11
5（61）	35.00	7.96	34.67	19.66	72.21	13.43
6（56）	33.71	7.04	25.45	15.29	66.52	14.29
7（33）	32.80	8.79	23.64	16.78	61.82	16.19
8（14）	26.43	7.38	22.14	11.39	61.43	13.79
9（1）	10.00	0	20.00	0.00	60.00	0.00
10（2）	22.50	3.53	15.00	0.00	45.00	21.21
平均	33.7	—	32.6	—	65.55	—

注：在第一列括号中的数字为所属地区上市公司的个数。

通过对二级指标的分析，民营上市公司经理层的治理水平偏低，在分数最低的第 10 组，经理层的分数仅为 15 分。指数进一步验证了在前文提出的我国民营上市公司在经理层治理方面存在的两个问题，一是人员的封闭性，民营上市公司对职业经理人缺乏信任，缺乏授权，因此风险激励不足；二是经理人的家族契约治理，对属于家族成员的经理人更多地靠家族契约的约束，而非采取正式的激励约束机制，这样就会因"逆利他主义"而产生代理问题，这两方面的因素往往会降低民营上市公司的治理水平。

二、民营上市公司治理的行业和地区差异

按照 CSRC 行业分类标准[1]对上市民营公司进行行业划分，同样采用分类指数来表示行业差异，字母与数字对应，例如，在 CSRC 行业分类中以 A 开头的上市公司的行业属性赋予。

从表 7－116 可以看出，建筑业（E）指数最高，共包含 6 家民营上市公司，

---

[1] CSRC 行业分类说明如前统一设定。

平均指数为 61.36 分。其次为其他类，包括：B 采掘业、D 电力煤气及水的生产
和供应业、F 交通运输仓储业；I 金融、保险业；L 传播与文化产业，共包括 9
家民营上市公司，平均指数为 60.3 分。指数最低的行业是农林牧渔业（A），平
均指数为 56.62 分。指数的行业差异表明不同行业的平均利润率决定了不同民营
上市公司的现金流收益水平，近年来房地产市场的迅猛行情给建筑业带来了较高
的收益水平，因此现金流收益在建筑类民营上市公司终极控制人的收益结构中占
有很大的比重，会激励民营上市公司终极控制人采取提升上市公司价值的行为，
从而实现和其他中小股东间的"激励兼容"、降低了代理成本。而农林牧渔业激
烈的市场竞争环境导致较低的行业平均利润率，行业中的民营上市公司由于采取
激烈的价格竞争策略导致较低的现金流收益水平，会激励终极控制人采取追求控
制收益的行为，如"隧道行为"等，会导致与其他利益相关者间产生较高的代
理成本。其他类中包含的行业皆具有垄断属性，宽松的产业环境会带来较高的行
业利润率，而这些企业多通过国企民营化的途径产生，在资产、资源以及社会资
本方面具有优势，这些因素都有利于民营上市公司产生较高的现金流收益，从而
有利于实现各利益相关者之间的激励兼容、降低代理成本。

表 7 - 116　　　　民营上市公司治理评价总分描述性统计量

	均值	中间值	最大值	最小值	标准差
A（7）	9 - 56.62	55.90	62.27	49.09	4.23
C（143）	4 - 58.80	59.09	72.27	43.64	4.97
E（6）	1 - 61.36	62.05	66.36	55.00	4.21
G（16）	3 - 58.84	57.05	70.00	52.27	6.11
H（12）	5 - 58.60	59.09	63.18	50.00	3.84
J（14）	8 - 57.63	58.82	65.00	52.73	3.66
K（6）	6 - 58.18	57.35	65.91	51.36	5.54
M（22）	7 - 57.75	58.18	65.00	51.36	4.00
其他（9）	2 - 60.30	60.45	69.09	53.64	5.96

注：在第一列括号中的数字为所属行业上市公司的个数。

其他如下几个行业：B 采掘业；D 电力、煤气及水的生产和供应业；F 交通运输、仓储
业；I 金融、保险业；L 传播与文化产业。由于属于这几个行业的上市企业数量都较少，而且
行业皆具有垄断属性，故进行了归并。

中间按照指数值的大小依次为：信息技术业（G），平均值为 58.84；制造
业（C），平均值为 58.8；批发和零售贸易（H），平均值为 58.6；综合类

395

（M），平均值为 57.75。房地产业（J），平均值为 57.63，排在倒数第 2 位。

从表 7 - 117 民营上市公司治理总指数的地区差异表中可以看出，我国民营上市公司治理水平在地区之间并没有显著的差异，我国东部、中部和西部显著的政治经济环境的差异对其并没有太大的影响区别，对我国民营上市公司治理质量产生影响的环境因素更多地体现在行业因素上，这也说明民营上市公司终极控制人目标的单一性，有别于国企经营者目标的多重性。

表 7 - 117 　　　　　　民营上市公司治理总指数的地区差异

	均值	中间值	最大值	最小值	标准差
东部（135）	58.71	59.00	71.36	44.55	4.97
中部（47）	58.59	58.18	72.27	43.64	4.77
西部（53）	58.60	57.73	68.18	49.09	4.75

注：在第一列括号中的数字为所属地区上市公司的个数。

但是，从治理指数的分布上看，东部、西部和中部略有差异（见图 7 - 57），东部地区分布呈"双峰型"，分别在 53 分和 62 分出现两个峰值，体现出东部的民营上市对外部环境因素的变化更为敏感，使得复杂的环境因素的影响在治理状况中得以反映，这样东部地区的民营上市公司在公司治理结构上具有较强的"制度同构性"、标杆效应显著，说明东部地区的民营上市公司具有较强的公司治理制度创新的能力。相比较而言，西部地区剔除异常值后，指数分布的差异相对于东部和中部较小，表明西部地区的民营上市公司的治理结构受外部因素影响较小，主要决定于企业自身的资源禀赋状况。东部地区呈现典型的正态分布，公司治理创新能力介于东西部之间。

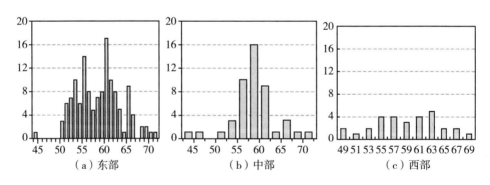

图 7 - 57 　民营上市公司治理评价总分的地区差异柱状图

7.7.2　民营上市公司治理指数与企业绩效

一、公司绩效与民营上市公司治理指数回归

本部分将进一步验证公司治理指数与公司绩效之间的关系,以每股收益(EPS)作为反映公司绩效的指标。所用的模型为 $EPS_i = \beta \times$ 指标得分$_i + \xi_i$,其中 β 为估计参数,截面模型中的异方差用 Newey – West 的方法修正,故模型中没有加入控制变量。模型中各个治理指标总分的标准分是按照各个部分具体指标数目的自然加权得出,故仍然存在标度效应。

实证结果表明(见表7–118),民营上市公司治理指数与公司绩效存在显著正相关关系,相关系数为0.001761,表明民营上市公司治理指数每提高1个单位,每股收益将提高0.001761个单位。二级指标与公司绩效均呈显著的正相关关系,其中股权结构与股东行为部分指数值每提高1个单位将带来每股收益提高0.001414单位;董事会部分指数值每提高1个单位将带来每股收益提高0.001664单位;监事会部分指数值每提高1个单位将带来每股收益提高0.002317单位;经理层部分指数值每提高1个单位将带来每股收益提高0.002658单位;信息披露部分指数值每提高1个单位将带来每股收益提高0.001501单位。

从回归结果可以看出,我国民营上市公司在经理层、监事会方面具有很大的改进空间。同时,通过进一步完善公司治理结构、改善投资者关系,注重保护中小股东权益,会进一步提升公司价值。我国民营上市公司在资本市场信誉的提升也会带来产品市场信用值增加,进而降低交易成本,提高企业的绩效。

表7–118　　公司绩效与民营上市公司治理指数回归结果

	EPS（每股收益）					
Method	加权普通最小二乘回归（WOLS）					
Sample	2005 年民营上市公司					
Variable	—					
民营上市公司治理指数	0.001761 ***	—	—	—	—	—
	(0.000409)	—	—	—	—	—

	EPS（每股收益）					
股权结构与股东行为	—	0.001414 ***	—	—	—	—
	—	(0.000320)	—	—	—	—
董事会	—	—	0.001664 ***	—	—	—
	—	—	(0.000369)	—	—	—
监事会	—	—	—	0.002317 ***	—	—
	—	—	—	(0.000772)	—	—
经理层	—	—	—	—	0.002685 ***	—
	—	—	—	—	(0.000888)	—
信息披露	—	—	—	—	—	0.001501 ***
	—	—	—	—	—	(0.000345)
R – squard	0.010	0.010	0.011	− 0.017	0.006	0.012

注：*** 表示在 1% 的概率意义上显著，** 表示在 5% 的概率意义上显著，* 表示在 10% 的概率意义上显著；方程系数下面的圆括号中的值为估计量的标准误差；表格中列出了 R – squard。

二、治理指数的影响因素分析

下面我们可以采取按照代表性指标分组比较的方法，来进一步分析治理指数的影响因素。

1. 收益结构对治理指数的影响

我们先分析现金流量权对治理指数的影响，我们按照现金流量权从小到大以 5% 为组间距把样本公司分成 10 组（见表 7 – 119），从整体上存在随着现金流权的增加，治理指数的均值从 58.73 增加到 62.31，但变动趋势是非线性的，如第 7 组、第 9 组的分值分别低于第 6 组、第 8 组。为了完整地分析民营上市公司终极控制人的收益结构对治理指数的影响，我们进一步控制收益的因素，来考察控制权与现金流权的偏离度对治理指数的影响（见表 7 – 120）。仍按照偏离度指标把样本公司分为 10 组，来考察随着偏离度的减小治理指数的变动状况，可以看出随着偏离度的减小、治理指数基本上是从 55 向 63 增加，说明民营上市公司终极控制人的收益结构是影响治理指数较为重要的因素。

表 7－119　　　　按照现金流量权评分进行分组的治理指数表现

组号	现金流量权			总分表现				
	区间（％）	评分	均值	中间值	最大值	最小值	标准差	
1（24）	0～5	1	58.73	58.18	66.92	53.18	3.96	
2（31）	5～10	2	57.18	55.91	69.09	44.54	4.91	
3（46）	10～15	3	57.10	57.27	68.18	43.64	4.43	
4（33）	15～20	4	58.32	58.18	69.09	50.91	5.00	
5（39）	20～25	5	59.23	59.55	72.27	46.82	5.27	
6（23）	25～30	6	60.58	60.45	68.64	51.36	4.45	
7（13）	30～35	7	59.13	58.64	65.00	52.27	4.06	
8（6）	35～40	8	61.44	61.82	68.64	51.36	5.87	
9（7）	40～45	9	57.34	56.82	70.00	50.45	6.32	
10（13）	45～	10	62.31	62.27	66.36	55.45	3.38	

注：在第一列括号中的数字为所属行业上市公司的个数。

表 7－120　　　　　　按照偏离度评分进行分组的总分表现

组号	偏离度			总分表现				
	区间（％）	评分	均值	中间值	最大值	最小值	标准差	
1（5）	45～	1	56.18	58.18	60.45	49.09	4.62	
2（6）	40～45	2	55.53	55.68	60.91	50.00	4.50	
3（5）	35～40	3	55.27	55.00	60.45	51.36	4.06	
4（7）	30～35	4	55.91	57.73	61.82	46.82	5.80	
5（8）	25～30	5	57.67	58.18	61.82	50.45	3.94	
6（34）	20～25	6	56.97	56.82	65.00	44.55	4.13	
7（33）	15～20	7	57.66	57.73	66.82	43.64	4.85	
8（45）	10～15	8	58.22	58.18	68.64	50.91	4.21	
9（39）	5～10	9	58.74	59.09	65.91	51.82	3.84	
10（53）	0～5	10	62.12	62.27	72.27	49.55	4.97	

注：在第一列括号中的数字为所属行业上市公司的个数。

2. 股权结构对治理指数的影响

以下分析股权结构对治理指数的影响，采用赫芬达尔指数来描述我国民营上市公司股权结构的特征，即集中与分散状况。按照股权制衡理论，分散的股权结构能够对控股股东行为起到制衡的作用，降低股东间的代理成本。我们按照赫芬达尔指数由大到小以5%为组间距把样本公司分为10组。第1组赫芬达尔指数大于45%，有2家民营上市公司，治理指数均值为57.73。第10组赫芬达尔指数小于5%，有16家民营上市公司，治理指数均值为60.88。但是从第1组到第10组治理指数的变化趋势是非线性的。

图7-58是由表7-121数据转换而来，横坐标为从1到10的10个组别，纵坐标为指数。由于第1组仅有2家公司、第2组仅有1家公司，为了更准确地分析变动趋势我们把它们剔除。如果再忽略从第6组到第9组治理指数值的微小下降趋势。上述处理完成之后就会发现，民营上市公司的股权结构与治理指数之间存在着"U"关系。第3组为治理指数的第一个高值，赫芬达尔指数在30%～40%，治理指数为59.55。当赫芬达尔指数下降到25%～30%的第5组时，治理指数达到最低点约为56。以后随着赫芬达尔指数下降，治理指数逐渐增加，到第10组达到最大值，赫芬达尔指数小于5%，治理指数为60.88。

表7-121　　　按照赫芬达尔指数评分进行分组的总分表现

组号	赫芬达尔指数			总分表现			
	区间（%）	评分	均值	中间值	最大值	最小值	标准差
1（2）	45～	1	57.73	57.73	65.00	50.45	10.28
2（1）	40～45	2	60.00	60.00	60.00	60.00	0.00
3（8）	35～40	3	59.55	59.55	65.91	55.00	3.23
4（9）	30～35	4	56.21	56.82	65.00	44.55	6.78
5（20）	25～30	5	56.77	57.73	66.36	50.00	4.41
6（15）	20～25	6	59.12	59.55	70.00	49.55	5.87
7（32）	15～20	7	59.06	59.55	68.18	49.09	4.51
8（71）	10～15	8	58.76	58.18	68.64	43.64	4.94
9（61）	5～10	9	58.52	57.73	72.27	50.00	4.27
10（16）	0～5	10	60.88	60.00	71.36	53.64	5.26

注：在第一列括号中的数字为所属行业上市公司的个数。

3. 董事会结构与高管激励对治理指数的影响

下面我们分析组织因素对治理指数的影响，包括两个方面：一是大股东对董事会的控制状况，可以通过董事会成员在最大股东单位的任职情况来描述；二是对经理层的激励状况，可以通过经理层持股状况来描述。

表7-122就是以在最大股东单位的任职董事比率从高到低分为10组的民营上市公司治理指数状况，由于前4组的样本公司较少，我们着重看一下从第5组

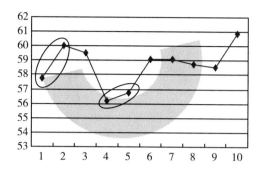

图 7 - 58　股权结构与治理指数的 "U" 形图

的到第 10 组的情况，在最大股东单位的任职董事比率 0.42 一直下降到 0，而治理指数从第 5 组的 55.96 一直上升到第 10 组的 60.77，二者之间呈显著的负相关关系。可见，民营上市公司的大股东有着强烈的控制董事会的愿望，也说明民营上市公司的董事会在决策中发挥着重要的作用，从另一方面也表明董事会的泛家族化管理的特征。

表 7 - 122　　　按照董事会成员在最大股东单位的任职情况

评分进行分组的总分表现

组号	区间	评分	均值	中间值	最大值	最小值	标准差
1（1）	0.63 ~	1	50.00	50.00	50.00	50.00	0.00
2（2）	0.56 ~ 0.63	2	51.82	51.82	53.18	50.45	1.93
3（4）	0.49 ~ 0.56	3	55.00	54.77	63.64	46.82	7.56
4（1）	0.42 ~ 0.49	4	53.64	53.64	53.64	53.64	0.00
5（19）	0.35 ~ 0.42	5	55.96	55.00	63.18	51.36	3.92
6（27）	0.28 ~ 0.35	6	57.56	58.18	68.64	43.64	6.04
7（40）	0.21 ~ 0.28	7	58.42	58.41	68.64	51.36	4.18
8（50）	0.14 ~ 0.21	8	58.91	59.09	70.00	49.09	4.45
9（52）	0.07 ~ 0.14	9	59.41	59.09	71.36	52.27	4.05
10（39）	0.00 ~ 0.07	10	60.77	60.45	72.27	52.27	5.07

注：在第一列括号中的数字为所属行业上市公司的个数。

表 7 - 123 是以经理层报酬从小到大分为 10 组的治理指数状况，尽管从总体上看民营上市公司治理指数有上升的趋势，但不显著。这主要是由民营上市公司高管群体已经全部或部分地嵌入到家族网络中，从而使得他们的目标变得更为复杂，仅仅依靠报酬机制难以完全解决复杂群体间的代理问题。但治理指数总体向上的趋势也表明报酬机制仍然是民营上市公司治理的必要手段。

表 7 - 123　　　按照高级管理人员报酬评分进行分组的总分表现

组号	区间	评分	均值	中间值	最大值	最小值	标准差
1 （27）	0 ~ 100 000	1	56.82	57.27	63.18	50.91	3.41
2 （49）	100 000 ~ 200 000	2	56.80	55.91	71.36	43.64	5.03
3 （46）	200 000 ~ 300 000	3	58.18	59.09	66.82	46.82	4.89
4 （31）	300 000 ~ 400 000	4	59.60	59.09	72.27	52.27	4.56
5 （20）	400 000 ~ 500 000	5	58.11	57.73	66.82	51.82	4.53
6 （13）	500 000 ~ 600 000	6	60.45	60.00	70.00	51.36	5.28
7 （13）	600 000 ~ 700 000	7	60.38	60.45	68.64	55.00	3.88
8 （10）	700 000 ~ 800 000	8	62.36	62.05	68.18	56.82	3.43
9 （9）	800 000 ~ 900 000	9	58.84	59.54	65.00	53.18	4.01
10 （17）	900 000 ~	10	62.25	63.18	69.09	51.36	5.17

注：在第一列括号中的数字为所属行业上市公司的个数。

4. 信息披露对治理指数的影响

治理好的公司，将及时披露该公司的经营绩效信息，信息披露的积极与否已经成为投资者评价上市公司的一个重要标志。表 7 - 124 是以信息披露积极性由低到高分为 10 组的治理指数状况。我们发现最不积极的第 1 组和最积极的第 10 组在治理指数方面仅相差 0.04 分，而第 4 组到第 9 组的治理指数都高于第 10 组，信息披露的积极性与治理指数之间不存在线性的相关关系，通过这一点可以反映出我国民营上市公司的信息披露包含很大的主观因素。

表 7 - 124　　　按照信息披露积极性进行分组的治理指数

组号	区间	评分	均值	中间值	最大值	最小值	标准差
1 （52）	0 ~ 8	1	58.07	57.95	72.27	43.64	5.13
2 （31）	9 ~ 16	2	58.18	58.18	69.09	44.55	5.28
3 （26）	17 ~ 24	3	56.80	56.36	65.91	49.09	3.86
4 （32）	25 ~ 32	4	59.39	60.23	71.36	50.00	4.51
5 （19）	33 ~ 40	5	59.21	59.09	65.00	52.27	3.78
6 （25）	41 ~ 48	6	59.78	60.00	68.64	46.82	5.72
7 （15）	49 ~ 56	7	60.61	60.45	66.82	51.36	4.16
8 （19）	57 ~ 64	8	59.26	58.18	70.00	50.00	5.92
9 （7）	65 ~ 72	9	58.51	60.00	63.18	53.64	3.89
10 （7）	73 ~	10	58.11	59.09	62.27	53.64	3.55

注：在第一列括号中的数字为所属行业上市公司的个数。

7.7.3　主要结论

随着民营上市公司的日渐增多，与之相关的利益分配、治理机制及其代理问题也逐渐暴露。本部分通过构建民营上市公司治理评级体系，对我国民营上市公司治理状况进行了评价，形成 2005 年中国民营上市公司治理指数。通过对治理指数的分析，我们发现由于利益的驱使，在违规收益高于违规成本的情况下，民营上市公司的大股东的行为具有较强的负外部效应，具体表现在民营上市公司的终极控制股东会通过金字塔持股等集团控制形式，在终极控制权和现金流权严重分离的情况下，往往采取"隧道效应"行为、损害上市公司的价值，与中小股东之间产生较高的代理成本。根源在转型时期的体制性因素与家族因素交织在一起形成了错综复杂的代理关系，也增加了研究民营上市公司的治理问题的难度。

一、民营上市公司治理中存在的主要问题

本部分尝试揭示转型时期我国民营上市公司治理的一般规律，但由于数据的可得性使得研究工作难以直接触及到民营上市公司治理的本质核心，因此我们采取了由表及里的方式，先从民营上市公司治理评价入手，进而发现问题、探询根源、总结规律。

1. 集团控制是诱发终极控制人采取侵占效应行为的主要因素

由于集团控制的存在加大民营上市公司终极控制人在上市公司中控制权与现金流权的偏离，降低了控制权收益的成本，终极控制人追求控制权收益的行为损害了公司的价值，其他少数股东利益受到侵害的程度、概率加大，终极控制人的行为具有很强的侵占效应。民营上市公司的股权结构成为进一步强化集团控制条件下诱发终极控制人采取侵占效应行为的主要因素。因内部股东集团的存在，民营上市公司的股权结构没有形成有效的制衡力量，内部股东集团作为一致行动人，其行为充分体现了终极控制人的意志，成为终极控制人采取侵占效应行为的工具。

2. 董事会呈现"大股东控制"的特征

与国有上市公司董事会"经营者控制"不同，我国民营上市公司的董事会呈现出明显的"大股东控制"，在民营上市公司中绝大多数董事都在股东单位兼任其他职位，这必然会对其履行董事职责产生重大影响。大股东控制可以解决国有企业存在的"所有者缺位"的问题，但当大股东和其他中小股东的利益不一致时，往往容易发生大股东与小股东间的代理问题，短期内会增加大

股东的私人收益，但会损害上市公司的长期融资能力，对其长期发展是不利的。

3. 高管报酬水平偏低、高管持股比例与公司绩效呈非线性相关关系

我国民营上市公司的高管薪酬同行业市场平均水平，但仍与公司绩效指标显著相关，一方面充分说明了民营上市公司仍然力图从制度上将经理薪酬与绩效紧密捆绑在一起；另一方面也说明在民营上市公司中，"家族契约"发挥着重要激励约束作用，在一定程度上替代了"经济契约"。另一个重要发现是高管的持股比例与民营上市公司的绩效呈"﹀"型非线性关系，这也反映出民营上市公司中复杂的代理关系和高管层多重目标对其行为的影响。

我国民营上市公司中独立董事报酬的激励力度尚较为薄弱，但绝大多数独立董事都积极参加了几乎所有的董事会会议，这为他们圆满履行其责任和义务奠定了重要基础。

4. 监事会治理机制有待于进一步完善

我们发现中国民营上市公司监事会治理表现出了较强的区域差异和一定的行业差异，整体水平并不高，并且存在着职工监事比例较低、监事在最大股东单位任职比较普遍以及监事会成员激励力度不够等问题。

5. 民营上市公司信息披露的积极性和审计意见的独立性正在逐步改善

研究发现民营上市公司信息披露的积极性和审计意见的独立性正在逐步改善，对会计师事务所的影响力正在提高。而独立董事制度对于改善上市公司信息披露状况起到了重要作用，这就从侧面证明独立董事制度在国内证券市场发挥了一定的积极作用。但是研究表明，上市公司本身的特征依然在很大程度上影响着审计意见。即，会计师事务所有纵容绩效好或规模大的上市公司的倾向，对风险大的公司则要求非常严格。这在一定程度上说明，国内信息披露机制的改革还有很长一段路要走，绝非通过完善法律体系就可以在短期内实现。

二、完善民营上市公司治理的政策建议

1. 加强对民营上市公司集团控制现象的监管，完善相关制度

对存在集团控制的民营上市公司的关联交易的合理性、合法性加强监管。鼓励以自然人为股东的民营企业直接上市，也可借鉴国外的经验通过立法来限制集团控制的层级，把控制权收益的成本控制在一定范围之内。

2. 提升董事会的独立性、推进董事会的战略参与

认识到董事会在民营上市公司治理中的作用，积极推进以提升董事会独立性为核心的制度建设，不断完善民营上市公司的内部机制，实现对民营上市终极控制人行为的约束与引导。不断提升民营上市公司监事会治理水平。扩大监事会规

模，适当增加职工监事比例。增强监事积极性，实施监事的保健激励与风险激励的综合激励手段。规范监事的提名，促进监事会会议的规范化。

3. 建立起完备的信息披露机制

建立公正、有效的信息披露机制，将成为我国证券市场长期、稳定发展的制度保障。近年来，国内信息披露的法律体系逐步完善，形成以法律、行政规章和会计制度及准则为主的法律体系，并通过会计事务所实施外部审计，形成一个比较完整的信息披露机制。信息披露机制作为外部公司治理机制的重要组成部分，正受到越来越多的关注。但民营上市公司信息披露评价指数表明需要进一步强化信息披露、把信息披露的标准与集团控制程度挂钩。加大对上市公司集团控制状况的披露力度，对同一个终极控制人控制下的关联公司状况、关联董事的信息，在年报中要进一步细化充实，对信息披露的标准要进行分级管理，把标准与集团控制的复杂程度挂钩。

本章参考文献

1. Agrawal A. , Knoeber C. *Firm Performance and Mechanism to Control Agency Problems Between Managers and Shareholders.* Journal of Finance and Quantitative Analysis, 1996, Vol. 31, 3: 377 – 397.

2. Baysinger B. , Butler H. *Corporate Governance and the Board of Directors: Performance Effects of Changes in Board Composition. Journal of Law*, Economics & Organization, 1985, Vol. 1, 1: 101 – 124.

3. Berle A. and Means G. , *The modern Corporation and Private Property*, Macmillan, New York. 1932.

4. Bhagat S. , Black B. The Uncertain Relationship between Board Composition and Firm Performance. Business Lawyer, 1999, Vol. 54: 921 – 963.

5. DeAngelo L. , Elizabeth. Auditor size and audit quality. Journal of Accounting and Economics, 1981, Vol. 3, Issue 3, December: 183 – 199.

6. Demsetz H. The structure of ownership and the theory of the firm. Journal of Law and Economics, 1983, Vol. 26, 2: 375 – 390.

7. Final Rule: Strengthening the Commission's Requirements Regarding Auditor Independence, www. sec. gov.

8. Hall B. , Liebman J. Are CEOs Really Paid Like Bureaucrats? Quarterly Journal of Economics, 1998, Vol. 113, 3: 653 – 691.

9. Hanson R. C. , Song M. H. Managerial Ownership, Board Structure, and the Division of Gains in Divestitures. Journal of Corporate Finance, 2000, 6: 55 – 70.

10. Determined Institution: A Survey of the Economic Literature (working paper 2000), http://papers. ssrn. com/abstract = 233111 (Social Science Research Network) .

11. Knapp M. C. Audit Conflict: An Empirical Study of the Perceived Ability of Auditors to Re-

sist Management Pressure. The Accounting Review, Sarasota: 1985, Vol. 60, Iss. 2: 202 – 211.

12. McConnell J. Servas H. Additional Evidence on Equity Ownership and Corporate Value, Journal of Financial Economics, 1990, 27: 595 – 612.

13. Oswald S. L. Jahera. Jr J S. The Influence of Ownership On Performance: an Empirical Study. Strategy Management Journal, 1991, Vol. 12: 321 – 326.

14. Rosenstein S., Wyatt J. G. Outside Directors, Board Independence, and Shareholder Wealth. Journal of Financial Economics, 1990, 26: 175 – 191.

15. Weisbach M. S. Outside Directors and CEO Turnover. Journal of Financial Economics, 1988, 20: 431 – 460.

16. Yermack D. Higher Market Valuation of Companies with a Small Board of Directors. Journal of Financial Economics, 1996, 40: 185 – 211.

17. 白重恩、刘俏、陆洲等：《中国的公司治理与企业价值》，载于平新乔、宋敏、张俊喜主编：《治理结构、证券市场与银行改革》，北京大学出版社 2003 年版，第 23～42 页。

18. 白重恩、刘俏、陆洲等：《中国上市公司治理结构的实证研究》，载于《经济研究》，2005 年第 2 期，第 81～91 页。

19. 陈晓、江东：《股权多元化、公司业绩与行业竞争性》，载于《经济研究》，2000 年第 8 期，第 28～35 页。

20. 陈小悦、徐晓东：《股权结构、企业绩效与投资者利益保护》，载于《经济研究》，2001 年第 11 期，第 3～12 页。

21. 谌新民、刘善敏：《上市公司经营者报酬结构性差异的实证研究》，载于《经济研究》，2003 年第 8 期，第 55～63 页。

22. 国家统计局企业调查总队课题组：《民营经济发展和民营企业成长研究》，载于《经济研究参考》，2004 年第 22 期，第 2～12 页。

23. 谷祺、于东智：《公司治理、董事会行为与经营绩效》，载于《财经问题研究》，2001 年第 1 期，第 58～65 页。

24. 黄孟复：《中国民营经济发展形势分析会主题演》，2003 年 11 月 30 日，http：//business. sohu. com/2003/11/30/96/article216269689. shtml。

25. 侯光明、邹锐：《民营企业的发展模式研究》，载于《经济师》，2003 年第 11 期，第 8～10 页。

26. 李东平、黄德华、王振林：《"不清洁"审计意见、盈余管理与会计师事务所变更》，载于《会计研究》，2001 年第 6 期，第 51～57 页。

27. 李明辉、何海、马夕奎：《我国上市公司内部控制信息披露状况的分析》，载于《审计研究》，2003 年第 1 期，第 38～43 页。

28. 李婉丽、张晓岚：《我国上市公司年度报告披露状况研究》，载于《金融研究》，2002 年第 3 期。

29. 李维安等：《中国公司治理评价系统研究》，载于《南开管理评论》，2003 年第 3 期，第 4～12 页。

30. 林浚清、黄祖辉、孙永祥：《高管团队内薪酬差距、公司绩效和治理结构》，载于

《经济研究》，2003 年第 4 期：第 31 ~ 40 页。

31. 平新乔、李自然：《上市公司再融资资格的确定与虚假信息披露》，载于《经济研究》，2003 年第 2 期，第 55 ~ 63 页。

32. 邵少敏、吴沧澜、林伟：《独立董事和董事会结构、股权结构研究：以浙江省上市公司为例》，载于《世界经济》，2004 年第 2 期，第 66 ~ 79 页。

33. 宋敏、张俊喜、李春涛：《股权结构的陷阱》，载于《南开管理评论》，2004 年第 1 期。

34. 苏启林、朱文：《上市公司家族控制与企业价值》，载于《经济研究》，2003 年第 8 期，第 35 ~ 45 页。

35. 苏启林：《代理问题、公司治理与企业价值——以民营上市公司为例》，载于《中国工业经济》，2004 年第 4 期，第 100 ~ 106 页。

36. 孙永祥、黄祖辉：《上市公司的股权结构与绩效》，载于《经济研究》，1999 年第 12 期，第 23 ~ 30 页。

37. 孙永祥、章融：《董事会规模、公司治理与绩效》，载于《企业经济》，2000 年第 10 期，第 13 ~ 15 页。

38. 王成莉、徐玖平：《民营企业在创业板上市融资风险的比较研究》，载于《当代财经》，2003 年第 3 期，第 60 ~ 63 页。

39. 谢百三、谢曙光：《关于中国民营上市公司低绩效问题的深层思考》，载于《财经科学》，2003 年第 1 期，第 32 ~ 36 页。

40. 徐晓东、陈小悦：《第一大股东对公司治理、企业业绩的影响分析》，载于《经济研究》，2003 年第 2 期，第 64 ~ 74 页。

41. 吴敬琏：《股票期权激励与公司治理》，载于《经济管理文摘》，2002 年 6 月 21 日。

42. 魏刚：《高级管理层激励与上市公司经营绩效》，载于《经济研究》，2000 年第 3 期，第 32 ~ 39 页。

43. 于东智：《董事会、公司治理与绩效 ——对中国上市公司的经验分析》，载于《中国社会科学》，2003 年第 3 期，第 29 ~ 41 页。

44. 于东智、池国华：《董事会规模、稳定性与公司绩效：理论与经验分析》，载于《经济研究》，2004 年第 4 期，第 70 ~ 79 页。

45. 原红旗、李海建：《会计师事务所组织形式、规模与审计质量》，载于《审计研究》，2003 年第 1 期，第 32 ~ 37 页。

46. 张俊喜、张华：《民营上市公司的经营绩效和治理结构研究》，载于《第二届公司治理国际研讨会论文》。

47. 张立民、钱华、李敏仪：《内部控制信息披露的现状与改进——来自我国 ST 上市公司的数据分析》，载于《审计研究》，2003 年第 5 期，第 10 ~ 15 页。

48. 周建波、孙菊生：《经营者股权激励的治理效应研究》，载于《经济研究》，2003 年第 5 期，第 74 ~ 82 页。

49. 周勤业、卢宗辉、金瑛：《上市公司信息披露与投资者信息获取的成本效益问卷调查分析》，载于《会计研究》，2003 年第 5 期，第 3 ~ 10 页。

50. 周秀云、冯俊文：《我国民营上市公司的治理模式研究》，载于《现代经济探讨》，2003 年第 12 期，第 46～47 页。

51. 朱武祥、宋勇：《股权结构与企业价值——对家电行业上市公司实证分析》，载于《经济研究》，2001 年第 12 期，第 66～72 页。

52. J. M. 伍德里奇：《计量经济学导论：现代观点》，费剑平、林相森译，中国人民大学出版社 2003 年版。

53. Cheng Hsiao 著：《面板数据分析》（英文版），北京大学出版社 2005 年版。

54. 奥立弗·哈特著：《企业、合同与财务结构》，费方域译，上海三联书店、上海人民出版社 1998 年版。

55. 哈罗德·德姆塞茨著：《企业经济学》，梁小民译，中国社会科学出版社 1999 年版。

56. 哈罗德·德姆塞茨著：《所有权、控制与企业》，段毅才译，经济科学出版社 1999 年版。

57. 何家成：《公司治理比较》，经济科学出版社 2003 年版。

58. 何晓群、刘文卿：《应用回归分析》，中国人民大学出版社 2001 年版。

59. 黄海、罗友丰、陈志英编著：《Spss 10.0 for Windows 统计分析》，人民邮电出版社 2001 年版。

60. 贾俊平、何晓群、金勇进：《统计学》，中国人民大学出版社 2000 年版。

61. 郎咸平：《公司治理》，社会科学文献出版社 2004 年版。

62. 李维安等：《公司治理》，南开大学出版社 2001 年版。

63. 李维安等：《现代公司治理研究》，中国人民大学出版社 2002 年版。

64. 李维安：《中国公司治理原则与国际比较》，中国财政经济出版社 2001 年版。

65. 李维安、武立东：《公司治理教程》，上海人民出版社 2003 年版。

66. 李维安等：《公司治理评价与指数研究》，高等教育出版社 2005 年版。

67. 李维安主编：《公司治理学》，高等教育出版社 2005 年版。

68. 梁能主编：《公司治理结构：中国的实践与美国的经验》，中国人民大学出版社 2000 年版。

69. 玛格丽特·M. 布莱尔著：《所有权与控制：面向 21 世纪的公司治理探索》，张荣刚译，中国社会科学出版社 1999 年版。

70. 平新乔、宋敏、张俊喜：《治理结构、证券市场与银行改革》，北京大学出版社 2003 年版。

71. 上海证券交易所研究中心：《中国公司治理报告（2004 年）：董事会独立性与有效性》，复旦大学出版社 2004 年版。

72. 上海证券交易所研究中心：《中国公司治理报告（2005 年）：民营上市公司治理》，复旦大学出版社 2005 年版。

73. 孙永祥：《公司治理结构：理论与实证研究》，上海三联出版社、上海人民出版社 2002 年版。

74. 王国成：《企业治理结构与企业家选择》，经济管理出版社 2002 年版。

75. 沃尔特·J. 萨蒙等著：《公司治理》，中国人民大学出版社 2001 年版。

76. 薛薇：《统计分析和 Spss 的应用》，中国人民大学出版社 2001 年版。

77. 叶银华、李存修、柯承恩：《公司治理与评级系统》，中国财政经济出版社 2004 年版。

78. 于东智：《董事会与公司治理》，清华大学出版社 2004 年版。

79. 张维迎：《产权、激励与公司治理》，经济科学出版社 2005 年版。

第八章

民营经济制度创新与发展的政策建议

以上各章研究的目的最终在于为民营经济制度创新与发展的实践提供借鉴参考。因此，本章在对以上研究成果进行归纳总结的基础上，从法律法规体系建设、政府政策、中介组织等服务支持体系的建设等角度，提出民营经济制度创新与发展的政策建议，以促进我国民营经济及企业可持续性健康发展。

第一节　民营经济发展中制度变迁与组织演进的研究结论与政策建议

本章基于对 20 余年民营经济发展状况和组织演进历史的回顾，从意识形态偏好、地方政府行为、历史路径依赖、制度互补、经济组织间的生产率竞赛等角度，对民营经济发展中的制度变迁与组织演进机理进行了分析，在比较不同地域典型发展模式特征的基础上，归纳出一个具有普遍意义的民营经济与国企改革、外资参入之间彼此互动、渗透、竞争和替代的演进模式，即"多元互动，上下推进"的制度互补型发展模式。

8.1.1 主要结论

1. 民营经济制度创新的动力机制：生产率竞赛与制度互补

本研究利用历史资料对国有经济改革、非国有经济演进的"历史逻辑起点"、公有制经济性质、国有经济与非国有经济演进的"制度互补性"和"相互嵌入性"等方面进行了描述、分析，以"刻画"转轨过程中民营经济演进和制度创新轨迹并对民营经济发展作一展望。研究结论表明，地方政府的意识形态偏好会决定其民营经济政策进而影响民营企业对未来的预期，国有企业和民营企业之间的生产率竞赛和制度互补关系会共同塑造某个特定地区的"制度互补特性"，从而导致不同地区民营企业选择不同的治理结构。此外，不同地区的国有资本和民营资本的边际效率比较会导致不同的地方政府在"修正其传统意识形态偏好的速率"方面出现差异性，并进一步导致其民营经济政策差异性，从而使不同地区民营经济演进轨迹出现分岔：不同地区在各自历史条件约束下，那些较为彻底摆脱传统意识形态偏好的地方政府会鼓励民营企业较快地获得组织的相对交易效率优势，从而使民营经济进入一个持续地进行自主组织创新的过程，这是温州模式的由来；那些稍慢摆脱传统意识形态偏好的地方政府会以基层政权的形式参与企业演化过程，因而发展出了具有模糊产权结构的乡镇企业，这是苏南模式的由来；那些固守传统意识形态偏好的地方政府，更看重国有企业改革对经济增长的效应，不能为民营经济的发展提供合理的政策环境，使民营企业缺乏稳定预期，因而相对于国有经济，民营经济没有出现效率上明显的比较优势，这恰恰是中、西部地区民营经济的发展现状。最后，生产率竞赛和制度互补性会内在地促使民营经济演进和形成国有经济改革的"动力机制"，诱使不同类型经济组织不断改进治理结构，追求利润最大化。在比较效率优势的作用下，不同地区经济组织的演进和制度变迁轨迹将出现趋同，这使得最终苏南模式的社区产权结构会向温州模式的自有产权结构转化。

我们认为，正是各地区历史逻辑起点的不同导致这些地区国有经济和民营经济（含乡镇企业）的资本分布、所有权结构不同，因此，这些不同类型经济组织的资本边际效率及组织的交易效率均出现显著差异性，从而引起生产率竞赛，同时在不同类型经济组织间内生出"制度互补"，它们共同决定不同地区的"制度互补特性"的差异性。这种差异性一方面造成不同地区民营经济各不相同的演进轨迹，如浙江温州模式、江苏的苏南模式、广东的珠三角模式在形成之初就开始了它们各自分岔的演进轨迹。这种多元的民营经济演进在它们的发展阶段会收敛到不同位置的均衡点，但在生产率竞赛的压力和国有经济、民营经济的制度互补的作用下，这些不同的演进路径将最终逼近或收敛到"最优均衡点"。另一方面，这种"制度互补特性"的差异性使不同的地方政府在修正其意识形态偏好方面出现不同的"反应"：反应越快的地方政府越倾向"改革"，越会主动、积极地选择优先发展民营经济的政策；相反，反应越慢的地方政府，客观上会延误改革的时机，而且意识形态偏好的修正会出现"时滞"，使其政策总是不能及时满足民营经济发展的需要。随着市场经济的进一步完善，资本要素和人力资本的跨区域流动将使意识形态偏好滞后的地方政府转而采取发展民营经济的政策，民营经济在宽松的经济环境里，将获得较高的组织效率，民营资本的边际效率也将因此提高，从而促使中部省区的地方政府实现意识形态的偏好逆转，更多地为民营经济的发展创造出激励相容的制度安排。可见，要摆脱民营经济的发展桎梏，有必要调整地方政府的意识形态偏好，改善民营企业的交易环境，提高民营资本的边际效率。

2. 民营经济发展中政府行为优化的重要作用

通过对民营经济发展历程的考察，我们可以看到当前民营经济组织制度变迁中独特的"多元互动、上下推进"的演进模式：中央政府、地方政府和市场主体在复杂博弈的基础上，分别从立法层次、集体行动层次和操作层次共同推动着制度创新，其中，中央政府在不断吸收、总结地方政府和市场主体自主制度创新成果的基础上，以法律法规的形式认可和推广制度创新，并营造相对公平的竞争环境；地方政府充当"双向代理人"角色，起到了信息沟通、保护和推进市场自主创新的作用；民营企业、中介组织等市场主体则从自身实际出发，在与地方政府和中央政府的动态博弈中既满足其制度需求，又获得了巨大发展。这种多元互动的制度变迁演进模式，现实反映了当前中国逐步建立和完善市场经济体制、实现政府职能转型的实际，体现现有权利格局下不同利益集团的利益要求，客观上推进了中国民营经济组织自20世纪90年代以来的迅猛发展。

然而，也不得不看到，这种多元互动的演进模式能够推动制度变迁的一个重要前提是，中央政府、地方政府和市场主体具有各自独立的利益取向，且都有通过扩大制度创新选择给予最大化自身利益的冲动，这是一个复杂的三方博弈过程。为了避免无序博弈，实现有效率的制度创新，就必须建立完善的博弈规则，合理定位各制度创新参与主体的角色，有效约束其行为，从而使制度创新进入良性循环的轨道。这事实上提出了一个新的课题，就是在一种新的权力关系、角色定位和利益格局下，制度创新参与主体如何持续推动民营经济的组织变迁。这恰恰是未来民营经济制度创新的关键所在，有关政府治理的理念为我们提供了重要启迪。以市场和效率为导向，强调授权和分权，主张社会公共事务多中心治理的思潮代表了政府公共管理的趋势，在很大程度上对我国经济转轨中的政府治理变革具有重要指导意义。

在政府治理变革的背景下，创新民营经济组织变迁模式的关键在于将治理的理念贯彻在制度创新主体的行为之中，建立一整套有效约束和协调各方行为的规则体系，其核心问题就包括有效界定政府的职能及其限度、理顺政府与市场的关系、政府与公民社会及其自主组织的关系等。

8.1.2 政策建议

1. 以推动政府职能根本转型为核心，建立有限、高效、法治、透明的政府

在不确定性、不完全信息和追求自身效用最大化的条件下，不存在一个无所不知、无所不能的政府，而政府职能的边界是由其能够有效提供的公共产品和服务的范围决定的。因而，有必要从公共产品和服务的基本性质着手，分析哪些应该由政府提供，哪些不应该由政府提供，哪些可以由政府提供但缺乏效率等，从而确定最优的政府职能边界。所以，当前我国政府职能的转型，从本质上说就是在承认政府职能和权力有限性的前提下，让职、还权于企业、市场和社会，改变政府无所不为的状况。在政府治理框架下，实现政府职能根本转型的基本目标可以概括为：

第一，有限政府：政府在职权、责任和规模等方面应具有限性。首先，政府仅应提供关系国计民生和社会持久稳定发展的纯公共产品、准公共产品和公共服务，其他公共产品和服务应遵循市场化的原则，由企业、市场和社会组织来提供，体现出政府职权的有限性。其次，政府提供某种公共产品和服务，并不意味着政府一定应承担生产它的责任，可以通过市场和社会的比较优势来实现，政府必须承担的是有效监管和政策性引导、激励、调节的责任。同时，政府对公民和社会的责任也是有限的，不能承担将公民的生存、享受和发展全面的无限责任。最后，政府的规模应当是在满足其职权、责任基础上的最小化，以保证公共产品和服务的有效提供。应当说，此前我国推进的政府机构改革和职能转换，基本上是有限政府理念的体现，"经济调节、市场监管、社会管理、公共服务"很好地概括了现阶段职能转型的目标，应进一步收缩政府则职权范围，提高政府提供公共产品和服务的质量，承担政府所应承担的有限责任。

第二，高效政府：能够以较低的经济成本、社会成本提供公共产品和服务是实现良好政府治理的基本判断标准。可以从三个方面来考虑：首先，以内部市场化和准商业化的方式引入竞争机制，提高提供公共产品和服务的效率，主要涉及一些承担着普遍性公益服务职能但又不宜完全市场化的行业、企业，如医院、邮政等，在资产国有的前提下，引入竞争性企业的经营管理模式，政府通过详细的监管措施、规制制度保证企业效率和社会公平的平衡。其次，重塑政府机构及官员的利益结构，大幅减少行政审批项目和手续，严格控制审批收费，规范审批程序，而且应使审批收费与政府官员的奖金福利脱钩，消除政府审批项目的内在冲动。最后，精简政府机构，控制财政开支。政府规模持续膨胀必然会带来财政开支的刚性增长，成为政府行政审批收费和权力寻租的内在诱因，公共产品和服务面临供给不足。我国先后进行了四次政府机构改革，政府机构设置和职能调整都得到了优化，2001 年以来全面推进的行政审批制度改革也一定程度上提高了政府效率，2004 年《行政许可法》的出台更是影响深远，但真正建立高效政府，在建立科学政绩观、完善干部绩效考核体制、优化政府人事管理制度、提高公务员素质和能力等方面的工作还有很多。

第三，法治政府：法治是保证政府行为规范性，维系良好的政府、企业、市场关系的保障。由于政府具有政治强制力和内在扩张的冲动，政府治理机制的建立不能仅仅依靠政府自身的改革，还需要将政府的行为和利益导向纳入社会普遍认可的规范之内，才能有效约束政府行为，从根本上控制和遏止政府偏离社会利益最大化的行为，如设定不合理市场进入壁垒、高税负、低效的行政审批制度等，这就是法治。我国在建立法治政府方面不断前进，以宪法为核心的中国特色社会主义法律体系已初步形成。同时，司法制度也不断完善，先后进行了选任审判长或主诉检察官、审判公开、检务公开、审判回避、司法救助制度、全国统一司法考试等一系列改革等。建立完善的法律法规体系，强调司法的透明、公平和公正，保证司法的独立性，将是最终实现法治政府的关键。

第四，提高政府行为的透明度：强调政府政策、信息、预算等的公开化，是政府治理的重要内容。通过政府信息的公开化，保证了公民的知情权，有利于对政府行为的有效监督。我国在推行政务公开、保证透明度方面不断进步，党政部门建立了"两公开一监督"制度（即公开办事制度和公开办事结果制度，接受群众监督）和新闻发布制度，各级人大实行了旁听制度，基层农村组织实行了村务公开制度，而且随着电子政务的发展，利用网络手段进行的信息发布、网上政务也有力推进了政府的透明度。进一步提高政府透明度的关键在于，在政府决策过程中更多地广泛集中民智、听取民意，对同群众利益密切相关、社会影响面广的重大事项决策，应强化和完善公示、听证制度和利益协调机制，以公民和社会组织的充分参与来增进政府的公开化、透明度。

2. 通过合理的授权与分权，实现有效的地方政府治理，理顺中央地方关系

授权与分权是政府治理变革的重要理念，通过政府职能转型、建立有限政府，可以实现政府对市场和社会的授权与分权，同时在政府组织内部，也应该通过合理的授权与分权，明确中央与地方政府各自的权、责、利，实现社会事务的

414

有效管理。如前所述，原有民营经济组织制度变迁模式中存在的一个根本冲突，就是纵向的行政性分权没有解决权力的合理配置问题，分权化改革客观上只是把高度统一的政治经济一体化分解成许多分散的政治经济一体化，其结果必然是地方保护主义和诸侯经济。基于政府治理变革理念，实现中央与政府之间合理的授权与分权，理顺中央地方关系，应从以下几点出发：

第一，以提供公共产品和服务公益性涉及的范围为标准，合理划分中央和地方社会事务管理的职责与权限，把完善转移支付制度作为调整中央地方关系的突破口。中共十六届三中全会指出，按照中央统一领导、充分发挥地方主动性积极性的原则，明确中央和地方经济社会事务的管理责权；根据经济社会事务管理责权的划分，逐步理顺中央和地方在财税、金融、投资和社会保障等领域的分工和职责。中共十六届六中全会也指出，进一步明确中央和地方的事权，健全财力与事权相匹配的财税体制；加大财政转移支付力度，促进转移支付规范化、法制化；着力解决县乡财政困难，增强基层政府提供公共服务能力。按照以上原则，在中央与地方社会事务管理的权责划分中，中央政府应主要负责公益性覆盖全国范围的公共产品和服务的供给，以城乡和区域公共服务均等化为重点，强化再分配职能。地方政府主要负责本地区公共产品和服务的供给，应重点关注居民实际需求，强化供给效率。同时，为保证中央与地方提供公共产品和服务的职责与能力对应，就必须通过完善的转移支付制度解决公共产品和服务供给不足和区域性不均衡的问题，从而缓解中央与地方的矛盾、促进区域经济协调发展，包括加大中央财政对地方财政的补贴力度，把基础设施建设和社会事业发展的重点转向农村，增加横向转移支付等措施。

第二，以有效提供公共产品和服务为导向，深化地方政府职能转型和行政管理体制改革，建立公共服务型政府。所谓"公共服务型政府"，是指能够纠正"市场失灵"，有效提供包括公共基础设施、民主法制、公平公正、教育医疗、社会保障等在内的公共产品和服务，从而保证市场机制下资源配置效率的政府。因而，必须深化各级政府的职能转型，进一步推进政企分开，加快市场化改革进程，简化政府机关办事程序，提高办事效率，加强政府内部权力制衡和社会舆论监督，完善以公共服务绩效为导向的干部考核制度，逐步建立中央对地方的公共服务问责制以强化地方政府的公共服务职能等。值得注意的是，近年来很多地方政府在实现职能转型中，形成了一些具有地方特色的经验模式，例如温州模式、深圳模式、海南模式等，都是地方政府自主制度创新的结果，为不同地方政府治理模式的形成提供了宝贵的借鉴。

第三，以法律、法规体系的完善为保障，把中央与地方的授权与分权关系制度化、法制化、常态化。改革开放以来，中央与地方矛盾的重要根源在于没有建立规范化、法制化的利益分配和协调机制，缺乏对中央与地方各自权力范围、权力运作方式、利益分配、责任义务等的法律约束，事后的利益冲突和摩擦弱化了中央政府的权威，加大了政策执行成本。中共十六届三中、六中全会虽然指明了划分中央与地方事权的原则，但目前还没有以法律形式进行规范。为此，应该首先，推动有关中央与地方关系的立法，以法律形式明确中央和地方的事权；其次，应该建立中央与地方共享税分成办法和财政转移支付制度的法律法规，明确划分中央与地方的财权；其三，应该以法律形式明确中央对地方财政、金融、产业等方面的调控权，并约定进行调控的范围、手段、程序和基本目标以及地方政府相应的权利和义务，保证宏观调控的法律基础和规范性、有效性；最后，强化对公共服务的立法制度完善，以法律形式协调和监督地方政府的公共服务供给职责。

3. 提高民营经济的综合素质，强化其作为社会事务管理一极的意识和能力

中国民营经济的发展成绩毋庸置疑，但不可否认的是很多民营经济在发展创业过程中利用市场制度的不健全获取了灰色的制度租金，而且，特殊历史机遇下的超常规发展也使得一些民营企业掩盖了自身存在的深层次问题。例如，产业层次较低、治理结构不健全、管理制度和组织结构不合理、企业信用文化缺失、劳资矛盾尖锐甚至是偷税漏税等。在新的经济环境下，民营经济肩负着发展民族工业和提升综合国力的历史使命，肩负着社会公共事务管理的重要职能，因而必须提高不断提高综合素质和企业竞争力，这也是民营经济真正成熟的必然选择。

第一，健全治理规范行为，大力提升民营企业整体素质。应引导并监督民营企业建立规范的现代企业制度和法人治理结构。加强和改进对民营、私营企业的监管，积极引导企业转变增长方式、推进产品技术和制度创新、完善企业治理结构、规范企业经营行为、强化员工技能水平培训、构建和谐的劳工关系、承担更大社会责任。进一步完善个体、私营企业的决策制度，增加透明度和社会信任度，使企业由一人决策走向科学决策。加强个体、私营企业内部的制度建设和组织建设，优化运行机制，实现"家族化"管理模式与专家治理的相互结合，努力实现决策的科学化、制度化，增强企业的凝聚力和竞争力。

第二，完善行业准入配套政策，创造更加公平的市场环境。进一步推动有关部门和行业加快制定非公有制经济市场准入的配套政策，努力消除某些部门利益、地方利益和垄断势力利益的影响，打破在市场准入的操作层面上存在的直接或间接的障碍。加快制定和完善各行各业准入的配套政策，切实贯彻国务院提出的"平等准入、公平待遇"原则，进一步打破行政垄断及基于行政的经济垄断，打破地方封锁，推进行业准入政策与管理的公开化、公平化、程序化、规范化，为民营、私营经济创造真正公平竞争的市场环境。

第三，改革财税金融管理制度，构造更加良好的发展环境。加快金融体制和财税体制改革步伐，建立适合和满足大、中、小型各类企业需要的信贷政策体系，积极发展多种所有制的中小金融企业，特别是发展专门为中小企业服务的地区性银行机构，建立和完善多层次的资本市场，尽快统一各类企业主要是内外资企业的税收制度，对创业型、就业型、科技型、服务型中小企业实行税费扶持政策，规范各类行政事业收费，切实制止摊派，为民营、私营企业创造更加良好的发展环境。

第四，坚持依法加强监督管理，结合整顿和规范市场经济秩序，规范个体工商户、私营企业的经营行为。对个体、私营企业制售假冒伪劣商品、危害人们身体健康、污染环境、破坏资源等违法行为，要坚决依法予以查处。加强税收宣传教育，提高个体私营业主依法纳税意识。强化税收征管，进一步完善税收征管的办法和手段，逐步扩大在个体私营企业中查账征收的范围，坚决打击偷税骗税行为。

第五，切实维护劳动者权益。要加强对个体私营企业的职业安全和职业卫生监察，督促企业加强劳动保护，建立安全生产规范，切实改善劳动条件，坚决纠正侵害职工权益、危害职工安全和健康的行为。积极推动个体私营企业主及员工依法参加养老保险和基本医疗保险。

4. 切实鼓励商会、行业协会、市场中介等民间组织的发展，强化民营经济组织的自律和规范发展

由于历史和传统体制的原因，我国民间组织在运行机制上存在着资源不足、能力欠缺、缺乏自治、独立性不强的缺陷，在管理体制上存在着门槛高、限制多、监管不力、法律法规不健全的障碍，在组织文化上存在着志愿精神、公益精神和社会诚信不足的问题，这都需要更加积极务实地支持、引导、监管、培育，以促进民营经济组织的自律和规范发展。

第一，着力推进政府职能转变，加快政府与民间组织分开步伐，彻底改革行业协会管理体制和运行方式，真正使其市场化、民间化和自主自立，赋予民间行业商会在市场中正常生存和发展的平等权利，逐步形成行业商会和协会组织公平竞争、相互促进、共同发展的格局，充分发挥行业商会和协会组织在社会主义市场经济中的重要作用。

第二，健全和完善各级工商联的职能。工商联应明确各项职能并使其制度化，同时应及时向政府反映非公有制企业发展过程中存在的问题，为企业创造宽松有利和公平的发展环境，帮助非公有制企业加强与政府的沟通，提供信息支持、融资支持和服务，帮助企业提高自身素质，维护企业合法权益。同时，加强

417

工商联自身建设，尤其是基层组织的建设，更好地发挥其各项管理和服务职能，促进民营经济的快速发展。

第三，充分发挥行业协会和商会的作用。鼓励自下而上地组建以行业自律为宗旨的行业协会和商会，充分发挥其中介组织的作用。支持行业协会和商会按照"自我管理、自我服务、自我协调、自我约束、自我教育"的方针，制定行业发展规划和行业服务标准；组织行业内企业依法经营、依法自律和依法维权；认真履行行业职能，使其真正成为促进个体、私营经济发展的桥梁和纽带。通过宣传教育，引导个体私营企业主爱国、敬业、诚信、守法，致富思源，富而思进。把自身企业的发展与国家的发展结合起来，把个人致富与共同富裕结合起来，把法律规范与加强道德规范结合起来。

第四，完善民间组织的监管制度。改变现有民政部门与业务主管部门的"双重管理模式"，为促进包括科研机构在内的民间组织发展，应该在健全法律法规体系的基础上，从根本上转变监管模式，构建政府监督、司法监督、社会监督和行业自律为一体的监管体系，重点加强政府、司法部门和社会力量的监督。

第二节　民营经济制度创新动态过程分析的结论及政策建议

这一部分主要是运用经济学动态模型的方法，从制约民营企业发展的两个关键要素——技术进步和信息不对称角度，对民营企业制度创新的演化进行了分析，得出一些具有启发性的结论。

8.2.1　主要结论

对民营经济制度创新的动态过程进行分析，得出以下主要结论：第一，从最优技术进步率的角度，发现对民营经济的技术进步是否越快越好的回答是否定的。第二，通过对最优专利制度与民营经济动态效率之间关系的分析，发现最优的专利长度和宽度都是有限的。第三，通过构建一个内生经济增长模型来分析质量信息的不对称对知识增长与民营经济发展的影响，发现质量信息的不对称不但会导致最终民营经济产品市场萎缩，而且会降低知识产品定价，减少 R&D 的投入，从而阻碍一国知识的增长。

1. 研究技术进步率与提高社会福利关系的结论

本研究通过在内生经济增长的理论框架内，构建一个模型，来研究当通过选择专利保护强度来追求社会福利最大化时，政府所应选择的最优技术进步率的问题。结果表明：发明成本越高，一个国家越应该保持相对较低的技术进步率。当发明成本较高时，加强专利保护对提高社会福利的作用越弱，因此，为了社会福利最大化，政府应该适当地降低专利保护程度，减少专利制度对市场扭曲的程度。另外，当发明成本较高时，政府适当地降低专利保护，使得潜在的模仿厂商对发明厂商形成威胁，迫使其降低专利产品的定价，让更多的最终产品厂商享受到技术进步所带来的收益。因此，如果发明成本较高，那么为了追求社会福利的最大化，这一国家应该保持相对较低的技术进步率。

2. 研究最优专利长度和最优专利宽度的结论

本研究通过构建一个动态一般均衡的模型来研究促进民营经济发展的最优专利长度和最优专利宽度的问题。结论表明，最优的专利长度和专利宽度都是有限的。专利长度的增加会通过促进创新来提高社会福利水平，同时，也会导致市场扭曲，从而降低社会福利水平，但随着专利长度的不断增加，前者的效应会小于后者的效应，因此，有限的专利长度是最优的。有效的专利宽度应该一方面使得模仿产品的质量水平不要太低，从而保证模仿产品对专利产品形成潜在的威胁，逼迫专利产品的价格低于垄断价格，减小市场扭曲程度；另一方面使得模仿产品的质量不要太高，从而保证专利产品能够制定较高的垄断价格，促进创新。

3. 研究信息不对称与民营经济发展关系的结论

本研究通过构建了一个内生经济增长模型来分析质量信息不对称对知识增长与民营经济发展的影响。模型的结论表明：质量信息的不对称不但会导致最终民营经济产品市场的萎缩，而且会降低知识产品的定价，这会减少 R&D 的投入，从而阻碍一国知识增长。由于知识增长率决定了一国的长期经济增长率，所以质量信息的不对称对知识创新的阻碍会对一国民营经济产生深远的负面影响。与此同时，由于信息不对称会降低一国的社会福利水平，因此，社会会内生出一些制度安排来解决信息不对称问题，从而促进一国的民营经济发展。

8.2.2 政策建议

1. 专利保护度的调整

我国现在是一个发展中国家，人口众多，但物质资本和人力资本相对稀缺。由于发明创新是一种物质资本和人力资本投入相对密集的经济活动，因

419

此，与发达国家相比，在我国发明创新的成本相对较高。这就要求我国政府应该适当地降低对专利的保护，一方面降低由于赋予发明厂商专利权而导致的市场扭曲程度；另一方面使得潜在的模仿厂商对发明厂商形成威胁，降低专利产品的价格，让更多人能够使用专利产品，享受技术发明所带来的好处。与此同时，我国的人口规模庞大，因此，随着经济的快速发展，我国应该逐渐加强对专利的保护，享受发明所带来的福利改善。也就是说，我国的政策应该是：现阶段应该适当降低对专利的保护，此后，随着经济的快速发展，不断加强对专利的保护。自从我国加入 WTO 之后，在发达国家的压力之下，知识产权保护日益加强。这或许可以促进我国的发明。但是，我们必须清醒，从我国所处的经济发展阶段来看，过于严厉的知识产权保护可能会使得我国不能充分享受技术所带来的好处，从而降低我国人民的福利水平。因此，我国应该在《与贸易有关的知识产权协定》（简称为 TRIPS 协定）的框架内，正确处理专利保护带来的积极和消极的作用。

2. 建立产品质量认证制度

质量信息的不对称会使得低质量产品将高质量产品驱逐出市场，因此，为了在市场中生存下来，高质量产品的厂商往往可以通过发送信号。例如，投入巨额广告费用、参加质量认证等来使得其产品与低质量产品区分开来，从而解决信息不对称的问题。与此同时，由于信息不对称会降低一国的经济增长率和社会福利水平，因此，一个国家就有激励制定相应的制度来解决信息不对称问题。因为制定和实施相应的制度需要成本，因此，政府需要向厂商（或个人收入）征收一次性总量税。而制定和实施相应制度对整个社会有利，所以厂商（个人）也愿意交税。因此，追求社会福利最大化的政府不但有激励，而且也能够很好地完成制定和实施相应制度的任务。

现实中，解决质量信息的不对称主要有三种途径：政府制定和实施相应的制度；企业发送信号；政府制定和实施相应制度与企业发送信号相结合。因为对厂商来说，通过产品质量认证，就可以向社会发送信号，说明其产品符合一定的标准，对国家来说，产品质量认证制度是一项重要的解决质量信息的不对称的问题的制度，所以本研究的产品质量认证制度属于第三种途径。政府可以制定法律、法规规定，如果企业不如实披露信息，那么将会受到严厉惩罚，通过认证标志向社会和消费者提供产品质量的明示担保，防止企业弄虚作假、粗制滥造，从而来解决质量信息的不对称的问题。企业也可以通过创立品牌等来解决信息不对称的问题。随着经济的发展，我国有越来越多的知名品牌。我们将会进一步研究解决质量信息的不对称的问题的其他两种途径。

第三节　民营企业创业行为与企业家环境研究的结论与政策建议

改革开放以来，民营经济的崛起被认为是中国经济实现持续快速增长的重要动力。重视民间力量、鼓励民间的创业活动对 21 世纪的中国同样具有重要的战略意义。发展富于创新和具有持续创业精神的民营企业，已成为政府和民间的共识。本部分研究通过对企业家创业行为、创业活动与企业绩效等方面的实证研究，得出一些富有启发性的结论，并提出了一些改善创业环境的政策建议。

8.3.1　主要结论

1. 创业是企业家创新冒险精神与理性决策的交织过程

创业是企业家创新冒险精神与理性决策的交织过程。企业家创业行为的理性表现为企业家获取创业资源和应对环境不确定性过程中所表现出的科学性，如基于机会成本对感知机会的正确评价，偏好合伙创业、集中在服务业和新兴产业创业、重视社会资本，强调创新性模仿和不刻意追求高成长等规避和降低创业风险的决策结果。并且，创新冒险精神与理性决策的交织过程最终决定新企业的成长，在成长期表现为维持并促进新企业的生存和发展所采取的一系列的创新行为，并且这种行为的理性成分会融入、固化成企业具体的制度、文化、战略等的一部分。

2. 创业环境对企业绩效具有重要影响

实证分析发现，内部创业环境（IEE）与绩效呈正相关关系，但是创新和超前认知与行动却与绩效呈负相关关系，这一结论是与其他一些研究中国问题的专家的结论相类似。

基于对中国 55 个成长期私营企业的研究，发现创业活动与企业绩效之间呈显著的正相关关系，这是基于创业导向（EO）和内部创业环境（IEE）交互作用权变模型基础上的分析。这一结论对于创业管理而言具有重要的意义，那就是假如我们想得到长期的竞争优势和超常的企业绩效，必须做好两个方面，其一是高层管理人员的创业导向，其二是整个组织的内部创业环境和制度、文化建设。但是由于我们的样本更多的是传统产业的制造业企业，它们面对的环境与高科技企业相比，虽然对抗和竞争性很强，但复杂性和动态性相对不强，我们也将在以上的后续研究中以高科技企业为样本进行进一步的验证。

同时研究发现，与生存型创业相比，机会型创业要求创业机会和创业能力在更高水平上匹配的事实，决定了机会型创业更依赖于有利的外部环境，这意味着营造创业环境是鼓励机会型创业的根本，面向创业环境建设的创业政策就是提升我国机会型创业数量，改善我国创业结构的重要途径。

3. 机会型创业与生存型创业的差异

与机会型创业相比，生存型创业的冒险性更低，更不愿意承担风险；创业目的不是追求自我价值的实现，而是谋求生存状态的改变等特点。从调研对象看，MBA 群体创业以机会型为主，而大众群体以生存型为主，即 MBA 群体是基于抓住机会的理性创业，大众是基于脱离贫穷的理性创业。并且源于机会型创业和生存型创业的差异影响两者的创业过程，表现在成长愿望和融资渠道选择等方面。另外，生存型创业源于较低层次需求所产生的动机的特点与弱势群体的特征具有较高的契合度，通过识别生存型创业与机会型创业的差异有助于识别针对贫穷推动型创业的政策建议，满足其独特的政策需求，提高生存型创业水平，对当前解决我国的弱势群体问题有着重大的实践意义。

4. 创业政策与中小企业政策的差异

首先，创业政策不同于中小企业政策，创业政策定位于从创业活动的孕育阶段到创业后 42 个月，而中小企业政策则定位于创业阶段到稳定扩张区间；其次，创业政策和中小企业政策之间存在有机联系，从创业阶段到创业后 42 个月区间是两者共同关注的焦点，即创业政策的后端和中小企业政策的前端聚焦于从创业活动发生到新企业生存阶段，旨在为创业活动提供宽松的条件，提高其存活率；最后，创业政策的重点在于建设创业环境体系，谋求创业机会与创业能力水平的匹配，目的在于提升整体创业活动水平，扩大中小企业群落的规模，中小企业政策的重点则在于通过一系列措施创造宽松有利的环境，目的在于帮助有成长潜力和欲望的新企业实现快速扩张和成长。从这一点出发，创业政策构成中小企业政策的基础，缺乏创业政策的支持，中小企业政策也就成为空中楼阁。

分析结论对提升我国民营企业整体创新水平有着借鉴意义。我国政府的公共资源投入过分集中于支持现存有潜力民营企业的创新活动，而对培育有创新潜力的新生民营企业重视不足，也就是说，现有政策措施主要集中于中小企业政策范畴，而缺乏创业政策的有效支持，这是我国政府为了改善民营企业整体创新水平持续加大公共资源投入却成效甚微的根本原因。

8.3.2 政策建议

1. 利用侧重于营造创业机会的政策来强化创业环境建设

目前，各级政府主要集中在降低创业成本的层面上，应该重视降低创业成本，但绝不能停留于此，因为侧重于营造创业机会的政策才是创业环境建设的根本，其落脚点在于营造有利的经济条件和技术条件。具体而言，对于经济水平相对落后的地区而言，政府应该通过结合地区资源条件来发现、扩大、开发甚至创造本地产品和服务市场来刺激经济增长，营造面向新市场需求的创业机会；对于经济水平相对发达的地区而言，政府应该通过提升研发资金投入来提升国家或地区的技术发展，营造面向新技术商业化的创业机会。

2. 区别对待目前创业能力不足的状态，根据地区具体情况制定灵活的政策措施

提升创业能力水平，谋求创业能力与创业机会的匹配是政策的重点，其焦点在于营造有利创业的社会文化条件和教育培训体系。具体而言，在创业意愿低而创业能力相对较高的地区，政府应该通过制定相关政策和实行某些项目以改善社会文化层面的环境。短期干预措施包括：最佳创业奖项目、交易会以及其他类似奖励创业者的活动，长期政策涉及在教育系统中开展有关创业价值的教育。在创业意愿高而创业能力相对较低的地区，政府应注重实行增强潜在创业者创业与商业技能的政策。有效的干预措施包括：技术与职业培训、设置短期创业课程与讲习班等。在创业意愿和创业技能都较低的地区，只是提供金融帮助不能解决问题，而应同时采取营造社会文化条件和建立教育培训体系的政策，才能从总体上强化创业意愿和提高创业能力。

3. 重视创业政策与中小企业政策的区别与联系，有效衔接面向有创新能力民营企业的支持政策与面向有创新潜力民营企业的培育政策

创业政策与中小企业政策是存在有机联系的统一体，两者互为补充，缺一不可。创业政策的重点在于营造创业环境，谋求创业机会与创业能力水平的匹配，与中小企业政策的有效融合是提升民营企业创新水平的关键。在具体政策措施上，政府应该加强两个方面的工作。第一，通过制定相关政策为潜在创业者提供更宽松的环境，措施主要包括：制定关于专利与知识产权的法律规范，改进政府工作程序、简化注册程序和缩短注册时间、放松管制以降低创业成本等。第二，大力培育面向新企业的金融和非金融支持体系，改善资本获取途径，提供技术支持，培育产业集群，改善税收环境，提高创业者教育水平，资助创业者等。

4. 采用"营运资金"的运作模式，广泛调动社会力量参与创业环境建设

创业环境建设是一个庞杂的系统工程，不可能全部靠政府力量解决，必须调动社会力量参与。经验表明，个人和组织在政策领域之外的支援服务体系建设方面能够很好地发挥作用。但创业者在决定是否接受外界服务时考虑的主要问题有两个：一是服务的效果，二是服务的费用。单纯政府机构提供服务往往缺乏效率和效果的保证，私营机构在提供服务时会优先考虑盈利性。因此，可以采用"营运资金"的运作模式，即由政府出一部分资金作为发展基金用于支持研究中心或服务机构向广大的中小企业提供"公共产品和服务"，如免费的讲座、一般性的咨询和信息服务等，并规定这些研究中心或服务机构必须提供免费服务的项目和比例，以便扩大服务范围。同时，这些研究中心或服务机构不可能完全依赖政府的资金投入，必须通过提供专项服务获取收入，以便维持机构的正常运转。随着服务机构生存能力和竞争力的增强，政府可以逐渐减少甚至停止资金投入。这样一方面可以保证政府的引导和监督作用，另一方面可以使服务活动做到点面结合，即兼顾创业环境和成长环境的营造。

5. 建设和改善措施并重，在发展中解决创业环境建设问题

我国既不能在全球创业浪潮中掉队，又急需通过培育优秀民营企业来推进国家经济结构调整和产业结构升级，这需要建设和改善措施并重，在发展中解决创业环境建设问题，即一方面着手建设创业环境体系，另一方面着手改善已有体系的缺陷和不足。GEM 中国报告显示，从总体上看，我国在政府资金与政策支持、创业文化和有形的基础设施等历史和硬件方面能够满足创业者的需求，而在金融、服务、商业环境以及政府政策等软环境方面存在严重不足，这构成了改善创业环境的基本方向。

第四节　民营企业融资障碍研究的结论与政策建议

在转轨经济背景下，民营企业的发展面临关键的资金约束。本部分的研究在一个新的解释区域民营经济发展模式的理论框架下，系统分析了禀赋差异和制度租金变化对民营企业融资选择的作用机理，实证研究了民营企业融资总量和结构问题，得出一些富有启发性的结论，并提出了优化民营企业融资渠道和方式的政策建议。

8.4.1 主要结论

1. 制度演进方式决定民营经济发展模式

在市场化进程中，特定禀赋条件下国有经济影响力、地方政府权力和市场化水平相对地位的不同组合及其协同演进，使得不同地区具有不同的制度租金水平和降低速率，这决定了该地区民营经济的发展模式和演进路径。初始禀赋决定了民营经济起步时可能的发展方式，构成了一个地区民营经济发展演变的历史起点；特定禀赋下不同利益主体之间的动态博弈导致的制度租金降低速率决定了民营经济的具体演进路径，"历史起点+动态演进路径"的不同组合，使各地区呈现出丰富多样的民营经济发展模式，并内生出相应的融资模式。在特定区域，制度租金下降速率越高，民营经济发展越快；制度租金越高，民营企业面临的融资约束越严重。

2. 制度租金决定民营企业融资选择

在民营经济发展过程中，制度租金水平及其降低速率决定民营经济发展及其融资选择。无论是在起步阶段还是在发展过程中，制度租金水平越高，民营企业面临的融资约束越严重；制度租金水平越低，民营企业面临的融资约束越小。制度租金下降越快，民营经济发展速度越快，可供选择的融资方式也越多；而在市场机制发育较快的情况下，国有银行的市场化取向也越强，向民营经济提供的贷款会增加。当然，这种贷款额增加速度仍然低于民营经济发展速度，因而单位民营经济产值中贷款额会较低。

3. 民营企业融资的结构性矛盾大于总量矛盾

从总体上看，对GDP贡献达63%的民营经济，获得了约57.32%的金融资源，民营企业仍面临着融资约束，但趋于降低；融资存在显著的结构性矛盾和地区性差异。尽管从总量上看，民间金融起了巨大的作用，民营企业融资约束得到改善；但从融资结构看，由于正规民营金融发展的滞后和民间金融自身的局限性，民营企业（包括发达地区）从民间金融处获取的资金主要是短期性的，长期信贷支持不足；从地区上看，民营经济越发达的地区，民营企业面临的融资约束越低，而结构性问题依然存在。从这个意义上说，由于民间金融未得到规范发展，民营企业融资渠道仍然不畅，融资结构不合理。

4. 民营经济越发达，民间金融贡献越高，国有金融贡献越低

民间金融在民营经济发展的不同阶段所起的作用是不同的。从民间金融规模绝对值看，东部>中部>西部，民营经济越发达的地区，民间金融的规模越大；但从单位民营经济产值中民间金融份额来看，东部>西部>中部。民营经济越发达的地区，民间金融发展越快，对民营企业融资贡献越大。同时，国有金融机构的市场化取向越强，融资环境越优越，融资渠道较多。此时企业债务融资比例与发达国家企业负债比例基本一致（但长期资本不足）。而在民营经济越不发达的地区，民营企业融资渠道狭窄，对民间金融依赖程度越高，这是由于在民营经济发展的初级阶段，资金需求强烈，而自身积累能力却较弱，产值较低，因而更多地依赖民间金融。处于中间地带的民营企业，自身积累能力有所提高，民间金融虽然获得一定发展，但滞后于民营经济的发展，民营企业主要靠自我积累发展。

国有金融在民营经济发展的不同阶段所起的作用也是不同的。从民营经济获取的国有金融规模绝对值看，东部＞中部＞西部，民营经济越发达的地区，贷款规模越大；但从单位民营经济产值中国有金融份额来看，西部＞东部＞中部。制度租金的下降速度，不但对民营经济发展速度产生关键影响，同时决定了民营企业的融资选择。制度租金下降越快，民营经济发展速度越快，可供选择的融资方式也越多；而在市场机制发育较快的情况下，国有银行的市场化取向也越强，向民营经济提供的贷款会增加。但由于民营经济发展速度高于贷款增加速度，因而导致单位民营经济产值中国有金融机构贷款额仍然较低。这也表明，在我国市场化发展中，国有金融机构的市场化进程远远滞后于民营经济的市场化进程；在民营经济越发达的地区，对国有金融机构贷款的依赖程度越低。

8.4.2 政策建议

1. 深化银行体系改革，完善民营企业间接融资体系

第一，深化国有商业银行民营化改革，完善其公司治理机制。由于国有经济内在的所有者缺位和软预算约束问题，国有商业银行难以真正建立起完善的公司治理机制，资源利用效率低下。因此，推进金融机构民营化改革，通过股权结构的多元化带动其公司治理机制的完善和运营效率的提高，将是解决国有商业银行低效率问题的一个重要途径。在体制外经济已经得到巨大发展的条件下，实施金融机构民营化改革也具备了必要的条件。通过在金融改革中引入民间投资者，不但有利于国有商业银行治理机制的优化和运营效率的提高，同时也有利于引导并发挥民间资本的积极作用。

通过民营化改革，商业银行将确立市场化的运作机制，其发放贷款的基本原则应是唯"效益"论，而非唯"成分"论。银行在民营企业与国有企业之间应提倡公平信贷，对于有发展潜力的民营企业同样给予信贷支持，特别是对于资质较好的民营企业，银行应重点帮助它们创业和发展。对于众多中小民营企业，银行应创新信贷体制，探索灵活性的信贷方式，通过诸如"关系型融资"等方式

为民营企业提供信贷支持，并分享民营企业发展的成果。

第二，引导并规范发展民间金融，大力发展地方性中小金融机构，完善多层次间接融资体系。在审慎的前提下，尽快建立和完善中小商业银行等的市场准入和退出标准、风险管理制度、竞争规则及管理办法，引导并规范发展民间金融。面向民营企业，发展多层次、多种所有制结构、多种经营形式的金融机构，形成国有商业银行和民营金融机构等相互补充的金融服务系统。首先，如上所述，通过民营化改革加快对国有银行进行股份制改造，完善其公司治理机制。其次，规范发展民间金融。在已有民间金融机构的基础上，引导并规范其向地方性中小银行，如城市合作银行、城市信用合作社、基金会、储金会等发展。决定金融服务业发展的根本因素是信息以及建立在信息基础上的信用；而地方中小金融机构最能充分地利用地方（社区）的信息存量，最容易以最低的成本了解到地方上的中小企业的经营状况、项目前景和信用状况。掌握这些信息，可以节省大量的调研时间和费用，降低金融业务成本。更重要的是能够对企业的信用状况进行详尽的了解。民营企业的数量多、规模小、地域分布广的特点决定了必须有与之相适应的金融机构——中小型、地方性民营机构为之服务。只重视发展大型金融机构而忽视了地方性、面对广大农村和基层的金融机构的建设使我国的金融构架缺少了层次性，不能适应经济发展的要求，所以构建中小型、地方性的民营金融机构既可解决中小民营企业的融资困难问题，也有利于长远的经济发展。为此，地方政府应通过多种方式积极扶持中小金融机构的发展，加速其现代化设施建设，并依法对其实施风险监管。地方中小银行也需要提高金融服务水平，创新金融服务工具，积极组织存款，吸纳客户，以增强资金实力，提高贷款能力，并制定相应的贷款政策，进行产业引导，促进民营企业产业升级和结构调整。

第三，实施利率市场化改革，提高银行放贷的积极性和自主性。民营企业贷款具有两大特点：其一，单位成本相对较高。由于民营企业单笔融资额度小，而每笔贷款不论额度大小，都必须经过一定的审核发放程序，固定成本大致相同，从而导致单位贷款成本较高。其二，风险相对较大。我国民营企业良莠不齐，社会信用体系不完善，银行对民营企业的信用记录不健全，导致对民营企业贷款的不确定性增大，风险增加。加上民营企业自身治理机制不健全和透明度低的局限，商业银行对民营企业贷款要付出较高的单位成本，并要承担较大风险，因此必然要求额外的风险溢价进行补偿，否则银行就不愿贷款。因而进一步放宽银行贷款利率和交易费用的限制，使利率更富有弹性，充分发挥利率的杠杆作用，让银行扩大盈利的空间，获得现实的经济利益，才能提高银行对民营企业放贷的积极性和贷款方式的灵活性。

2. 完善直接融资体系，发展多层次、多品种资本市场

第一，建立多层次的资本市场。至少应包括这样几个层面：二板市场、区域性小额资本市场（即三板市场）、风险资本市场。就其分工来看，二板市场主要解决处于创业中后期阶段的中小企业融资问题；区域性小额资本市场则主要为达不到进入二板市场资格标准的中小民营企业提供融资服务；风险资本市场则专门为处于创业初期的中小企业提供私人权益性资本。

第二，积极发展企业债券市场和长期票据市场，丰富资本市场的交易品种。从长期发展趋势看，债券融资在民营企业直接融资结构中的地位会逐步提高。从成熟市场的经验来看，债券融资具有显著的优势：一是债券融资有利于民营企业提高诚信意识，完善公司治理机制。公司债券与银行贷款最大的不同在于流动性强，由于很多公司债券在交易所挂牌交易，面对广大投资者公开发售，因此，发债企业被要求对自己的财务状况、经营情况和风险控制等做出详细、完整、持续的信息披露，这有利于提升企业自身的公司治理水平。二是通过债券融资增加负债可以提高公司的自由现金流使用效率。三是债权融资不会使企业的股权总量和结构发生变化与转移，从而可以消除民营企业主稀释企业控制权的担心。四是在所得税率较高的情况下，债权融资的综合成本可能优于股权融资。发展债券市场有利于民营企业优化融资结构，提高资源利用效率。

3. 完善政府服务体系，加大政府扶持力度

第一，完善法规制度建设。中小企业基本法往往被称为中小企业的宪法，是政府管理和扶持中小企业的依据，是立法机关制定中小企业某一方面专门法规的依据，也是政府部门制定中小企业具体政策和制定扶持中小企业发展计划和方案的依据。

第二，加大财政、税收支持力度。我国政府为了扶持民营企业的发展，采取通过有关部门注入资金兴建市场、改善环境或是直接对一些民营企业给予拨款、扶贫贴息贷款等资金支持的形式使民营企业获得发展资金。于1996年正式启动的"科技型中小企业创新基金"就是对科技型中小企业进行融资支持，到目前为扶植了大量科技型民营企业的快速发展。同时全国各地也先后成立了100多家政府创业基金，但是由于地区发展不平衡，同时创业基金普遍金额偏少，还无法满足众多民营企业的发展需求。同时，应加大对民营企业的税收优惠力度。如对新开办的个体工商户和私营企业实行税费优惠；对为社会做出较大贡献的私营企业实行税收优惠；加强收费管理，制止对私营企业乱收费、乱罚款、乱摊派。通过多种方式进一步扩大我国政府对民营企业经济支持力度。

第三，完善信用制度，建立多层次、多渠道的信用担保体系。就政府而言，应通过法规制度和宣传导向，奖优罚劣，逐步在全社会营造诚实守信的氛围。利用现代化的信息工具，实现信用信息的联合征集、专业评估、权威发布和多方共享的社会化信用体系。在完善信用制度的同时，构筑多层次、多渠道的信用担保

体系。多层次、多渠道的中小企业信用担保体系包括：一是建立以政府为主体的信用担保体系。由各级政府财政出资，设立具有法人资格的独立担保机构，实行市场化运作，接受政府监督。二是建立商业性担保体系。以法人、自然人为出资人，按《公司法》要求组建，具有独立法人资格，实行商业化运作，坚持按市场原则为中小企业提供融资担保服务。三是建立互助型担保体系。中小民营企业为缓解自身贷款难问题，根据自愿原则，自发组建担保机构，自我出资，自我服务，独立法人，自担风险。中小企业按规定缴纳一定的担保基金，使其滚动使用，为中小企业提供及时、有效的信用担保。四是探索核心客户为众多的"卫星式"中小企业提供担保的模式，充分利用核心客户的富裕授信资源。

第五节　民营企业国际化发展过程中制度环境研究的结论及政策建议

在国际分工与国际市场竞争进一步深化状况下，研究民营企业提升国际竞争力途径及其政策支持环境极为必要。本部分的研究首先遵循产业组织理论中经典的"结构—行为—绩效"范式，分析了民营企业出口行为与其绩效的关系，提出了相应政策建议。其次，从国际分工和价值链的角度对民营企业出口中典型的市场"隔层"问题进行分析，提出了相应的解决思路。最后，以浙江省为例，对民营企业外贸出口发展中的制度障碍和供给问题展开研究，阐明了一国或地区从国际分工与贸易中获取的比较利益，不仅决定于技术层面的出口商品结构的优化，而且依赖于组织层面的外贸经营主体的制度创新。

8.5.1　主要结论

1. 民营企业出口产品水平差异化程度低

第一，模仿竞争和恶性价格竞争相当普遍，企业缺乏市场势力。我国民营企业大多接近原子型，产品水平差异化不显著。从单个企业而言，规模普遍较小，生产同类产品的企业众多，以至于其行为对其他生产企业没有明显的影响。再加上企业一般没有能力或不做自己的品牌和建立自我营销体系。企业没有对有限的产品水平差异与其他企业加以区别和专门推销；而且缺乏把这种有限的产品水平差异转化为"市场势力"的能力，也即企业缺乏影响和控制市场价格的能力，只是往往与其他企业开展向下的价格竞争。由于产品的水平差异化得不到正常的

429

利润补偿，滋生企业进行产品的模仿竞争。而模仿竞争进一步加剧产品的水平同质化，向下的恶性价格竞争则进一步加强。

第二，基于企业集群的水平差异化和基于企业的水平同质化共存。生产同类产品的民营企业往往在特定的地理区域内大规模集聚，在超细密的专业化分工基础上，形成了极为丰富的外部规模经济和范围经济，形成了基于企业集群的较高的水平差异化。但同时，由于数量众多的同类民营生产企业难以形成"价格合谋"，单个企业不能依托企业集群的水平差异化带来的外部经济获得市场势力。集群层面的市场势力向企业层面的转移是一个有待解决的问题。

2. 产品垂直差异化水平不高

第一，向上的垂直差异化激励缺失。民营企业大多属于从原发性的"古典企业"发展而来。在市场竞争中以粗放型、内源式、数量扩张为一般特点。很长时期内专注于低质量产品的生产销售。并且，由于民营经济产业组织小而散，高端产品的研发一定程度上成为某种"奢侈品"消费。以上两个方面导致民营企业向上的垂直差异化成本巨大。同时，由于市场、制度环境的不健全，模仿竞争的普遍存在，致使民营企业向上的产品创新收益很难得到切实保障，创新收益很可能在短时间内散化。因之，我国民营企业向上的垂直差异化激励缺失。

第二，进入壁垒强化低质量的产品垂直差异化。生产高质量的产品对企业有设备、资本、技术、管理以及规模经济等要求。这对于原发性的民营企业来说高不可攀。现实经济中更多的民营企业即使愿意进行向上的垂直差异化，也很难逾越进入壁垒。另外，目前仍普遍存在的外贸"隔层"从另一个方面加剧了这种进入壁垒，使得民营企业对于市场需求的把握存在很大难度，对于市场机会引致的产品创新、技术创新、体制创新缺乏敏感性，而成为事实上的低质量产品的生产车间。由此，民营企业普遍采取了低质量的产品垂直差异化战略。但问题是以降低品质实现差异最大化的路子会越走越窄。与提高品质相反，降低品质的差异化附加值低；低收入者受严厉的价格、收入预算约束，品牌偏好难以表达，主要追求价格偏好。这也是我国民营企业的出口产品在国际市场上进行价格竞争，"增产不增值"的原因之一。

3. 低度集中的市场结构导致我国民营企业出口缺乏市场势力

市场集中度与市场绩效或者盈利能力之间存在正向关系。民营经济仍以无核心原子型企业为主导，以"小而散"的产业组织为主要特征。低市场集中度的产业组织结构导致企业以模仿竞争为主，在土地等资源使用上出现拥挤现象，缺乏从家族式传统管理、自然营销向现代管理和现代营销转变的动力和能力，难以获取批发经销（或经营）为主的规模经济优势。并且到目前为止，我国民营经济中尚未出现大规模的核心或龙头企业对其他"小而散"的企业的内部化；甚至，由于众多小企业之间规模相当，以价格竞争为主，一定程度的"价格合谋"都难以形成。同类市场的低度集中，促成我国民营企业在出口行为上展开伯川德竞争，市场势力丧失殆尽，导致市场利润急剧下降，甚至出现恶性价格竞争，在出口亏损的同时招致国外的反倾销诉讼。

8.5.2 政策建议

1. 提高民营企业出口绩效的政策建议

对于政府而言，重点在于推进企业的产品差异化进程，协助整合松散的产业组织，支持企业获取市场势力。

第一，推进商会、行会的改革，加强商会、行会等中介组织对民营企业的行业规范与服务。以同类商品的生产企业也即"产业"概念为基础重组商会和行业协会，培育商会、协会的共同代理"卡特尔"功能，修改《反不正当竞争法》和草拟中的《反垄断法》，给予商会、协会等组织在出口贸易等方面的"垄断"豁免权。

第二，建设有利于推进产品差异化进程的区域创新体系。政府应支持大企业建立自己的技术开发机构；在信贷贴息等方面对"技术改造"支持的同时，重点转向对企业"研究与开发"的支持；加大各级政府研究与开发的投入；各级政府应探索建设属于本地区支柱产业或企业集群各类共性技术的研发中心，加强各类共性技术的研发。

第三，鼓励和发展各类高等教育尤其是职业技术教育。产品差异化战略实施离不开人才的支持，高等教育尤其是贴近于产业实际的职业技术教育能够迅速有效地降低民营企业生产高品质产品的进入壁垒。

第四，把建设和发展各类特色工业园区与推进产品差异化进程有机结合起来。特色工业园区的建设应注意保护已形成的同类产品柔性分工协作体系；注重体制、机制和政策的设计引导，支持和鼓励实施产品差异化战略，例如鼓励建立企业联盟、招引国内外同类著名大企业落园等。要把品牌、市场势力（而不是市场份额）、经济密度、技术创新、国际化等作为衡量特色工业园区建设水平的指标。

2. 民营企业出口的市场"隔层"解决途径

第一，正确引导和鼓励民营出口企业在国外设立各种类型的销售中心或研发中心。尤其是要鼓励支持上一定规模的民营出口企业在"人员走出去"这一步骤中，先行在国外设立管理型的销售中心或研发中心。并提供相应人员出入境、机构设置、用汇等政策配套。

第二，改变"企业走出去"中的企业差别待遇做法，消除对外设立销售、研发中心，对外投资审批中的"所有制歧视"和"规模歧视"。目前有关管理体制和政策，对于民营企业、中小企业较国有企业、大型企业设置的障碍较多。作为改革试点，可以首先给予一定规模民营企业以不低于国有大型企业的同等待遇，而后逐步实施无差异的企业待遇。

第三，建设针对 OEM 民营出口企业的政府知识和技术援助工程。一是帮助和加强 OEM 民营出口企业从业人员培训和技术指导，提高企业的技术吸收能力；指导、鼓励和帮助上一定规模的民营企业建立自己的研发机构。二是在生产同类产品的大规模 OEM 企业集群的专业化出口基地，扶持或政府与企业共建"共性技术研发中心"。

第四，设立境内外生产力促进中心。这一中心的任务和功能是克服民营企业的市场"隔层"问题，开展信息咨询、知识和技术的援助工作。

3. 完善促进民营企业外贸出口的制度体系

第一，改革外贸行政管理体制。各级外经贸主管部门要按照"管方针、管政策、管规则、管监管"的原则，根据开放的市场经济的要求，弱化对微观经济的行政干预，强化间接宏观管理，强化对外经贸的指导性规划、政策导向、行政服务和监督等方面的工作，把政府工作重点从审批及管理具体事务为主，转向为拟订外经贸发展规划和政策、完善行政规章制度和运作规范上来，为民营出口企业营造良好的体制条件。对在一定时期内继续实施的有关政策，如进出口商品的配额、广交会的摊位招标等要加以规范，并以政府公告的形式公开发布。强化服务意识，加强与海关、出入境检验检疫、税务等部门协调和合作，做到政务公开，实施统一、透明的政策法规和行政规章制度，共同营造一个为民营企业发展服务的外经贸大环境。

第二，构建民营企业出口发展的外经贸促进体系。一是运用税率、汇率和利率等经济手段调节外经贸活动，让不必要的行政权力逐步退出市场，完善出口退税机制，实现退税及时足额到位，保证对民营企业与其他企业一视同仁。二是建立和完善出口信贷制度、调整外贸发展基金的使用方向，建立出口创汇与信贷规模的同步增长机制，为中小民营生产企业扩大出口提供必要的资金支持；扩大出口信用保险的规模和领域，为民营企业提供全面的政策性投资贸易保险业务；建立政策性的出口企业融资担保基金，解决民营企业融资担保不足的问题。三是在外汇管理、外事管理等方面为我省企业尤其是民营企业实施"走出去"战略提供优质服务和政策支持。为鼓励开展境外实物投资、境外带料加工业务，鼓励在境外设立贸易窗口等，将投入一定的人力，多渠道广泛收集境外投资信息，为企业服务。四是采取一定的财政扶持措施。如实施出口贴息扶持政策，以优化出口结构和扩大出口规模；企业参加各类境外交易会、博览会等，其摊位费用由外经贸和财政部门组织、确认，给予一定的补贴；对于企业在境外注册、使用自有商标，实施奖励，以鼓励品牌竞争。

4. 建立和健全民间性质的行业协会和商会组织，完善外经贸中介服务体系

借鉴浙江经验，推进商会、协会的改革，以生产同类商品的生产企业，即"产业"为概念基础，重组商会、协会，要注意培育商会、协会的共同代理、卡特尔等重要功能，修改《反不正当竞争法》和草拟中的《反垄断法》，给予商会、协会等组织在出口贸易方面的"垄断"豁免权。

第六节　民营上市公司治理状况评价结论及政策建议

民营上市公司中存在一个突出现象，即上市后绩效趋于下降，投资回报低，问题的关键在于公司治理障碍。对此，本章构建了民营上市公司治理的评价指数，包括董事会、股权结构、高管激励与约束以及信息披露四个主要维度。通过测度发现民营上市公司治理中存在的一些问题，并相应提出了完善民营上市公司治理的政策建议。

8.6.1　主要结论

1. 集团控制是诱发终极控制人采取侵占效应行为的主要因素

由于集团控制的存在加大民营上市公司终极控制人在上市公司中控制权与现金流权的偏离，降低了控制权收益的成本，终极控制人追求控制权收益的行为损害了公司的价值，其他少数股东利益受到侵害的程度、概率加大，终极控制人的行为具有很强的侵占效应。民营上市公司的股权结构成为进一步强化集团控制条件下诱发终极控制人采取侵占效应行为的主要因素。因内部股东集团的存在，民营上市公司的股权结构没有形成有效的制衡力量，内部股东集团作为一致行动人，其行为充分反映了终极控制人的意志，成为终极控制人采取侵占行为的工具。

2. 董事会呈现"大股东控制"的特征

与国有上市公司董事会"经营者控制"不同，我国民营上市公司的董事会呈现出明显的"大股东控制"，在民营上市公司中绝大多数董事都在股东单位兼任其他职位，这必然会对其履行董事职责产生重大影响。大股东控制可以解决国有企业存在的"所有者缺位"的问题，但当大股东和其他中小股东的利益不一致时，往往容易发生大股东与小股东间的代理问题，短期内会增加大股东的私人收益，但会损害上市公司的长期融资能力，对其长期发展是不利的。

3. 高管报酬水平偏低、高管持股比例与公司绩效呈非线性相关关系

民营上市公司的高管薪酬同行业市场平均水平相比偏高，但仍与公司绩效指标显著相关，一方面充分说明了民营上市公司仍然力图从制度上将经理薪酬与绩效紧密捆绑在一起；另一方面也说明在民营上市公司中，"家族契约"发挥着重要激励约束作用，在一定程度上替代了"经济契约"。另一个重要发现是高管的持股比例与民营上市公司的绩效呈"⌣"型非线性关系，这也反映出民营上市公司中复杂的代理关系和高管层多重目标对其行为的影响。

4. 监事会治理机制有待于进一步完善

监事会治理表现出了较强的区域差异和一定的行业差异，整体水平并不高，并且存在着职工监事比例较低、监事在最大股东单位任职比较普遍以及监事会成员激励力度不够等问题。

5. 信息披露的积极性和审计意见的独立性正在逐步改善

研究发现民营上市公司信息披露的积极性和审计意见的独立性正在逐步改善，会计师事务所的影响力正在提高。而独立董事制度对于改善上市公司信息披露状况起到了重要作用，这就从侧面证明独立董事制度在国内证券市场发挥了一定的积极作用。但是研究表明，上市公司本身的特征依然在很大程度上影响着审计意见。即，会计师事务所有纵容绩效好或规模大的上市公司的倾向，对风险大的公司则要求非常严格。这在一定程度上说明，国内信息披露机制的改革还有很长一段路要走，绝非通过完善法律体系就可以在短期内实现。

8.6.2 政策建议

（1）加强对民营上市公司集团控制现象的监管，完善相关制度。对存在集团控制的民营上市公司的关联交易的合理性、合法性加强监管。

（2）鼓励以自然人为股东的民营企业直接上市，也可借鉴国外的经验通过立法来限制集团控制的层级，把控制权收益的成本控制在一定范围之内。

（3）积极推进以提升董事会独立性为核心的制度建设，不断完善民营上市公司的内部机制，实现对民营上市终极控制人行为的约束与引导。

（4）不断提升民营上市公司监事会治理水平。扩大监事会规模，适当增加职工监事比例。增强监事积极性，实施监事的保健激励与风险激励的综合激励手段。规范监事的提名，促进监事会会议的规范化。

（5）建立起完备的信息披露机制，建立公正、有效的信息披露机制，将成为我国证券市场长期、稳定发展的制度保障。近年来，国内信息披露的法律体系逐步完善，形成以法律、行政规章和会计制度及准则为主的法律体系，并通过会计事务所实施外部审计，形成一个比较完整的信息披露机制。民营上市公司信息披露评价指数表明需要进一步强化信息披露，把信息披露的标准与集团控制程度挂钩。加大对上市公司集团控制状况的披露力度，对同一个终极控制人控制下的关联公司状况、关联董事的信息，在年报中要进一步细化充实，对信息披露的标准要进行分级管理，把标准与集团控制的复杂程度挂钩。

后 记

　　本书是教育部首批哲学社会科学重大攻关项目"中国民营经济制度创新与发展问题研究"的代表性成果之一。这一重大攻关课题自启动以来，受到了社会各界（政府机构、学术理论界、企业界、舆论界等）的关注，成为民营经济研究领域的一个热点。课题带动了30余个相关课题的研究，包括来自国务院发改委、财政部、国资委、天津市政府、杭州市政府等多项政府课题，并形成了30余份对策性研究报告，分别送至政府相关部门并有部分得到采纳应用，对改善民营经济制度创新与发展的制度环境起到了推动作用。该课题的研究以及相关活动引起了强烈的社会反响，中央电视台、《新华社》、《人民日报》、《经济日报》、《香港大公报》、《香港商报》、《经济参考报》、《中国证券报》、《中国财经报》、《中国青年报》、《中华工商时报》等数十家媒体以及人民网、中国政府新闻网、中国财经信息网、新浪网、搜狐网、网易网等知名网站均给予了相关报道。可认为，本书所汇集的研究成果对促进中国民营经济的制度创新与发展已经产生了重要的影响。

　　但同时需要指出的是，民营经济的发展是一个动态过程。在总体保持快速持续发展态势同时，其面临的"瓶颈"制约和先天缺陷等问题也不断"浮出水面"。如家族式的企业管理模式成为制约企业发展的"瓶颈"、许多民营企业以牺牲资源和环境为代价的经济行为与可持续发展战略相悖、企业家自身素质有待提高，普遍的"小富即安"意识阻碍企业进一步发展、劳资矛盾加剧，等等。特别是在坚持以科学发展观和构建和谐社会为导向，转变经济增长模式的新形势要求下，民营企业在增强市场竞争力和履行社会责任方面面临严峻挑战。对以上诸多问题本书虽有涉及，但限于能力和时间的局限未能进行深入研究。因此，需要在对已经取得的成果进行不断完善深化的基础上，对处于新挑战、新对手、新规则、新领域下的民营经济制度创新与发展问题进行更加深入的研究，以推进我国民营经济的可持续发展。

　　由于时间紧、任务重，加上我们的研究能力有限，本书在内容和形式上都难免存在一些缺点和不足。因此，借此公开出版的机会，我们诚恳地希望得到相关领域专家学者及广大读者的批评和意见，以利于更好地推动中国民营经济制度创新与发展问题研究与应用的深化。

已出版书目

书　名	首席专家
《马克思主义基础理论若干重大问题研究》	陈先达
《网络思想政治教育研究》	张再兴
《高校思想政治理论课程建设研究》	顾海良
《马克思主义文艺理论中国化研究》	朱立元
《弘扬与培育民族精神研究》	杨叔子
《当代科学哲学的发展趋势》	郭贵春
《当代中国人精神生活研究》	童世骏
《面向知识表示与推理的自然语言逻辑》	鞠实儿
《中国大众媒介的传播效果与公信力研究》	喻国明
《楚地出土戰國簡册〔十四種〕》	陈　偉
《中国特大都市圈与世界制造业中心研究》	李廉水
《WTO主要成员贸易政策体系与对策研究》	张汉林
《全球经济调整中的中国经济增长与宏观调控体系研究》	黄　达
《中国产业竞争力研究》	赵彦云
《东北老工业基地资源型城市发展接续产业问题研究》	宋冬林
《中国民营经济制度创新与发展》	李维安
《东北老工业基地改造与振兴研究》	程　伟
《中国加入区域经济一体化研究》	黄卫平
《金融体制改革和货币问题研究》	王广谦
《中国市场经济发展研究》	刘　伟
《我国民法典体系问题研究》	王利明
《中国农村与农民问题前沿研究》	徐　勇
《城市化进程中的重大社会问题及其对策研究》	李　强
《中国公民人文素质研究》	石亚军
《生活质量的指标构建与现状评价》	周长城
《人文社会科学研究成果评价体系研究》	刘大椿
《教育投入、资源配置与人力资本收益》	闵维方
《创新人才与教育创新研究》	林崇德
《中国农村教育发展指标研究》	袁桂林
《高校招生考试制度改革研究》	刘海峰
《基础教育改革与中国教育学理论重建研究》	叶　澜
《处境不利儿童的心理发展现状与教育对策研究》	申继亮
《中国和平发展的国际环境分析》	叶自成
《现代中西高校公共艺术教育比较研究》	曾繁仁

即将出版书目

书 名	首席专家
《中国司法制度基础理论问题研究》	陈光中
《完善社会主义市场经济体制的理论研究》	刘 伟
《和谐社会构建背景下的社会保障制度研究》	邓大松
《社会主义道德体系及运行机制研究》	罗国杰
《中国青少年心理健康素质调查研究》	沈德立
《学无止境——构建学习型社会研究》	顾明远
《产权理论比较与中国产权制度改革》	黄少安
《中国水资源问题研究丛书》	伍新木
《中国法制现代化的理论与实践》	徐显明
《中国和平发展的重大国际法律问题研究》	曾令良
《知识产权制度的变革与发展研究》	吴汉东
《全国建设小康社会进程中的我国就业战略研究》	曾湘泉
《数字传播技术与媒体产业发展研究报告》	黄升民
《非传统安全与新时期中俄关系》	冯绍雷
《中国政治文明与宪政建设》	谢庆奎